# MONTRÉAL
## EN ÉVOLUTION

# SIGLES

| | |
|---|---|
| ABC | Architecture-Bâtiment-Construction |
| BRH | Bulletin des recherches historiques |
| CANJ | The Canadian Antiquarian and Numismatic Journal |
| CESH | Contributions à l'étude des sciences de l'Homme |
| CGQ | Cahiers de géographie de Québec |
| CHAR | The Canadian Historical Association Report |
| JRAIC | Journal of the Royal Architectural Institute of Canada |
| JSAH | Journal of the Society of Architectural Historians |
| MSRC | Mémoires de la Société Royale du Canada |
| MUP | McGill University Press |
| PUL | Presses de l'université Laval |
| PUM | Presses de l'université de Montréal |
| RAPQ | Rapport de l'archiviste de la Province de Québec |
| RGM | Revue de géographie de Montréal |
| RTC | Revue trimestrielle canadienne |
| SHM | Société Historique de Montréal. |

N.B.   Les ouvrages suivis de ce signe (#) sont inscrits dans la bibliographie, dans la section des ouvrages généraux.

JEAN-CLAUDE MARSAN

# MONTRÉAL
## EN ÉVOLUTION

*HISTORIQUE DU DÉVELOPPEMENT*
*DE L'ARCHITECTURE ET*
*DE L'ENVIRONNEMENT MONTRÉALAIS*

FIDES
245 est, boulevard Dorchester, Montréal

*Cet ouvrage a été publié
grâce à une subvention accordée
par le Conseil des Arts du Canada.*

ISBN-0-7755-0502-1

*À HÉLÈNE*

# REMERCIEMENTS

Je désire témoigner ma gratitude aux personnes qui ont contribué à la réalisation de cet ouvrage. Mes remerciements s'adressent d'abord, pour leurs services compétents et dévoués, à Mademoiselle Marie Baboyant de la Bibliothèque municipale de Montréal, à M. Richard Lescarbeau des Archives municipales de Montréal, et à M. Edward H. Dahl des Archives publiques du Canada. L'aide de M. Denys Marchand et de M. Clément Demers, du Service d'Urbanisme de la ville de Montréal, me fut également précieuse. Plusieurs photographies et illustrations graphiques qui rehaussent cette étude furent courtoisement fournies par cet organisme.

À la Faculté de l'Aménagement de l'université de Montréal, j'ai bénéficié d'une collaboration et d'un support constants, notamment de la part de Mademoiselle Jacqueline Pelletier, chef de bibliothèque, de M. Serge Carreau, directeur de l'École d'Architecture, de M. Laszlo Demeter, et de M. Roger Thibault qui a beaucoup contribué à la qualité de la présentation photographique. Ma dette est grande surtout envers mon ami Claude Provencher qui a dessiné, avec art et grande minutie, la majeure partie des illustrations graphiques de ce livre. De plus, plusieurs idées développées dans cette étude ont jailli et se sont précisées au cours de multiples échanges avec des collègues et des étudiants de la Faculté. Que ces personnes trouvent ici l'expression de ma gratitude.

Je tiens à remercier tout spécialement Madame Denise Faille qui a prêté un concours dynamique à la préparation du manuscrit et M. Roger Sylvestre qui a patiemment revu et corrigé les épreuves. Enfin, en dédiant cet ouvrage à mon épouse, je désire lui témoigner ma reconnaissance pour son soutien et ses encouragements.

# INTRODUCTION

Cette étude concerne l'évolution de l'architecture et de l'environnement urbain montréalais. Elle porte sur la ville physique, sur ses structures, ses rues, ses parcs, ses monuments, ses habitations, ses lieux de travail et de culte. C'est dire qu'elle tente de cerner l'évolution de cet organisme économique, social, culturel qu'est la ville par l'intermédiaire de l'évolution de ses expressions physiques, de ses manifestations matérielles, visibles et tangibles. Cette étude vise à donner une idée et une image générales du développement de ce Montréal à partir des premières visites du Sieur de Champlain à la Place Royale jusqu'à la métropole d'aujourd'hui.

Cependant, nous ne nous contenterons pas seulement de décrire cette évolution du domaine bâti, de témoigner des traits caractéristiques de l'environnement et de l'architecture selon les périodes. Nous essaierons en même temps de discerner et d'analyser les forces et les influences qui sont à l'origine des mutations dans les formes de l'agglomération urbaine et dans les expressions architecturales. Quelles sont ces forces et ces influences ? Elles sont multiples, d'importance variable, et nous ne saurions toutes les cerner. Cependant, pour les besoins de l'étude, les principales peuvent être groupées en deux catégories : les forces et influences issues du milieu physique et celles qui émanent des actions des hommes agissant individuellement et collectivement dans et sur ce milieu, selon leurs nécessités, leur technologie et leurs idéologies.

Parmi les forces et influences de la première catégorie, la géographie s'impose. On ne saurait, en effet, comprendre Montréal et son destin sans référence à sa situation géographique sur ce continent américain. Pas plus qu'on ne saurait apprécier sa croissance sans référence à son site, à son île garnie d'une colline et de terrasses abruptes, caractéristiques naturelles qui contribueront à orienter les paysages construits. De même, les traits géologiques de ce lieu apparaissent comme des données fondamentales. Par exemple, avant la révolution moderne dans le domaine des transports, Montréal comme les autres villes a puisé sur son sol et dans son sous-sol les matériaux nécessaires à la construction de ses bâtiments. Mais ces caractéristiques géologiques n'auront pas que des répercussions sur le monde physique. Comme nous le verrons au cours de cet ouvrage, le fait que la plaine montréalaise ait présenté de grandes qualités pour l'exploitation agricole aura des conséquences énormes sur le caractère du développement industriel et la composition sociale de la ville de la seconde moitié du 19e et du 20e siècle. Enfin, il y a tout ce domaine du climat qu'il ne faut pas ignorer. Pour en jouir ou en souffrir, les montréalais connaissent les caractéristiques de leur climat, ses rigueurs et ses douceurs. Cependant, ce qui est moins bien apprécié, c'est son influence sur notre façon passée et actuelle de vivre et de construire.

Les forces et influences de la seconde catégorie, celles techno-économiques, démographiques, politiques, sociales, culturelles et autres, apparaissent en constant changement, en perpétuelle transformation, souvent même dans des mutations brusques et radicales. Contrairement évidemment aux précédentes qui possèdent presque l'immutabilité par rapport au rythme de l'histoire humaine. Il était donc difficile de tenir compte des effets de ces forces et de ces influences, sans les situer dans leur contexte global d'apparition et d'intervention, en un mot, sans référer à un lien chronologique sommaire du développement de l'agglomération montréalaise. C'est dans cette optique que cette étude a été divisée en quatre parties.

La première partie expose précisément ces données de base que sont la situation et le site géographique de Montréal, les caractéristiques de son sol, de son sous-sol et de son climat. Elle est complétée par un aperçu rapide de la façon dont les Européens, marqués par des environnements passablement différents, ont réagi à celui de la Nouvelle-France. Nous suivons ainsi leur première occupation du sol de la région et de l'île montréalaises, occupation qui s'avère d'une importance capitale, car elle laissera — nous y reviendrons tout au long de cet ouvrage — une empreinte indélébile sur les structures et paysages urbains successifs.

Les trois autres parties sont divisées par rapport à l'évolution des forces techno-économiques. Ces forces, en effet, ont marqué l'histoire de points de repère facilement identifiables qui s'appellent la machine à vapeur et la production industrielle, l'électronique et sa révolution dans les moyens de communication. Ces points de repère nous serviront de piliers pour charpenter cet exposé. Car ces révolutions de la vapeur et de l'électronique auront en définitive des répercussions très sensibles sur la forme de l'agglomération et sur les composantes de l'environnement urbain, beaucoup plus que les changements politiques ou les bouleversements historiques tels que la Conquête.

Ainsi la seconde partie, qui témoigne du développement de l'architecture et de l'environnement de la petite cité depuis sa fondation jusque vers 1840 environ, touche la période préindustrielle. Nous tenterons d'y déceler les principaux traits sociaux et culturels des sociétés coloniales qui se succèdent sur les bords du St-Laurent et de cerner leurs influences sur l'architecture, la vie urbaine et son cadre. Nous analyserons l'architecture coloniale française, du moins ce qui en reste, et celle qui apparaîtra dans le premier siècle de domination britannique ; nous nous interrogerons enfin, avec l'aide des observateurs et visiteurs de l'époque, sur les qualités et déficiences de l'environnement urbain de la ville frontière, de la cité préindustrielle.

La troisième partie embrasse précisément les manifestations de la Révolution Industrielle sur ce continent et leurs conséquences sur l'économie, la société, la culture et par conséquent sur l'habitat urbain. Voilà sans contredit la période la plus importante de la courte histoire de notre ville, celle qui amorce le processus d'urbanisation et qui bouleverse complètement les paysages urbains traditionnels. Si elle a profondément marqué l'identité de Montréal, elle demeure paradoxalement l'une des périodes les moins connues et les moins documentées. Malgré cette lacune, nous tenterons de prendre successivement connaissance des forces en présence, de leurs répercussions sur la croissance, les structures et la forme de la ville, de leurs influences sur l'architecture publique et religieuse, sur l'étonnante architecture commerciale et la trop peu connue architecture domestique. Ceci nous amènera à porter des jugements de valeur sur ce qui constitue effectivement l'héritage de cette période victorienne.

Enfin la quatrième partie concerne la ville du 20e siècle, cette agglomération de plus en plus vaste, et qui est en voie de subir des transformations peut-être tout aussi profondes et draconiennes que celles qui ont accompagné son industrialisation au siècle dernier. C'est la ville du téléphone et de l'automobile qui échappe à ses limitations traditionnelles, et qui envahit, telle une inondation, la plaine rurale. C'est également la ville des grandes concentrations et des gratte-ciel. Et comme elle se laisse de moins en moins cerner et apprécier comme un tout, nous nous bornerons dans cette partie, avant de conclure sur l'évolution générale de notre ville, à jeter un coup d'œil sur les développements les plus significatifs de cette période, notamment l'émergence d'un nouveau pôle de centre-ville inauguré par les grands complexes des Places Ville-Marie, Victoria et Bonaventure.

En résumé, cet ouvrage constitue une histoire générale de l'architecture et de l'environnement montréalais envisagés comme un tout indivisible. Cependant, il s'agit d'une histoire moins intéressée aux dates, aux détails d'ordre esthétique ou aux savants classements chers aux historiens de l'art qu'aux forces et aux conjonctures qui ont présidé à la naissance et au développement des types successifs d'environnement et d'architecture. C'est donc autant leur enracinement dans l'humus social, économique et culturel qui nous intéresse que leur épanouissement en formes topographiques et expressions artistiques. Et comme il s'agit, à notre connaissance, du premier ouvrage du genre sur la métropole canadienne, nous croyons utile de préciser ici rapidement les sources de cette étude. Le lecteur pourra, de cette façon, en cerner davantage l'esprit et le champ d'intérêt.

D'abord le caractère global et de synthèse de ce travail réclamait des connaissances d'ordre général dans des domaines variés se rapportant à la ville et à l'architecture. Ces sources imprimées, qui nous ont aidé à préciser notre pensée, sont groupées dans la bibliographie sous le titre d'Ouvrages généraux. Parmi ceux-ci, des œuvres traitant de l'évolution de la ville en général comme *Technics and Civilization, The Culture of Cities* et *The City in History* de Lewis Mumford constituent des études de base. Elles peuvent être accompagnées par d'autres abordant ce même sujet sous des aspects différents tels *Towns and Cities* de Emrys Jones, *Towns and Buildings Described in Drawings and Words* de Steen Eiler Rasmussen et *The Geography of Towns* de Arthur E. Smailes. Des études touchant une période particulière de l'histoire de la ville, à l'exemple de *Victorian Cities* de Asa Briggs ou *The Modern Metropolis* de Hans Blumenfeld, apparaissent comme des compléments nécessaires.

Concernant l'histoire de l'architecture, des ouvrages comme *An Outline of European Architecture* de Nikolaus Pevsner, *Space, Time and Architecture* de Sigfried Giedion et *Architecture : Nineteenth and Twentieth Centuries* de Henry-Russel Hitchcock sont aptes à donner un bon aperçu du développement de l'architecture occidentale auquel le Canada et Montréal ont participé dans une certaine mesure. Comme compléments, des études sur des aspects plus particuliers, par exemple, *Victorian Architecture,* de Robert Furneaux, ou *An Introduction to Modern Architecture,* de James Maude Richards, doivent être consultées. Cependant, comme Montréal a subi dans ces domaines des influences spécifiques provenant tour à tour de la France, de l'Angleterre et des États-Unis (l'influence américaine est aujourd'hui prépondérante), il nous a paru approprié d'approfondir nos connaissances sur l'évolution des villes et de l'architecture de ces pays. En France, c'est Pierre Lavedan qui apparaît le plus satisfaisant avec *L'architecture française* et *Les villes françaises.* En Angleterre, retenons *A History of English Architecture* de Peter Kidson, Peter Murray et Paul Thompson, *British Townscapes* de Ewart Johns, sans oublier ce petit chef-d'œuvre de Rasmussen : *London the Unique City.* Aux États-Unis, *The Making of Urban America* de John William Reps s'impose par l'abondance de ses informations. Une autre étude importante, laquelle (avec *London the Unique City*) a inspiré à l'auteur le présent travail, s'avère essentielle pour comprendre l'évolution de la ville et de l'architecture américaines : *American Skyline* de Christopher Tunnard et Henry Hope Reed. Rappelons aussi que Mumford a écrit d'excellents opuscules sur l'architecture et la civilisation urbaine américaines, dont deux en particulier, *Sticks and Stones* et *The Brown Decades,* nous ont été d'un précieux secours. Pour la période moderne, ce sont les revues spécialisées, à l'exemple de l'excellent *Architectural Forum,* qui permettent le mieux de suivre les manifestations d'architecture et d'urbanisme chez nos voisins du sud.

Concernant l'histoire de l'architecture au Canada et, plus particulièrement, au Québec, il faut retenir trois noms : Traquair, Morisset et Gowans. Ramsay Traquair, le leader de « l'école de McGill », a écrit de nombreux articles qui font toujours autorité, la plupart réunis par la suite dans son dernier volume : *The Old Architecture of Quebec.* Du côté francophone, le pionnier fut Gérard Morisset, principal artisan de l'Inventaire des Oeuvres d'Art de la Province de Québec et auteur de *L'architecture en Nouvelle-France* et de *Coup d'œil sur les arts en Nouvelle-France.* Son œuvre sympathique en a inspiré d'autres, telle l'*Encyclopédie de la maison québécoise* de Michel Lessard et Huguette Marquis ; étude peut-être pas très rigoureuse, mais qui s'avère néanmoins excellente comme ouvrage de vulgarisation. À la suite de Traquair et Morisset, c'est Alan Gowans qui apporte la plus précieuse collaboration dans ce domaine. À part de nombreux articles de qualité, auxquels nous référons souvent, soulignons son remarquable *Church Architecture in New France,* la meilleure monographie sur ce sujet à l'heure actuelle, et son célèbre *Looking at Architecture in Canada* qui sera repris et complété dans *Building Canada : An Architectural History of Canadian Life*. Au Canada comme aux États-Unis, pour suivre le développement de l'architecture contemporaine, il faut s'en remettre aux revues spécialisées, notamment au *Journal of the Royal Architectural Institute of Canada* et à *The Canadian Architect*.

Pour avoir un aperçu sur l'évolution de l'architecture et de l'environnement montréalais, il faut se tourner vers Mgr Olivier Maurault, et vers E.-Z. Massicotte. Le premier, qui fut recteur de l'Université de Montréal, a écrit, en plus de nombreux articles, une importante monographie sur l'actuelle église Notre-Dame de la Place d'Armes *(La Paroisse)*, et *Marges d'histoires*, en trois volumes, dont le second, portant sur Montréal, renferme divers essais sur l'histoire et sur l'architecture de la ville. Massicotte, de son côté, chercheur d'une étonnante capacité de travail, nous a laissé un nombre considérable d'articles, parus notamment dans le *Bulletin des Recherches Historiques* et dans *Les Cahiers des Dix*. En plus, sa fameuse « collection », maintenant conservée à la Bibliothèque Nationale (annexe Fauteux) renferme une bonne quantité de vieilles gravures, photographies, découpures de journaux et autres documents intéressants, relatifs à notre ville.

Ces informations concernant l'architecture et l'environnement montréalais doivent être appréciées à la lumière du développement économique, social et culturel de la Métropole. Il existe dans ce sens plusieurs histoires de Montréal ; la principale, renfermant une mine d'informations dans tous les domaines, est le *Montreal* (1535-1914, 3 vol.) de William Henry Atherton. Signalons ensuite *Montreal, a Brief History* de John Irwin Cooper, histoire brève, mais des meilleures. Parmi les autres, de caractère plutôt événementiel, retenons l'*Histoire de Montréal* de Robert Rumilly (4 volumes actuellement publiés) et celle de Kathleen Jenkins *Montreal, Island City of the St-Lawrence.*

Ce qui manque le plus au sujet de Montréal, en dehors des études de Raoul Blanchard sur sa géographie (surtout *L'ouest du Canada français : Montréal et sa région*), ce sont des monographies couvrant de manière plus complète les divers aspects économiques, sociaux, culturels et autres. Parmi les rares tentatives de traiter ces sujets, il faut souligner *Montréal économique*, recueil d'essais publié à l'occasion du troisième centenaire de la ville, la *Géographie humaine de Montréal*, de Raymond Tanghe, le seul chercheur à notre connaissance à aborder la question des habitations des quartiers populaires, *Les caractéristiques sociales de la population du grand Montréal,* de Norbert Lacoste, étude de sociologie urbaine de bonne valeur sur le Montréal de l'après-guerre ; enfin, *Montréal, guide d'excursions,* recueil d'articles sur les principaux aspects de la géographie de Montréal préparé pour le 22e congrès international de géographie qui s'est tenu dans la métropole en août 1972. Ce recueil constitue infiniment plus qu'un simple guide d'excursions. En terminant, il ne faut pas ignorer les nombreux numéros du *Bulletin technique* et des *Cahiers d'urbanisme,* publiés par le Service d'urbanisme de Montréal, et qui représentent les éléments de base d'une banque d'information sur notre milieu physique et humain.

Comme Montréal a toujours joué un rôle de premier plan dans l'histoire et le développement du Québec et du Canada, on ne saurait ignorer cette autre dimension de son histoire. Cependant, l'histoire canadienne n'est pas perçue de la même façon par un Québécois francophone, préoccupé de survivance culturelle, et par un Canadien d'expression anglaise, ou par un étranger impressionné par le potentiel du pays. Il est ainsi préférable d'étudier en parallèle des œuvres comme l'*Histoire du Canada français* (2 vol.) de Lionel Groulx et *The French Canadians, 1760-1967* (2 vol.) de Mason Wade, l'*Histoire du Canada* du parisien Robert Lacour-Gayet et le fameux *Dominion of the North* de Donald Creighton. Sur le plan social, *Canadians in the Making,* la formidable histoire sociale de Arthur R.M. Lower, la seule dans son genre, s'impose. Au Québec, peuvent lui faire écho plusieurs courtes études réunies dans les *Essais sur le Québec contemporain,* ou dans *French-Canadian Society,* recueil préparé sous la direction de Marcel Rioux et Yves Martin. Sur le plan économique, enfin, retenons une sélection de bons essais présentés par W. T. Easterbrook et M. H. Watkins dans *Approaches to Canadian Economic History.*

Tous les ouvrages cités précédemment, de même que de nombreux livres et articles indiqués dans la bibliographie de chaque chapitre, représentent des sources secondaires. Dans la mesure du possible, nous avons tenté de nous appuyer également sur des sources primaires. Et, si l'on peut s'exprimer ainsi, la principale source primaire de cette étude fut le fond matériel lui-même, c'est-à-dire Montréal avec ses rues, ses parcs, ses monuments, ses habitations, ses lieux de travail, etc. Tout le long de cette recherche, nous avons tâché le plus souvent possible de référer à l'existant, au visible, au tangible. Il faut avouer que parfois, par exemple pour analyser l'architecture commerciale et domestique de la période victorienne, nous n'avons eu aucun autre choix, les écrits et études sur ces sujets étant encore quasi inexistants. Cependant, Montréal, comme toute autre ville, est un organisme en perpétuelle mutation ; beaucoup de ses rues, de ses parcs ou de ses bâtiments ont disparu au cours des ans, ou ont été transformés. La seule façon de retrouver le passé et d'évaluer ces changements consiste à retracer l'évolution de l'agglomération, à l'aide de cartes historiques, de dessins, de croquis, d'illustrations et d'autres documents appropriés.

Massicotte nous a transmis une liste exhaustive des cartes et des plans relatifs à Montréal et son île (consulter le *Bulletin des Recherches Historiques*, XX, nos 2 et 3, février et mars 1914). L'ensemble de ces documents sont conservés aux archives de la ville de Montréal et aux Archives publiques du Canada (Ottawa). Pour le Montréal du régime français, signalons que nous possédons déjà deux reconstructions de bonne valeur : celle de H. Beaugrand et P.L. Morin, *Le vieux Montréal, 1611-1803,* et surtout, pour son érudition, les *Images et figures de Montréal sous la France* de Gustave Lanctôt. Pour sa part, l'historien Marcel Trudel a réuni dans son *Atlas de la Nouvelle-France* une série de cartes historiques concernant l'occupation française du continent américain.

C'est encore aux archives municipales, provinciales et de la capitale nationale, et dans les journaux et magazines du siècle passé à l'instar de l'*Illustrated London News,* des *Canadian Illustrated News* ou de *L'Opinion Publique* qu'il faut allèr chercher les sources iconographiques susceptibles de rendre encore visibles les formes et bâtiments du passé. Remarquons cependant qu'une collection choisie de ces images, gravures, illustrations, représentations, a été publiée dans *Montréal : Recueil iconographique* (2 vol.), par Charles P. de Volpi et P.S. Winkworth, et que Pierre-Georges Roy a réuni dans *Les vieilles églises de la province de Québec, 1647-1800* et dans *Vieux manoirs, vieilles maisons* un bon nombre de photographies de vieux bâtiments, existants ou disparus, du Québec et de la région montréalaise. Dans le domaine de la photographie, on ne doit pas ignorer la collection du grand pionnier de cet art du Canada, William Notman, collection conservée à l'université McGill. Quelques-uns de ses meilleurs clichés ont été présentés dans *Portrait of a Period ; a Collection of Notman Photographs, 1856-1915.* Enfin toute personne intéressée à l'évolution de l'architecture et des paysages urbains montréalais devrait consulter la « collection » de E.-Z. Massicotte, collection dont nous avons parlé précédemment.

Notre étude étant avant tout une étude de synthèse, nous n'avons pas essayé de consulter tous les manuscrits et documents de première main se rapportant à notre sujet. De toute façon, nous aurions voulu le faire que cela aurait été absolument impossible, étant données l'ampleur de notre champ d'intérêt et la grande quantité de documents (pas toujours classés, au surplus) accumulés dans les divers dépôts d'archives. Nous avons eu recours à des manuscrits à l'occasion, pour approfondir certains points tels, par exemple, les traits de la côte montréalaise ou le rôle de la classe dirigeante coloniale française dans le contrôle de la construction et l'organisation du milieu physique. Heureusement, sur ces sujets et d'autres connexes, notre tâche a été grandement facilitée parce que de nombreux documents pertinents ont déjà été réunis, codifiés et publiés soit dans le *Rapport de l'Archiviste de la Province de Québec,* présenté tous les ans, depuis plus d'un demi-siècle, soit dans divers inventaires, tel l'*Inventaire des ordonnances des intendants de la Nouvelle-France conservées aux archives provinciales de Québec* (4 vol.), dans les *Édits, ordonnances royaux, déclarations et arrêts du Conseil d'État du roi concernant le Canada* (3 vol.), ou dans le *Répertoire des arrêts, édits, mandements, ordonnances et règlements conservés dans les archives du Palais de Justice de Montréal, 1640-1760,* répertoire préparé par l'infatigable Massicotte.

Une autre source primaire, à laquelle nous avons consacré beaucoup d'intérêt et de temps, concerne les mémoires, descriptions, récits de voyages que nous ont laissés des hommes en poste, des observateurs et des voyageurs, à différentes époques. Ainsi, à partir des fameuses *Relations des Jésuites,* des rapports d'un Gédéon de Catalogne ou d'un Chaussegros de Léry jusqu'à la très détaillée *Description topographique de la province du Bas-Canada* de Joseph Bouchette au 19e siècle, il est possible de suivre l'évolution de l'établissement montréalais grâce à ces témoins du temps. De même les récits de voyages de Jacques Cartier, de Samuel de Champlain, du père de Charlevoix, du suédois Peter Kalm, de l'américain Benjamin Silliman, et d'autres récits qui paraissent en plus grand nombre depuis que la navigation à vapeur rend la traversée de l'océan moins périlleuse, comme en font foi ceux des John M. Duncan, Théodore Pavie, Edward Allen Talbot, Henri de Lamothe et autres, constituent des témoignages « de visu » irremplaçables pour apprécier cette évolution topographique et architecturale de Montréal. L'ensemble de ces ouvrages et de nombreux autres du genre indiqués dans la bibliographie de chaque chapitre sont accessibles à la Salle Gagnon de la bibliothèque municipale.

Voilà, pour l'essentiel, les sources auxquelles nous avons eu recours pour l'élaboration de ce travail. L'auteur n'a pas la prétention d'avoir parfaitement assimilé toutes les informations, les considérations ou les opinions qu'elles renferment. Et il est particulièrement conscient des nombreuses insuffisances et des nombreux jugements partiels qui parsèment son exposé. Il espère néanmoins qu'une telle étude de synthèse trouvera son utilité, ne serait-ce que pour familiariser le lecteur avec une ville passionnante : Montréal.

3 avril '73

# PARTIE I

## La rencontre de l'ancien et du nouveau monde

La situation de la ville est fort agréable. Du costé du sud, et (du) sudoüest est une très belle plaine qui se termine à la Rivière St-Pierre et coste St-Paul, où les terres sont très fertiles en toutes sortes de grains et (de) légumes. Du costé de l'oüest les terres se lèvent en amphithéâtre jusques au pied de la montagne distante de la ville de trois quarts de lieue, (...) Derrière et autour de la d(ite) montagne sont les costes Ste-Catherine, Nostre Dame des Neiges, de Liesse et des Vertues, nouvellement establies. Les terres y sont très belles et de bonne qualité pour les arbres fruitiers et pour produire toutes sortes de grains et (de) légumes. Du costé du nordoüest et du nord de la ville, il y a aussy de belles plaines, entrecoupées de petits costeaux qui se terminent à St-Laurent, St-Michel et la Visitation, costcs aussy nouvellement establies et où les terres sont très belles tant pour les arbres fruitiers que pour rapporter toutes sortes de grains et de légumes. Du costé du nordest de la ville sont les costes de Ste-Marie, St-Martin et St-François qui se terminent à la Longue Pointe où finit la paroisse.

Mémoires sur les Plans des Seigneuries et Habitations des Gouvernements de Québec, les Trois-Rivières et Montréal, par Gédéon de Catalogne, ingénieur, novembre 7, 1712 [1].

---

1. William Bennet Munro, ed., *Documents Relating to the Seigniorial Tenure in Canada, 1598-1854*, pp. 97-98.

# 1

## La Clé de l'ouest

Ce sera un jour un païs très propre pour estre la
situation d'une grande et grosse ville.
Hierosme Lalemant, *Relation de la Nouvelle France,
en l'année 1663* [2].

### 1. Au carrefour des circulations

Si l'on jette un coup d'œil sur une carte géographique de
l'Amérique du Nord, le fleuve St-Laurent apparaît clairement comme
la voie de pénétration la plus importante du continent. Coulant
entre les massifs du Bouclier Canadien et des Appalaches, il donne
accès aux Grands Lacs, cette Méditerranée de l'Amérique, et à
l'immense plaine intérieure.

Dans l'histoire de l'exploration européenne du Nouveau Monde,
cette profonde percée a joué un rôle capital. Car elle explique l'intérêt
que les Européens portèrent au fleuve. Non qu'ils aient pu se faire
dès le début une idée précise du réseau fluvial tel que nous le connaissons aujourd'hui, mais le fleuve entretenait leurs espérances et
pouvait mener vers des pays regorgeant d'or, cet or que les baies
poissonneuses de la côte Atlantique n'avaient pu faire oublier.

C'est bien là l'ordre que Jacques Cartier, le découvreur du
Canada, reçut de François Ier : « descouvrir certaines ysles et pays
où l'on dit qu'il se doibt trouver grant quantité d'or et autres riches
choses » [3]. Et à défaut de trouver le Klondike, il y avait bien ce

2. *Relations des Jésuites contenant ce qui s'est passé de plus remarquable dans les missions des Pères de la Compagnie de Jésus dans la Nouvelle-
France*, 3, année 1663, p. 28. À l'avenir : *Relations des Jésuites*.
3. Marcel Trudel, « Jacques Cartier » dans *Dictionnaire biographique du
Canada*, 1, p. 171. Extrait de l'ordre du roi, en date du 18 mars 1534.

fameux passage septentrional vers l'Asie qu'il valait la peine de chercher. L'or ou Cathay, non le Canada, fut l'objet premier des convoitises de Cartier et de ses pairs. La relation du premier voyage du Malouin au Canada en 1534 nous indique bien qu'il a cherché en vain la route de l'Orient [4].

Il se crut plus heureux lors de son second voyage, l'année suivante. Car des Indiens lui montrèrent « le chemin et commencement du grand fleuve de Hochelaga et chemin du Canada qui provient de si loin qu'on n'a pas souvenance qu'un homme en ait vu la source » [5]. Cartier fut convaincu qu'il s'agissait là du fameux passage, et dans le rapport qu'il fit au roi de ce second voyage, il insista sur le fait que cette rivière de 800 lieues pouvait conduire à l'Asie [6].

Cartier remonta donc le fleuve St-Laurent à l'automne 1535 et aborda le 2 octobre à Hochelaga, petite ville huronne, fortifiée, sise au pied d'une montagne qu'il nomma lui-même Mont-Royal. Il ne put aller plus loin car un saut impétueux rendait toute navigation impossible. En fait, sans le savoir, Cartier devenait le premier Européen à mettre les pieds sur l'île de Montréal et à prendre connaissance du site de la future métropole du Canada. Il est intéressant de constater que ce saut (nos actuels rapides de Lachine) qui lui enlevait tout espoir d'atteindre l'Asie devait par la suite contribuer à la prospérité de Montréal.

Jacques Cartier a découvert plus que le Canada : il a découvert l'un des plus grands fleuves du monde. Et le St-Laurent commande un domaine impérial. Son vaste bassin de drainage constitue un territoire géographico-économique de première importance. Par son incroyable réseau hydrographique, il agrippe à la fois la grande plaine continentale comme il donne accès aux multiples richesses du Bouclier Canadien dont il draine la majeure partie de la face sud. A quelque 1600 kilomètres à l'intérieur du continent, il ouvre une porte sur cette mer d'eau douce que sont les Grands Lacs, qui permettent de passer dans le bassin du Mississipi, dans celui de l'Hudson par son affluent, la rivière Mohawk, ou dans celui du MacKenzie. Le fait qu'aujourd'hui cette région intérieure soit devenue le cœur industriel de l'Amérique et que se trouvent implantées sur les rives, ou dans le voisinage immédiat des Grands Lacs, toute une série de grandes villes : Kingston, Hamilton, Toronto, Rochester,

---

4. *Ibid.*, pp. 171-172.
5. *Ibid.*, p. 173.
6. *Ibid.*, p. 174.

Buffalo, Cleveland, Windsor, Milwaukee, Détroit, Chicago, etc., confirme bien l'importance économique et géographique de ce nœud continental [7].

C'est sur cet axe du grand fleuve que les Français ont fondé leur empire d'Amérique, sur cette « route essentielle par laquelle les explorateurs s'élanceront vers la Baie d'Hudson, vers l'horizon mystérieux de la Mer de l'Ouest et vers le Mississipi », nous précise l'historien Trudel [8]. Mieux que Cartier, Champlain, Frontenac et Talon, ces grands personnages de la colonisation française, ont compris l'importance et la signification géographico-économique de la profonde percée du St-Laurent dans le continent américain. Évidemment, ce n'était pas le passage vers l'Orient (bien que Champlain semble y avoir cru encore), ni la route des pays de l'or. Néanmoins, le fleuve offrait d'importantes possibilités économiques : pour l'immédiat, il donnait accès aux régions riches en fourrures. A ce sujet, il faut se rappeler la correspondance enthousiaste que l'intendant Talon expédie à la Cour de France. Il évoque ce grand pays « différamment arrousé par le fleuve de St-Laurens et par de belles rivières qui se deschargent dans son lict par ses costez, (qui) a ses communications par ces mêmes rivières avec plusieurs nations sauvages riches en peleteries... » [9].

Or, dans ce cadre géographico-économique, la situation de l'île de Montréal est exceptionnelle : elle est située, à quelque mille milles à l'intérieur des terres, au point de rencontre des trois grandes voies fluviales qui ouvrent dans le continent des corridors naturels qu'emprunteront par la suite les routes terrestres. D'abord, l'île se trouve en plein dans l'axe du Saint-Laurent, donc sur la route de l'Océan Atlantique et des pays européens par le Saint-Laurent inférieur, et sur celle de la région des Grands Lacs de l'Ohio et du Mississipi par le Saint-Laurent supérieur. Ensuite, à une quarantaine de milles en aval de l'île, c'est l'embouchure du Richelieu, cette route naturelle du sud qui éventre le massif des Adirondacks pour joindre le fleuve Hudson. Autre percée continentale, ce dernier se jette dans l'Atlantique à la hauteur de New-York. Enfin, immédiatement en amont

---

7. Plusieurs de ces villes ont d'ailleurs eu pour origine d'anciens forts français destinés à contrôler les points stratégiques de l'empire du St-Laurent. Ainsi, par exemple, le fort Frontenac deviendra Kingston ; le fort Rouillé, York, puis Toronto ; le fort Pontchartrain, Détroit.

8. Trudel, *op. cit.*, p. 177.

9. Michel Brunet, Guy Frégault et Marcel Trudel, *Histoire du Canada par les textes*, pp. 41-42.

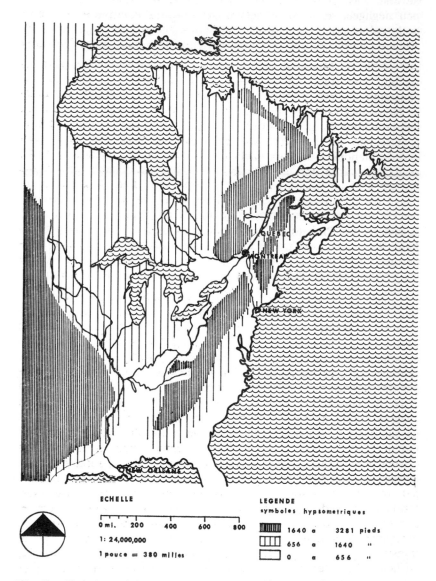

*Fig. 1    Situation géographique de l'île de Montréal*

de l'île, c'est la route de la rivière Outaouais, aujourd'hui quelque peu négligée, mais qui a néanmoins joué un grand rôle au début de la colonisation comme raccourci emprunté par les trappeurs pour atteindre les territoires de l'Ouest, royaume des somptueuses fourrures.

L'île de Montréal se trouve donc située à l'un des carrefours les plus importants du continent nord-américain. C'est bien ce que constatait le Père Barthélemy Vimont, rédacteur de la Relation de la Nouvelle-France en l'année 1642, lorsqu'il écrivait que « depuis l'embouchure du grand fleuve et du Golphe Sainct Laurens, iusques à cette Isle, on y compte prés de deux cens lieuës ; et toute cette grande étenduë d'eau est navigable, en partie par de grands Vaisseaux, en partie par des Barques », et de même, que l'île « donne un accès et un abord admirable à toutes les Nations de ce grand pays : car il se trouve au Nord et au Midy, au Levant et au Couchant, des rivières qui se jettent dans les fleuves de Sainct Laurens et dans la rivière des Prairies qui environnent cette Isle ... » [10]. Et le Père Paul Ragueneau, rédacteur de la Relation de 1651, concluait fort pertinemment que « c'est une place tres-avantageuse pour toutes les Nations supérieures qui veulent avoir commerce avec nous ... » [11].

Non seulement cette île montréalaise est-elle située à un carrefour capital des voies navigables mais elle s'imposait physiquement comme la plaque tournante de tout ce réseau fluvial, comme le centre obligé de transition. Car à l'archipel d'Hochelaga, constitué principalement des îles de Montréal et Jésus, le fleuve Saint-Laurent se divise en trois branches, et chacune de ces branches est perturbée par des rapides difficilement franchissables, les plus impétueux étant ceux du Saint-Louis. D'où le nom de Tiotiake que les aborigènes avaient donné à l'île de Montréal, ce qui signifierait « l'île entre les rapides » [12]. Au saut Saint-Louis, rebaptisé plus tard Rapides-de-Lachine, toute navigation s'arrêtait, comme s'était arrêté Jacques Cartier en 1535, comme s'arrêteront après lui Champlain et les autres. Au saut Saint-Louis, immédiatement précédé en aval, comme par volonté du destin, d'un magnifique port naturel de quelques dizaines de pieds de profondeur, il fallait mettre pied à terre et effectuer des portages pour atteindre un Saint-Laurent à nouveau navigable. Montréal devenait donc une tête de pont, un centre de transit imposé entre la navigation maritime et la navigation fluviale, un lieu obligé d'échange et d'entreposage. Montréal était donc la clé entre le Saint-Laurent inférieur et le Saint-Laurent supérieur et la

---

10. *Relations des Jésuites*, 2, année 1642, p. 36.
11. *Ibid.*, année 1651, p. 9.
12. Gustave Lanctôt, *Montréal sous Maisonneuve, 1642-1665*, p. 16.

route de l'Outaouais, en somme la clé entre l'Atlantique et l'Ouest, entre le Vieux Monde et le Nouveau en devenir [13].

Toute la destinée de la future métropole se trouve résumée dans ce fait de circulation. Et les révolutions économiques et techniques du 19e et du 20e siècles, loin de les amoindrir, viendront accroître les avantages de sa situation géographique sur ce vaste continent où les transports devaient jouer un rôle de tout premier plan. Les obstacles naturels sur les voies fluviales seront progressivement éliminés ou contournés, les navires à vapeur remplaceront les bateaux à voile et les chemins de fer emprunteront les corridors ouverts par les voies d'eau. Avec la colonisation de l'ouest du pays, Montréal, situé au carrefour des circulations continentales, y trouvera sa fortune comme centre d'échange, de production et de distribution. Voilà une destinée unique qui marquera le caractère même de notre ville. Et Gabrielle Roy, dans son roman *Bonheur d'occasion* (1947), l'a bien senti en décrivant ainsi une modeste maison sise sur les bords du canal de Lachine ...

> Mais la maison n'était pas seulement sur le chemin des cargos. Elle était aussi sur la route des voies ferrées, au carrefour pour ainsi dire des réseaux de l'Est et de l'Ouest et des voies maritimes de la grande ville. Elle était sur le chemin des océans, des Grands Lacs et des prairies [14].

Comme la circulation des marchandises s'accompagne naturellement de la circulation des idées, Montréal allait donc devenir un centre privilégié d'échange et de confrontation d'influences. Le Vieux et le Nouveau monde se rencontraient à Montréal. Cela devait avoir des conséquences profondes sur les manifestations d'architecture et d'urbanisme.

## 2.    Un site exceptionnel

Si la situation géographique de l'île de Montréal est privilégiée, cette situation n'aurait pas suffi à elle seule à assurer, à partir de la seconde moitié du dix-septième siècle, la prospérité de la ville. À une époque où le développement urbain était étroitement lié à la capacité de production des terres environnantes et aux possibilités, par des moyens limités, d'en transporter les surplus à la ville en échange de biens d'équipement et de services, au moins fallait-il que les terres du bassin montréalais soient hospitalières. À ce sujet, point d'hésitation possible. Notre géographe Blanchard est formel :

---

13.   Raoul Blanchard, *L'ouest du Canada français*, 1, *Montréal et sa région*, p. 173-181. (#)
14.   Gabrielle Roy, *Bonheur d'occasion*, p. 29.

la plaine de Montréal a présenté à l'occupation humaine des conditions hautement favorables. Car en plus de nombreuses voies navigables, les sols de la plaine offrent les étendues les plus fertiles de la province et nulle part le relief est un obstacle à l'occupation et aux transports. Seul le climat, en solidifiant périodiquement les voies d'eau, fut une gêne jusqu'à l'apparition de moyens mécanisés de transport terrestre [15].

Jacques Cartier et ses compagnons furent, le 3 octobre 1535, les premiers à se rendre compte de ces conditions favorables à l'occupation humaine :

> Et nous estans sus ladicte montaigne (le Mont Royal), eusmes veue et congnoissance de plus de trente lieues, à l'envyron d'icelle ; dont il y a, vers le nort, une rangée de montaignes, qui sont est et ouaist gisantes, et autant devers le su. Entre lesquelles montaignes est la terre, la plue belle qu'il soit possible de veoyr, labourable, unye et plaine. Et par le meilleu desdictes terres, voyons ledict fleuve...[16].

On aura reconnu sans peine dans cette description la plaine de Montréal, laquelle fait partie intégrante de la grande plaine du Saint-Laurent. Se déroulant entre les massifs du Bouclier Canadien et des Appalaches, cette dernière commence en aval de Québec et s'élargit progressivement pour aller se fondre, dans la région des Grands Lacs, dans l'immense plaine continentale.

Que cette plaine montréalaise soit unie et fertile, cela se comprend aisément par sa formation géologique. Envahie dès le début de l'ère primaire par l'océan qui y a déposé d'épaisses couches de sédiments qui sont à l'origine de son sous-sol calcaire, elle fut soumise ensuite à l'érosion subaérienne durant l'ère secondaire et tertiaire, soit durant quelque 250 millions d'années. Cependant c'est surtout à l'époque quaternaire alors qu'elle subit quatre invasions glaciaires successives que la plaine laurentienne va acquérir les principales caractéristiques que nous lui connaissons aujourd'hui. Seules des formations de roches dures, telles celles du Mont-Royal et des autres collines montérégiennes, ont tant bien que mal résisté à cette éternité d'érosion et au rouleau compresseur des glaciers dont on a estimé l'épaisseur à plus de 3000 pieds. S'étant affaissée sous le poids d'une telle masse, la croûte continentale de l'est du pays fut envahie à nouveau par l'Océan — on lui a donné à cette occasion le nom de Mer Champlain — qui y a laissé de riches dépôts alluvionnaires, fort propres à la culture et à l'élevage, tout en en noyant les différences de relief. Ainsi une carte des lignes isohypses de la

---

15. Blanchard, *op. cit.*, pp. 58-59.
16. H.P. Biggar, trans., *The Voyage of Jacques Cartier*, p. 168.

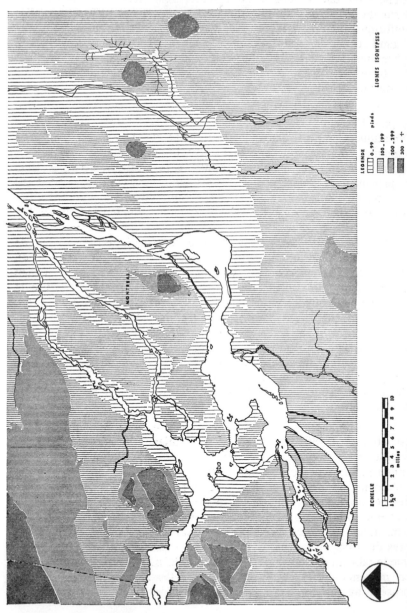

Fig. 2   Carte des lignes isohypses de la plaine de Montréal

plaine (soit une superficie équivalente à un rayon de 30 milles à partir du centre de l'île montréalaise) peut témoigner de cette grande uniformité du relief. Exception faite pour les collines d'Oka et de Rigaud et pour les collines montérégiennes, elles-mêmes passablement restreintes, les pentes de plus de 5% sont fort rares et la majorité des terres se situent à une cote inférieure à 200 pieds au-dessus du niveau moyen de la mer [17].

Non seulement cette assiette terrienne est-elle la plus unie et la plus fertile du Québec, mais elle jouit également des conditions climatiques les plus clémentes et les plus favorables à l'occupation humaine. Globalement, le nombre de jours continus sans gelée y est supérieur à 140 par année, nettement le taux le plus élevé de toute la province, et la neige ne tient au sol que durant une douzaine de semaines, soit jusqu'à deux fois moins longtemps que dans certaines autres régions habitables du territoire québécois. Suscitée par la configuration même de la vallée laurentienne, la prédominance des vents du sud-ouest, de l'ouest et du nord-est, amenant l'humidité du Golfe du Mexique, du bassin des Grands Lacs et de l'Atlantique, favorise des précipitations abondantes — au total plus de 40 pouces annuellement — d'une étonnante régularité. Ainsi les précipitations moyennes mensuelles se situent toutes, sauf pour le mois d'avril où elles sont très légèrement inférieures, au-dessus de 3 pouces sans jamais atteindre 4 pouces. Ces caractéristiques climatiques, combinées avec un été chaud dont les mois de juin, juillet et août maintiennent une température moyenne au-dessus de 65 degrés Fahrenheit et sont ensoleillés dans une proportion supérieure à 50%, présentent donc des conditions très favorables à la croissance des végétaux durant la belle saison.

Nul ne peut nier cependant, surtout s'il considère que Montréal est située à 45°30' de latitude, soit la même latitude que Milan et Venise, et à peine un peu plus au nord que Bordeaux, que son climat est de type continental, c'est-à-dire qu'aux mois torrides d'été succèdent les mois rigoureux et interminables de l'hiver. Les mois de décembre, janvier et février atteignent avec peine une température moyenne de 16 degrés Fahrenheit ; heureusement leur pourcentage d'insolation demeure acceptable, passant de 25% en décembre à près de 40% en février. C'est au niveau des précipitations de neige que le tableau devient plus dramatique : la plaine reçoit annuellement en moyenne 120 pouces de neige. Cette épaisse couche isolante possède au moins l'avantage de protéger les sols contre les grands

---

17. Blanchard, *op. cit.*, pp. 14-48 ; voir également Montréal, Qué., Service d'urbanisme, *Caractéristiques physiques de la région*.

froids [18]. Si l'on sent moins les inconvénients de ce rude climat aujourd'hui, on doit penser qu'à l'époque où l'établissement colonial dépendait directement des métropoles européennes, le gel a ralenti le développement de Montréal et de la colonie en rendant inutilisables les voies fluviales de communication et de ravitaillement pendant plus de quatre mois chaque année. Signalons, par exemple, que les navires français ne pouvaient effectuer qu'un seul voyage par année à Québec alors qu'ils en effectuaient régulièrement deux ou trois aux Antilles. Sur ce plan, les colonies anglaises de la côte Atlantique ont joui d'un avantage indiscutable. Pour sa part, avant de prospérer selon un rythme plus rapide, Montréal devra attendre d'être reliée par chemin de fer à un port libre de glace de l'Atlantique, à partir de 1853.

Pour le reste, la fertilité des sols de la grande plaine montréalaise, de même que des conditions climatiques propices à la croissance des végétaux durant la saison estivale ont nettement favorisé l'occupation rurale du territoire et stimulé les échanges entre producteurs de nourriture et producteurs de biens et de services, échanges essentiels à toute vie urbaine. Et dès 1684, le Baron de Lahontan nous en fournit une confirmation lorsqu'il note dans un récit de voyage que les « côtes ou seigneuries au sud de l'île produisent un revenu considérable, car les habitations sont bonnes, et les habitants riches en blé, bétail, volaille et mille autres denrées qu'ils vendent ordinairement à la ville » [19].

L'île de Montréal elle-même — de dimensions appréciables, à savoir quelque 115 mille acres [20] — jouera durant les premiers siècles un rôle important comme assiette de cette communauté agricole. D'ailleurs les qualités de son sol n'avaient pas échappé aux indigènes, si on en juge encore d'après les témoignages des premiers européens qui la visitèrent : nous

> marchames plus oultre, et envyron demye lieu de là, commançasmes à trouver les terres labourées et belles, grandes champaignes, plaines de bledz de leur terre, qui est comme mil de Brezil, aussi groz, ou plus, que poix, duquel vivent, ainsi que nous faisons de

18. Blanchard, *op. cit.*, pp. 48-59 ; voir également Richmond Wilberforce Longley, *Le climat de Montréal*.
19. Louis-Armand de Lom d'Arce, baron de Lahontan, *Voyages du Baron de Lahontan dans l'Amérique septentrionale...*, 1, p. 30. À l'avenir : *Voyages du Baron de Lahontan*.
20. Soit exactement 114,854 acres, si on exclut l'île Bizard, 120,458 acres, si on inclut cette île, et 121,775 acres, ou 190.30 milles carrés, en incluant quelques autres îles sous la juridiction de certaines municipalités riveraines : Montréal, Qué., Service d'urbanisme, *Superficies des municipalités*, pp. 3-4.

froument. Et au parmy d'icelles champaignes, est scituée et assise ladicte ville de Hochelaga, près et joignant une montaigne, qui est, à l'entour d'icelle, labourée et fort fertille...[21].

Les témoignages abondent également dans les Relations des Jésuites concernant la splendeur et la fertilité de l'île. Rappelons simplement celui (1663) de Jérôme Lalemant, qui les résume bien :

> Ce lieu-là surpasse encore tous les autres en beauté : car les isles qui se rencontrent dans l'emboucheure de ces deux fleuves (le St-Laurent et la Rivière des Prairies), sont autant de grandes et de belles prairies, les unes en long, les autres en rond, ou autant de jardins faits à plaisir, tant pour les fruits qui s'y rencontrent, que pour la forme et l'artifice dont la nature les a préparées, avec tous les agremens que les Peintres peuvent representer dans leur païsage [22].

Enfin, près de deux siècles plus tard, Joseph Bouchette notait encore dans son *Dictionnaire Topographique de la province du Bas-Canada* : « Montreal is the most considerable island in the province, and its superior fertility has acquired for it the distinguished appellation of the Garden of Canada. » [23]

Nous avons insisté sur ce caractère hautement hospitalier des terres de la plaine et de l'île de Montréal pour une raison précise. Parce que l'occupation rurale qu'elles favorisent aura des répercussions multiples et marquantes sur notre milieu urbain. Comme nous le verrons dans le prochain chapitre, les structures et l'orientation des paysages urbains de la Métropole sont issues presque sans transformation de ce patron initial d'occupation rurale. De plus, cette communauté agricole populeuse fournira, à partir de la seconde moitié du 19e siècle, de forts contingents de main-d'œuvre pour l'industrie naissante, à tel point que Montréal devra à l'existence de cette main-d'œuvre abondante et peu exigeante l'importance même de son essor industriel.[24] Et aujourd'hui encore, ces bonnes terres de la plaine sont au cœur de nos préoccupations, mais pour d'autres raisons. En effet, au moment où le processus d'urbanisation s'amplifie et où le développement urbain semble échapper à tout contrôle, les meilleures terres pour l'occupation urbaine demeurent toujours malheureusement les meilleures pour l'exploitation agricole. Le dilemme est tragique.

---

21. Biggar, *op. cit.*, pp. 154-155.
22. *Relations des Jésuites*, 3, année 1663, p. 28.
23. Joseph Bouchette, *A Topographical Dictionary of the Province of Lower Canada*, voir « Montreal ».
24. Ce sujet sera traité au septième chapitre.

Du point de vue de l'architecture maintenant, cette formation géologique du sol montréalais offrira une importante gamme de matériaux qui seront employés dans la construction des bâtiments de la ville. Il est sûr d'abord que le bois de charpente ne manquait pas, tant dans l'île que dans ses environs. Ainsi, l'ingénieur français Gédéon de Catalogne, qui était sans contredit l'homme le plus informé des ressources physiques de la colonie, nous confirme qu'en 1684 la paroisse de Montréal « n'estoit presque qu'une forest de toutes sortes d'arbres très gros particulièrement des pins, érables, bois blancs, ormes, hestres et merisiers et cèdres... ». Il n'est pas inutile de préciser ici que cette paroisse couvrait alors une partie importante de l'île, s'étendant de Verdun jusqu'à Longue Pointe, et englobant outre la moitié des Côtes St-Pierre et St-Paul, les Côtes Notre-Dame des Neiges, de Liesse, des Vertus, St-Laurent, Ste-Catherine, St-Michel et de la Visitation.[25]

De même des affleurements rocheux dans une quinzaine d'endroits de l'île, notamment à Rosemont, Côte St-Michel, Bordeaux et Cartierville, ainsi que dans quelques districts de l'Île Jésus (St-Martin, St-Vincent de Paul et St-François de Sales), devaient servir de carrières pour la presque totalité de la pierre qui sera employée dans la construction à Montréal. Il s'agit dans la plupart des cas de calcaires tirés des formations de Trenton et Chazy, se présentant en trois variétés : une pierre de taille grise, de type semi-cristallin et de grain moyen, une pierre sombre, dure et à grain fin, et une troisième variété formée par une combinaison des deux précédentes. Deux importantes carrières exploitant ces formations, les carrières Martineau et Villeray — aujourd'hui comblées et transformées en parcs de quartier — étaient toujours en opération dans les premières décennies du 20e siècle. Ces calcaires de couleur sombre et plutôt triste devaient teinter les vieilles rues de Montréal d'une couleur locale très particulière qui n'échappera pas à l'observation des visiteurs comme nous le constaterons au chapitre sixième.

Enfin, le manteau détritique couvrant environ 90% de la superficie de l'île et une aussi grande proportion de la grande plaine est composé en partie d'argile marine, dite argile à Léda, particulièrement propre à la fabrication de la brique. Samuel de Champlain, ce grand géographe, dont nous allons bientôt parler, avait déjà remarqué cette particularité du sol montréalais lors d'un voyage en 1611 : « Il y a aussi quantité de prairies de trés-bonne terre grasse à potier, tant pour bricque que pour bastir, qui est une grande

---

25. Munro, *op. cit.*, pp. 97-98.

commodité. » [26] Sur l'île, cette argile marine se trouve surtout confinée en une large bande s'étendant globalement de Verdun jusqu'à Pointe-aux-Trembles, entre le fleuve et la Terrasse Sherbrooke. Elle sera abondamment employée pour la fabrication d'une brique commune qui se distinguera par sa couleur rouge très caractéristique et qui deviendra le matériau de revêtement le plus utilisé dans la construction domestique à Montréal : des quartiers entiers affichent ce rouge comme couleur dominante. Deux briqueries, fabriquant presque exclusivement ce type de brique commune, étaient anciennement localisées dans l'est de la ville, soit sur les rues Iberville et Davidson, à la hauteur de l'arête de la rue Sherbrooke.

D'un autre côté, ce ruban d'argile marine s'étendant entre la terrasse Sherbrooke et le fleuve, et variant en profondeur de quelques pieds à plus de cent cinquante, présentait une mauvaise assise pour les constructions. Et c'est précisément sur cette bande de sol mou que, poussés par les forces inscrites dans la géographie, se sont développés le centre-ville et l'axe industriel lourd de la Métropole. Évidemment des techniques de génie ont permis de suppléer à ces faiblesses du sol, mais en augmentant parallèlement les coûts et les difficultés de la construction. Heureusement, le reste de l'île, recouvert d'argile à blocaux plus résistants à la compression, offrait de meilleures conditions pour les fondations, particulièrement dans cette vaste zone délimitée *grosso modo* par le chemin de la Côte-des-Neiges, les boulevards Métropolitain et Pie IX, et par la rue Mont-Royal, là où le roc solide peut être rejoint à moins de dix pieds sous la surface du sol.[27]

En laissant de côté pour le moment les influences du climat sur l'architecture, influences que nous préférons traiter dans des cas concrets, nous nous attacherons, pour terminer cette analyse du site, à certains traits plus particuliers de la topographie naturelle de l'île de Montréal. Car ceux-ci détermineront le choix de l'emplacement du premier établissement et orienteront son développement.

Cette topographie, on s'en doute, est caractérisée par la présence, à peu près au centre de l'île, du mont Royal, cette colline assez lourde et molle de forme et qui doit son origine à des infiltrations de coulées volcaniques à travers la carapace sédimentaire. Cette montagne, comme on la nomme familièrement, et qui culmine à 769 pieds au-dessus du niveau de la mer, prolonge faiblement sa

---

26. Abbé Charles-Honoré Laverdière, éd., *Oeuvres de Champlain*, 1, p. 392.
27. J. Stanfield, *The Pleistocene and Recent Deposits of the Island of Montreal, Canada*, pp. 43-50.

Fig. 3  Topographie naturelle de l'île de Montréal

bosse en épine dorsale vers les deux extrémités de l'île. Ce qui donne à ce territoire un relief légèrement bombé vers son milieu et qui s'atténue progressivement en allant vers les rives, à savoir une assiette d'environ deux cents pieds d'altitude au centre et de quelques dizaines de pieds aux berges. Si cette dénivellation est douce dans le sens longitudinal de l'île, elle est plus accentuée dans le sens transversal, particulièrement du côté est de la montagne où ce relief se précipite vers le fleuve en terrasses ou gradins successifs. Ainsi, par exemple, sur la courte distance entre le parc Lafontaine et la rue Sainte-Catherine, on constate une dénivellation de plus de 75 pieds. Pour certains géographes, ces terrasses correspondent à des anciennes plages de la Mer Champlain. Selon Blanchard, elles correspondent plutôt à des beines sous-marines, c'est-à-dire à des talus d'accumulation formés sur la face orientale du mont Royal à une époque où celui-ci gênait les courants marins de la Mer Champlain. [28]

On peut ainsi distinguer de ce côté deux terrasses principales. La première, qui apparaît à l'altitude moyenne de 150 pieds, et qu'il est convenu d'appeler la terrasse de la rue Sherbrooke, puisque cette rue en longe l'escarpement sur plusieurs milles, s'étend *grosso modo* du parc Maisonneuve jusqu'à la municipalité de Montréal-Ouest. Immédiatement en contrebas de cette haute terrasse, c'est la basse terrasse s'étendant jusqu'au fleuve, entre la rue McGill et la cour de triage du Canadien Pacifique à Hochelaga, à une altitude moyenne de 80 pieds. Au moment de la fondation de Montréal, cette basse terrasse était ravinée par un système de vallées au fond desquelles coulaient des petites rivières. Un premier ruisseau bourbeux, la rivière Saint-Martin, se frayait un chemin à l'endroit même où passe aujourd'hui la rue Craig et, à la hauteur de notre square Chaboillez, se jetait dans l'autre rivière, appelée la rivière Saint-Pierre. Cette dernière, venant du sud-ouest, se jetait dans le fleuve St-Laurent en empruntant le chemin de notre Place d'Youville actuelle. Ces caractéristiques topographiques de cette basse terrasse devaient profondément influencer la formation et le développement du Montréal des premiers siècles.

3.  *Le premier établissement*

C'est à Samuel de Champlain que doit revenir le crédit d'avoir choisi le site de la future ville de Montréal. Il faut reconnaître immédiatement qu'il était particulièrement qualifié pour le faire. Grand explorateur, cartographe hors pair, excellent géographe, il s'illustra de plus comme ethnographe et fondateur de villes et d'un

---

28.  Blanchard, *op. cit.*, pp. 38-39, 190-203.

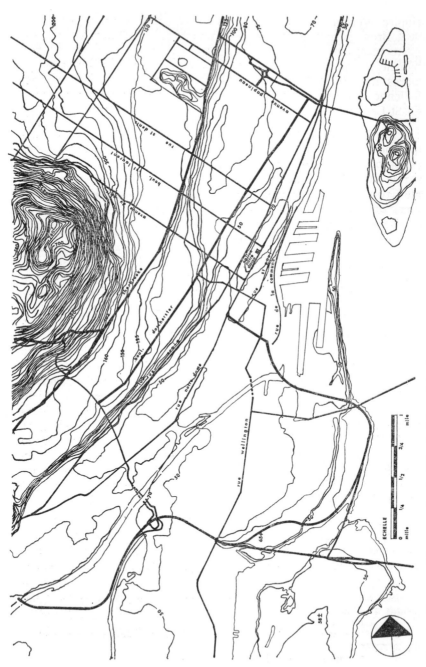

*Fig. 4   Topographie naturelle de l'île de Montréal : les terrasses*

empire. Véritable homme de la Renaissance, Champlain, qui était né à Brouage près de La Rochelle vers 1570, combinait le tempérament énergique d'un homme d'action avec celui d'un observateur patient et méthodique, stimulé par une curiosité opiniâtre. Entre autres travaux savants, on lui doit une somme de l'ethnographie indienne et un inventaire géographique d'une rare qualité de l'Acadie, du St-Laurent et de la région des Grands Lacs.

À la solde d'un groupe d'hommes d'affaires de Rouen qui avaient obtenu d'Henri IV des monopoles dans le commerce des pelleteries, Champlain chercha d'abord à établir des centres de traites sur la côte Atlantique. Il fonda en 1604 un établissement à l'île Ste-Croix (aujourd'hui île Douchet sur la côte du Maine), établissement qu'il abandonna l'année suivante pour fonder Port-Royal sur la rive nord du bassin Annapolis en Nouvelle-Écosse.[29] Mais il se rendit compte rapidement que les côtes de l'Acadie étaient difficiles à défendre et que le massif des Appalaches constituait un obstacle au commerce avec les nations indigènes de l'intérieur du pays. Il conscilla donc à ses patrons « de s'aller loger dans le fleuve Saint-Laurent, où le commerce et traffic pouvaient faire beaucoup mieux qu'en Acadie »[30].

Avec une étonnante perspicacité, Champlain avait parfaitement saisi la signification géographico-économique de la profonde pénétration du fleuve à l'intérieur du continent. Et en géographe et homme de guerre avisé, il établit une Habitation en 1608 à Québec, précisément à cet endroit le plus rétréci du fleuve de façon à garder l'entrée du futur empire des Français en Amérique.[31] Puis il se rendit rapidement compte qu'il serait avantageux pour le commerce des fourrures d'établir un poste de traite au carrefour des principales routes de ce réseau fluvial, à savoir sur l'île de Montréal. C'est ainsi que le 28e jour de mai 1611, il inspecta les abords de l'île du Grand Saut, « pour trouver un lieu propre pour la scituation d'une habitation, & y preparer une place pour y bastir ... »[32].

Quel lieu précis Champlain choisit-il ? Laissons-lui la parole : « Mais en tout ce que je vy, je n'en trouvay point de lieu plus propre qu'un petit endroit, qui est iusques où les barques & chaloupes peuvent monter aisément... ». Champlain choisit donc un endroit

29. Marcel Trudel, « Samuel de Champalin » dans *Dictionnaire biographique du Canada*, 1, pp. 192-204.
30. Laverdière, *op. cit.*, p. xxiv.
31. « Québec » est d'ailleurs un mot algonquin signifiant rétrécissement de la rivière.
32. Laverdière, *op. cit.*, p. 390.

à la limite des eaux navigables, c'est-à-dire aux pieds des rapides de Lachine, endroit qu'il nomma Place Royale.

> Et proches de ladite place Royalle y a une petite riviere qui va assez avant dedans les terres, tout le long de laquelle y a plus de 60 arpens de terre désertés qui font comme prairies, où l'on pourrait semer des grains, & y faire des jardinages. (...) Ayant donc recogneu fort particulièrement & trouvé ce lieu un des plus beaux qui fut en cette riviere, je fis aussitost coupper & deffricher le bois de ladite place Royalle pour la rendre unie, & preste à y bastir...[33].

Cette Place Royale, choisie, baptisée et défrichée par Champlain, correspond aujourd'hui à la Pointe-à-Callières, ce triangle délimité par la rue de la Commune et par la Place d'Youville, et ayant à sa pointe l'actuel monument de Young. À l'époque, comme nous l'avons déjà vu, la petite rivière St-Pierre coulait à l'emplacement de la Place d'Youville, ce qui conférait à cette pointe de terre un moyen de protection que Champlain avait bien apprécié... « & peut on faire passer l'eau au tour aisement, & en faire une petite isle, & s'y establir comme l'on voudra »[34]. Cette percée de la rivière St-Pierre présentait aussi d'autres avantages : étant navigable sur une bonne partie, elle permettait de raccourcir d'autant le portage pour contourner les rapides de Lachine, et son embouchure offrait de plus un petit havre à l'abri des forts courants du St-Laurent à cet endroit.

Malheureusement, et pour des raisons demeurées obscures, les projets que Champlain nourrissait pour la Place Royale n'iront jamais plus loin de son vivant. Sans doute l'endroit ne fut pas oublié, et a dû servir à l'occasion de point de rendez-vous pour sauvages, trappeurs et commerçants. Cependant, il va falloir attendre une trentaine d'années avant qu'un établissement permanent prenne racine sur cette Place Royale que Champlain avait laissée « preste à y bastir ».

Enfin, à l'été 1642, une quarantaine de colons s'installent en permanence sur les terres de la Place Royale, sous la gouverne du sieur Chomedey de Maisonneuve que l'histoire retiendra comme le fondateur de Montréal. On aurait pu croire que ce groupe de pionniers était attiré par les promesses économiques du site. Mais non ; cette fondation de Montréal est sans parallèle dans l'histoire de la colonisation européenne. En effet, patronnée par une société de gens dévôts[35] dont la plupart possédaient de confortables fortunes,

---

33. *Ibid.*, pp. 390-392.
34. *Ibid.*, p. 392.
35. Il s'agit des Messieurs et Dames de la Société de Notre-Dame de Montréal pour la conversion des Sauvages de la Nouvelle-France.

et dont certains étaient titrés et avaient leurs entrées jusqu'au trône de France, cette fondation avait pour but avoué « d'y assembler un peuple composé de Français et de Sauvages qui seront convertis pour les rendre sédentaires, les former à cultiver les arts mécaniques de la terre, les unir sous une même discipline, dans les exercices de la vie chrétienne... » [36]. Cette société avait acquis dans ce dessein la propriété de l'île de Montréal précisément parce qu'elle était « pour quatre-vingts nations barbares, comme un centre propre à les attirer, à cause des rivières qui y affluent de toute part » [37].

Ce projet de la Société Notre-Dame s'est rapidement avéré utopique et ce premier établissement montréalais a survécu et prospéré beaucoup plus grâce à son rôle de comptoir de traite que par prosélytisme religieux. Mais, pour l'heure, le fortin de Ville-Marie que Maisonneuve et ses compagnons érigent sur la Place Royale ne diffère guère de l'habitation que Champlain avait érigée à l'île Ste-Croix en 1604. Un plan de ce fort, qui aurait été situé près de l'actuel quai Alexandra, à peu près entre les actuelles rues de Callières et du Port, nous est parvenu. De facture plutôt timide, ce plan, tracé en 1647 par Jean Bourdon, est le tout premier plan que nous possédons de la ville de Montréal à ses origines. Bien que ses constructions aient dû être particulièrement rustiques, leur disposition en plan n'en dénote pas moins une conception classique d'aménagement. En effet les bâtiments logeant l'autorité civile et religieuse, ainsi que les édifices d'utilité publique, le magasin, la cuisine et le four, sont groupés avec une certaine recherche de symétrie autour d'une petite place centrale. De même les cases des colons se répartissent symétriquement de chaque côté d'un axe menant de la porte centrale à la demeure du gouverneur. Que ce plan de Bourdon reflète fidèlement la disposition originale de ces diverses constructions, nous ne le savons pas, pas plus que nous ne sommes sûrs que le plan que nous a laissé Champlain de son établissement de l'île Ste-Croix ait été absolument conforme à la réalité. Mais une chose est certaine : il y a une telle ressemblance dans l'esprit de ces deux plans que l'on doit admettre qu'il existait à l'époque une façon inspirée par le classicisme de planifier ces établissements coloniaux... ou une façon conventionnelle de les représenter sur papier. Possiblement un peu de l'un et de l'autre.[38]

---

36. SHM, *Les véritables motifs de Messieurs et Dames de la Société de Notre-Dame de Montréal*, p. 14.
37. Lettre des Associés au Pape Urbain VIII en 1643, citée dans (Étienne-Michel Faillon), *Histoire de la colonie française au Canada*, 1 p. 398. (#)
38. Voir Lanctôt, *op. cit.*, pp. 150-151 ; John William Reps, *The Making of Urban America ; a History of City Planning in the United States*, pp. 68-71. (#)

# *2*

# *L'Île colonie*

Modern towns which have arisen little by little can
only be understood by the study of their history...
Steen Eiler Rasmussen.[1]

## 1. *Un empire contesté*

Pour donner à ses lecteurs une vision globale de la croissance
de Londres aux dix-septième et dix-huitième siècles, le professeur
John Summerson, dans son excellent ouvrage sur le Londres georgien, leur propose de s'imaginer suspendus à une hauteur d'un mille
au-dessus de la ville pour une période de temps équivalent à deux
siècles en supposant que les années s'égrèneraient au rythme précipité
d'une à la seconde.[2] Si l'on adoptait le même procédé pour prendre
connaissance de la progression de l'occupation humaine sur l'île de
Montréal durant la même période, on pourrait constater deux choses.
D'abord que le fort de Ville-Marie est le noyau d'une croissance topographique centrifuge, un peu comme un caillou jeté à l'eau produit
à la surface des remous annulaires qui entourent le centre d'impact
d'une ceinture de plus en plus large. Rien d'étonnant à cela, car,
comme l'explique Summerson, une ville est comparable à une
plante ou à une fourmilière : elle est le produit d'une volonté
collective inconsciente et seulement à un très faible degré d'intentions
préconçues.[3] Pourtant, on pourrait également remarquer, du haut
de notre observatoire imaginaire, qu'au moment même où Ville-
Marie s'épanouit, d'autres établissements humains apparaissent simultanément, en divers endroits de l'île et de la plaine environnante,
et que tous semblent s'intégrer dans un plan d'ensemble préconçu.
Que s'est-il passé ?

1. Steen Eiler Rasmussen, *London the Unique City*, p. 16.
2. John Summerson, *Georgian London*, pp. 17-18.
3. *Ibid.*, p. 18.

Pour comprendre ce qui s'est passé, nous croyons qu'il est essentiel de tenir compte de la conjoncture particulière qui préside à la colonisation du bassin montréalais. En effet, à une époque où le commerce des pelleteries s'avérait l'une des principales ressources économiques du continent, Montréal, centre naturel de contrôle de ce commerce, grâce à sa situation géographique, devint la rivale des autres colonies européennes, qui convoitaient ce monopole. D'autant plus que sa situation au centre du réseau fluvial permettait aux colonisateurs français de pénétrer jusqu'à l'intérieur du continent américain. De plus, les grandes explorations, celles de Jolliet, Marquette, Cavalier de La Salle et autres — explorations stimulées par la nécessité de découvrir de nouveaux territoires à fourrures — tendaient à axer l'empire français sur le St-Laurent et le Mississipi, et à dénier aux autres colonies européennes de la côte Atlantique le droit de s'étendre au-delà des Appalaches.

Les premiers à réagir furent les Hollandais établis à la Nouvelle-Amsterdam et à Fort Orange (d'où ils seront délogés par les Britanniques, qui rebaptiseront ces deux villes New-York et Albany). Ces deux postes, l'un situé à l'embouchure du fleuve Hudson, l'autre à la confluence de l'Hudson et de la rivière Mohawk, contrôlaient une percée continentale qui tendait à couper en deux celle du Saint-Laurent et à séparer Montréal de son hinterland naturel. Cette menace était d'autant plus réelle que ces colonies de l'Atlantique jouissaient d'une économie plus diversifiée que la colonie française, et profitaient d'un système de communications naturelles avec l'intérieur beaucoup moins étiré que celui du St-Laurent.[4] Cette menace était d'autant plus réelle aussi, compte tenu des alliances que ces colonies rivales contractèrent avec les diverses nations indiennes pour exploiter le commerce des fourrures.

Retenons d'abord que l'Indien est l'allié indispensable des commerçants de fourrure. Car il est le natif, rompu à l'environnement du Nouveau Monde, celui qui connaît les habitudes et les habitats des animaux, sait les trapper et en transporter les peaux sur de frêles embarcations adaptées aux rivières tumultueuses. En outre, il offre beaucoup en échange de peu. Cependant, pour lui, ce commerce avec les Blancs représente plus qu'une activité rémunératrice : il est vital.

Premièrement, parce que ce commerce des fourrures ne requérant que quelques agents, et trouvant son avantage à conserver intacts les territoires de chasse, tend aussi indirectement à respecter

---

4. Donald Creighton, *Dominion of the North ; a History of Canada*, pp. 110-112. (#)

le milieu vital de l'aborigène. Deuxièmement, parce qu'en échange de pelleterie ce dernier peut se procurer des outils et des armes en fer. Il faut se rappeler ici que l'Amérindien du Nord n'avait pas encore atteint l'Âge du fer. Réduit à fabriquer ses instruments avec du bois, des os, de la pierre ou, à l'occasion, avec du cuivre, le fer fut pour lui une révélation, et révolutionna son mode de vie. Pour lui, les Européens étaient avant tout les « gens de fer ». Leur arrivée, avec des chaudrons, des couteaux et des mousquets de fer, devait effectivement chambarder complètement sa culture primitive. À partir du moment où les Blancs troquèrent ces instruments de fer pour des fourrures, sa vie changea du tout au tout. Car ces armes et outils de métal dur décuplaient son énergie, raffinaient son adresse naturelle ; surtout, elles altérèrent les relations entre les diverses nations indiennes, suivant que les unes étaient plus ou moins pourvues de ces instruments par rapport aux autres. Posséder des fusils et des couteaux de fer devint rapidement une question de survie : en témoigne l'extermination des Hurons qui ne reçurent pas de fusils de la part des Français tandis que leurs ennemis, les Iroquois, en étaient approvisionnés par les Anglais et les Hollandais.[5]

Ainsi, ces deux sociétés européennes, établies dans des régions différentes dont le territoire économique de l'une constituait un obstacle à l'expansion de celui de l'autre, nouèrent des alliances avec différents clans de Sauvages dans le but de s'approprier le monopole de la traite des fourrures. Les Français s'allièrent aux Hurons et aux Algonquins qui peuplaient la région des Grands Lacs et qui étaient les ennemis héréditaires des Iroquois. Ces derniers, groupés dans une ligue de Cinq Nations échelonnées sur les terres fertiles qui vont du lac Champlain au lac Ontario, touchaient d'un côté aux habitations anglaises et hollandaises et de l'autre aux territoires à fourrure. Ils devinrent donc des alliés naturels de ces colonies, d'autant plus qu'ils étaient assurés d'en obtenir de meilleurs taux d'échange, incluant eau-de-vie et mousquets. Politiquement organisés, socialement plus avancés que leurs congénères, sédentaires habitant des bourgs fortifiés et cultivant le sol, enfin guerriers redoutables, ils s'élancèrent dans une guerre économique pour procurer le monopole de la traite aux Blancs d'Orange et de la Nouvelle-Amsterdam.[6]

Pendant plus d'un demi-siècle, de 1641 à 1701, leur objectif primordial fut de détruire le pays des Hurons pour priver les Français de leurs intermédiaires et de forcer ces derniers d'évacuer leurs postes de traite sur le Saint-Laurent. L'évacuation de l'île de Montréal surtout

5. *Ibid.*, pp. 13-14.
6. Gustave Lanctôt, *Montréal sous Maisonneuve, 1642-1665*, pp. 23-24.

leur parut essentielle car elle était le centre naturel de contrôle du commerce des fourrures. Et c'est précisément dans ce contexte de résistance à l'invasion étrangère que s'effectua l'occupation du sol et le peuplement de la plaine et de l'île montréalaises.[7] On ne saurait trop insister sur cette conjoncture car elle va orienter et influencer ces premières occupations d'une façon déterminante.

2.   *Le boulevard de la colonie*

C'est par l'intermédiaire du régime seigneurial que s'est effectué le peuplement de la Nouvelle-France. Ce système de peuplement consistait à accorder à des entrepreneurs (qui seront appelés seigneurs) des portions de terre avec l'obligation expresse d'y établir des colons ou censitaires. Si ce régime, régi à partir de 1663 par la coutume de Paris, avait hérité des rites, du vocabulaire et un peu de l'esprit de la féodalité, il s'apparentait à cette dernière par ses cadres extérieurs seulement. En Nouvelle-France, il apparaît essentiellement comme un système économique de mise en valeur du territoire, l'État se réservant la surveillance minutieuse des droits et des devoirs des parties concernées.[8]

Ce régime ne fonctionnera guère sous le règne des Compagnies de Commerce que leurs intérêts portaient à favoriser plutôt une colonie-comptoir. Mais lorsqu'éclata la guerre avec les aborigènes, le sous-peuplement du pays se révéla tragique. Car la vie économique de la colonie dépendait entièrement du commerce des pelleteries et celui-ci n'était possible que si les voies fluviales à l'intérieur du continent étaient suffisamment protégées pour assurer la liberté du trafic.[9]

Devant cette faillite, Colbert réorganisa la colonie en 1663 et la mit directement sous le contrôle et l'autorité du roi. La Nouvelle-France devenait ainsi une simple province française, gouvernée en conséquence par des fonctionnaires royaux dont le gouverneur, l'intendant et l'évêque constituaient les figures de proue. De plus, pour pacifier les indigènes, Louis XIV expédia dans la colonie le régiment Carignan-Salières composé d'un millier de soldats chevronnés qui s'étaient précédemment illustrés en Europe. Le premier geste de ces militaires fut de barrer, en y établissant des postes fortifiés, la route d'invasion des Iroquois, à savoir la rivière Richelieu menant, par l'Hudson et le lac Champlain, de la Nouvelle-Amsterdam à Montréal.

---

7. Cette guerre ne fut pas continue, mais ponctuée d'intervalles de paix relative.

8. Marcel Trudel, *Le Régime seigneurial.*

9. Creighton, *op. cit.,* pp. 45-46.

En 1665, ils construisirent trois forts sur cette voie d'eau : le fort Richelieu, à l'embouchure même de cette rivière, le fort St-Louis, au pied des rapides Richelieu (aujourd'hui Chambly) et le fort Ste-Thérèse, à trois lieues en amont du précédent.[10]

Au même moment, le premier intendant de ce gouvernement royal, Jean-Baptiste Talon (1625 ?-1694), inaugurait son administration. L'activité déployée en Nouvelle-France par ce grand intendant sera capitale. Administrateur de carrière qui avait fait ses preuves notamment comme intendant du Hainaut, Talon fut le premier à doter la colonie d'une base économique solide. Surtout, pour le sujet qui nous occupe, il élabora un plan d'occupation du sol, lequel sans être militaire de nom, ne l'était pas moins d'esprit, visant à protéger les régions vulnérables du pays contre l'invasion des sauvages et des étrangers.

Dans ce but, Talon conseilla au Roi de retenir dans la colonie les militaires du régiment Carignan-Salières en leur concédant des terres...

> Cette manière de donner un pays nouvellement conquis, expliqua-t-il, répond à l'usage autrefois reçu chez les Romains, de distribuer aux gens de guerre les champs des provinces subjuguées, qu'on appelait *praedia militaria*, & la pratique de ces peuples politiques & guerriers peut, à mon sentiment, être judicieusement introduite dans un pays éloigné de mille lieues de son Monarque, qui, à cause de cet éloignement, peut souvent être réduit à la nécessité de se soutenir par ses propres forces.[11]

Quant à l'emplacement de ces concessions, l'intendant jugea avec raison que la région la plus vulnérable de la colonie était précisément celle de Montréal, et particulièrement son accès par la vallée du Richelieu.

Quelque vingt-cinq officiers de ce régiment Carignan-Salières, la plupart des capitaines et des lieutenants, acceptèrent de rester en Nouvelle-France et furent gratifiés de seigneuries le long des rives du Richelieu et du St-Laurent, de Montréal au lac St-Pierre. Et ces nouveaux seigneurs attirèrent sur leurs terres des soldats licenciés

---

10. Voir la reconstitution d'après une carte faite par Franquet en 1752, dans Marcel Trudel, *Atlas de la Nouvelle-France*, p. 118.
11. *Arrêts & règlements des intendants du Canada*, 24 janvier 1667. Cités dans (Étienne-Michel Faillon), *Histoire de la colonie française en Canada*, 3, pp. 342-343. (#)
   Au sujet de ce « Plan militaire de Talon », voir Dorothy A. Heneker, *The Seigniorial Regime in Canada*, pp. 71ss ; William Bennet Munro, « Historical Introduction and Explanatory Notes » dans *Documents Relating to the Seigniorial Tenure in Canada*, pp. xxxvss.

qu'ils avaient eus sous leur ordre. On estime entre 400 et 500 le nombre de soldats qui devinrent censitaires sur ces concessions militaires.[12]

Ainsi, par exemple, Talon concéda à Monsieur de Sorel, capitaine du régiment de Carignan, ce fort Richelieu sis à la confluence de la rivière du même nom et du St-Laurent, ainsi qu'une terre de deux lieues et demie de front sur deux lieues de profondeur. Selon l'Ingénieur du roi, Gédéon de Catalogne, qui produisit en 1712 un remarquable *Mémoire sur les plans des seigneuries et habitations des gouvernements de Québec, les Trois-Rivières et Montréal,* la situation de cette seigneurie était « très belle et la plus convenable, et le seul entrepôt entre Montréal, les Trois-Rivières et Chambly »[13]. Cette situation avantageuse devait favoriser avec le temps le développement sur cette concession de la ville de Sorel. Pour mieux contrôler cette embouchure du Richelieu, Monsieur de Berthier, capitaine d'une compagnie d'infanterie, se vit concéder en face des terres de M. de Sorel, de l'autre côté du fleuve, un fief de deux lieues de front par autant de profondeur. Sur ce fief s'élève aujourd'hui Berthierville. Enfin un autre endroit stratégique, celui du fort Saint-Louis, devait être inclus dans ce plan de défense de la rivière Richelieu. Talon donna à M. de Chambly, capitaine des troupes, ce fort St-Louis et des terres de chaque côté de la rivière, sur l'étendue de six lieues par une de profondeur. Sur cette concession devait apparaître notre ville de Chambly.

Sur la rive gauche du St-Laurent, entre l'île de Montréal et le lac St-Pierre, une grande partie des terres ayant déjà été concédées en seigneuries (dont celles de Lachenaie, de Repentigny et de St-Sulpice), l'intendant raffermit l'occupation de cette rive en accordant au sieur de la Valterie, lieutenant de compagnie, un fief d'une lieue et demie de front sur une profondeur égale. Cette seigneurie, contiguë à celle de St-Sulpice, se trouvait donc à quelques lieues en amont de celle du sieur de Berthier. Aujourd'hui des villages et villes qui se sont développés sur ces concessions perpétuent toujours les noms des anciens légataires.

De même, sur la rive droite du fleuve, on retrouve des noms familiers — aujourd'hui noms de villes et villages — dans les toutes premières concessions distribuées par Talon. Ainsi, par exemple, le sieur de Contrecœur, capitaine de Carignan, reçut un fief de deux lieues de front par autant de profondeur, tandis que son enseigne,

---

12. Munro, *op. cit.,* p. xxxv.
13. *Ibid.,* p. 116.

le sieur de Verchères, en recevait un d'une lieue de front sur une profondeur égale. Monsieur de Varennes, ancien lieutenant d'une compagnie des troupes du roi, fut gratifié d'une concession de terre de vingt-huit arpents de front, sur le fleuve, par une lieue et demie de profondeur. Pour sa part, Pierre Boucher, qui devait laisser son nom à Boucherville, reçut une concession de cent quatorze arpents de front sur deux lieues de profondeur. Au sujet de ce fief, l'ingénieur de Catalogne remarquait que cette « coste pour ce qu'elle contient est une des plus belles et des plus unies du Canada ; les habitans y sont les plus aisés du gouvernement » [14]. Quant à Charles Le Moyne, en raison de ses nombreux services rendus à la colonie, il reçut toutes les terres non concédées le long de la rive droite du fleuve depuis la précédente seigneurie jusqu'à celle des Jésuites (Laprairie de la Magdeleine, concédée en 1647), domaine qu'il nomma Longueuil du nom d'un village de sa Normandie natale. L'année suivante, en 1673, il se vit encore gratifié d'une autre concession importante, faisant front sur le lac St-Louis, concession qu'il nomma Châteauguay. Enfin, signalons que Monsieur Perrot, alors gouverneur de Ville-Marie, reçut en seigneurie l'île qui porte toujours son nom tandis que le sieur de Berthelot hérita de celle de l'île Jésus.[15]

Donc, les deux rives du Saint-Laurent, de Montréal au lac St-Pierre, et celles du Richelieu furent en grande partie divisées en fiefs concédés par l'intendant Talon, principalement durant les mois d'octobre et de novembre 1672, à des militaires, « avec obligation pour eux de s'y établir, de les faire cultiver & d'y attirer des colons, principalement les soldats licenciés qu'ils avaient eus sous leurs ordres » [16]. Le but visé par cette occupation systématique de ces sols n'est pas douteux et l'excellent historien Faillon le résume fort bien...

> l'une des fins que le Roi se proposait par ces concessions était de fortifier le pays contre les Iroquois ; aussi est-il à remarquer que les fiefs nobles qu'il donna à ses officiers furent presque tous situés dans le voisinage de l'île de Montréal, & sur le bord des rivières par où les barbares avaient coutume de descendre, c'est-à-dire sur la rivière appelée de Richelieu, & sur le fleuve Saint-Laurent, à partir du lac Saint-Pierre.

Et Faillon souligne qu'en

> s'y établissant avec un certain nombre de leurs soldats devenus agriculteurs, ils (les officiers légataires) donnèrent lieu à la forma-

---

14. *Ibid.*, p. 111.
15. Concernant ces concessions de l'intendant Talon, voir Faillon, *op. cit.*, pp. 346ss.
16. *Ibid.*, p. 351.

tion de divers bourgs qui, avec Villemarie, furent la sûreté & comme le Boulevard du reste de la colonie Française.[17]

Cette politique nationale de défense par l'occupation du sol prend, pour le sujet qui nous intéresse, une grande importance. Car elle va marquer le début de la structuration de la grande plaine montréalaise et orienter toute l'évolution de son développement.

Sur ces seigneuries existaient ou sont apparus des redoutes et des forts. Durant une période aussi troublée, ceux-ci devaient favoriser l'établissement des colons sur des terres offrant un refuge sûr en cas d'attaque par les indigènes. Et près de ces ouvrages de défense, eux-mêmes érigés souvent dans le voisinage des domaines seigneuriaux, furent construits les premières chapelles et églises, et, à l'occasion, des moulins banaux. Ainsi, par exemple, Boucherville aurait eu sa redoute en bois dès 1668, et sa première église en 1670. Un fort de bois est construit à Laprairie en 1670, suivi d'une chapelle vers 1687. Varennes possède sa première église en 1692, et une redoute en bois l'année suivante. À Contrecœur, c'est la maison seigneuriale même qui sert de chapelle jusqu'en 1711, tandis qu'à Sorel, le fort Richelieu de 1665 sert de lieu de refuge, la première église apparaissant en 1708. À Chambly, la chapelle est incluse directement dans le fort lorsque celui-ci est reconstruit en 1710.[18] Mais le cas le plus intéressant demeure celui de Longueuil où, pendant les années 1685 à 1690, Charles Le Moyne, deuxième seigneur et premier baron de Longueuil, fit construire un remarquable fort en pierre tant pour lui-même que pour la protection de ses nombreux colons. Ce château fort qui incluait l'église et était situé à peu près à l'angle sud-ouest de la rue St-Charles et du chemin de Chambly actuels, possédait deux étages et quatre tourelles, et pas moins de 210 pieds français de front par 170 de profondeur. (Il fut incendié en 1792 et démoli vers 1810). Le sieur Le Moyne construisit en outre, toujours en bonne maçonnerie, un moulin à farine et une brasserie près de son fort.[19]

Ces équipements essentiels, le fort ou la redoute, le manoir seigneurial, l'église et les moulins constituèrent les premiers noyaux de la vie communautaire dans les seigneuries. Avec le temps, malgré les difficultés de colonisation et le peu d'intérêt des habitants pour l'habitat groupé, plusieurs de ces modestes noyaux évoluèrent en des établissements plus consistants. Ainsi, à la fin du régime français,

17.  *Ibid.,* pp. 345-346.
18.  William Henry Atherton, *Montréal,* 1, p. 212 (#); Alan Gowans, *Church Architecture in New France,* pp. 99-155. (#)
19.  Alexandre Jodoin, « Le château de Longueuil », BRH ; 6, no. 3, mars 1900, pp. 76-78.

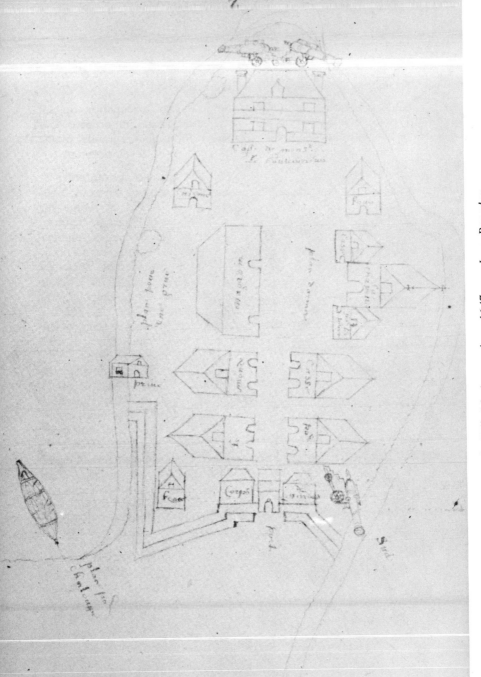

1. *Plan du fort de Ville-Marie, tracé en 1647 par Jean Bourdon.*

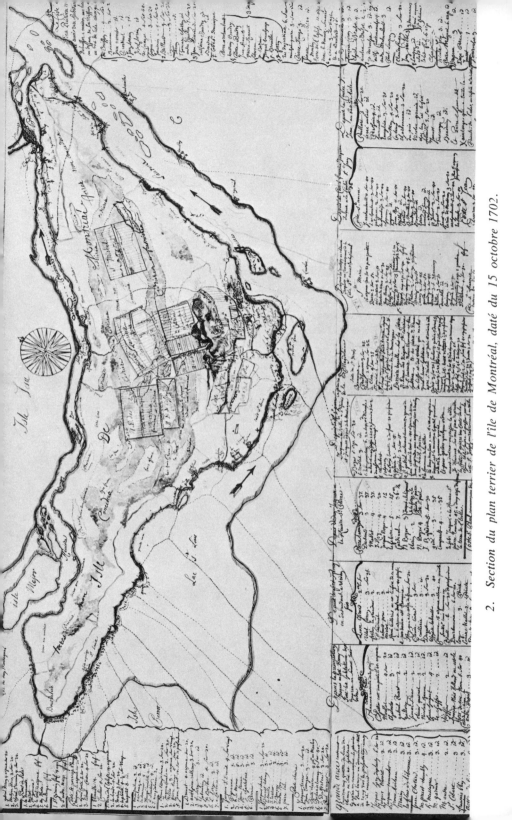

2. Section du plan terrier de l'île de Montréal, daté du 15 octobre 1702.

Laprairie, Boucherville et Verchères, dont les sites avaient été déterminés à l'avance pour de telles fins, sont reconnus comme des villages, c'est-à-dire des établissements concentrés de plusieurs centaines de résidents, à la fois centres de paroisse et centres de fonctions commerciales et de service. Par exemple, l'*Aveu et Dénombrement* de 1723 fait état pour le village de Boucherville de cinq boulangeries, d'un magasin général, d'un magasin à blé, de quatre entrepôts pour le grain et d'une forge [20]. Vers la même époque (1760), Longueuil et Chambly, dont les sites avaient également été déterminés par les seigneurs pour fin de villages, peuvent être considérés comme des hameaux, c'est-à-dire des établissements compacts mais moins peuplés et offrant moins de services que les villages. Cependant, ce n'est que provisoire. En effet, au début des années 1830, selon le *Dictionnaire Topographique de la Province du Bas-Canada* de Joseph Bouchette, Longueuil et Chambly sont devenus de bons villages, le premier possédant quelque 65 demeures, deux écoles et une superbe église, le second près de cent feux et un collège hébergeant quelque 75 étudiants.[21] Ce village de Chambly, avec son magnifique fort construit entre 1709 et 1711 par l'ingénieur en chef de la Nouvelle-France Josué Boisberthelot de Beaucourt, est parmi ceux qui témoignent le mieux de la genèse de ces établissements. Selon Bouchette, enfin, d'autres, dont Berthier, ont également atteint le stade de villages, ou y tendent progressivement.

Des chemins de communication se dessinent peu à peu entre ces seigneuries, villages et hameaux. Au début, ils répondent à des impératifs militaires : dès 1665, un chemin est frayé par les soldats entre le fort Ste-Thérèse et le fort St-Louis (Chambly), et plus tard un second, entre ce dernier et Montréal. L'année suivante, les militaires construisent sur le Richelieu le fort St-Jean (aujourd'hui ville St-Jean), qui sera lui aussi relié à Montréal, éventuellement. Le but de ces communications terrestres est clair, ainsi que nous le confirme l'ingénieur de Catalogne, lorsqu'il regrette que le baron de Longueuil n'ait pas terminé un chemin de quatre lieues et demie, entre sa seigneurie et Chambly, « malgré la nécessité qu'il y avoit de le perfectionner afin de pouvoir secourir en peu de tems le fort de Chambly s'il estoit attaqué, au lieu que le secours, à le conduire par eau, doit faire 36 lieues » [22]. Cependant, des considérations commerciales et de commodité n'ont pas dû tarder à suppléer aux néces-

---

20. Richard Colebrook Harris, *The Seigniorial System in Early Canada; a Geographical Study*, p. 176ss.
21. Joseph Bouchette, *A Topographical Dictionary of the Province of Lower Canada*, voir « Longueuil » et « Chambly ».
22. Munro, *op. cit.*, p. 110.

sités militaires. On sait qu'un chemin le long du St-Laurent relia rapidement Laprairie à Sorel, en passant par les établissements intermédiaires, que Sorel fut relié à Chambly par une route longeant la rive gauche du Richelieu, avec un raccordement vers Contrecœur, ce même Chambly étant situé sur la route principale reliant Montréal aux États-Unis, « ce qui occasionne beaucoup d'activité », précise Bouchette. [23] Sur la rive gauche du St-Laurent, Berthier profite d'une situation presque analogue en étant à mi-chemin entre Montréal et les Trois-Rivières sur la route des diligences publiques.[24] Et en 1735, la route qui relie Montréal et Québec est désormais carrossable, car le grand Voyer Lanouiller se vante de l'avoir parcourue en quatre jours en voiture.[25]

Tout le long de ces voies de communication terrestre, surtout celles en bordure du fleuve, apparurent progressivement des « villages » linéaires aux bâtiments rapprochés sans être mitoyens, des établissements continus sur plusieurs milles de longueur, dépassant même les limites de leur seigneurie respective. Ainsi, par exemple, avant la fin du régime français, les seigneuries de l'Assomption et de Saint-Sulpice, de Terrebonne et de Lachenaie étaient déjà reliées par des rubans de bâtiments qui sont encore aujourd'hui typiques des paysages que l'on peut admirer sur les rives du Saint-Laurent.

Aujourd'hui également, ces noms de Sorel, Berthier, Chambly, Contrecœur, Lavaltrie, Repentigny, Verchères, Varennes, Boucherville, Longueuil, Laprairie, Châteauguay, etc., nous sont très familiers. Ils représentent des villages, des municipalités, des villes qui ponctuent le paysage de la plaine de Montréal, peuplent la zone d'influence régionale de la Métropole et participent à sa vie économique. Ces établissements ainsi que de nombreux autres tels St-Jean, Iberville, Belœil, Beauharnois, Valleyfield, Ste-Thérèse, St-Jérôme, etc., etc., qui ont surgi sur des concessions ultérieures, sont devenus des satellites urbains de la grande ville. Donc, à partir des premiers noyaux d'organisation sociale et de vie communautaire dans les seigneuries, des centres urbains de deux, cinq, dix, vingt, trente mille habitants se sont développés, reliés les uns aux autres par un réseau routier en toile d'araignée, qui n'est que la matérialisation d'échanges économiques complexes, dont Montréal est le grand centre d'alimentation.

On pourrait s'interroger sur l'aspect que revêtirait aujourd'hui cette plaine montréalaise si le régime seigneurial et la nécessité de

23.   Bouchette, *op. cit.*, voir « Chambly », traduction de l'auteur.
24.   *Ibid.*, « Berthier ».
25.   Guy Frégault, « Le régime seigneurial et l'expansion de la colonisation dans le bassin du St-Laurent au dix-huitième siècle, » CHAR, 1944, p. 66.

défendre le pays n'avaient pas existé. Or, il est fort probable que certains noyaux urbains se seraient développés exactement ou presque aux mêmes endroits, tels, par exemple, Sorel, Chambly ou Longueuil. Car ce système seigneurial n'était pas une institution politique, mais un système purement économique, capable de remplir son rôle en autant qu'il se grefferait sur une réalité géographique prometteuse. Et comme la politique de l'intendant Talon consista à peupler d'abord les points névralgiques du réseau des grandes voies de communication naturelle, il était tout à fait normal que des noyaux plus importants surgissent sur certaines de ces concessions, noyaux urbains qui auraient probablement apparu d'une façon ou de l'autre.

Mais c'est parce qu'il vient orienter dès le début ce développement et présider par la suite à l'évolution du peuplement dans la plaine que ce plan « militaire » de Talon est important dans la genèse du système territorial montréalais. Ainsi durant le régime français, invités dans ce sens par les concessions de terres, les colons s'établirent d'abord le long des voies naturelles de communication, sur les deux rives du Saint-Laurent, en partie sur celles de l'Outaouais et dans la vallée du Richelieu. Puis leurs établissements s'allongèrent et se renforcèrent pendant que parallèlement des populations alimentées par l'immigration britannique et loyaliste se déversaient sur le plat territoire entre les rivières.[26]

Et ce régime d'organisation du territoire et son mode de subdivision des terres vont laisser un héritage permanent dans la formation des paysages ruraux et urbains. Par impératif de défense comme pour profiter des facilités de communication qu'offraient le fleuve et les rivières, les seigneuries étaient dans l'ensemble étroites et profondes, faisant perpendiculairement front sur les cours d'eau. Ainsi le long du Saint-Laurent et du Richelieu (jusqu'à la hauteur de St-Jean Iberville), les seigneuries sont de forme trapézoïdale et toutes orientées nord-ouest sud-est. À l'intérieur des seigneuries, les terres sont concédées en roture aux censitaires. Dans la plupart des cas, ces concessions en roture empruntent la forme d'un rectangle long et étroit (parallèle aux limites latérales de la seigneurie), dont les proportions sont à peu près celle de 1 à 10. Ce patron n'est cependant pas exclusif aux seigneuries du St-Laurent. Il apparaît également dans les établissements français de l'Illinois et de la Lousiane, de même qu'en certains endroits de la Nouvelle-Angleterre. Sans doute faut-il en chercher l'origine dans le Moyen Âge européen, et le professeur Derruau croit que c'est dans les zones de défrichement mé-

26. Raoul Blanchard, *L'Ouest du Canada français*, 1 *Montréal et sa région*, pp. 60-73. (#) N.B. Les ouvrages suivis de ce signe (#) sont inscrits dans la bibliographie.

diéval en rues, dont la Perche entre autres régions françaises offre des exemples, qu'il faut chercher ce type parcellaire qui aurait servi de suggestion aux défricheurs de la Nouvelle-France. [27] Quoi qu'il en soit, cette façon de subdiviser les terres en longues et étroites languettes perpendiculaires aux cours d'eau était particulièrement bien adaptée à la vallée du St-Laurent et du Richelieu. Car comme le fleuve St-Laurent était la principale artère de communication de la colonie, cette distribution des censives permettait d'en échelonner le plus possible le long du fleuve et de ses affluents. Lorsque les rives seront occupées, on retrouvera la même économie dans l'alignement à l'intérieur de ce type de rotures perpendiculairement aux routes, et qui formeront des unités de peuplement et de structure agraire appelés rangs. Ces longues terres, peu larges, permettaient de plus aux censitaires de jouir privément de leur domaine, tout en demeurant près de leurs voisins ; situation appréciable, dans un pays vaste, faiblement peuplé, et en proie aux rigueurs du climat. Par exemple, pour maintenir ouvertes les voies de communication terrestre durant les longs mois d'hiver, chaque censitaire n'avait qu'à déblayer le chemin de desserte sur une distance correspondant à la largeur de sa terre.[28]

Le paysage rural de la plaine de Montréal retiendra donc l'image d'une infinité de terres parallèles, très étroites et très étirées, ayant souvent leurs limites signalées par des clôtures, des rangées parallèles d'arbres et de bosquets dont la répétition et la rigueur géométrique sont typiques et ne manquent pas d'intérêt. Ce mode de division des terres favorisera également la formation de « villages » linéaires qui constituent encore un des traits communs de la plaine et imposera par la suite un cadre au développement massif

---

27. Max Derruau, « À l'origine du « rang » canadien », CGQ, 1, 1956, pp. 39-47.

28. Voir Harris, op. cit., pp. 179ss. Harris donne trois autres avantages : a) mode de subdivision d'application facile ; b) accès plus nombreux aux rivières, pour l'approvisionnement en poissons, la pêcherie constituant l'une des grandes ressources alimentaires au début de la colonie ; c) très souvent ces longues languettes de terre coupaient à travers les grains du sol, et permettaient la présence sur une même roture de divers types de sol, propices à divers types de culture, et en outre, de garder l'extrémité de la terre non défrichée comme source de combustibles et de matériaux de construction. Comme inconvénients, on pourrait citer la longueur même de ces censives, pouvant occasionner des pertes de temps dans les activités agricoles, et le fait que cette subdivision rigide ne tenait pas compte des accidents topographiques. Voir également Pierre Deffontaine, « The Rang-Pattern of Rural Settlement in French Canada », in French-Canadian Society, 1, Sociological Studies, pp. 3-19.

de l'habitat nécessité par l'urbanisation du vingtième siècle. Les caractéristiques du développement urbain sur l'île de Montréal en témoignent éloquemment et c'est maintenant l'occupation première du sol sur cette île qui retient notre attention.

3. *Les villages de l'île*

L'île de Montréal, principale clé du système fluvial, ne pouvait être étrangère à ce plan global de défense de la colonie. Cédée en seigneurie en 1663 aux Messieurs du séminaire de St-Sulpice de Paris, cette île constituait à la fois l'une des plus vastes (quelque 36 milles de longueur par 7 de largeur dans ses plus grandes dimensions) et l'une des plus belles de la Nouvelle-France. C'est sur l'une de ses rives, comme nous l'avons déjà vu, à l'endroit où la rivière St-Pierre se jetait dans le Saint-Laurent, que fut construit le fort de Ville-Marie, premier établissement européen à l'origine de la métropole d'aujourd'hui.

Pour protéger ce poste frontière de la civilisation européenne en Amérique contre les visées belliqueuses des indigènes, les seigneurs de l'île décidèrent en 1671 d'ériger en fiefs nobles certaines portions de leur immense domaine. Comme ces arrière-fiefs constituaient de véritables petites seigneuries dans la grande seigneurie, et que leurs seigneurs respectifs avaient pour obligation, entre autres, d'y construire des résidences fortifiées, d'y résider, et d'y attirer des colons, cette opération avait pour objectif immédiat d'occuper les endroits vulnérables et stratégiques de l'île, pour en assurer la défense.[29]

Un de ces endroits vulnérables était évidemment le bas de l'île, à la confluence du Saint-Laurent et de la rivière des Prairies. Une partie de ces terres fut concédée le 28 juillet au sieur Picoté de Belestre. Un fort en bois fut érigé à la Pointe-aux-Trembles dès 1675[30], un moulin à vent en 1677[31] et en 1678 une église ouvrait ses portes ; il s'agissait de la première église de l'île de Montréal en

---

29. En 1671, trois de ces fiefs nobles avaient d'ailleurs déjà été concédés : un à Lambert Closse, un à Hautmesnil, dans le voisinage du Fort Ville-Marie, et un dernier, plus à l'ouest, au Sieur de La Salle. Ce dernier fief s'appellera d'abord St-Sulpice, puis Lachine.

30. H. Beaugrand, ed., et P.L. Morin, dess., *Le Vieux Montréal 1611-1803*, s. p.

31. Olivier Maurault, « Les moulins du séminaire » dans *Marges d'histoire, 3, Saint-Sulpice*, p. 126. Le moulin en très mauvais état que nous pouvons voir aujourd'hui à la Pointe-aux-Trembles daterait de 1718, et serait le second construit sur cet arrière-fief.

dehors de la cité du même nom.[32] Pour fortifier davantage cette pointe de l'île du côté de la Rivière-des-Prairies et pour fermer l'entrée de la rivière Assomption, Dollier de Casson, alors seigneur de l'île en tant que directeur du séminaire St-Sulpice de Montréal, y érigea le 7 décembre 1671 deux fiefs contigus. De deux cents arpents de terre chacun, ces fiefs nobles furent concédés aux militaires Carion du Fresnoy et Paul de Morel. D'autres concessions plus modestes vinrent renforcer ces fiefs au début de 1672. Une redoute en bois et un moulin à vent furent construits en 1688 sur ces territoires qui portent maintenant le nom de Rivière-des-Prairies, et les registres de paroisse apparaissent à peu près à la même date.[33] Enfin, en cette même année de 1671, Monsieur Zacharie du Puy, alors major de l'île de Montréal, se voyait confirmé dans la propriété d'un fief noble de trois cent vingt arpents, fief sis près du sault St-Louis, et qui fut nommé Verdun, nom qui est resté à la municipalité que nous connaissons aujourd'hui. Un fort en bois aurait existé sur ces terres depuis l'année 1662.[34]

Par l'érection de ces fiefs, y compris celui de Lachine qui existait depuis 1667, la pointe nord de l'île et les abords du sault Saint-Louis se trouvaient en état de se défendre. Il restait à protéger l'autre extrémité de l'île, appelée Bout-de-l'Isle, qui pénètre dans les eaux des lacs St-Louis et des Deux-Montagnes.

Comme la demande de terres dans ces lieux était forte puisque le Bout-de-l'Isle constituait un endroit privilégié pour commercer avec les sauvages qui descendaient la rivière Outaouais avec leurs pelleteries, Dollier de Casson profita de cet engouement pour y ériger quatre fiefs nobles. Le premier, de deux cents arpents sur les bords du lac des Deux-Montagnes, alla au sieur de Boisbriant, capitaine dans le régiment Carignan. Ce fief, changeant de propriétaire, plus tard, fut nommé Senneville, nom qui devait lui rester, et un fort en pierre y fut construit, en 1692. Un autre fief, voisin du précédent, fut concédé à Charles d'Ailleboust des Musseaux, le 12 avril 1672. Le 30 juillet de la même année, Dollier concéda, dans ces parages, un troisième fief de quatre cents arpents, aux deux frères Bertet. Ils l'appelèrent Belle-Vue. Une redoute en bois y aurait été construite en 1683, et une première chapelle en 1686. Enfin, M. Claude Robutel de Saint-André hérita du quatrième fief, de deux cents

32. Gowans, *op. cit.*, p. 113.
33. Beaugrand et Morin, *op. cit.*, s.p. ; Maurault, *op. cit.*, p. 127 ; Gowans, *op. cit.*, p. 122.
34. Pour plus de détails concernant la concession de ces fiefs nobles, voir Faillon, *op. cit.*, pp. 337ss.

arpents, adjacent au précédent. Comme nous le confirme encore l'historien Faillon, « en érigeant ainsi les fiefs que nous venons d'énumérer & les donnant en toute propriété à des militaires, les seigneurs de Montréal faisaient ce qui était en leur pouvoir pour protéger les colons & mettre l'île en état de se défendre... » [35].

Les années 1671 et 1672 sont importantes dans la genèse de la structure du Montréal métropolitain d'aujourd'hui. Si l'érection des fiefs nobles le long de la rive gauche du Saint-Laurent, de Pointe-aux-Trembles au Bout de l'Isle, n'a pas par elle-même orienté le développement des établissements humains selon cet axe (il était normal que les censitaires se fixent d'abord sur cette grande artère naturelle de communication), elle a néanmoins rendu ce développement possible, en créant aux endroits vulnérables des possibilités de défense et des lieux de refuge pour les habitants des alentours. De plus, la fondation des paroisses nous fournit de bonnes indications concernant l'évolution de cette occupation du sol. Car la condition essentielle pour la création d'une paroisse était que la communauté fût en état de supporter les frais du culte. On peut ainsi constater que les premières paroisses à être fondées sur l'île de Montréal — outre celle de la cité elle-même (1642) — furent celles de l'Enfant-Jésus de Pointe-aux-Trembles (1674), des Saints-Anges de Lachine (1676), de Saint-Joseph de Rivière-des-Prairies (1687), de Ste-Anne du Bout-de-l'Isle (1703). Les autres apparaîtront plus tard : Saint-Joachim de Pointe-Claire en 1713, St-Laurent en 1720, St-François-d'Assise de Longue-Pointe en 1722, La Visitation du Sault-au-Récollet en 1736, et enfin Sainte-Geneviève en 1741.[36]

Il semble donc y avoir un lien direct entre ce mouvement de fondation des premières paroisses sur l'île de Montréal et celui de l'occupation du sol rendue possible par l'érection de fiefs nobles et d'ouvrages de défense. D'ailleurs, il appert que les premières chapelles ou églises, à l'exception de celle de la paroisse Saint-Laurent, ont été construites dans le voisinage de ces ouvrages locaux de fortification. Pointe-aux-Trembles en constitue le cas par excellence et l'on peut lire dans l'*Aveu et Dénombrement* de 1731 pour la Seigneurie de l'île de Montréal

> qu'au dessus de la terre de l'Église et la joignant est un terrain Cent toises de front sur environ quatre-vingt-dix toises de profondeur, sur lequel est construit le fort dud. Lieu de la pointe aux trembles,

---

35. *Ibid.*, p. 342. Au sujet des redoutes et la chapelle sur ces fiefs, voir Beaugrand et Morin, *op. cit.*, s.p. et Gowans, *op. cit.*, p. 131.

36. Jean de Laplante, « La communauté montréalaise, » CESH, 1, 1952, pp. 57-107.

clos de pieux, flanqué et bastionné et dans lequel est construit en maçonnerie la d(ite) Église de l'Enfant Jésus...[37].

À l'instar de ce qui s'est passé dans la grande plaine montréalaise, ces modestes noyaux de vie communautaire devaient donner naissance aux villages de l'île de Montréal. Ainsi, par exemple, l'*Aveu et Dénombrement* de 1731 nous informe que le surplus de terrain du fort de Pointe-aux-Trembles est subdivisé « en Emplacements distribués par Rues en forme de Bourg » et qu'à la Rivière-des-Prairies « est un village commencé d'un arpent en superficie appartenant auxd. seigneurs... » [38]. À la fin du régime français, ce territoire de Pointe-aux-Trembles renferme effectivement un village compact, centre de la paroisse du même nom et centre de service pour les habitants — « très laborieux et fort à leur aise », précise Gédéon de Catalogne [39] — de cette pointe de la grande île.[40] Pour sa part, Pointe-Claire est reconnue comme hameau, c'est-à-dire, comme un établissement moins important que le précédent, néanmoins siège d'une paroisse de près de 800 âmes (1765) [41]. Sans doute, d'autres établissements sur l'île auraient pu atteindre dès cette époque le stade de village ou de hameau, s'ils n'avaient point été partiellement détruits ou inquiétés, dans leur développement, par les indigènes. En voici une preuve : l'ingénieur de Catalogne, toujours dans son Mémoire sur les plans des seigneuries et habitations des gouvernements de Québec, des Trois-Rivières et de Montréal, constate au sujet de la paroisse de Lachine que

> les habitants y estoient autre fois fort à leur aise par le commerce qu'ils faisoient avec les sauvages, qui y abordoient en descendant à Montréal. Mais depuis la désolation que les Iroquois y portèrent en 1689, qui brûlèrent les maisons et emmenèrent la plus part des habitans captifs, elle a dégénéré en tout. [42]

Au sujet de la paroisse de la Rivière-des-Prairies, il souligne encore que « les Iroquois, pour avoir détruit la plus part des habitans, ont causé du retardement à son établissement » [43].

Cependant de meilleurs jours ne tarderont pas à venir. Joseph Bouchette ne nous apprend-il pas qu'en 1815, « La Chine est le

37. Québec (Province), « Aveu et dénombrement de Messire Louis Normand, prêtre du séminaire de Saint-Sulpice de Montréal,... » dans RAPQ, p. 94. À l'avenir : « Aveu et dénombrement de Messire Louis Normand. »
38. *Ibid.*, p. 94 et p. 135.
39. Monro, *op. cit.*, p. 101.
40. Harris, *op. cit.*, pp. 176ss.
41. Québec (Province), « Le recensement des gouvernements de Montréal et des Trois-Rivières » dans RAPQ 1936-1937, p. 119.
42. Munro, *op. cit.*, p. 99.
43. *Ibid.*, p. 101.

village le plus important de toute l'île, en ce qu'il est le centre de tout le commerce entre la haute et la basse province, aussi bien qu'avec le pays du nord-ouest », et que Pointe-Claire « contient de 90 à 100 maisons, bâties régulièrement, et formant de petites rues qui coupent la grande route à angles droits »[44]. Dans son *Dictionnaire Topographique,* publié quelque quinze ans plus tard, ce même Bouchette nous parle de Saint-Laurent, Ste-Geneviève, Sault-au-Récollet, Rivière-des-Prairies, comme autant de paroisses dont le cœur est un village bien constitué et bien organisé.[45]

L'établissement des fiefs nobles et de leurs ouvrages de défense devait également donner lieu à la formation du premier réseau routier de l'île. Dans un but évident d'atteindre rapidement les divers forts, redoutes et autres éléments de ce système de défense, ces ouvrages furent reliés les uns aux autres, tout le long du littoral de l'île, par des pistes et sentiers, en partant du fort Senneville et en passant par ceux de Sainte-Anne, Pointe-Claire, Roland, St-Rémi, Lachine, les fortifications de Ville-Marie, les forts de Longue-Pointe et de Pointe-aux-Trembles, et jusqu'aux redoutes de la Rivière-des-Prairies. Voilà l'origine du chemin de ceinture de l'île montréalaise. Ce chemin continu a dû servir en même temps de Chemin du Roy pour les côtes riveraines, telles celles de St-Martin, St-François, Ste-Anne et St-Jean qui s'échelonnaient entre Ville-Marie et le village de Pointe-aux-Trembles.

Avec le temps, stimulé par la transformation de certains de ces établissements défensifs en villages et cœurs de paroisse, ce premier réseau routier se renforcera et se complétera. L'analyse des cartes historiques et les reconstitutions de Beaugrand et Morin [46] nous permettent de croire qu'avant la fin du régime français, ce chemin de ceinture est complété du côté de la rivière des Prairies, que la cité de Montréal est reliée directement aux établissements de Lachine, de St-Laurent et du Sault-au-Récollet. Ces derniers raccordements seraient à l'origine de la rue St-Jacques et du boulevard St-Joseph (Montréal-Lachine), de la rue Guy et du Chemin de la Côte-des-Neiges (Montréal-St-Laurent), et probablement du boulevard St-Laurent (Montréal Sault-au-Récollet). De même des sentiers ou chemins, traversant l'île, auraient relié le hameau de Pointe-Claire à l'établissement de Ste-Geneviève, et le village de Pointe-aux-Trembles à la paroisse de St-Joseph de Rivière-des-Prairies.

---

44. Joseph Bouchette, *Description topographique de la province du Bas Canada...,* pp. 138 et 142-143.
45. Voir Joseph Bouchette, *A Topographical Dictionary of the Province of Lower Canada.*
46. Beaugrand et Morin, *op. cit.,* s. p.

Donc, pour l'île comme pour la grande plaine montréalaise, la conjoncture particulière qui préside à la colonisation oriente dès le début les établissements humains et détermine une première structuration du territoire. Nous verrons que ces structures originelles auront des effets à long terme sur le développement urbain mais, pour le moment, notre connaissance des caractéristiques de la première occupation du sol de l'île ne saurait être complète sans une brève étude de la « côte ».

### 4.  Les côtes de l'île

Dans la formation des paysages et de l'environnement urbains montréalais, dans la genèse spatio-temporelle de notre grille orthogonale de rues, la côte a joué un rôle primordial. Peu de chercheurs se sont véritablement intéressés à cette réalité, et la signification première de la côte semble aujourd'hui partiellement perdue. Trop souvent elle n'est assimilée qu'à des chemins ou routes ; et comme certaines de ces voies, tel le Chemin de la Côte-des-Neiges ou celui de la Côte-Ste-Catherine, sont remarquables pour leur forte dénivellation, on présume que le mot côte reste synonyme de route en pente, selon le sens attesté par le Larousse et le Robert ! Mais la côte montréalaise, ainsi que la côte québécoise, est complètement étrangère à l'idée d'une différence de niveau. Car des territoires aussi plats et unis que celui de la Côte-de-Liesse ou de la Côte-Vertu étaient, originellement, des côtes, au même titre que celles de Notre-Dame-des-Neiges ou de Sainte-Catherine. La côte s'apparente avant tout à une unité territoriale organique définie, et pourrait être synonyme d' « unité de voisinage » (neighbourhood), comme le souligne pertinemment Arthur Lower.[47]

Sur l'île de Montréal, comme ailleurs en Nouvelle-France, la côte fut d'abord riveraine, et désignait les alignements de censives disposées perpendiculairement ou presque aux rives des cours d'eau. Lorsque les berges furent occupées, un second alignement, ou « côte », se répéta derrière le premier, relié à celui-ci par un chemin appelé « montée ». Un troisième, un quatrième, un cinquième alignement de « côtes » pouvaient suivre dans cet ordre. Avec le temps, la terminologie de la « côte » fut remplacée par celle du « rang ». La côte, ou le rang, est donc foncièrement un groupement de terres en roture, habitées par des censitaires vivant coude à coude sur des domaines individuels étroits, mais profonds, faisant front sur un cours d'eau, sur un chemin, ou sur les deux à la fois. La côte, ou le rang, consti-

---

47.  Arthur R. M. Lower, *Canadians in the Making. A Social History of Canada*, pp. 41-42. (#)

tue en fait l'unité territoriale élémentaire de cohésion sociale, et se définit spatialement, au point de faire naître chez le censitaire un sens profond d'identification à un territoire propre, et d'appartenance à une communauté humaine spécifique.[48]

Sur l'île de Montréal, ces caractéristiques de la côte, définie comme unité élémentaire, socialement cohérente et parfaitement identifiable, nous paraissent cependant plus remarquables qu'ailleurs. En effet, alors que dans les autres seigneuries les côtes étaient normalement établies selon un processus continu d'occupation du sol en partant des rives et en progressant vers l'intérieur du pays, dans l'immense seigneurie de Montréal plusieurs côtes furent d'abord établies ici et là comme des entités totalement autonomes, propres à mettre en valeur des territoires plus appropriés. La côte a pu remplir ce rôle parce que son aire territoriale, déterminée à l'avance, permettait de tenir compte de la topographie naturelle, notamment dans ces régions avoisinant le mont Royal ; mais surtout, parce qu'elle assurait la cohésion sociale nécessaire à l'exploitation et à la défense d'un patrimoine, identifiable individuellement et collectivement.

Un magnifique terrier, daté du 15 octobre 1702, seul document cartographique montrant l'état du peuplement seigneurial de l'île de Montréal au début du 18e siècle, précise l'historien Trudel[49], et portant le titre savoureux de *Description générale de l'isle de Montréal Divisée par costes où sont Exactement marquées toutes les distances de place en place, les noms de chaque habitant, la quantité de terre qu'ils possèdent tant de front que de profondeur, les forts, Églises et Moulin le tout de suitte avec le Meilleur Ordre que l'on a peu,* nous renseigne bien sur l'esprit qui présidait à l'établissement des côtes sur l'île, et sur les caractéristiques de celles-ci. Il y a d'abord les côtes riveraines du fleuve et de la rivière des Prairies, dont les terres en roture sont divisées en longues et étroites lanières perpendiculaires à ces cours d'eau. C'est le cas, notamment, des côtes situées entre Ville-Marie et la Pointe-aux-Trembles, à savoir les Côtes St-Martin, St-François, Ste-Anne et St-Jean, ainsi que la Côte Dominique du côté de la rivière des Prairies. Mais la côte n'est pas une unité territoriale exclusivement riveraine. On peut ainsi prendre connaissance, grâce à cette carte de 1702, de divers types de côtes qui apparaissent à l'intérieur de la seigneurie. Il y a premièrement ce type de côte intérieure que l'on pourrait qualifier de simple, et qui est en tout point semblable au type de côte riveraine. C'est le cas, par exem-

---

48. Harris, *op. cit.,* p. 186ss ; Jean-Charles Falardeau, « The Seventeenth Century Parish in French-Canada » in *French Canadian Society,* 1, *Sociological Studies,* p. 22.
49. Marcel Trudel, *Atlas de la Nouvelle-France,* pp. 172-173.

ple, des Côtes St-Pierre et St-Paul établies de part et d'autre du
lac St-Pierre (sur l'emplacement duquel fut creusé le canal Lachine)
ou des Côtes St-Joseph et Ste-Catherine dont les terres en roture se
présentent perpendiculairement à un chemin de desserte qui remplace
ici la voie d'eau.

Il y a également ce type de côte que l'on pourrait qualifier de
côte double et qui est sans contredit le plus typique du système territorial montréalais. Cette côte double consiste essentiellement en deux
rangées de terres en roture établies de part et d'autre d'une commune
centrale. Cette commune est à l'usage collectif et sert normalement
de lieu de pâturage pour les bestiaux des censitaires ; en son milieu
passe le chemin public appelé usuellement Chemin du Roy. Ce type
de côte est indiqué d'une façon très descriptive sur cette carte de
1702. On peut distinguer ainsi les Côtes Notre-Dame-des-Neiges,
Notre-Dame-des-Vertus, Saint-Laurent et Saint-Michel. L'*Aveu et Dénombrement* de 1731 nous donne une description à peu près identique pour chacune de ces côtes doubles, et la description de la Côte
St-Michel peut être prise comme exemple : « Que dans l'Etendüe
de la d(ite) Coste St-Michel partagée en deux Rangs d'habitans par
une commune de deux arpens de large au milieu de laquelle il y a
un chemin de Roy qui court Nord'est et sud'ouest... ». [50]

Constatons pour terminer que ces Côtes Notre-Dame-des-Neiges, Notre-Dame-des-Vertus, St-Laurent et St-Michel constituent des
blocs territoriaux homogènes et autonomes, qui n'ont pas pour le
moment de lien de continuité entre eux. Par exemple, les côtes St-
Laurent et St-Michel sont séparées par une large bande de terre non
concédée. Ceci confirme l'hypothèse que la côte était une unité territorialement déterminée à l'avance, et qui se suffisait à elle-même. Et
il y a toutes les raisons de croire que la côte s'avérait de plus un élément efficace dans le système de défense de l'île. Car ce terrier est
daté d'à peine une année après la signature de la grande Paix de
1701 avec les indigènes, ce qui implique que la plupart des côtes
qui y sont montrées ont dû être établies avant la fin des hostilités.

Il appert donc que l'unité la plus élémentaire et la plus homogène du système territorial montréalais est la côte : elle constitue la
base de l'organisation territoriale de la communauté humaine tandis
que la paroisse, regroupant normalement plusieurs côtes, sera la base
de l'organisation civile et sociale. Ceci se dégage clairement du fameux
Mémoire de Gédéon de Catalogne (1712). Il y rapporte, en effet,
que la seigneurie de l'île de Montréal « est divisée en six paroisses,
sçavoir, Montréal, La Chine, Haut de l'Isle, la Pointe au Tremble,

---

50. « Aveu et dénombrement de Messire Normand », p. 145.

la Rivière des Prairies et la Mission du Sault au Récollet » [51]. Et
dans sa description de la paroisse de Montréal il note que de celle-ci
« dépendent les habitans le long du fleuve, depuis Verdun jusques à
la Longue Pointe ; en outre la moitié des Costes St-Pierre et St-Paul,
les costes de Nostre Dame des Neiges, de Liesse, des Vertues, St-
Laurent, Ste-Catherine et St-Michel et la Visitation » [52]. Il cite encore
la « Paroisse de la Pointe au Tremble d'où dépend la coste St-Lion-
nard... » [53].

Il serait évidemment trop long ici de retracer la genèse de chacune de ces côtes qui en viennent à couvrir entièrement le territoire
de l'île de Montréal comme en fait foi une carte dressée en 1834 par
Jobin [54]. Nous nous contenterons de prendre un exemple très approprié, celui de la Côte de Notre-Dame-des-Neiges. Car à Notre-Dame-
des-Neiges, située en plein cœur de l'île, l'unité de voisinage est puissamment affirmée de même que toutes les caractéristiques de la côte
intérieure originelle du type double. De plus, cette côte peut être
considérée comme l'une des plus anciennes du territoire montréalais.

L'établissement de la Côte de Notre-Dame-des-Neiges est dû,
une fois de plus, à l'initiative de Dollier de Casson. Ce personnage
a joué un rôle prépondérant dans les premiers développements de
l'île et nous aurons l'occasion, au cours des prochains chapitres, de
prendre une plus ample connaissance de sa personnalité et de ses
réalisations. Pour l'instant, retenons que le site choisi pour l'établissement de cette côte fut les magnifiques terrasses successives au versant
nord-ouest du mont Royal, au milieu desquelles coulait un ruisseau
qui prenait sa source dans la montagne et allait se jeter en ligne
directe dans la rivière des Prairies. L'endroit ne manquait ni de char-
mes ni de ressources. Ces terres s'avéraient idéales pour la culture
maraîchère et il était relativement aisé d'en extraire une bonne pierre
de construction. De plus, les eaux rapides du ruisseau pouvaient être
utilisées pour actionner des moulins à scie et à farine ; enfin les
abords avoisinants étaient riches en différentes espèces d'arbres, notamment le cèdre et le frêne, dont le bois pouvait fournir la matière
première à différentes petites industries.

Au printemps 1698, l'Ingénieur du roi, de Catalogne, fut chargé
par de Casson de partager en concessions pour **censitaires les terres**

---

51. Munro, *op. cit.*, p. 97.
52. *Ibid.*
53. *Ibid.*, p. 101.
54. « Carte de l'Île de Montréal désignant les chemins publics, les paroisses, les fiefs et les villages qui s'y trouvent, le canal Lachine, les différentes parties de l'Île qui ne sont pas encore en état de culture, etc., etc., faite
en 1834 par A. Jobin. »

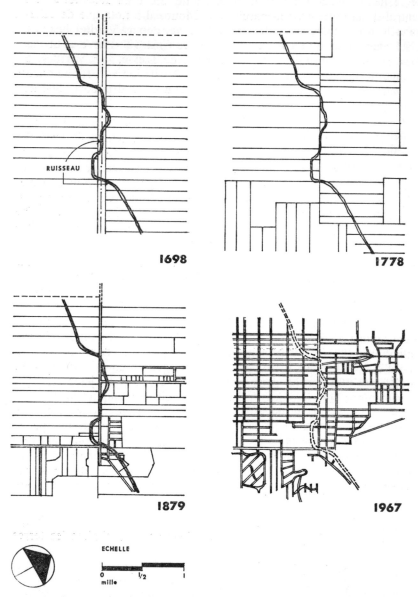

Fig. 5    *Évolution de la Côte de Notre-Dame-des-Neiges*

de ce lieu. L'ingénieur choisit pertinemment le ruisseau comme axe central de la côte double, établit la commune dans cet axe et détermina le tracé d'une piste de desserte. L'*Aveu et Dénombrement* de 1731 vient nous préciser que cette commune avait deux arpents de large et qu'en son milieu courait dans la direction sud-est nord-ouest le chemin du Roy.[55] Puis, de Catalogne subdivisa les terres perpendiculairement à ce ruisseau et à cette commune : il fixa ainsi l'alignement de vingt et une terres en roture du côté nord-est de la commune centrale, et de seize terres de l'autre côté. Chacune de ces terres individuelles, sauf quelques-unes de plus grande superficie, possédait une aire de 40 arpents, soit deux arpents de front, donnant sur la commune, par vingt de profondeur. On retrouve donc encore ici cette proportion de 1:10 dont nous avons déjà fait état pour les terres concédées en roture dans les seigneuries et conséquemment les mêmes avantages d'économie des équipements communs et du coude à coude dans la vie communautaire. Ainsi fut constituée la Côte Notre-Dame-des-Neiges comme unité de voisinage territorialement définie, comprenant 37 terres individuelles, bornées à l'avance. Le censitaire qui se voyait concéder une de ces terres s'engageait à y construire rapidement une demeure permanente, à entretenir le chemin commun en face de sa terre, et à faire moudre son grain au moulin banal.[56]

Cet exemple de la Côte Notre-Dame-des-Neiges est révélateur, car il montre bien que la côte constituait un îlot organique capable d'adaptation aux accidents de la topographie naturelle, tout en demeurant parfaitement homogène et autonome. Si, dans l'ensemble, les terres en roture sur l'île de Montréal s'alignaient dans le sens sud-est nord-ouest parce qu'elles étaient subdivisées perpendiculairement aux grands cours d'eau périphériques ou, à l'intérieur, à des chemins de communication dont l'orientation était *grosso modo* parallèle à celle de ces cours d'eau [57], à la Côte Notre-Dame-des-Neiges, ces terres s'alignaient dans le sens opposé, c'est-à-dire sud-ouest nord-est. Cette orientation provenait du fait que le ruisseau qui arrosait les terrasses de ce territoire fut l'élément déterminant dans la formation de cette côte. Cet exemple de la Côte Notre-Dame-des-Neiges est également révélateur à un autre point de vue : il prouve clairement la cohésion sociale de ses résidents, et leur appartenance à un territoire identifiable. Car pendant plus de cent ans, un grand nombre de

---

55. « Aveu et dénombrement de Messire Louis Normand », p. 88.
56. Voir E.-Z. Massicotte « Notre-Dame-des-Neiges » dans *Les Cahiers des Dix,* 4, pp. 141-166.
57. À l'exception des côtes St-Charles, St-Jean et des Sources, à l'ouest de l'île, dont les terres étaient orientées sud-ouest nord-est pour des raisons d'adaptation à certains traits de la topographie naturelle de cette région.

ses habitants étant spécialisés comme tanneurs et corroyeurs, cette côte eut l'apprêt des cuirs comme principale industrie et, jusqu'à la fin du 19e siècle, il était convenu d'appeler Notre-Name-des-Neiges le village des tanneurs. Encore aujourd'hui, selon Jacques Godbout, et bien que sa fonction ait complètement changé, « Côte-des-Neiges est à Montréal un des rares quartiers qui soit une entité vivante, identifiée et facilement cernable. » [58]

5.  *Influence des structures rurales*

L'organisation territoriale de la seigneurie de l'île de Montréal, on peut le constater par ce qui précède, s'oriente dès le début vers deux formes fondamentales d'habitat : la forme agglomérée ou groupée et la forme desserrée. La forme agglomérée prend naissance avec Ville-Marie et dans ces premiers noyaux d'organisation sociale qui se développent autour des ouvrages de défense et des églises paroissiales. Avec le temps, la plupart de ces noyaux évoluent vers des établissements plus compacts qui constituent les principaux villages de l'île : Longue-Pointe, Pointe-aux-Trembles, Rivière-des-Prairies, Sault-au-Récollet, Ste-Geneviève, Pointe-Claire, Lachine et Saint-Laurent. D'autre part, la forme desserrée apparaît avec la côte qui constitue le modèle élémentaire et unique de l'organisation de tout le territoire rural de l'île.

Comme nous l'avons déjà vu, des communications terrestres ne tardent pas à s'établir entre ces villages, centres d'échange et sièges de paroisse, pour constituer le réseau routier primaire du territoire. Parallèlement, les chemins du Roy des côtes intérieures, et leurs liaisons avec ce réseau primaire, complètent dès la fin du 18e siècle le réseau secondaire. Les deux réseaux s'intègrent bien, et forment ensemble un système de communication terrestre organisé et équilibré, dont témoigne éloquemment la carte de Jobin, de 1834, et dont les grandes lignes se sont perpétuées jusqu'aujourd'hui.

On peut ainsi constater que le tracé du chemin de ceinture de l'île est demeuré sensiblement le même depuis cette époque. On peut également remarquer que notre boulevard Métropolitain, première voie rapide à accès limités de la Métropole, suit, entre Pointe-aux-Trembles et le boulevard Décarie, à peu près l'ancien tracé du chemin du Roy qui reliait entre elles les côtes intérieures de St-Léonard, St-Michel et de Saint-Laurent. Si, entre le boulevard Décarie et le Bout-de-l'Isle, l'autoroute transcanadienne (continuation du Métropolitain) s'éloigne d'abord des anciens chemins de desserte des Côtes Notre-

58.  Jacques Godbout, « La Côte-des-Neiges », *Liberté*, 5, no 4, juillet-août 1963, p. 303.

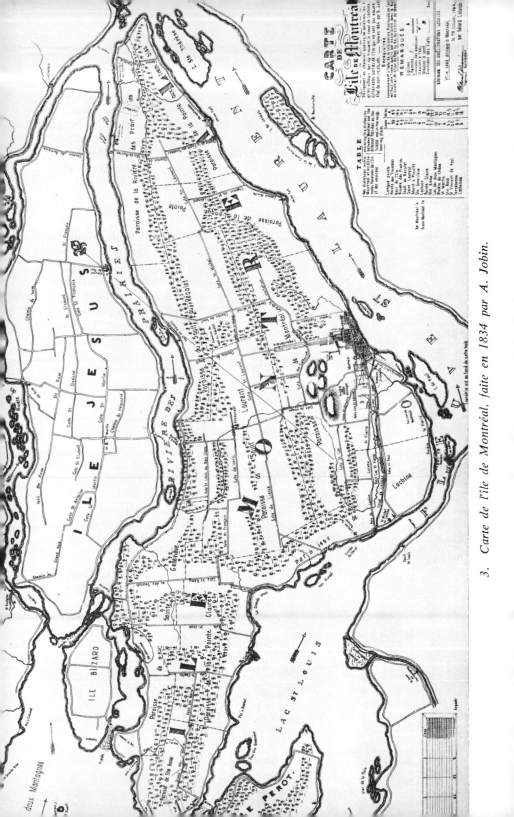

3.  *Carte de l'île de Montréal, faite en 1834 par A. Jobin.*

4. Le système des côtes sur l'île de Montréal. Carte de J. Rielle, 1904.

5. Carte de l'île de Montréal et de ses environs, par N. Bellin, 1744.

6. Relation entre le système des côtes et la grille orthogonale de rues de Montréal. Carte de J. Rielle, 1890.

7. *Château de Vaudreuil, dessin de James Duncan.*
   *Gaspar Chaussegros de Léry, arch., 1723.*

8. *Plan de la ville de Louisbourg dans l'Isle Royale, par N. Bellin, 1764.*

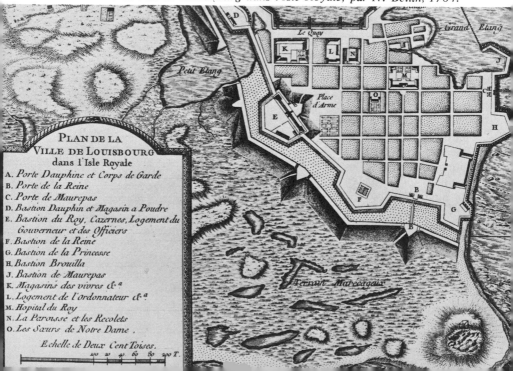

PLAN DE LA
VILLE DE LOUISBOURG
dans l'Isle Royale

A. *Porte Dauphine et Corps de Garde*
B. *Porte de la Reine*
C. *Porte de Maurepas*
D. *Bastion Dauphin et Magasin a Poudre*
E. *Bastion du Roy, Cazernes, Logement du*
   *Gouverneur et des Officiers*
F. *Bastion de la Reine*
G. *Bastion de la Princesse*
H. *Bastion Brouilla*
J. *Bastion de Maurepas*
K. *Magasins des vivres &ª*
L. *Logement de l'Ordonnateur &ª*
M. *Hopital du Roy*
N. *La Parousse et les Recolets*
O. *Les Sœurs de Notre Dame.*

*Echelle de Deux Cent Toises.*

Dame-de-Vertu et St-François, elle se rapproche à l'ouest de l'antique chemin du Roy de la Petite et de la Grande Côte Ste-Marie. Pour ce qui est de notre voie rapide de Côte-de-Liesse, elle se superpose exactement sur le tracé du vieux chemin du Roy de cette côte.

On pourrait établir de la même façon l'origine de nombreuses artères qui sillonnent aujourd'hui l'île de Montréal. Elles proviennent soit d'anciens chemins du Roy de côtes distinctives, soit encore de voies de liaison ou « montées » reliant ces côtes entre elles ou au chemin de ceinture périphérique. Contentons-nous de quelques exemples. On a déjà nommé le chemin de la Côte-des-Neiges ; il faudrait ajouter celui de Côte Vertu. Dans l'est, le boulevard de Rivière-des-Prairies et l'avenue Broadway proviennent de vieux chemins reliant respectivement la Côte St-Léonard au village de Rivière-des-Prairies et à celui de Pointe-aux-Trembles. De même, l'origine de l'actuel boulevard St-Michel remonterait à un de ces chemins de liaison qui établissait une communication entre la Côte de la Visitation (aujourd'hui territoire de Rosemont) et la Côte St-Michel, et qui reliait ensuite ces deux entités territoriales du chemin de ceinture, à peu près à la hauteur du Sault-au-Récollet. Un autre exemple typique est la présence, dans l'ouest de l'île, de trois « montées » successives, Montée des Sources, Montée St-Jean et Montée St-Charles. Ces routes, qui traversent l'île dans sa largeur, correspondent en tous points aux chemins du Roy de trois côtes distinctes : les Côtes des Sources, St-Jean et St-Charles. Sans doute pour s'adapter à certains traits de la topographie naturelle de cette région de l'île, ces trois Côtes étaient, avec celle de Notre-Dame-des-Neiges que nous avons déjà analysée, les seules dont la subdivision des terres en roture était orientée dans le sens opposé à celle des autres côtes de la seigneurie. Ceci explique, par le fait même, l'orientation de ces montées actuelles.

Cet équilibre sur l'île entre l'habitat groupé et l'habitat desserré présentait l'un des reflets d'un milieu remarquablement bien organisé dont la côte constituait la base de l'organisation territoriale et la paroisse, la base de l'organisation sociale et civile, le tout étant encadré par l'organisation seigneuriale.[59] Cependant, ce milieu écologique humain était vulnérable aux révolutions économiques et technologiques qu'annonçait le 19e siècle. Avec l'apparition du télégraphe, du navire à vapeur et du chemin de fer qui tendaient à polariser les activités économiques à Montréal et présidaient à son industrialisation, le processus moderne d'urbanisation était déclenché et cet ancien équilibre appelé à disparaître. En effet, à partir de la seconde moitié

---

59. Marcel Bélanger, « De la région naturelle à la région urbaine : problèmes d'habitat » dans *Architecture et urbanisme au Québec*. p. 54.

du 19ᵉ siècle, la cité de Montréal n'apparaît plus comme une unité urbaine relativement stable reliée à d'autres sur un fond de scène rural, mais comme le centre d'agglutination de populations en quête d'emplois dans les industries naissantes et le cœur d'un développement urbain frénétique et sans planification.

Aujourd'hui les vieux villages de l'île, qui avaient constitué naguère des entités autonomes et identifiables, et conféré à leurs résidents un profond sentiment d'appartenance à des communautés humaines distinctives, achèvent d'être engloutis par la marée urbaine. Lachine, Longue-Pointe et Pointe-aux-Trembles, étant situés en plein dans l'axe lourd de croissance industrielle, ont été rapidement absorbés. Pour d'autres, tels St-Laurent, Sault-au-Récollet et Pointe-Claire, l'existence de quelques vieilles structures et parfois d'un patron plus serré que l'habitat témoignent encore faiblement de leur origine. Enfin, seules les agglomérations de Rivière-des-Prairies, de Ste-Geneviève et de Ste-Anne ont plus ou moins échappé jusqu'ici (mais pour combien de temps ?) au nivellement du magma métropolitain, et conservent encore un certain caractère.

La côte, bien qu'elle aussi, au début, ait suscité le sentiment d'appartenance à une communauté propre et à une unité territoriale définie, devait cependant connaître un sort semblable, plus lourd, même, de conséquences pour la ville. En effet, c'est cette structure territoriale rurale qui sera à l'origine de notre grille orthogonale de rues. À une époque d'urbanisation rapide et sans contrôle, il était inévitable que les intérêts investis perpétuent l'ancienne subdivision des terres dans la grille des rues. Sous les pressions démographiques et économiques, les terres individuelles des côtes devaient être ainsi subdivisées en lots à bâtir, et les rues, pour respecter les droits acquis, devaient suivre servilement les lignes originelles de subdivision de ces terres. Pour une simple preuve, il n'y a qu'à superposer une carte contemporaine de l'île de Montréal sur une carte de l'île dans les années 1830 ou 1850 montrant les côtes et leurs alignements de terres individuelles. On peut alors constater que la grille typique des rues du grand Montréal suit fidèlement le patron de subdivision des terres en roture dans les côtes originelles, sauf évidemment pour certains développements urbains spécifiquement planifiés, comme ville Mont-Royal, ville St-Léonard ou Hampstead.

Il faut souligner ici que les formes géométriques fort simples de la côte, basées sur la ligne droite et l'angle droit, favorisaient leur perpétuation dans les structures urbaines. L'urbaniste Blumenfeld nous le confirme :

« The right angle and the straight line, convenient for the division of land, are equally convenient for the erection of buildings, for

the laying of pipes and rail, and for the regulation of traffic lights...
simple geometric forms have justified themselves as a permanent
framework for varying functions.[60]

Conséquemment, la côte, qui fut l'élément stabilisateur du territoire
rural, devait s'avérer un puissant facteur d'uniformisation dans le
développement urbain. Les vieux quartiers populaires montréalais
doivent à la perpétuation des structures de la côte leur fort caractère
grégaire et égalitaire. De même, leur influence se fera sentir dans
la forme et la répétition des espaces verts. Il est remarquable, en
effet, qu'à l'exception du parc du mont Royal et du parc Maisonneuve, Montréal ne possède pas de grands parcs publics, mais plutôt
une profusion de petits espaces verts, la plupart de forme géométrique
carrée ou rectangulaire, calqués sur le même patron que la grille
typique des rues. Il faut évidemment en chercher la cause dans le
fait qu'originellement, le territoire montréalais a été concédé dans
sa majeure partie en des terres individuelles de modèle réduit et
répétitif, et qu'à l'occasion, pour diverses raisons, certaines de ces
terres ou parties de terre en roture nous sont parvenues à l'état
d'espaces non développés.

Parmi les autres héritages transmis par la côte rurale au domaine
urbain montréalais, il faut signaler celui des « blocs », c'est-à-dire
d'aires urbaines identifiables comme des masses définies, homogènes
et monolithiques. Ces blocs urbains, typiques de Montréal, correspondent généralement aux territoires ou parties de territoires des
vieilles côtes. Ainsi, par exemple, la Côte-des-Neiges forme un bloc
identifiable, serait-ce uniquement par le fait que l'orientation de
ses rues, imposée, comme nous l'avons vu, par l'ancien patron de
la division des terres, ne suit pas l'orientation générale de la grille
orthogonale du territoire métropolitain. Enfin la côte rurale, malgré
sa rigueur géométrique, devait nous léguer les quelques artères au
tracé irrégulier que nous connaissons aujourd'hui. Ces voies sinueuses
correspondent presque toutes à d'anciens chemins du Roy de côtes
individuelles, chemins qui épousaient les accidents de la topographie
naturelle. C'est le cas, par exemple, de notre chemin de la Côte-
Ste-Catherine et de la rue des Carrières ; cette dernière correspond
en partie au chemin de desserte de l'ancienne Côte-de-la-Visitation.
C'est encore le cas du chemin de la Côte-St-Antoine, de celui de la
Côte-St-Luc, de la rue St-Jacques menant à Lachine et qui devait
être originaire du chemin du Roy de la très vieille Côte St-Pierre.
Sans pousser plus loin cette démonstration, il est donc aisé de consta-

---

60. Hans Blumenfeld, *The Modern Metropolis ; its Origins, Growth,
Characteristics and Planning*, p. 27. (#)

ter qu'à la fois la régularité et aussi certaines irrégularités de notre grille type de rues, qui s'est développée à partir de la seconde moitié du 19e siècle, possèdent leur explication dans la permanence sur l'île des structures des anciennes côtes rurales.

Donc affirmer que Montréal est une ville typiquement « américaine », en basant son affirmation sur la régularité et l'uniformité de sa grille orthogonale de rues, est à la fois vrai et faux. Faux, si l'on entend par grille de rues à l'américaine, comme c'est généralement le cas, un patron voulu rigoureusement géométrique, tel celui qu'adoptèrent les Commissaires pour la ville de New-York en 1811, celui de San Francisco, ou de nombreux autres. Car à Montréal, l'application de cette fameuse grille de rues n'a jamais fait l'objet d'une volonté ni d'un plan conscients; elle s'est imposée par la force des intérêts investis et la rapidité du développement urbain. Vrai si l'on reconnaît que cette grille est directement issue des structures rurales de la côte et que celle-ci constituait un élément organique parfaitement adapté aux conditions d'occupation du sol dans ce milieu *nouveau* qu'était la vallée du St-Laurent et l'île de Montréal pour les premiers colons européens. Maintenant comment cette grille de rues, héritée des structures du monde rural, a-t-elle rempli son rôle d'encadrement des fonctions urbaines ? C'est là une interrogation qui retiendra notre attention lors de l'analyse du Montréal Victorien. Pour le moment revenons à la Place Royale, au Fort Ville-Marie, pour assister au développement progressif de la cité des premiers siècles.

# PARTIE II

# La ville frontière
# (1642 - c. 1840)

La Ville de Montréal a un aspect fort riant ; elle est bien située, bien percée, & bien bâtie. L'agrément de ses environs & de ses vûës inspirent une certaine gayeté, dont tout le Monde se ressent. ( . . . )

Montréal est un quarré long, situé sur le bord du Fleuve, lequel s'élevant insensiblement, partage la Ville dans sa longueur en Haute & Basse ; mais à peine s'aperçoit-on que l'on monte de l'une à l'autre. L'Hôtel-Dieu, les Magasins du Roy & la Place d'Armes, sont dans la Basse Ville ; c'est aussi le Quartier de presque tous les Marchands. Le Séminaire & la Paroisse, les Récollets, les Jésuites, les Filles de la Congrégation, le Gouverneur & la plûpart des Officiers sont dans la Haute. Au-delà d'un petit Ruisseau, qui vient du Nord-Ouest, & borne la Ville de ce côté-là, on trouve quelques Maisons, & l'Hôpital Général ; & en prenant sur la droite au-delà des Récollets, dont le Couvent est à l'extrémité de la Ville du même côté, il commence à se former une espèce de Faux-bourg, qui avec le tems fera un très-beau Quartier.

Père de Charlevoix, à Montréal, ce vintiéme de Mars, 1721. [1]

---

1. Pierre-François-Xavier de Charlevoix, *Histoire et description générale de la Nouvelle-France avec le journal historique d'un voyage fait par ordre du roi dans l'Amérique septentrionale*, 3, pp. 137-138.

# 3

# La société de l'Ancien Régime

Old Quebec is at its best in the cottage, the manor
and the parish church. These were the work of the
people, unassisted by academic architects, and passed
entirely unnoticed at the time of their creation.
Ramsay Traquair. [2]

## 1. La tradition populaire

Dès 1667, grâce à sa situation géographique, Montréal devient
le principal centre de commerce des fourrures de la colonie, déclassant
les postes de Trois-Rivières et de Québec. Une véritable foire s'y tient
chaque été, sur la Commune, où les indigènes viennent échanger leurs
fourrures pour des produits européens. Nombre de « Montréalistes »
trouvent une occupation rémunératrice comme intermédiaires entre
les Indiens et les agents royaux. Naturellement ces échanges commerciaux engendrent une certaine prospérité pour la petite communauté
montréalaise : de 625 âmes en 1665, sa population passe à 1468 âmes
en 1698, et à quelque 2025 en 1706 [3]. Le vieux fort Ville-Marie ne
suffit plus, depuis plusieurs années, à loger ces excédents. Et l'on ne
songe guère à l'agrandir : les terres basses et humides de la Pointe-à-
Callières, sujettes aux crues saisonnières, sont trop inconfortables. Et
puis les temps ont changé. À mesure que décroît la menace des indigènes, et que croît le commerce, le prosélytisme des années héroïques
fait place au désir de réaliser les promesses économiques du milieu.
Déjà de nombreux colons ont élu domicile sur le coteau Saint-Louis,
de l'autre côté de la rivière Saint-Pierre. Ils se sont établis un peu

2. Ramsay Traquair, *The Old Architecture of Quebec*, p. 93.
3. Canada, Ministère de l'agriculture, *Recensements du Canada, 1870-71*,
4 : 1665-1871, pp. 2-48. À l'avenir : *Recensements du Canada (1665-1871)*.

partout, mais notamment le long du sentier menant à l'Hôtel-Dieu de
Jeanne Mance et à la chapelle Notre-Dame-de-Bonsecours, sentier
qui deviendra plus tard la rue St-Paul [4]. Ainsi, sur ces terres élevées
du coteau, quelque 94 habitations auraient été construites entre
1650 et 1672 [5].

En fait, ce coteau Saint-Louis offrait un site nettement plus
avantageux que la Pointe-à-Callières, pour la colonisation. Sa topographie naturelle, en dos-d'âne, avec sa crête dominant le fleuve de
13 à 15 mètres, étant enserrée entre ce dernier et la rivière Saint-
Martin, lui garantissait ainsi une véritable protection naturelle. Sans
compter que le coteau pouvait être facilement enclos et fortifié, ce qui
fut fait d'ailleurs. D'une aire exploitable de quelque cent acres, sa
superficie était considérée à l'époque comme amplement suffisante
pour l'établissement d'une petite ville. Pour profiter de ces avantages
comme pour mettre de l'ordre dans une occupation du sol jusqu'alors
incontrôlée, Monsieur Dollier de Casson, supérieur du séminaire
St-Sulpice et à ce titre seigneur de l'île de Montréal, traça les premières
rues de la ville le 12 mars 1672 [6]. Il s'agit là du premier plan d'aménagement de Montréal ; il peut être considéré également comme l'un
des premiers plans d'urbanisme dont il soit fait mention dans l'histoire
du Canada. Pour cette raison comme pour le fait qu'il a laissé une
profonde empreinte dans le vieux Montréal actuel, il mérite que l'on
s'y arrête. Cependant, pour bien apprécier ce plan, comme pour bien
comprendre les premières manifestations d'architecture qui ne tarderont pas à s'y inscrire, il faut s'interroger sur quelques aspects révé-
lateurs, tant démographiques que sociaux et culturels, de cette société
coloniale qui peuple la Nouvelle-France au 17e et au début du
18e siècle.

Force nous est d'abord de reconnaître que cette population de
la Nouvelle-France est, à la toute fin du régime français, fort restreinte.
Elle se chiffre dans les 65,000 habitants [7]. C'est peu. Comme point
de comparaison, signalons que les colonies anglaises de la côte
Atlantique possèdent, à cette même époque, à peu près un million
et demi de population. Pour sa part, la ville de Montréal, en 1760,

---

4.  L'emplacement de ce premier bâtiment de l'Hôtel-Dieu, construit en
1644, correspondrait aujourd'hui à l'angle nord-est des rues St-Paul et St-
Sulpice. La première chapelle de Notre-Dame-de-Bonsecours fut édifiée en
1657.
5.  H. Beaugrand, éd., et P.L. Morin, dess., *Le Vieux Montréal 1611-
1803*, s. p.
6.  (Étienne-Michel Faillon), *Histoire de la colonie française en Canada*,
3, p. 375. (#)
7.  *Recensements du Canada (1665-1871)*, pp. 64-68 : un estimé d'après
le recensement de 1765.

dénombre environ 5,000 citoyens ; pour l'île entière, on peut avancer le chiffre de 8,300 [8]. Sans doute est-ce là une assez bonne concentration par rapport à la population entière de la colonie, mais, en soi, c'est encore fort peu. Boston, par exemple, qui comptait à peine 300 à 400 personnes dans les années 1630, s'enorgueillit, en 1742, de 16,000 citoyens [9] ; à cette même date, Philadelphie, bien que fondée en 1682 (40 ans après Montréal), renferme déjà quelque 13,000 personnes [10]. Plusieurs raisons peuvent être invoquées pour expliquer cette carence de population. Mais c'est hors du contexte de cette étude de les expliciter ici. Retenons simplement que la colonisation de l'Amérique n'a jamais suscité en France un effort national, et qu'en définitive, plus d'argent semble avoir été consacré aux menus plaisirs du roi qu'à la Nouvelle-France [11].

Les chiffres suivants parlent par eux-mêmes : des quelque 65,000 habitants qui peuplent la colonie en 1760, à peine 10,000 sont originaires de France ; plus précisément, de la Normandie et des provinces avoisinantes, y compris le bassin parisien. En ne tenant pas compte des années 1740-60, dont le taux d'immigration relativement élevé (3,565 immigrants français) résulta en partie de la venue des soldats de Sa Majesté pour défendre la colonie durant la fatale guerre de Sept-Ans, ce faible flux d'immigration française en Amérique atteint son plus fort débit durant l'administration énergique de l'Intendant Talon (1665-1672). En effet, de 1640 à 1700, 4,598 colons français se seraient établis en Amérique du Nord; de 1700 à 1740, le nombre en est réduit à 1667. On peut donc assumer que déjà à la période de paix et de relative prospérité qui suit le Traité d'Utrecht de 1713 — période évidemment importante pour la formation sociale et culturelle de cette petite société coloniale — la population de la Nouvelle-France est largement autochtone et s'accroît surtout par processus démographique naturel. À ce point qu'en 1760, à peu près les cinq-sixièmes de cette population devait être sûrement d'origine canadienne.[12] Le fait qu'une telle proportion de la population n'ait jamais

8. *Ibid.*
9. Constance McLaughlin Green, *The Rise of Urban America*, p. 11.
(#)
10. *Ibid.*, pp. 30-31.
11. Voir Georges Langlois, *Histoire de la population canadienne-française*, pp. 33-60 et 187-230. (#)
12. Voici, selon Jean Hamelin, la répartition de l'immigration française sur une période d'un siècle et demi :

| | | | | | |
|---|---|---|---|---|---|
| 1608 - 1640 : | 296 immigrants de France s'installent en Nouvelle-France. | | | | |
| 1640 - 1660 : | 964 | " | " | " | " |
| 1660 - 1680 : | 2542 | " | " | " | " |
| 1680 - 1700 : | 1092 | " | " | " | " |
| 1700 - 1720 : | 659 | " | " | " | " |

connu d'autres milieux naturels ou construits que celui du Nouveau Monde constitue une donnée importante qui ne manquera pas de se refléter dans l'architecture coloniale. À notre avis, c'est de cette conjoncture que découle, entre autre, la remarquable adaptation de la maison québécoise traditionnelle aux conditions climatiques prévalant ici. Nous y reviendrons.

Pour le moment, il est du premier intérêt pour le sujet qui nous occupe de connaître les traits sociaux et culturels de ces quelque dix mille colons, émigrants français, qui prirent souche en Nouvelle-France. Compte tenu du peu d'attrait suscité par ces « quelques arpents de neige » (Voltaire) infestés d'aborigènes inhospitaliers, quels types d'émigrants pouvaient songer à venir s'établir au Canada ? Dans une société aux couches sociales aussi clairement stratifiées que celles de la France d'alors, sûrement pas les nobles privilégiés, les bourgeois fortunés et autres nantis. Et comme la France se trouvait à l'époque en pleine période d'organisation industrielle, les ouvriers spécialisés trouvaient normalement à se placer à des conditions avantageuses dans le royaume même. [13] Et ceux qui seront tentés de venir en Amérique s'assureront d'abord le droit de revenir en France à l'expiration de leur engagement. Restait la classe des paysans, des pauvres, des défavorisés qui pouvaient au moins espérer accéder rapidement à la propriété ou à la maîtrise d'un métier en Nouvelle-France. Restaient encore les aventuriers, les instables, les personnes en quête de liberté, lasses des contraintes de la vieille Europe ou celles tentées par des gains à réaliser rapidement dans le commerce des pelleteries [14]. Enfin, il y aurait eu les Huguenots si Richelieu ne leur avait pas malencontreusement fermé la porte de la Nouvelle-France en 1628.

Du moins voilà bien ce que révèle cette immigration française en Amérique aux 17e et 18e siècles : des dix mille et quelques colons qui s'installèrent en Nouvelle-France, il faut distinguer 3,500 soldats licenciés, 1,100 filles du roi, 1,000 déportés, environ 3,900 engagés et enfin quelque 500 personnes qui seraient venues à leur propre frais [15]. De ce groupe, seuls les engagés étaient susceptibles de possé-

---

1720 - 1740 :    1008 immigrants de France s'installent en Nouvelle-France.
1740 - 1760 :    3565          ″            ″        ″              ″

1608 - 1760 : 10126          ″            ″        ″              ″
  Jean Hamelin, *Economie et société en Nouvelle-France*, p. 77.
  13. Joseph-Noël Fauteux, *Essai sur l'industrie au Canada sous le régime français*, 1, p. xii.
  14. Arthur R.M. Lower, *Canadians in the Making. A Social History of Canada*, pp. 15-17. (#)
  15. Hamelin, *op. cit.*, p. 77.

der un quelconque métier ; pourtant, nous apprend Jean Hamelin, la plupart n'avaient pas l'habitude d'un travail spécialisé [16].

C'est bien ce que constata le Suédois Peter Kalm en visitant le Canada et Montréal en 1749 :

> Les arts mécaniques tels que l'architecture, l'ébénisterie, la confection des ouvrages au tour, etc., ne sont pas aussi avancés ici qu'on devrait s'y attendre, et les Anglais sous ce rapport l'emportent sur les Français. Cela vient de ce que la plupart des colons, ici, sont des soldats licenciés qui n'ont pas eu l'occasion d'apprendre aucun métier, ou n'en ont appris un que par accident ou par nécessité.[17]

On ne saurait mettre en doute l'objectivité de ce témoignage. Kalm est un savant reconnu — il visite d'ailleurs l'Amérique dans le cadre d'une expédition scientifique — et devait être bien disposé envers les Français à une époque où la Suède est une nation très amie de la France.

Mais Kalm jugeait probablement ces « arts mécaniques » en référence avec les canons et critères d'une classe instruite, c'est-à-dire en universitaire au fait des techniques nouvelles et des goûts à la mode. Il n'est pas étonnant dès lors que la production artistique des colonies anglaises, avec leur large éventail de classes sociales, du paysan au serviteur, de l'ouvrier spécialisé au professionnel, du marchand bourgeois à l'aristocrate, l'ait satisfait davantage.

Or, dans le cas de la Nouvelle-France, la majorité de ses immigrants étant issus des classes paysannes et infra-moyennes des provinces pauvres de l'ouest, les plus isolées des activités et des splendeurs de Versailles, ce n'était pas cette société qui allait transmettre au Nouveau-Monde les idées philosophiques les plus avancées ni les arts et techniques du bâtiment et de l'aménagement les plus contemporains. Il ne s'ensuit pas par contre que ces colons français aient été des gens simplistes et sans valeur. Au contraire : ils étaient dépositaires d'une vieille culture ancestrale, plongeant ses racines dans le plus lointain Moyen Âge, culture riche d'attitudes éprouvées devant les réalités de la vie et de réponses innées aux besoins d'organisation de l'habitat et du milieu.

> Through the Middle Ages proper were long since gone, écrit Alan Gowans, the people who settled early New France had remained essentially medieval in their basic attitudes and outlook on life, and therefore medieval principles of building still seemed self-evidently right to them. The folk architecture of New France not

---

16. *Ibid.*, pp. 79-84.
17. SHM, *Voyage de Kalm en Amérique*, p. 45.

merely looked medieval, it was an integral expression of the medieval tradition in Western architecture.[18]

Plus d'un critique a signalé ce caractère « médiéval » de notre architecture populaire traditionnelle, et Gérard Morisset a insisté sur « l'esprit du style roman qu'on perçoit dans les murailles nues... pour peu qu'on examine notre architecture d'autrefois... »[19]. Sur l'île de Montréal et dans la région avoisinante il reste encore quelques structures pour témoigner de ce caractère, que ce soit les moulins à vent de Pointe-aux-Trembles ou celui de l'île Perrot (à Pointe-du-Moulin), les deux austères tourelles signalant l'entrée du Grand Séminaire, rue Sherbrooke, ou la maison de la Ferme Saint-Gabriel, à Pointe-St-Charles.

Au niveau de l'organisation du milieu physique, on peut constater le même esprit. Ainsi, par exemple, au village groupé en forme d'étoile (Charlesbourg, Bourg-Royal et Petite-Auvergne), de conception fortement classique, préconisé par l'intendant Talon comme modèle pour la colonisation du territoire[20], le peuple a préféré la côte, modèle simple et approprié comme nous l'avons déjà remarqué, dont l'archétype remonterait à la colonisation même de l'Europe.

Cette tradition populaire, héritage de ces premiers émigrants, aura une énorme influence sur le développement de l'architecture vernaculaire québécoise... du moins pour peu que l'on veuille considérer comme de véritables manifestations d'architecture ces ouvrages populaires et anonymes créés en dehors des cadres de l'architecture académique. Car l'architecture académique aussi a existé en Nouvelle-France, et dès le début. Nous allons immédiatement voir comment, et analyser ses influences.

## 2.   La tradition académique

Cette classe de pauvres gens ne constituait pas à elle seule toute la société de la Nouvelle-France. À l'instar de l'ordre social métropolitain, la société française en Amérique fut une société hiérarchisée, fondée sur les privilèges et l'utilité politique ou sociale des groupes. Ainsi la classe des censitaires était encadrée par la classe des seigneurs, tant laïques qu'ecclésiastiques, et le tout chapeauté

---

18.   Alan Gowans, *Building Canada : an Architectural History of Canadian Life*, p. 15. (#)

19.   Gérard Morisset, *L'architecture en Nouvelle-France*, p. 15. (#)

20.   Richard Colebrook Harris, *The Seigneurial System in Early Canada ; A Geographical Study*, p. 172.

par une classe de dirigeants, classe composée en forte partie de métropolitains, imposant la volonté absolue du roi. [21]

Cette classe de fonctionnaires royaux se distinguait notamment des deux autres parce que ses membres, que ce soit le gouverneur, responsable de la politique et des armées, ou l'intendant, maître de l'administration, de la justice et de la police, ou autres grands dignitaires, se recrutaient normalement dans la haute noblesse française. Lorsque l'on connaît la vaste autorité que ces fonctionnaires possédaient sur tous les champs d'activités dans la colonie — par exemple, les plans de tout édifice public en Nouvelle-France devaient être approuvés par l'intendant ou le gouverneur — on peut présumer que leur influence sur l'aménagement du milieu physique et l'architecture sera importante. Or cette influence devait être totalement différente de celle émanant de la classe paysanne et infra-moyenne à laquelle appartenaient la plupart des colons immigrants français.

Il n'est pas inutile de présenter ici le portrait d'un de ces nobles représentants du roi pour bien faire apprécier le fossé qui existait entre ce type de dirigeants et le dirigé moyen. Que l'on nous permette de prendre pour exemple une des figures les plus colorées de cette classe d'administrateurs royaux, Louis de Buade, comte de Frontenac et de Palluau, qui fut gouverneur général de la Nouvelle-France de 1672 à 1682 et de nouveau de 1689 jusqu'à sa mort en 1698. Les Buade appartenaient à une très vieille famille de la noblesse d'épée, une famille qui jouissait sans contredit des bonnes grâces du Roi puisque Louis XIII lui-même fut parrain du petit Louis de Buade. Ce Louis, comme tout fils prometteur d'une telle famille, choisit la carrière des armes, participa à plusieurs campagnes de la guerre de Trente Ans, eut autant de promotions que de blessures. Lorsqu'il ne résidait pas aux armées, Frontenac se pavanait à la cour, en compagnie de son épouse, Anne de La Grange, célèbre par sa beauté, y menant une vie superbe qui convenait davantage à sa vanité qu'à sa bourse. C'est d'ailleurs son endettement qui semble avoir motivé sa venue dans la colonie, le commerce des fourrures s'avérant souvent un instrument propre à dépanner un noble ruiné. [22]

On se doute bien que c'est avant tout des personnalités comme celle de Frontenac — ce noble qui frayait dans les milieux les plus élevés de la haute aristocratie française, qui s'était même intéressé

---

21. Fernand Ouellette, *Histoire économique et sociale du Québec, 1760-1850. Structures et conjoncture*, pp. 559ss. (#)
22. W.J. Eccles, « Buade de Frontenac et de Palluau, Louis de » dans *Dictionnaire biographique du Canada*, 1, pp. 137-146.

à l'architecture en s'occupant de l'embellissement de son château de l'île Savary [23] — qui pouvaient transmettre dans la colonie un peu de ce goût académique et de ce génie français qui, à l'époque, faisaient les délices de la civilisation européenne. Ainsi, il n'y a rien de surprenant à ce que Frontenac critique, dès son arrivée à Québec, les mauvaises dispositions, l'absence d'ordre et de symétrie des édifices de la jeune capitale. Voici d'ailleurs ce qu'il écrit au ministre Colbert, le 2 novembre 1672 : « Je trouve qu'on a fait jusques ici, ce me semble, une très grande faute en laissant bâtir les maisons à la fantaisie des particuliers, et sans aucun ordre ». Et il préconise comme solution « d'y faire marquer les rues et les places qu'on y pourrait faire, afin que dans la suite lorsque quelque particulier voudra bâtir, il le fasse avec symétrie, et d'une manière que cela puisse augmenter la décoration et l'ornement de la ville » [24]. Donc, pour le gouverneur, la symétrie était un facteur inhérent à la beauté du développement urbain. Voilà une conception totalement « classique » de l'urbanisme, supposant une grande maîtrise sur la nature et un grand contrôle des forces de développement. Sans doute Frontenac avait-il en mémoire, en écrivant ces lignes, des exemples de villes françaises telles Vitry-le-François (1634) ou Charleville (1656), villes récemment planifiées selon les canons les plus rigoureux du classicisme du 17e siècle. Mais l'association de la beauté du développement à la symétrie de ces constituants révèle une attitude totalement étrangère à la tradition médiévale. Pour l'humble colon de Québec (ou de Montréal) le développement organique selon les besoins et nécessités de l'heure — ce que Frontenac assimile à la fantaisie — a dû apparaître le seul mode possible de développement. Quelle ville médiévale, quel petit village ancestral (en dehors des Bastides) s'est développé autrement ? Si Lower exagère un peu en décernant à Frontenac le titre de premier urbaniste du Canada [25], il n'en demeure pas moins que des personnages de la couche sociale de Frontenac, par leur culture comme par leur autorité dans la colonie, étaient en bonne posture pour contrebalancer la tradition, fortement teintée de médiévalisme, de la majorité de la population, et pour influencer d'une façon particulière l'architecture et l'aménagement du milieu physique dans la Nouvelle-France.

On peut s'en rendre compte immédiatement en considérant quelques réalisations de cette classe dirigeante. D'abord et surtout

---

23. *Ibid.*, p. 138.

24. Pierre-Georges Roy, *La ville de Québec sous le régime français*, 1, p. 389.

25. Lower, *op. cit.*, p. 46. En fait, ce titre devrait revenir à Champlain ou à Dollier de Casson.

Louisbourg : planifiée à partir de 1712 selon les théories et principes du grand ingénieur militaire Sébastien Vauban, cette forteresse de Louisbourg, grâce à sa situation sur les rives orientales de l'Île du Cap-Breton, devait garder le golfe St-Laurent, porte de la Nouvelle-France. Sa construction dura plus de vingt ans et coûta, au grand désespoir du roi, quelque 30 millions de francs. Inutilement en fait, puisque la forteresse tomba, les deux fois qu'elle fut assiégée (1745 et 1758) par l'ennemi anglais. La seconde fois, celui-ci s'empressa de la raser. Mais cela n'infirme en rien la qualité et la contemporanéité de son design. Par ses fortifications très élaborées, par sa grille de rues rigoureusement orthogonale et par sa place d'Armes, Louisbourg pouvait soutenir la comparaison avec n'importe quelle petite ville créée ou remodelée en Europe par l'ingénieur Vauban [26]. La reconstruction récente du Bastion du roi et du Château St-Louis, qui servait de logement du gouverneur et des officiers, est propre à nous renseigner sur le caractère et la qualité de cette réalisation coloniale. Ainsi le Château St-Louis, par sa masse et par l'harmonie de ses rythmes architectoniques, possède cette assurance sereine et cette grandeur retenue, marques distinctives du classicisme français de la grande époque.

On pourrait faire une observation analogue concernant un autre Château St-Louis, celui de Québec cette fois, et qui servait de demeure au gouverneur de la Nouvelle-France. Construit vers les années 1724, il nous est connu aujourd'hui grâce aux dessins de l'Ingénieur du roi, Chaussegros de Léry. Avec ses tourelles et ses pavillons, disposés d'une façon parfaitement symétrique par rapport à l'axe central qu'était la porte d'honneur, elle-même surmontée de son fronton classique, cet édifice a dû s'imposer par son dépouillement austère, mais harmonieux. Plus monumental et plus orné a dû paraître le palais de l'intendant, qui aurait été réalisé en 1718 par Chaussegros de Léry lui-même et qui a disparu aujourd'hui comme le précédent. Se distinguant surtout par son fier toit à comble brisé, évidemment inspiré par les toits de l'architecte Mansart, ce palais indique bien de quelle source s'inspirait l'architecture officielle.

À Montréal, Philippe de Rigaud, Marquis de Vaudreuil, issu d'une des familles les plus renommées du Midi mais non la plus fortunée, venu en Nouvelle-France tenter le sort et qui fit effectivement une belle carrière en étant successivement gouverneur de Montréal (1699 à 1703) et gouverneur général de la colonie (1705 à 1725),

---

26. John William Reps, *The Making of Urban America ; a History of City Planning in the United States*, pp. 65-68. (#)

fit construire de 1723 à 1726 le château qui portait son nom [27].
Situé rue St-Paul, au pied de ce qui est aujourd'hui la Place Jacques-
Cartier, ce château servit sous le régime français de résidence
officielle des gouverneurs à Montréal avant de devenir en 1773 le
Collège de Montréal. Il fut malheureusement complètement ravagé
par un incendie en 1803 [28].

Considéré comme le plus bel édifice du Montréal de l'ancien
régime, ce petit château de Vaudreuil s'inscrivait d'emblée dans le
mouvement du classicisme français, tant par son plan que par sa
façade formelle, tant par son aménagement intérieur que par l'aménagement extérieur de son petit jardin d'apparat. Gowans le qualifie
d'ailleurs de contre-partie canadienne des grands palais baroques
de la noblesse française du dix-septième siècle [29]. Sans vouloir
pousser trop loin cette comparaison élogieuse, admettons néanmoins
que si le château de Vaudreuil n'avait pas le raffinement des formes
de ces palais, il n'en possédait pas moins l'esprit tout comme les
châteaux St-Louis de Québec et de Louisbourg, ou le palais de
l'intendant. Pouvait-il en être autrement ? Le Marquis de Vaudreuil,
avec son rang dans la société française, était sûrement familier avec
l'architecture de son temps. Et Chaussegros de Léry, qui aurait été
l'architecte de ce château de Monsieur de Vaudreuil, était ingénieur
du roi, fils même d'un ingénieur notable de Toulon, élève et protégé
du grand Vauban, donc très certainement formé selon les techniques
et les idées architecturales les plus prisées de l'époque [30].

Ce que l'on vient de constater concernant l'influence de cette
classe dirigeante sur l'urbanisme et l'architecture civique dans la
colonie, se produit également, à quelques nuances près, concernant
l'influence des autorités ecclésiastiques sur l'architecture religieuse.
Les ordres missionnaires, tels ceux des Jésuites, des Sulpiciens ou
des Récollets qui œuvrèrent en Nouvelle-France, dépendaient étroitement de la métropole et pouvaient y puiser, tout comme la classe
des fonctionnaires royaux, d'importantes ressources tant en argent
qu'en talent. D'ailleurs ces communautés recrutaient leurs effectifs,
du moins au début, exclusivement dans la mère patrie, ce qui contri-
buait d'autant à importer au Nouveau Monde les goûts et les modes

27. Yves F. Zoltvany, « Rigaud de Vaudreuil, Philippe de » dans
*Dictionnaire biographique du Canada*, 2, pp. 591-600.
28. Gustave Lanctôt, *Images et figures de Montréal sous la France*,
p. 73.
29. Gowans, *op. cit.*, p. 25.
30. Voir Marie-Madeleine Azard-Malaurie, « De l'architecture monumentale classique à Québec », *Vie des Arts*, no. 49, hiver 1967-1968, pp. 42-49.

10. *Église du Sault-au-Récollet, intérieur.*

9. *Église du Sault-au-Récollet, extérieur.*

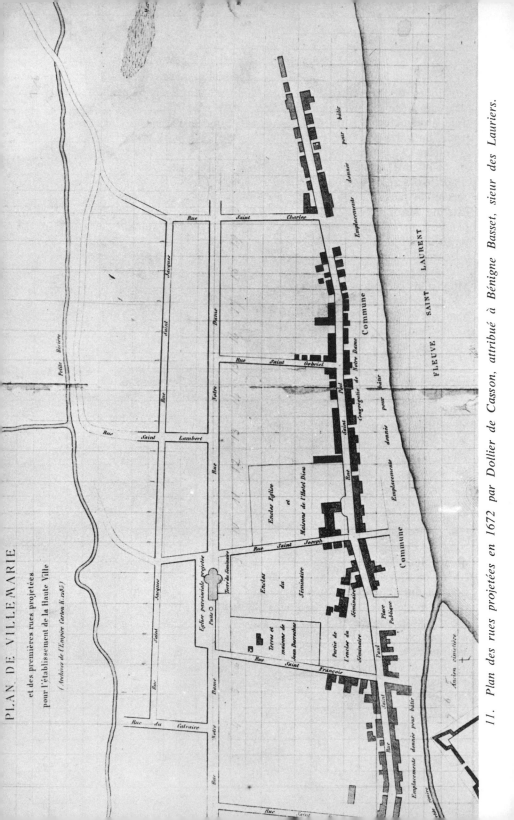

11. *Plan des rues projetées en 1672 par Dollier de Casson, attribué à Bénigne Basset, sieur des Lauriers.*

artistiques de l'Ancien. Même certaines de ces compagnies, telle celle des Jésuites avec leur célèbre Gesù, possédaient leur propre style architectural, sorte de marque de fabrique qu'elles transplantaient dans les pays de mission pour identifier leurs œuvres. Ainsi le collège et l'église des Jésuites à Québec, construits respectivement en 1648 et 1666, avaient de grandes affinités avec le collège et la chapelle des Jésuites à La Flèche en France, complexe réalisé quelques décennies plus tôt et auquel aurait participé l'excellent architecte Etienne Martellange. De même, à Montréal, les établissements des Jésuites sur la rue Notre-Dame, bâtiments érigés à partir de 1692 et aujourd'hui disparus tout comme ceux de Québec, possédaient un caractère nettement européen et n'auraient pas déparé une petite ville française de province. On pourrait dire la même chose du Monastère et de l'église des Récollets à Montréal, jadis situés entre les rues Notre-Dame, des Récollets, Ste-Hélène et St-Pierre, et démolis en 1867, comme de la première église Notre-Dame et du vieux Séminaire des Sulpiciens sur lesquels nous reviendrons au cinquième chapitre.

L'évêque de Québec aura également une influence pro-académique sur l'architecture religieuse de la colonie. Comment s'en étonner ? Dans sa sphère, il jouit d'une autorité aussi absolue que celle du Gouverneur et, comme le souligne si bien l'historien Frégault, les deux « se ressemblent comme des frères... Ils sont réellement frères. Ils se recrutent dans les mêmes couches sociales et, à l'occasion, jusque dans les mêmes familles. Ils ont une conception analogue de la vie publique, de l'autorité, des préséances et du prestige attachés à leurs fonctions ».[31] Ainsi François de Laval, le premier évêque de Nouvelle-France, était issu de la vieille famille Montmorency, si vieille s'extasiait Vachon de Belmont « qu'on en ignore l'origine, comme celle du Nil ».[32] Il en allait de même pour son successeur, qui était aussi noble que le laissait entendre son nom : Jean Baptiste de La Croix de Chevrières de Saint-Vallier. Laval et St-Vallier, comme Frontenac ou Vaudreuil, appartenaient donc à une élite privilégiée pour laquelle la connaissance des idées et des modes architecturales de l'époque était considérée comme un atout indispensable à une « teste bien faicte ». Connaissance qu'ils ont pu par ailleurs compléter par leurs expériences personnelles, Frontenac en s'occupant de l'embellissement de son château, Saint-Vallier, à titre d'aumônier ordinaire à la Cour de Louis XIV, en s'initiant aux naissantes splendeurs de Versailles.

---

31. Guy Frégault, *Le XVIIIe siècle canadien : études,* p. 87.
32. *Ibid.,* p. 131.

Et de fait, c'est bien des goûts très académiques que reflétaient la cathédrale et le palais épiscopal de Québec. La première, telle que reconstruite en 1744 par Chaussegros de Léry et aujourd'hui complètement défigurée, présentait un ensemble sévère et vigoureux de style jésuite, style particulièrement à la mode à l'époque en France. Le second, malheureusement altéré à partir de 1831 au point d'être méconnaissable, reprenait avec sa cour d'honneur le plan typique des châteaux français du 17ᵉ siècle et constituait probablement, selon Gowans, la construction la plus élaborée de ce siècle en Nouvelle-France [33].

Cependant les influences d'un Laval ou d'un St-Vallier ne touchèrent pas que ces types très officiels d'édifices ; elles se firent sentir, à l'instar des influences des grandes communautés religieuses, sur toute l'architecture religieuse québécoise, et cela, même longtemps après la fin de la domination française en Amérique. Comment cela fut-il possible ? Tout simplement, à notre avis, parce que ces évêques et communautés religieuses, investis d'un grand prestige et d'une non moins grande autorité, ont légué à ce peuple orthodoxe et conformiste l'« image » d'un modèle standard de l'église comme lieu du culte, et que cette image fut préservée pendant deux siècles en étant transmise d'une génération à l'autre par le système d'apprentissage de maître à compagnon, puis de compagnon à apprenti, en honneur dans la tradition artisanale populaire.

Il ne faut pas ignorer, en effet, que l'évêque de Québec devait approuver les plans de toutes les églises construites dans la colonie tout comme le faisait le gouverneur ou l'intendant pour les édifices publics. En bon centralisateur formé à l'école des Jésuites, Mgr Laval avait avantage à imposer un modèle commun pour les lieux de culte, modèle nécessairement puisé dans le bagage académique. Ce qu'il semble avoir fait : les églises construites durant son règne sur ses seigneuries de la Côte Beaupré et de l'île d'Orléans avaient à peu près toutes les mêmes caractéristiques notamment au niveau du plan en croix latine terminé par une abside semi-circulaire [34]. Et pour s'assurer d'une bonne fidélité et qualité de mise en œuvre, Laval fonda en 1675 à St-Joachim près de Québec une Ecole des Arts et Métiers diffusant des connaissances en charpenterie, sculpture, peinture, décoration d'église, maçonnerie et menuiserie. Des maîtres français, tel le Frère Luc (1614-1685), qui avait travaillé à Paris et à Rome avec les plus grands noms de son temps, ou Jacques Le Blond, dit Latour (1670-1715), architecte, sculpteur et peintre de

33. Alan Gowans, *Church Architecture in New France*, pp. 52-53.
34. *Ibid.*, pp. 40-47.

Bordeaux, contribuèrent à transmettre aux artisans de la Nouvelle-France les conceptions architecturales et artistiques en vigueur en France. Cette école des Arts et Métiers persista jusqu'aux derniers jours du régime français et contribua à former plusieurs importants artistes québécois dont Jean Baillargé, le premier d'une prolifique lignée d'architectes et maîtres sculpteurs de Québec. [35]

Proposer un modèle et veiller à la diffusion des connaissances nécessaires à sa réalisation, c'était là le plus loin que Laval et ses successeurs pouvaient aller. Car ils ne possédaient ni les ressources matérielles ni les ressources humaines pour construire chaque église paroissiale du pays et dépendaient dans une très large mesure de la main-d'œuvre et des fonds locaux.

C'est pour cette raison que les anciennes églises paroissiales québécoises apparaissent comme le résultat d'une combinaison unique et originale d'éléments architecturaux appartenant à deux traditions différentes, l'une populaire, perpétuant le médiévalisme et véhiculée par les artisans et constructeurs locaux, l'autre classico-baroque, apanage d'une classe cultivée et transmise par les autorités ecclésiastiques. Ainsi dans ces églises, au plan classique répondent des murs massifs en maçonnerie de moellons surmontés d'un toit sur combles en forte pente, auxquels viennent normalement se greffer des pierres d'angle en relief, soigneusement taillées, des fenêtres et lucarnes cintrées, des ouvertures à voussoirs réguliers, des niches disposées symétriquement, un clocher possédant l'élan d'une flèche gothique mais le galbe d'une lanterne classique ...

À l'intérieur, où les effets d'un climat rigoureux étaient moins à craindre, cette tradition classico-baroque s'exprime plus librement comme en témoignent les volumes aux proportions bien dégagées, les voûtes en anse de panier, et surtout les sculptures sur bois rehaussées de dorure dans les styles Louis XIV, Louis XV et parfois même rococo. Ces intérieurs sculptés, dont la fraîcheur originale supplée bien à la plus ou moins grande pureté académique, représentent selon Ramsay Traquair l'une des plus remarquables réalisations artistiques de l'Amérique du Nord.[36] Ces sculptures sont l'œuvre d'artisans maîtres-sculpteurs connaissant bien leur Vignole, leur Grand et Petit Blondel, tels les Levasseur et Baillargé de Québec ou Louis-Amable Quévillon (1749-1823), l'un des sculpteurs montréalais les mieux connus et dont le nom était associé aux travaux de décoration de plus de vingt-cinq églises de la région montréalaise.

35.  Olivier Maurault, « Un professeur d'architecture à Québec en 1828 », JRAIC, 3, no. 1, January-February 1926, p. 32.

36.  Traquair, *op. cit.*, p. 2.

Malheureusement la plupart de ces temples ont disparu, le plus souvent rasés par le feu, telle la magnifique église de l'Enfant-Jésus de Pointe-aux-Trembles, construite à partir de 1705 et détruite dans l'incendie du 21 février 1937 [37].

Dans la région de Montréal, il reste encore quelques églises anciennes témoignant de cet heureux mélange des traditions populaires et académiques et offrant un aperçu de l'excellence atteinte dans la sculpture sur bois. Ainsi la petite église de Ste-Jeanne-Françoise-de-Chantal de l'île Perrot, terminée en 1786 et dont la majeure partie de la décoration intérieure remonte au début du 19e siècle, peut être considérée, avec son plan cruciforme à transept, comme typique des églises villageoises du vieux Québec. La mauvaise façade qu'on lui a plaquée en 1901 ne doit pas faire oublier la vigueur et l'individualité de sa décoration intérieure sculptée, ni non plus ses trois remarquables autels, attribués à Quévillon [38]. L'église de St-Michel de Vaudreuil est un autre exemple à retenir bien que, comme dans le cas précédent, sa façade ait été altérée. Construite dans les années 1773-75, elle renferme une grande quantité de travaux sculptés, en grande partie de la main de deux maîtres et compétiteurs, Liébert et Quévillon [39]. Mais, à notre avis, la plus importante demeure l'église de la Visitation située au Sault-au-Récollet, donnant sur le boulevard Gouin, à l'ouest de l'avenue Papineau. C'est la seule église de l'île de Montréal dont la majeure partie remonte au régime français. En effet, le corps du bâtiment fut commencé en 1749, et suffisamment avancé en 1751 pour y célébrer les offices; Charles Guilbaut, un natif de la paroisse, en fut le « maçon entrepreneur ». Ce corps de bonne maçonnerie paysanne, percé de fenêtres à sommet cintré héritées de la tradition classique, reçut par la suite de nombreuses additions. Non la moindre fut celle d'une nouvelle façade ajoutée au début des années 1850, façade sévère de style néo-baroque à saveur anglaise et œuvre du prolifique architecte montréalais John Ostell dont nous aurons l'occasion de parler dans les prochains chapitres. À l'intérieur, le spectacle est unique : des maîtres sculpteurs de grand talent s'y sont succédé, Liébert pour le tabernacle du maître autel (1792), Quévillon pour

37. Voir Edward Robert Adair « The Church of l'Enfant Jésus, Pointe-aux-Trembles », BRH, 42, no. 7, juillet 1936, pp. 411-421.
    38. Ramsay Traquair, « The Church of Ste-Jeanne-de-Chantal on the Ile Perrot, Quebec », JRAIC, 9, no. 5, May 1932, pp. 124-131 et no. 6, June 1932, pp. 147-152.
    39. Edward Robert Adair, « The Church of Saint-Michel de Vaudreuil », BRH, 49, no. 2, février 1943, pp. 38-49 et no. 3, mars 1943, pp. 75-89.

les autels (1802-1806), Fleury David pour la voûte (on lui doit la majeure partie de l'intérieur actuel réalisé entre 1816 et 1831) et Chartrand pour la chaire (1836) [40].

### 3. La pérennité des attitudes

Donc, en résumé, dès le début, l'organisation du milieu et l'architecture en Nouvelle-France témoignent d'une forte dichotomie. Cette dichotomie, on l'a vu, origine de deux traditions spécifiques, expressions de deux classes sociales distinctes, presque imperméables l'une à l'autre, et transmettant à l'Amérique française leur idéologie et leur héritage culturel propres. D'un côté on trouve la classe populaire, très homogène, issue presque exclusivement d'une même et seule couche sociale que l'on pourrait qualifier de moyenne inférieure, gens sans grandes ressources, sans grande spécialisation dans leurs métiers, sans grande conscience d'eux-mêmes mais qui lèguent au Nouveau Monde un précieux héritage de traditions artisanales populaires d'autant plus ancrées dans leur mentalité que ces traditions, du moins concernant les attitudes face au bâtiment et à l'organisation du milieu, remonteraient au plus lointain Moyen Âge, à l'époque où les habitations, villages et villes se relevaient des cendres laissées par les destructions des Normands.

Transplantée sur le sol américain, cette population immigrante qui connaît un fort taux de croissance naturelle devient rapidement autochtone, ce qui la rend plus réceptive à ce milieu nouveau, dur et encore inculte. Particulièrement dans la région montréalaise qui reste, jusqu'à la venue des Loyalistes en 1775, le lieu de colonisation le plus reculé dans le continent nord-américain. Ces autochtones auront naturellement tendance à adapter l'héritage culturel et artisanal de leurs parents aux conditions et exigences du continent. Et il est facile de suivre ces adaptations dans leurs constructions dénuées de prétention. Ainsi la maison traditionnelle de la région montréalaise, bien qu'inspirée de modèles identifiables en France, plus précisément en Bretagne, subit, sous l'influence du climat et du mode de vie particulier, des transformations qui la rendent unique. Parmi ces transformations signalons que le carré se dégage du sol pour parer aux accumulations de neige, que le perron-galerie s'avance comme intermédiaire entre ce sol et la maison, et comme extension estivale de celle-ci, que le toit s'évase et que le larmier déborde la verticale des murs, couvrant le perron-galerie et protégeant contre la chaleur

40. Ramsay Traquair and Edward Robert Adair, « The Church of the Visitation — Sault-au-Récollet, Quebec », JRAIC, 4, no. 12. December 1927, pp. 437-451.

et les intempéries, que la cuisine d'été est une réponse à des activités particulières durant la belle saison, etc., etc.[41].

De l'autre côté, on trouve une classe dirigeante, il faudrait peut-être dire une caste, très homogène elle aussi, dans laquelle l'État et l'Église forment un tandem indissociable. Les membres de cette classe dirigeante, qui transplantent en Nouvelle-France un régime absolutiste et paternaliste dont le règne de Louis XIV (1661-1715) a marqué l'apogée, se recrutent dans la haute aristocratie et à ce titre sont imbus des idées les plus contemporaines concernant l'architecture et l'urbanisme. Au surplus, par rapport à la classe populaire, ils jouissent d'un surplus de ressources, tant en argent qu'en talent, et leur architecture, pour cette raison, ne subit que très peu de transformations en passant d'un continent à l'autre. Évidemment, elle témoigne de moins d'ampleur et de moins de raffinement que ses grands modèles français ; sa grandeur sera toujours dépendante de l'intérêt que le souverain portera à la colonie. Mais son esprit et ses caractéristiques demeurent les mêmes. En Amérique comme en Europe, inconsciemment mais non moins réellement, cette architecture sert en partie à identifier le statut de l'aristocrate et du dirigeant : elle est le symbole de son rôle social, de ses prétentions et de ses privilèges.

Ce n'est que dans l'architecture des églises paroissiales que ces deux traditions se fusionnent dans un tout architectural relativement homogène. Cette fusion s'explique, à notre avis, par les relations plus étroites que le contexte religieux impose aux deux classes en présence, la classe populaire et le bas clergé dépendant de la hiérarchie ecclésiastique pour ses directives pastorales, et cette dernière dépendant des ressources et main-d'œuvre locales pour la construction des édifices du culte.

Cette dichotomie de traditions, d'un côté la tradition artisanale populaire, de l'autre la tradition académique, qui façonne dès le début l'architecture québécoise, les principaux historiens de notre architecture, les Gowans, Morisset ou Traquair, l'ont parfaitement soulignée. Et jusqu'ici nous n'avons rien avancé qu'ils n'aient eux-mêmes dit d'une façon ou de l'autre. Par contre, ce qui a été moins exploré ce sont les mentalités, les attitudes et les interventions de chacune de ces classes, face à l'organisation du milieu, et la persistance de certaines d'entre elles bien au-delà de la période coloniale française.

Voilà un sujet vaste et complexe que nous ne pouvons traiter ici que d'une façon très partielle et, faute d'études appropriées, très

---

41. Michel Lessard et Huguette Marquis, « La maison québécoise, une maison qui se souvient », *Forces,* no. 17, 1971, pp. 12ss.

incomplète. Par exemple, des colons français qui ont immigré en Nouvelle-France, il serait intéressant de savoir d'où venaient exactement ceux qui se sont établis dans la petite ville de Montréal et sur les côtes avoisinantes. Étaient-ils originaires de villes et villages ou du monde rural ? Étaient-ils dépositaires de traditions et mentalités urbaines ou rurales ? Aucune monographie, à notre connaissance, ne traite de ces questions ; et s'il est possible de glaner ces informations dans les archives, c'est là un travail qui dépasse le cadre d'une étude générale comme celle-ci.

Tout ce que nous pouvons avancer à ce sujet, c'est qu'à l'époque de la colonisation de l'Amérique, la France possédait déjà une longue tradition urbaine, et que cette tradition n'est sûrement pas étrangère au fait que des villes, telles Québec, Trois-Rivières et Montréal aient été fondées dès le début de la colonie, et que leur population, à la fin du régime français, ait représenté pas loin de 20% de la population de la Nouvelle-France [42]. Par contre, nous ne saurions ignorer le fait que les villages compacts n'ont pas joui, sous ce régime, et pour diverses raisons, d'une grande faveur, et que la forme de communauté humaine qui semble avoir été préférée en définitive fut celle du rang ou de la côte, comme nous l'avons signalé au chapitre précédent. Il s'agit là d'une structure communautaire particulière ; celle d'une collectivité à entités fortement individualisées, chacun étant propriétaire d'une terre individuelle mais dépendant grandement, à cause des rigueurs du climat et de l'isolement, de ses voisins immédiats. Remarquable par sa simplicité et sa régularité, peuplé de plus par une population très homogène, ce parcellaire a engendré un égalitarisme encore frappant aujourd'hui dans les territoires non urbanisés.

Et comme ces anciennes structures rurales, plus précisément ces structures de la côte, furent à l'origine de la grille orthogonale de rues si typique des vieux quartiers montréalais, et comme ces quartiers furent habités en majorité par des personnes émigrées des côtes et rangs ruraux, il ne faudrait pas s'étonner que l'esprit de l'organisation territoriale et sociale rurale se soit perpétué de quelque façon dans ces milieux urbains. Sans vouloir affirmer ce que l'absence d'études plus poussées ne nous permet pas, il n'est pas exclu que l'image de cohésion, d'uniformité, de grégarisme qui suinte des vieux quartiers francophones de Montréal, avec leurs alignements ininterrompus de maisons anonymes et mitoyennes, elles-mêmes étant des empilements de logements, par contre bien individualisés, provienne de la pérennité de certaines mentalités et attitudes.

---

42. *Recensements du Canada (1665-1871)*, pp. 2ss.

Sur un autre plan, ce qui frappe durant ce régime français, c'est l'absence totale de participation de cette classe populaire au pouvoir et à l'administration publique en général, et municipale en particulier. Gustave Lanctôt qui s'est penché sur ces questions est formel sur ce point. Dans l'administration de la Nouvelle-France, tous les pouvoirs sont centralisés dans les mains de deux hommes, du gouverneur, représentant personnel de Sa Majesté, et de l'intendant, grand administrateur qui « règlemente effectivement et complètement » par des ordonnances. « Dans ce système administratif, quelle est la part du peuple ? » demande Lanctôt ... « Elle est nulle... » [43]. Concernant l'administration municipale, la situation n'est guère différente. Laissons encore la parole à Lanctôt ...

de cette revue de l'administration municipale du temps de la Nouvelle-France, on peut conclure que les villes étaient régies et réglementées par des autorités indépendantes de toute représentation populaire. (...) En définitive, cette administration, à la fois bienveillante et paternelle, assurait, selon les conceptions et les méthodes de l'époque, un ordre moral et matériel, qui englobait les bonnes mœurs, la sécurité, l'hygiène, la voirie, les incendies, l'alimentation et même le coût de la vie. Mais elle ne réservait aucune place à l'initiative personnelle ni à la coopération collective, qui auraient permis à ces petites villes de progresser et de grandir et à leurs citoyens de développer leurs qualités d'intelligence, de travail et d'ambition, toutes avenues fermées aux citadins du Canada, bien qu'elles fussent ouvertes à ceux de la France métropolitaine [44].

C'est assez clair.

Nous aurons l'occasion de prendre connaissance dans les prochains chapitres, en assistant à l'évolution de la ville de Montréal sous le régime français, du caractère et de l'importance des interventions de la classe dirigeante dans l'organisation du milieu urbain. Les interventions de la classe populaire seront, en comparaison, fort réduites, se limitant aux bâtiments individuels. Et lorsque l'on sait que cette caste dirigeante française fut remplacée, à la Cession, par une autre, étrangère mais en tous points semblable, qui perpétua, pendant encore un demi-siècle, les mêmes rapports avec la classe dirigée, et lorsque l'on sait que cette classe dirigée, déjà démunie de pouvoir sous l'ancien régime, le sera davantage sous le nouveau, perdant contact avec la chose économique, et assistant impuissante à une industrialisation contrôlée par les autres, faut-il dès lors s'éton-

---

43. Gustave Lanctôt, *L'administration de la Nouvelle-France ; l'administration générale*, pp. 145ss.
44. Id., « Le régime municipal en Nouvelle-France », *Culture*, 9, no. 3, septembre 1948, p. 283.

ner que cette passivité sociale et cette incapacité de s'organiser se reflètent dans les quartiers urbains populaires du 19e et du 20e siècles ? Ces quartiers francophones ne sont-ils pas le miroir de cette réalité, au même titre que les quartiers chics anglophones, avec leurs résidences plantureuses individuellement identifiables, sont le miroir, à la même époque, d'une classe possédant un contrôle complet de son milieu ?

Certaines de ces attitudes collectives attentistes manifestées par les classes francophones durant toute l'évolution de Montréal peuvent être attribuées également, à notre avis, au rôle joué par la religion dans notre société. En effet, le clergé ayant façonné ses institutions de base, moulé ses traditions et sa mentalité, en deux mots contrôlé et dominé cette société, on ne saurait comprendre celle-ci sans référence à l'Église catholique [45]. Et il faut suivre à partir des premiers temps de la colonisation l'évolution de cette Église au Québec pour saisir l'essence et l'ampleur de son rôle.

Un premier fait d'abord à ne pas minimiser : la colonie française a pris pied en Amérique à un moment où la France baignait en pleine renaissance religieuse, en pleine ferveur mystique, participant ardemment à la Contre-Réforme avec ses François de Sales, Bérulle, Vincent de Paul, Jean-Jacques Olier, etc. La fondation de Montréal en 1642 par le groupe de prosélytes de Maisonneuve s'inscrivait d'ailleurs dans le cadre de ce mouvement religieux. Et ce fut sans doute l'ambition spirituelle tant du pouvoir royal que de celui de l'Église, tant des soldats, des paysans que des ordres religieux, d'établir au Nouveau-Monde une société catholique à l'image de celle de la mère-patrie d'alors [46].

Dans l'ensemble, il faut croire qu'ils n'y ont pas trop mal réussi si on en juge par cette affirmation d'Arthur Lower : « On the religious and ecclesiastical side, New France came close to the cleric's dream, the perfect society which only the Church can provide » [47]. Il faut reconnaître cependant que l'Église fut avantagée par les circonstances. Elle se trouva, en Amérique, dans des conditions à peu près analogues à celles dans lesquelles elle s'était trouvée en Europe, au début du Moyen Âge : le territoire était ouvert à l'instauration de son ordre. Sa tâche fut en outre grandement facilitée par le type même de population venue s'établir en Nouvelle-France,

45. Jean-Charles Falardeau, « The Changing Social Structures » dans *Essais sur le Québec contemporain*, pp. 112ss.
46. Id., « The Role and Importance of the Church in French Canada » in *French-Canadian Society*, 1, *Sociological Studies*, pp. 342-357.
47. Lower, *op. cit.*, p. 56.

population homogène, fortement attachée par ses racines populaires et paysannes à l'orthodoxie et à la conformité, soigneusement expurgée des éléments protestants et hérétiques. En fait le seul obstacle à la réalisation complète de ses visées fut la présence de la classe dirigeante séculière, jalouse de son autorité et de ses prérogatives.

Cependant, cet obstacle devait disparaître avec la conquête de 1760. En effet ce caractère presque théocratique de la colonie française, marqué par le contrôle de l'Église sur l'éducation, le développement culturel, et l'ensemble des autres services sociaux, non seulement ne disparut pas mais se renforça au contraire avec le changement de régime. En échange de son loyalisme inconditionnel, l'Église acquit une autorité absolue dans ces domaines ... avec la bénédiction du conquérant qui pressentit dans l'encadrement et la stabilité du menu peuple la meilleure sauvegarde de ses propres intérêts.

Profitant de l'inévitable repliement collectif vers la terre consécutif à la Conquête, l'Église poursuivit l'idéal d'une nouvelle chrétienté essentiellement paysanne, assimilant catholicisme à vocation terrienne, et vocation terrienne à vocation nationale [48]. Dès lors, la ville acquit une connotation péjorative, plus proche de Sodome que de Jérusalem, et urbanisation devint synonyme de déchristianisation. En fait rien de très positif pour une population rurale qui allait être obligée, pour simplement survivre, d'immigrer en masse à la ville avec la seconde moitié du 19e siècle. Comme l'a pertinemment noté Falardeau : « This clérical-rural culture could not adequately prepare the people to meet the expectations and demands of industrial urban life » [49].

Au cours de cet ouvrage, nous prendrons connaissance des conséquences de ce refus d'assumer la ville. Pour le moment arrêtons-nous en terminant à cette structure d'encadrement créée par l'église et qui constituera l'unité de base de l'organisation sociale des Canadiens français, remplissant à la fois des fonctions religieuses, scolaires et plus tard municipales : la paroisse. Apparue dès 1722, elle se maintiendra avec vigueur jusqu'aujourd'hui, étant d'autant plus stable que la cohésion de ses membres se cimentera par l'attachement et l'adhésion de tous aux mêmes normes religieuses et sociales de l'Église. Même si la paroisse urbaine apparaîtra plus impersonnelle que la paroisse rurale, elle demeure néanmoins un

---

48. Maurice Tremblay, « Orientations de la pensée sociale » dans *Essais sur le Québec contemporain,* pp. 195ss.
49. Jean-Charles Falardeau, « The Changing Social Structures », p. 120.

trait dominant du milieu urbain en constituant le premier cadre d'identification communautaire.

Et ce cadre social léguera un héritage physique imposant : l'église paroissiale, dominant invariablement le milieu bâti, que ce soit dans les communautés rurales, dans les villages ou les quartiers urbains. À Montréal, ces églises seront d'autant plus nombreuses que les quartiers seront plus densément peuplés. Ainsi en 1874, la ville ne comptait pas moins de soixante-quatorze églises pour une population de quelque 150,000 personnes. La réflexion de l'humoriste Mark Twain au fait que Montréal était la seule ville qu'il connaissait où quelqu'un ne pouvait lancer un caillou sans briser un vitrail d'église était plus qu'une boutade : elle traduisait une réalité distinctive de Montréal [50].

Si, dans ce chapitre, nous avons volontairement anticipé sur le développement chronologique de la ville, c'est que plusieurs traits caractéristiques de Montréal et de sa société à diverses époques prennent racine dans cette société de l'ancien régime dont certaines idéologies et attitudes deviendront des archétypes de comportement futur. Voyons maintenant le développement du Montréal du premier siècle, développement qui sera marqué par la nette... domination de l'église paroissiale.

---

50. Kathleen Jenkins, *Montreal, Island City of the St. Lawrence*, p. 397.
(#)

# 4

## La ville frontière

Elle est passablement bien fortifiée et entourée d'un
mur élevé et épais... Les rues principales sont droites,
larges et coupées à angles droits par les petites rues.
Il y en a qui sont pavées, mais c'est l'exception. La
ville a de nombreuses portes : à l'est, du côté de la
rivière, on en compte cinq, deux grandes et trois petites ; et sur l'autre côté il y en a pareillement plusieurs.
Pierre Kalm, 1749.[1]

### 1.  Le premier tracé de rues

Le 12 mars 1672, Dollier de Casson, accompagné entre autres
de Bénigne Basset, arpenteur et greffier de la justice, se transporte
sur le coteau Saint-Louis dans le but d'y tracer les premières rues
de Ville-Marie. Sur l'arête dominante du coteau, dans le sens de sa
longueur — ce qui correspond à peu près à la direction sud-ouest
nord-est — il détermine l'alignement d'une première rue, la rue
Notre-Dame, à l'aide de huit bornes aux estampilles du séminaire.
Par sa position dominante comme par sa largeur de trente pieds
(français), cette rue Notre-Dame est la plus importante des rues projetées pour la petite ville. Et il n'est pas douteux que Dollier de
Casson l'ait voulu ainsi. Car cette rue doit mener de part et d'autre
à une église paroissiale que le sulpicien projette d'ériger en plein
centre du coteau et en plein milieu de la rue Notre-Dame. Cette église
sera commencée l'été suivant et portera également le nom de Notre-
Dame. Deux autres rues seront tracées parallèlement, ou presque,
à cette rue principale. Il s'agit, du côté du fleuve, de la rue St-Paul
qui existe déjà à l'état d'un sentier sinueux menant de l'ancien fort

---

1.  SHM, *Voyage de Kalm en Amérique,* pp. 55-56.

de la Pointe-à-Callières à l'Hôtel-Dieu de Jeanne-Mance et à la chapelle Notre-Dame-de-Bonsecours, et qui sera dotée d'une largeur d'environ vingt-quatre pieds. Sur le versant opposé du coteau St-Louis, du côté du ruisseau St-Martin (appelé également Petite Rivière), ce sera la rue Saint-Jacques, dix-huit pieds de largeur, et qui sera appelée à une vocation particulière : celle de devenir, au début du vingtième siècle, le centre financier de tout le pays.

Perpendiculairement à ces trois voies, Dollier de Casson aligne sept autres rues, ce qui donne naissance à un plan de rues plus ou moins orthogonal, déterminant des îlots rectangulaires d'inégales dimensions. Il s'agit, d'ouest en est, des rue Saint-Pierre, du Calvaire, Saint-François (aujourd'hui Saint-François-Xavier), Saint-Joseph (aujourd'hui Saint-Sulpice), Saint-Lambert, Saint-Gabriel et enfin Saint-Charles. Trois de ces rues, et qui ont toutes dix-huit pieds de largeur, les rues Saint-Pierre, Saint-François et Saint-Gabriel, relient la rue Saint-Paul à Notre-Dame. Deux rues, Saint-Joseph et Saint-Charles, également dix-huit pieds de largeur, rejoignent en plus la rue Saint-Jacques. Enfin deux rues, du Calvaire et Saint-Lambert, relient la rue Notre-Dame à la rue Saint-Jacques. Ces dernières voies, de toute évidence destinées à traverser le ruisseau St-Martin, ont vingt-quatre pieds de largeur. Cependant la rue du Calvaire sera rapidement abandonnée tandis que la rue Saint-Lambert connaîtra un destin exceptionnel en donnant naissance au fameux boulevard St-Laurent, l'axe majeur de croissance démographique de l'île de Montréal. Excepté cette rue du Calvaire, la rue St-Charles qui sera fusionnée dans la Place Jacques-Cartier, et la rue Saint-Joseph (aujourd'hui St-Sulpice) dont l'alignement semble avoir été modifié légèrement, toutes ces rues tracées par Dollier de Casson existent toujours aujourd'hui.[2]

Ainsi, dès 1672, Ville-Marie est dotée d'un plan orthogonal plus ou moins régulier qui prendra graduellement forme avec le développement bâti. Dans la direction sud-ouest nord-est, l'alignement des rues a été dicté par des sentiers existants, notamment celui de la future rue St-Paul, et par la topographie naturelle du coteau St-Louis. Dans la direction perpendiculaire à la précédente, l'alignement des rues semble avoir été orienté cette fois par la présence de certaines concessions de terre accordées par Maisonneuve, telles celles accordées à Pierre Gadois, à Robert Lecavalier, à Jean Desroches ou au sieur Lambert Closse. Par exemple, le tracé de la rue Saint-Pierre se superpose à la limite mitoyenne des terres de Gadois

2. (Étienne-Michel Faillon), *Histoire de la colonie française en Canada*, 3, pp. 375ss. (#)

et de Lecavalier, la première de deux arpents de large par quinze de profondeur, concédée en janvier 1648 [3], la seconde de deux arpents de large par vingt de profondeur, concédée en 1654 [4]. Selon l'usage, ces concessions étaient perpendiculaires à la petite rivière St-Pierre. De plus, dans le contrat de concession à Pierre Gadois, il était stipulé que « si les seigneurs avoient besoin de partie de ce terrain pour l'établissement de la ville, ils pourroient le prendre en remplaçant pareille quantité dans la profondeur, et en payant le terrain défriché selon l'estimation qui en serait faitte de sa valeur par des expers » [5]. Autres exemples : la rue Saint-François, qui suit les bornes de la concession accordée à Jean Desroches le 10 avril 1655... « à prendre sur le bord de la commune 3 perches de large sur 31 perches et six pieds... » [6] ; la rue Saint-Joseph, le long des concessions de Le Moyne, Gervais et Basset ; la rue St-Lambert, nommée à « la mémoire de ce brave major, mort pour la défense du pays » [7], et qui, comme nous le savons maintenant, sera à l'origine de la célèbre artère St-Laurent, suit les limites occidentales du fief concédé à Lambert Closse le 2 février 1658 [8].

Mais bien que l'alignement de plusieurs des rues de ce premier tracé semble avoir été dicté par ces contraintes d'occupation et d'utilisation du sol, on sent néanmoins dans ce plan de Dollier de Casson une nette volonté d'ordonner le développement physique, économique et social de la communauté naissante. Le sulpicien exhortera d'ailleurs ses concitoyens à « élever leurs bâtiments, destinés, disait-il, à l'ornement & à la décoration de leur ville, & à faciliter le commerce tant avec les habitants qu'avec les étrangers... » [9]. Dans ce sens, il s'agit bien d'une forme de plan d'aménagement, le premier de la ville de Montréal, et il mérite d'être étudié comme tel.

Quelle est la valeur de ce plan ? Quel environnement urbain engendrera-t-il ? Quelles en seront les influences sur le développement de Montréal ? Voilà autant de sujets d'intérêt. Malheureusement ces sujets ne semblent guère avoir retenu l'attention des spécia-

3. SHM, *Les origines de Montréal*, pp. 119-120.
4 *Ibid.*, pp. 134-135.
5. *Ibid.*, p. 120.
6. *Ibid.*, p. 168.
7. Faillon, *op. cit.*, p. 377.
8. Voir également à ce sujet le « Plan partiel du Vieux Montréal montrant les premières concessions dressé sur le plan terrier des seigneurs et sur le plan de Montréal en 1729, de Chaussegros de Léry, ingénieur du Roi, par Aristide Beaugrand-Champagne, architecte, avril 1942 », Archives municipales de Montréal.
9. Archives du Séminaire de Ville-Marie, 12 janvier 1675. Cité dans Faillon, *op. cit.*, p. 378.

listes. Et lorsqu'ils se sont prononcés, ils l'ont fait trop souvent d'une façon superficielle. Ainsi certains n'ont vu dans ce plan de Dollier de Casson qu'une mauvaise copie du plan en damier de Philadelphie. Ce qui est assez improbable, puisque Holme et William Penn ont dessiné leur plan dix ans après que Montréal fut doté du sien, soit en 1682 [10]. Ou, au contraire, on a parfois exagéré son importance et sa portée : ainsi Raoul Blanchard affirme que « le plan tout entier de l'immense ville est sorti des cartons du Sulpicien » [11]. S'il est indéniable qu'il y a une analogie entre ce premier tracé et la grille de rues typique de Montréal, s'il est indéniable que l'alignement d'une rue comme celle de Saint-Lambert, la future artère St-Laurent, a dû servir de guide à plusieurs rues dans le voisinage immédiat, nous persistons à croire que c'est bien plutôt la pérennité des structures physiques de la côte et de son mode de subdivision des terres qui a engendré la trame urbaine du Grand Montréal comme nous avons tenté de l'établir au second chapitre. Mais, le plus souvent, on a négligé ou minimisé l'importance de ce premier plan d'urbanisme, le ramenant à un fait divers parmi tant d'autres d'une histoire purement événementielle. Si, selon nos standards contemporains, ce premier plan n'est guère élaboré et étendu en superficie, il ne s'ensuit pas qu'il n'ait aucune signification ni aucun enseignement à nous fournir.

Notons immédiatement que le plan de Dollier de Casson est un plan de développement très simple, ne déterminant que quelques voies, lesquelles délimitent une série d'îlots d'inégales dimensions. Il n'y a aucune tentative, à l'intérieur de ces îlots urbains, d'établir une quelconque subdivision de lots à bâtir, comme ce sera le cas, par exemple, du plan de Penn pour Philadelphie. On n'a d'ailleurs qu'à consulter le livre terrier de la seigneurie de Montréal [12] pour se rendre compte que ces terrains compris dans les limites des anciennes fortifications ont fini pas posséder les superficies les plus variables comme parfois les formes les plus inusitées, résultat de nombreuses mutations et transformations. Le seul élément vraiment fixe dans ce plan — en dehors de l'alignement des rues que nous venons de voir — est ce noyau ou carrefour que constitue l'emplacement choisi pour la construction de l'église paroissiale. Ce noyau se rattache, par les rues Saint-François et Saint-Joseph, à un autre centre important, celui de la place du Marché, qui existait déjà près de l'embouchure

10. John William Reps, *The Making of Urban America; a History of City Planning in the United States*, pp. 160ss. (#)
11. Raoul Blanchard, *L'ouest du Canada français*, 1, *Montréal et sa région*, p. 222. (#)
12. SHM, *Les origines de Montréal*, plans annexés.

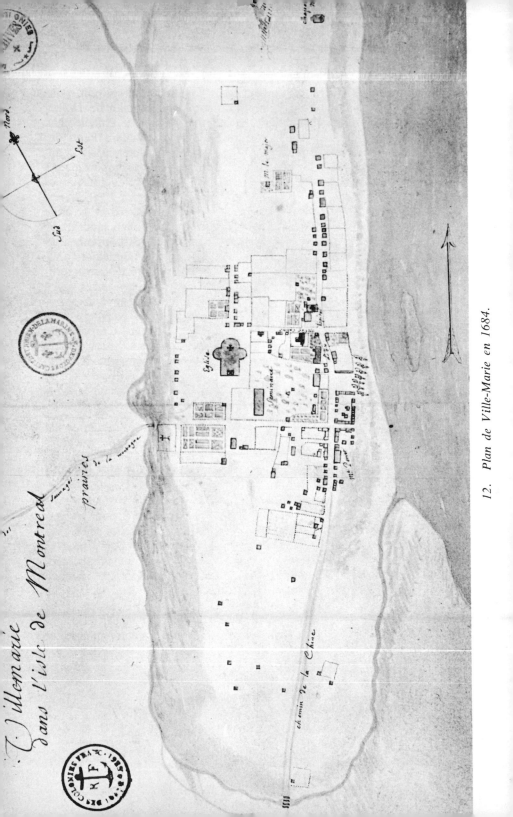

12. *Plan de Ville-Marie en 1684.*

13. *Plan de la ville de Montréal en 1704, attribué à Levasseur de Néré.*

de la rivière Saint-Pierre. C'est autour de ces deux pôles, économique et social, que se développera la petite cité.

Et pour bien saisir l'essence de ce plan, il s'agit d'en suivre le développement, de voir comment la cité prend forme dans le temps et dans l'espace. Pour ce faire, il ne semble exister de meilleure façon que de suivre l'évolution du développement de Ville-Marie à l'aide de cartes successives. D'ailleurs nous n'avons guère le choix : il n'existe pas une seule vue contemporaine de la ville entre 1642 et 1760, pas même le croquis d'un paysage urbain, d'une rue ou même d'un édifice [13]. Par contre, des inconnus, des ingénieurs compétents, tels de Catalogne ou de Léry, même un sculpteur du nom de Paul Labrosse, nous ont laissé de bons plans, suffisamment explicites, et dont Gustave Lanctôt a établi en partie l'authenticité et l'exactitude [14]. Ainsi on peut suivre, à partir de 1684 et successivement aux périodes les plus révélatrices, la croissance topographique de la ville et les transformations qui, tout en modifiant légèrement le schéma initial de Dollier de Casson, lui donneront sa pleine signification.

2.   Un siècle de développement

Commençons par un premier plan, dessiné en 1684 par un auteur inconnu, et qui porte la mention suivante : « envoyé par Mr. Denonville le 13 novembre 1685 ». Comme on sait que le Marquis de Denonville fut gouverneur de la colonie de 1685 à 1689, cette mention tendrait à confirmer l'authenticité de ce document [15]. Ce qui retient surtout l'attention sur ce plan, c'est la nette prédominance de l'église paroissiale, église érigée en plein centre de la rue Notre-Dame. Le baron de Lahontan, qui visite Ville-Marie en 1684, affirme que cette église est superbe et qu' « elle est bâtie sur le modèle de celle de St-Sulpice de Paris... » [16]. On peut contester cette comparaison flatteuse ; cependant elle est révélatrice de l'importance et de la signification de ce lieu de culte dans la haute-ville, d'autant plus révélatrice que le baron Lahontan était particulièrement connu pour ses tendances anticléricales. Qu'en déduire sinon une volonté bien affirmée de Dollier de Casson de mettre l'église paroissiale en évidence ? Du côté nord-ouest, une place publique prend lentement forme : c'est l'embryon de notre place d'Armes d'aujourd'hui.

---

13. Gustave Lanctôt, *Images et figures de Montréal sous la France*, p. 53.
14. Lanctôt, *op. cit.*
15. *Villemarie dans l'isle de Montréal* (1684). 13 x 9½. Ministère des Colonies, Dépôt des Fortifications des Colonies, no. 466.
16. *Voyages du Baron de Lahontan*, 1, p. 30.

On peut constater que le schéma initial de Dollier de Casson commence à peine à se développer malgré ses exhortations à ses concitoyens. Quatre rues apparaissent bordées de quelques bâtiments : Saint-Paul, Notre-Dame, Saint-François et Saint-Joseph. Cependant cela est suffisant pour relier entre eux les deux pôles essentiels de la petite communauté : la place de l'église et celle du Marché. Car dans la basse-ville, c'est la place du Marché, appelée également à l'époque place d'Armes, où s'assemblent tous les mardis et vendredis de l'année « les Habitans riches en bled, bétail, volaille & mille autres d'enrées qu'il(s) vendent ordinairement à la Ville... » [17]. C'est Colbert qui avait exigé la tenue, chaque semaine, des marchés publics pour « la commodité des particuliers, qui avaient à se pourvoir des choses nécessaires à la vie, & aussi pour l'avantage des gens de la campagne, qui désiraient de vendre leurs denrées ou les produits de leur industrie » [18]. C'est là le centre économique de la ville naissante — emplacement qui correspond aujourd'hui à la Place Royale et qu'occupe en partie la vieille Douane — et également le centre de la justice. Car, pour l'édification de la population, il était normal que les criminels reçoivent publiquement leur châtiment là où cette population se rassemblait normalement.

Pour ce qui est du nombre de personnes habitant à cette date Ville-Marie, il est assez difficile de l'établir exactement. Notamment parce que les différents chercheurs qui en ont fait état n'ont pas toujours indiqué si leurs chiffres s'appliquaient à la population de toute l'île de Montréal, du district de Montréal ou du seul coteau St-Louis. Ainsi Lanctôt parle d'une population de 1500 personnes pour 1684 [19]. Pour Ville-Marie, c'est bien là un chiffre excessif si l'on considère que le recensement de la Nouvelle-France en 1685 dénombre 119 résidences dans la ville même. Le nombre de 724 têtes, donné dans ce recensement pour cette année 1685, est sans aucun doute plus près de la réalité [20].

Un deuxième plan, levé en 1704 par une personne dont l'identité ne nous est pas connue avec certitude, témoigne d'une expansion considérable de la ville, tant en superficie qu'en population [21]. Cette dernière a doublé depuis vingt ans et se chiffrerait maintenant entre

17. *Ibid.*
18. Faillon, *op. cit.*, p. 245.
19. Lanctôt, *op. cit.*, p. 59.
20. *Recensements du Canada (1665-1871)*, p. 16.
21. *Plan de la ville de Montréal levé en l'année 1704.* Ministère des Colonies, Dépôt des Fortifications des Colonies, no. 468. E.-Z. Massicotte attribue ce plan à Levasseur de Néré : voir son « Inventaire des cartes et plans de l'île et de la ville de Montréal », BRH, XX, no. 2, février 1914, p. 35.

1600 et 2000 âmes [22]. Cette croissance démographique et topographique est due à plusieurs raisons : retenons-en trois principales. La première proviendrait du fait, déjà signalé par le baron Lahontan, que les côtes et seigneuries avoisinantes produisent suffisamment de denrées pour soutenir une population urbaine considérable [23]. Ensuite, et parallèlement, Ville-Marie jouit d'une économie florissante en devenant le centre du commerce des fourrures et l'entrepôt militaire des territoires de l'Ouest [24]. Enfin une ordonnance de l'intendant, datée du 15 juin 1688, au sujet de l'agrandissement de la ville et de la largeur des rues — largeur qui était portée à 30 pieds — imposait une triple obligation à tous les propriétaires de terrains à l'intérieur de l'enceinte de Ville-Marie. Ces propriétaires devaient en effet réduire leur terrain à un arpent, y construire dans le délai d'un an, et enfin respecter l'alignement des rues donné par le bailli de la ville [25].

Ce plan de 1704 nous révèle des éléments nouveaux. D'abord la ville s'est entourée d'une enceinte de pieux de bois avec courtines et bastions. Voici comment la Sœur Morin la décrit, à peu près à la même époque, dans ses Annales de l'Hôtel-Dieu...

> il y a à présent une manière de ville enclosse, de pieux de cèdre de 5 à 6 pieds (français) de haut plantés de terre du bas en haut sont attachés les uns avec les autres avec de gros clous et chevilles de bois et cela depuis dix ans. Voilà les murailles du Canada pour enfermer les villes ; il y a plusieurs grandes portes pour entrer et sortir qui sont fermées tous les soirs par des officiers de guerre que le Roy de France y entretient pour nous défandre sy nos ennemis nous voulois inquiéter ; ils ouvrent les deux portes le matin à des heures réglées, etc.[26].

Ensuite quelques rues nouvelles sont apparues depuis 1684, entre autres, de part et d'autre de la rue Saint-Gabriel et parallèles à celle-ci, les rues St-Jean-Baptiste (à l'ouest) et Saint-Vincent (à l'est). Également la rue de l'Hôpital que Monsieur Vachon de Belmont, successeur de Dollier de Casson à la tête du séminaire St-Sulpice, fait aligner et borner en 1702 « pour la décoration et la commodité publique » [27]. Cette rue de l'Hôpital est l'une des rares de Ville-

---

22. Le recensement de 1706 donne 2025 personnes pour Montréal et sa banlieue. Voir *Recensements du Canada (1665-1871)*, p. 48.
23. *Voyages du Baron de Lahontan*, 1, p. 30.
24. Lanctôt, *op. cit.*, pp. 59-60.
25. E.-Z. Massicotte, *Répertoire des arrêts, édits, mandements, ordonnances et règlements conservés dans les archives du Palais de justice de Montréal 1640-1760*, p. 39. A l'avenir : *Répertoire des arrêts*.
26. SHM, *Annales de l'Hôtel-Dieu de Montréal rédigées par la sœur Morin*, pp. 25-26.
27. *Répertoire des arrêts*, p. 58.

Marie à ne pas être parallèle aux axes directeurs du schéma initial. Sans doute parce qu'elle tirerait son origine d'un sentier existant depuis longtemps et reliant la Côte St-Pierre à l'Hôpital de l'Hôtel-Dieu.

Si ce schéma initial de Dollier de Casson s'est légèrement morcelé par l'addition de ces nouvelles rues, il conserve néanmoins son caractère premier. L'église Notre-Dame détient toujours sa place prédominante et est désormais entourée presque entièrement d'un cimetière. L'Église, d'ailleurs, se charge de plus en plus de répondre aux divers besoins sociaux de la petite communauté : l'Hôtel-Dieu a doublé la superficie de ses bâtiments, les Sœurs de la Congrégation, vouées à l'enseignement, ont établi leur couvent sur la nouvelle rue St-Jean-Baptiste, tandis que les Jésuites et les Récollets se sont installés, à l'image de leur rivalité, dans les extrémités opposées de la ville, avec pignon sur la rue Notre-Dame. Ces édifices s'entourent de vastes jardins qui prendront avec le temps une véritable signification comme tampons de verdure intégrant ces constituants au tissu urbain. Pour le moment, le caractère de l'agglomération, « où les jardins, les potagers et les emplacements en culture occupent les deux-tiers de son étendue », nous rappelle Lanctôt [28], reste encore éminemment rural.

Les années 1720 nous apportent d'excellents plans, dus pour la plupart aux soins d'Ingénieurs du roi. Par exemple, le plan levé en 1723 par Mr. de Catalogne est remarquable par sa netteté, et par les renseignements qui y abondent [29]. Un second, levé l'année suivante par le célèbre ingénieur Chaussegros de Léry, est d'une facture étonnante, donnant l'illusion de relief [30]. Ce plan semble avoir servi de base à d'autres, dont celui de 1731 qui lui est presque identique et dont l'auteur n'est pas connu avec certitude... à moins que ce ne soit Chaussegros de Léry lui-même [31]. Ces derniers plans sont d'autant plus intéressants qu'ils nous permettent pour la première fois de prendre conscience des fortifications de pierre à Montréal. Comme ensemble, avec celui de Mr de Catalogne, ils sont complémentaires par leurs renseignements, nous les étudierons, pour cette raison, simultanément.

---

28.  Lanctôt, *op. cit.*, p. 60.
29.  *Plan de la ville de Montréal en Canada*, d'après dessins de Mr de Catalogne, par Moullart Sanson, Paris, 1723.
30.  *Plan de la ville de Montréal en Canada Nouvelle France dans l'Amérique Septentrionale*, Fait à Québec ce 20 Octobre 1724 par Chaussegros de Léry, Echelle de 400 toises, avec Renvoy.
31.  *Plan de la ville de Montréal dans la Nouvelle-France, 1731*, avec Renvoy.

Durant ces années 1720, le caractère urbain de le petite agglomération s'est affermi considérablement par rapport à 1704. Notamment la plupart des rues sont désormais assez nettement déterminées par des alignements continus de bâtiments. Et Montréal — ce nom remplace désormais celui de Ville-Marie depuis environ 1705 — dépasse durant cette décennie les 3,000 têtes de population [32]. Avec son agrandissement vers le nord-est englobant la chapelle Notre-Dame-de-Bon-Secours et « une assez méchante Redoute sur un petit Tertre » [33] qui deviendra la citadelle, la ville fortifiée atteint presque ses dimensions définitives ; elle les conservera jusqu'au début du dixneuvième siècle. Quelques nouvelles rues morcellent davantage les îlots urbains, peut-être sur les recommandations de ce Chaussegros de Léry. Celui-ci estime, en effet, qu'il y a encore trop de jardins à l'intérieur de l'enceinte et qu'il y aurait avantage à tripler le nombre des rues pour accommoder les nouveaux arrivants. Parmi les principales rues qui sont apparues depuis une vingtaine d'années, notons dans l'ouest le groupe de St-Alexis, Saint-Jean et Saint-Sacrement, et dans l'est celui de Saint-Denis et Sainte-Thérèse, et enfin la rue Bonsecours.

C'est surtout le caractère de la Basse-ville, centrée sur la place du Marché, qui s'est particulièrement affermi. Le Père de Charlevoix, qui figure parmi les observateurs les plus sérieux et les commentateurs les plus abondants qui aient visité la Nouvelle-France, note, à cet effet, en mars 1721, que la Basse-Ville « c'est aussi le Quartier de presque tous les Marchands » [34]. Il n'y a rien d'étonnant à cela car c'est sur la place du Marché qu'ont lieu les échanges commerciaux, c'est sur la Commune adjacente que se tient la foire annuelle des fourrures, et enfin le fleuve St-Laurent, à deux pas, demeure toujours le meilleur moyen de communiquer avec les régions avoisinantes, avec Québec et, ultimement, avec la France. On distingue également, sur ces cartes de Mr de Catalogne et de Léry, une pareille concentration de fonction de la part de l'administration civile. Celle-ci se fixe dans la partie est de la petite ville, avec le château de Ramsay (1705) comme résidence du gouverneur de Montréal, le château de Vaudreuil (1723-26) comme résidence officielle du gouverneur général dans cette ville, et enfin, avec le Hangar et Quai du Roi à la toute extrémité est.

---

32. Estimé d'après le recensement de 1739 qui donne 4210 personnes pour Montréal et sa banlieue. Voir *Recensements du Canada (1665-1871)*, p. 60.
33. Pierre-François-Xavier de Charlevoix, *Histoire et description générale de la Nouvelle-France...*, 3, p. 138.
34. Charlevoix, *op. cit.*, p. 138.

L'intervention des dirigeants contribue d'une certaine façon à faire perdre graduellement à Montréal son caractère de simple poste de traite pour acquérir lentement celui plus urbain et permanent que l'on lui connaîtra à partir de la seconde moitié du dix-huitième siècle. Ainsi, par exemple, à la suite d'un désastreux incendie (le premier important d'une longue et sinistre liste) qui détruit l'Hôtel-Dieu et plus de 130 maisons le 19 juin 1721, une ordonnance, de l'intendant Bégon, datée du 8 juillet de la même année, défend désormais à Montréal l'usage du bois pour la construction des maisons et préconise l'emploi de la pierre avec toit recouvert de matériaux incombustibles, tels l'ardoise, la tuile ou le fer blanc ; les nouvelles demeures devront de plus se conformer aux alignements des rues et être de deux étages [35]. Au début, ces mesures sont fort mal exécutées puisque Kalm qui visite la cité en 1749 constate que la plupart des maisons sont construites en bois, mais donnent par la suite un certain résultat puisque l'emploi du fer blanc pour recouvrir les toits deviendra une des caractéristiques visuelles de Montréal, au point d'être surnommée le « cité d'argent ».[36] Ces toits qui brillent au soleil sont encore aujourd'hui l'un des traits visuels les plus frappants de la plupart des vieux villages qui longent les deux rives du Saint-Laurent.

On ne saurait terminer ici l'analyse du Montréal des années 1720 sans s'intéresser aux fortifications de maçonnerie que nous révèle le plan de Chaussegros de Léry, lui-même chargé de l'érection de ces ouvrages à partir de 1716. Ces fortifications se résument à une simple enceinte de pierre brute, de 18 pieds de hauteur, quatre d'épaisseur à sa base et trois à son sommet, composée de courtines et de 13 bastions ; du côté de la terre ferme, ces murs sont protégés par des glacis et un fossé de huit pieds de profondeur. Quatre portes principales donnent accès à la ville, soit la Porte des Récollets à l'ouest, dans la continuation de la rue Notre-Dame, la Porte Saint-Laurent, la seule du côté du ruisseau St-Martin, la Porte St-Martin, à l'est, dans la continuation de la rue St-Paul et enfin la Porte du Port, du côté du fleuve, donnant directement sur la place du Marché. Cependant les ouvertures se multiplieront par la suite de ce côté du fleuve — ce qui confirme son importance comme voie de communication — et il y aura une porte dans le prolongement de presque toutes les rues, notamment la Porte Ste-Marie, au pied de la rue St-Joseph et la Porte de Lachine au pied de la rue St-François-Xavier.[37]

35. *Répertoire des arrêts*, p. 88.
36. Edward Robert Adair, « The Evolution of Montreal under the French Regime », CHAR, Toronto, 1942, pp. 38-39.
37. *Ibid.*, pp. 35-36.

On a souvent répété que ces fortifications avaient été érigées à la manière de Vauban. Sans être totalement fausse, cette affirmation ne rend guère justice au génie du grand ingénieur français. Sans doute la forteresse de Louisbourg, comme nous l'avons déjà vu, mériterait davantage d'être choisie comme exemple de ville à la Vauban en Nouvelle-France. Car dans le cas des œuvres originales de cet ingénieur militaire, que ce soit Longwy, Neuf-Brisach ou autres, les ouvrages de fortification sont techniquement si au point, matériellement si complexes et si considérables, qu'ils suffisent parfaitement à la défense de la cité. Lavedan cite l'exemple de Huningue dont la superficie de ses ouvrages de défense ne représente pas moins huit fois celle de la ville proprement dite ! [38] C'est loin d'être le cas de Montréal dont les fortifications sont à peine propres à arrêter les assauts des indigènes et jamais ceux d'une puissance le moindrement équipée d'armes contemporaines. Et cela pour deux raisons évidentes. D'abord ses murs d'enceinte, à part d'être d'une fragilité déconcertante, sont terriblement étendus et nécessiterait une armée considérable pour les couvrir en tous points. Ensuite, à cause de la topographie même en dos d'âne du coteau St-Louis, la plupart des édifices de la ville se trouvent à excéder au-dessus du sommet de ces murs de fortification et demeurent exposés sans aucune défense à toute volée d'artillerie venant du côté du fleuve ou de la terre ferme.

La médiocrité de ces fortifications ne doit pas être cependant imputée à l'ingénieur Chaussegros de Léry. Sans être génial, de Léry n'en demeure pas moins un bon ingénieur. D'ailleurs le domaine des ouvrages militaires semble faire l'objet de ses prédilections. N'a-t-il pas été l'élève et le protégé de Sébastien Vauban ? N'a-t-il pas composé un gros *Traité de Fortifications* divisé en huit livres, rehaussé d'une centaine de planches, touchant « tout ce qui regarde la manière de fortifier les places, les attaquer et les défendre », et que seule la précarité de sa fortune a empêché de publier ? [39]

Non, la véritable raison est que les Montréalais ne sont guère intéressés à ces fortifications, d'autant moins intéressés qu'ils doivent défrayer une bonne partie du coût de leur construction. Habitués à des escarmouches (typiques du nouveau continent) dans lesquelles l'habileté personnelle décide de l'issue du combat, ils sont convaincus que la valeur vaut mieux que toute fortification. Ils ne peuvent concevoir Montréal, à l'encontre de la caste dirigeante, comme le chaî-

---

38. Pierre Lavedan, *Les villes françaises,* p. 99. (#)
39. Abbé Auguste Gosselin, « Le « Traité de Fortifications » de Chaussegros de Léry », BRH, 7, no. 5, mai 1901, pp. 157-158.

non d'un système de défense d'une logique tout européenne, qui, selon les politiques poursuivies au sommet, doit primer les intérêts des groupes ou des particuliers. Pour eux, Montréal n'a pas une vocation militaire mais bien commerciale ; excluant les indigènes, les Montréalais ne résisteront d'ailleurs jamais à un envahisseur étranger, paraissant au contraire l'accueillir lorsque cela sera profitable à leurs intérêts économiques [40].

À partir des années 1730 et jusqu'à la conquête britannique, les bons documents cartographiques se font plus rares. Il existe bien un plan de Montréal en 1745 dont Lanctôt fait mention mais qui serait une copie anglaise d'un original français, lequel serait attribué encore à Chaussegros de Léry [41]. Il y a peu de choses que nous pourrions dire de ce plan de 1745 que nous n'ayons déjà signalé au sujet des cartes de 1723, 1724 et 1731, si ce n'est l'apparition de faubourgs autour de la ville fortifiée. Nous aurons l'occasion de revenir sur ce dernier point un peu plus loin.

Avec les années 1760, apparaissent quelques plans et vues de Montréal, documents qui s'avèrent de qualité inégale, et dont la majorité sont dus aux bons offices des Britanniques. La raison en est évidente : les conquérants qui viennent de s'approprier la Nouvelle-France ont avantage à faire connaître rapidement à leurs compatriotes l'objet de tant de sacrifices en hommes et en argent. Et ils n'échappent pas toujours à la tentation d'exagérer l'importance du butin conquis, laissant l'imagination compenser pour la réalité. Ainsi, la « Perspective de la ville et des fortifications de Montréal, au Canada », parue dans le *Royal Magazine* de Londres en septembre 1760, relève de la pure fantaisie. Elle ramène Montréal à un curieux ensemble de baraques militaires protégées par une puissante enceinte garnie d'autant de canons qu'elle possède de créneaux, le tout dominé par la massive silhouette de l'établissement des Jésuites ! [42] La même mise en garde s'impose concernant certains plans. Par exemple, le « Plan et Vue de la Ville et des fortifications de Montréal au Canada » publié dans le *Grand Magazine* de Londres, en octobre 1760, n'est tout probablement qu'une mauvaise copie de la fameuse carte de Thomas Jeffreys publiée en 1758, laquelle carte n'est peut-être qu'une copie d'un plan français antérieur [43]. Comme dernier témoin

---

40. Montréal capitulera sans coup férir devant les Anglais en 1760, et devant les insurgés Américains en 1775.
41. Lanctôt, *op. cit.,* pp. 61-62.
42. Charles P. De Volpi et P.S. Winkworth, eds, *Montreal : Recueil iconographique,* 1, planche 5.
43. *Ibid.,* planches 6 et 4.

du Montréal de l'ancien régime, nous analyserons plutôt le plan de Montréal en 1761 par le sculpteur Paul Labrosse, plan jugé authentique par plusieurs érudits, dont Massicotte [44].

Ce qui frappe surtout sur ce plan de Labrosse, en dehors de l'apparition de nouvelles rues, telles les rues Saint-Nicolas, Saint-Éloi, de la Capitale, St-Gilles, qui permettent d'accommoder de nouveaux citadins (selon le vœu de Chaussegros de Léry) sans pour autant altérer l'esprit du schéma initial de Dollier de Casson, c'est que la ville commence vraiment à se développer à l'extérieur de l'enceinte fortifiée. Ainsi apparaissent trois faubourgs principaux : celui de Saint-Joseph, communiquant à la ville par la Porte des Récollets, celui de Saint-Laurent, axé sur la rue du même nom, enfin celui de Québec, qui se développe à l'est et qui doit son nom au fait qu'il se développe le long de la route menant à Québec. Déjà se précise également l'alignement que prendront les rues en dehors de la ville fortifiée, alignement dicté par l'orientation de certains axes directeurs, telle cette rue St-Laurent, et par la subdivision traditionnelle des terres.

Plusieurs raisons ont pu inciter les gens à s'établir en dehors des murs de la ville dont celle de la densité : restait-il de l'espace disponible pour bâtir à l'intérieur ? À cause de l'absence de données, il n'est pas aisé d'établir avec exactitude la densité de la petite ville à la fin du régime français. Le recensement de 1761 fait état de 5,500 personnes habitant la ville de Montréal, et celui de 1765 de 900 résidences dans la ville [45]. On ne sait malheureusement pas si cette population est entièrement confinée à l'intérieur des murs, ou si elle comprend en tout ou en partie celle des faubourgs. Il est probable qu'elle comprend Montréal avec la banlieue. Quoi qu'il en soit, même dans l'hypothèse que cette population se trouverait entièrement confinée à l'intérieur de l'enceinte, sa densité n'en serait pas pour autant excessive. Pour les quelque 90 acres de superficie de la cité à l'intérieur des murs, cela représenterait une densité brute d'un peu plus de 60 personnes à l'acre. Si on exclut les jardins et potagers des diverses institutions civiles et religieuses, lesquels ne totalisent pas moins d'une douzaine d'acres, la densité nette se chiffrerait alors à 70 personnes à l'acre, ce qui n'est pas excessif selon nos standards modernes, et encore moins selon ceux de l'époque. Sans vouloir établir de comparaisons formelles entre Montréal et des petites villes

44. Montréal en 1761 d'après Paul Labrosse. Plan publié, avec additions de E.-Z. Massicotte, dans SHM, *Les origines de Montréal.*
45. *Recensements du Canada (1665-1871)*, pp. 64-68.

françaises de la même époque, signalons seulement, pour faire sentir à quel point la densité de Montréal est relativement faible, qu'au dix-huitième siècle des villes telles que Rouen, Caudebec, Troyes ou Annecy comptent quelque 35 à 45 résidences à l'acre [46]. À Montréal, en admettant même que les 900 résidences dont fait mention le recensement de 1765 sont toutes confinées à l'intérieur des murs, cela représente à peu près 10 résidences par acre brut.

Une vue générale de Montréal en 1762, la première réaliste du genre et que l'on doit à la grande habileté d'un officier britannique de l'armée du général Amherst, Thomas Patten, vient confirmer le fait que le Montréal de la fin du régime français est de faible densité. On peut remarquer, en effet, sur ce tableau de Patten que la plupart des résidences ont deux étages ou deux étages et demi en incluant les combles. Si les fortifications avaient réellement constitué une barrière à l'expansion, il est sûr que la ville se serait développée en hauteur, comme ce fut le cas de nombreuses villes fortifiées médiévales en Europe, notamment Édimbourg. En fait, Montréal, malgré une affirmation progressive de son caractère urbain, conserve encore une échelle et un certain caractère ruraux. En témoignent également les ordonnances de l'intendant Monrepos qui, aussi tardivement qu'en 1746, 1747 et même 1755, rappelle inlassablement aux citadins de ne pas laisser vaquer leurs cochons dans les rues de la ville [47]. Cela laisse entendre que l'on pratiquait encore un minimum d'agriculture et d'élevage à l'intérieur même des fortifications. Voilà pourquoi la présence de belles et fertiles terres tout autour de la ville a dû inciter de nombreuses personnes à s'établir à l'extérieur plutôt qu'à l'intérieur des murs, d'autant plus que la menace des indigènes n'existait plus depuis un demi-siècle et que la paix régnait avec l'étranger depuis le Traité d'Utrecht en 1713. Cet attrait de la banlieue rurale a dû être d'autant plus fort que le terrain ne présentait pas de barrières physiques infranchissables et paraissait illimité. Voici donc esquissée, très brièvement, la croissance topographique de Montréal durant le premier siècle de son existence et le dernier du régime français en Amérique. Comme les conquérants de 1760 apporteront avec eux de nouvelles valeurs culturelles qui laisseront à leur tour leurs empreintes dans le caractère physique de la cité, il n'est pas inutile d'analyser plus profondément ici ce caractère morphologique du Montréal de la colonisation française et d'essayer de dégager les diverses forces et influences qui l'ont formé.

---

46. Robert E. Dickinson, *The West European City ; a Geographical Interpretation*, p. 318.
47. *Répertoire des arrêts*, pp. 108-110 et 130.

3. *Médiévalisme et classicisme*

Le Montréal fortifié des années 1760, tel qu'il nous apparaît sur ce plan du sculpteur Paul Labrosse, est le résultat de l'interaction de deux éléments dynamiques de composition : un élément de formation et un de progression. Le plan initial de 1672 de Dollier de Casson constitue essentiellement l'élément de formation ou, si vous préférez, le canevas de développement. Rappelons encore à quoi se résume ce plan : à l'établissement d'un tracé orthogonal de rues, déterminant des îlots urbains plus ou moins rectangulaires d'inégales dimensions et possédant comme principaux noyaux la place du Marché et l'église paroissiale. Cette église « qui a bien plus l'air d'une Cathédrale que celle de Québec » [48], affirme Charlevoix, est le déterminant socio-culturel le plus significatif de la petite cité, tout comme elle en sera l'édifice le plus imposant matériellement. Bien plus, cette dominante socio-culturelle fait corps avec la dominante naturelle. Car l'église est érigée sur l'arête dominante du coteau St-Louis, presque à son point culminant. Enfin faut-il répéter qu'elle est située en plein centre de la rue Notre-Dame, cette rue la plus importante de la ville, à laquelle Dollier de Casson a donné volontairement une largeur supérieure aux autres rues ? La concordance de ces divers faits n'est pas sans signification, comme on peut le soupçonner, et comme nous le verrons.

Le second élément en est un de progression. Sur ce schéma directeur de 1672, l'établissement progresse d'une façon organique, se diversifiant en formes et fonctions. Les divers organes de vie collective s'y localisent, les édifices civils et religieux se multiplient, se greffant à des centres distinctifs, enfin les constructions domiciliaires affermissent progressivement l'implantation des îlots urbains et l'alignement des rues.

Tel qu'il nous apparaît à la fin de l'ancien régime, alors qu'il atteint un début de maturité, ce caractère morphologique urbain s'apparente à celui des petites villes européennes de la fin du Moyen Âge. C'est là une constatation qui ne peut surprendre si l'on se rappelle bien dans quel climat économique, social et culturel s'est formée la Nouvelle-France. Et encore, cela n'est pas particulier à la colonie française si l'on en juge par cette affirmation de Lewis Mumford :

So far from giving birth to a new life, the settlement of the northern American seabord prolonged for a little while the social habits and economic institutions which were fast crumbling away

48. Charlevoix, *op. cit.*, p. 139.

in Europe, particularly in England. In the villages of the New World there flickered up the last dying embers of the medieval order [49].

Du moins on ne peut nier le fait que les structures dominantes du Montréal des années 1760 reflètent exactement les dominantes économiques, sociales et culturelles d'une ville médiévale : les fortifications pour la défense et la sécurité de la communauté, la place du Marché comme centre d'échanges économiques et sociaux, enfin l'église paroissiale dont le clocher s'élève au-dessus de toutes les autres structures de la cité comme témoin du rôle de commande de l'Église dans cette société [50]. Et son rôle ne se limite pas uniquement au domaine spirituel. Comme elle le fit en Europe au Moyen Âge, l'Église se charge encore en Nouvelle-France comme à Montréal du bien-être physique et social de la communauté. Toute une série d'édifices religieux, tels les hôpitaux des Sœurs Grises et de l'Hôtel-Dieu, les couvents des Sœurs de La Congrégation, des Récollets et des Jésuites, communautés religieuses vouées à l'enseignement et à la prédication, traduisent assez bien le rôle irremplaçable de l'Église dans l'animation de cette société. Constatons pour terminer la perpétuation d'une dernière caractéristique de l'ordre médiéval : les pouvoirs civils et religieux sont intimement liés. Ainsi les Sulpiciens représentent à la fois l'autorité spirituelle et seigneuriale à Montréal, et le Séminaire, dont Charlevoix remarque qu' « on ne laisse pourtant pas de sentir que c'est la Maison Seigneuriale », est adjacent à l'église paroissiale [51].

Si l'héritage d'une mentalité et d'une organisation sociale teintées de médiévalisme peut expliquer cette croissance organique de Montréal en un tout homogène qui possède les principaux traits d'une petite ville médiévale, on peut encore s'interroger sur son élément initial de formation, c'est-à-dire sur le caractère même du plan original de 1672. En d'autres termes, pour quels motifs Dollier de Casson a-t-il pourvu le coteau Saint-Louis d'un type de plan orthogonal de rues, en dehors du fait que l'alignement de certaines rues a pu lui être dicté par des conditions déjà existantes ? C'est là une question à laquelle il n'est pas facile d'apporter une réponse satisfaisante, encore moins définitive. Car bien que la France du dix-huitième siècle se classe parmi les nations d'Europe les plus avancées dans le domaine de l'urbanisme, elle ne possède pas, contrairement à l'Es-

---

49. Lewis Mumford, *Sticks and Stones ; a Study of American Architecture and Civilization*, p. 1. (#)

50. Voir : Emrys Jones, *Towns and Cities*, pp. 45-46 (#) et Arthur E. Smailes, *The Geography of Towns*, pp. 20-23. (#)

51. Charlevoix, *op. cit.*, p. 139.

pagne, de règles ou principes d'urbanisme définis pour l'établissement des villes et des postes coloniaux [52].

Pour déceler les influences derrière les plans des villes coloniales françaises en Amérique, nous n'avons d'autre moyen que d'examiner la personnalité ou les intentions des colonisateurs. Mais Dollier de Casson ne semble pas avoir livré ses intentions. Et comme il est doué d'une personnalité riche et versatile, il n'est pas facile de les découvrir. En effet, il sera successivement capitaine d'armée, prêtre, explorateur en Amérique, seigneur de l'île de Montréal, excellent diplomate, premier historien de Montréal, architecte et urbaniste, en quelque sorte, et même ingénieur, étant le premier à élaborer des projets et des plans pour le creusage du canal de Lachine. Mais un point particulier ne devrait pas faire de doute : il doit être familier avec les conceptions architecturales et urbanistiques de son époque. À la fois comme jeune noble — il est né en 1636 au château de Casson, sis sur la rivière Erdre, en Basse-Bretagne — il a dû à ce titre recevoir une solide formation générale, dans laquelle ces considérations d'ordre artistique n'étaient ordinairement pas exclues. À la fois comme capitaine de cavalerie sous le grand Turenne, ses voyages à travers l'Europe ont pu l'amener à prendre une certaine connaissance d'œuvres passées ou contemporaines. Il ne faut pas oublier que la classique Vitry-le-François avait alors à peine un siècle et que le grand Sébastien de Vauban (1633-1707) est un contemporain de François Dollier (1636-1701) [53]. Comment ces influences probables ou possibles se reflètent-elles dans son schéma de 1672 ?

Admettons d'abord une évidence : la grille de rues en échiquier ou orthogonale est la façon la plus simple et la plus efficace d'ordonner la croissance d'une ville nouvelle. À partir des villes coloniales grecques, telles Milet ou Priène, ou romaines, telle Timgad, en passant par certaines villes du sud de la Russie, ou certaines villes coloniales du Moyen Âge européen, jusqu'aux fondations coloniales en Amérique, telles celles de Saint-Augustin en Floride, fondée par les Espagnols, ou Philadelphie, fondée par les Anglais, tous ces exemples démontrent bien que le plan orthogonal possède des vertus ordinatrices particulièrement appréciables dans le cas d'établissements urbains dans un milieu nouveau ou hostile. Dollier de Casson, qui avait une bonne expérience militaire, devait savoir que le moyen le plus adéquat d'établir un campement militaire est d'aligner les tentes

---

52. Reps, *op. cit.*, p. 29.
53. Jacques Mathieu, « Dollier de Casson, François » dans *Dictionnaire biographique du Canada*, 2, pp. 198-203 ; Olivier Maurault, « Un seigneur de Montréal : Dollier de Casson » dans *Marges d'histoire*, 2, Montréal, pp. 33-51.

en rangs droits et parallèles. Cette disposition favorise les inspections, le rassemblement rapide et ordonné des soldats et la défense en cas d'attaque. On retrouve d'ailleurs cette même approche, au Moyen Âge, dans le plan des nouvelles villes coloniales appelées bastides. Et il faut s'arrêter un moment sur ces bastides à cause de certaines ressemblances qu'elles présentent avec le plan initial de Montréal.

Les bastides — mot provençal qui signifie forteresses — relèvent nettement du domaine militaire. Ce sont de petites villes coloniales fortifiées où, par concessions de privilèges (elles sont pour la plupart des villes franches, avec privilèges d'y tenir marché), un prince ou un seigneur attirait des colons. Elles étaient fondées dans des buts bien précis : soit pour permettre à un seigneur d'arrondir ses revenus et d'étendre sa juridiction sur un territoire étranger ou hostile, soit pour consolider une domination militaire ou politique sur un territoire conquis, soit encore pour protéger une frontière. On les retrouve en Europe essentiellement dans des territoires qui furent contestés par des puissances rivales. Ainsi au nord de l'Espagne, et surtout au sud-ouest de la France, entre les Pyrénées et la Dordogne, dans ces territoires qui furent longtemps disputés entre les Ducs de Toulouse, les Anglais (durant la guerre de Cent Ans) et les Français du Nord du royaume. On les retrouve encore aux frontières de l'Angleterre et des pays Gallois et Écossais, enfin même jusqu'en Irlande du Nord [54]. On peut ainsi se permettre d'établir un parallèle assez intéressant entre les conditions d'établissement d'une bastide dans l'Europe troublée du Moyen Âge et celles de l'établissement de certaines villes françaises en Amérique, surtout Montréal sur le Saint-Laurent. Car l'établissement de Ville-Marie sur le coteau Saint-Louis en 1672, au beau milieu de la guerre farouche avec les aborigènes, qui s'étaient juré de débarrasser l'île de l'envahisseur blanc, ressemble fort, à notre avis, à l'occupation d'un territoire hostile.

Cette comparaison que nous tentons d'établir entre le Montréal du régime français et la bastide européenne, surtout française, n'apparaîtra sûrement pas évidente si on ne retient comme exemple de bastide que celle de Monpazier en France, dans le département de Dordogne. Car la bastide de Monpazier, et c'est pour cette raison qu'elle est une des plus connues, est l'une des bastides les plus exceptionnelles. De cette fondation de 1284, la rigidité, la symétrie et la régularité du plan dénotent des conditions idéales d'implantation et de planification. En dehors de la présence des structures caractéristiques de la ville médiévale, à savoir les fortifications, la place du

---

54. Reps, *op. cit.*, pp. 2-4.

Marché et l'église, il n'y a guère de points intéressants de comparaison avec le Montréal qui nous occupe.

Mais, comme l'a abondamment démontré Lavedan, les bastides sur le territoire français — elles sont particulièrement nombreuses — offrent une grande variété de plans et de formes selon les exigences du site ou d'autres impératifs. Beaucoup d'entre elles, notamment celles fondées à partir de la fin du XIIIe siècle, ont des plans orthogonaux, dépourvus de toute la rigidité géométrique qui caractérise Monpazier. Plus précisément, ce sont des plans dont les rues se croisent plus ou moins à angle droit et dont les îlots urbains ainsi délimités ont des formes géométriques plus ou moins régulières et des dimensions très variables. Voilà ce qui est à peu près le cas de Montréal. Plus directement, notons que le plan orthogonal initial de Ville-Marie tel qu'établi par ce militaire-sulpicien de Casson offre de notables ressemblances avec des plans de bastides comme Beaumont-en-Périgord, Monségur, Puymirol, Valence-du-Gers, Villefranche-de-Belvès, et plusieurs autres [55].

Comme le site est souvent un impératif naturel qui modèle le plan de certaines bastides, on pourrait faire la même réflexion concernant Montréal. On ne peut nier, en effet, que le coteau St-Louis, avec sa topographie naturelle en dos d'âne prise en étau entre le fleuve et le ruisseau St-Martin et des terres marécageuses au nord-ouest, a nettement déterminé une forme de plan allongé, presque linéaire. Par contre, lorsque le site ne présente aucune contrainte topographique, la ville coloniale française en Amérique tend parfois à se rapprocher étrangement du modèle de la bastide régulière et géométrique à la Monpazier. C'est un peu le cas de la minuscule ville de Trois-Rivières, telle que nous la révèle un plan anonyme de 1704. Un exemple plus frappant est le plan du fort de Détroit, fondé en 1701 sur la rivière du Détroit, entre le lac Érié et le lac Sainte-Claire. C'est une petite ville-forteresse, au plan extrêmement régulier, aux rues se croisant parfaitement à angle droit, et délimitant des îlots rectangulaires de dimensions à peu près égales. Comme à Monpazier, on y remarque une certaine hiérarchie dans la largeur des rues. Son fondateur, Antoine de la Mothe Cadillac, était d'ailleurs natif du sud-ouest de la France, plus précisément de la Gascogne [56].

Dans ce sens également il est révélateur de constater que, parmi les établissements français en Amérique, des sites naturels identiques semblent avoir commandé des solutions urbaines semblables. En effet,

---

55. Lavedan, *op. cit.*, pp. 73-88 ; Dickinson, *op. cit.*, pp. 353-359.
56. Reps, *op. cit.*, pp. 71-73.

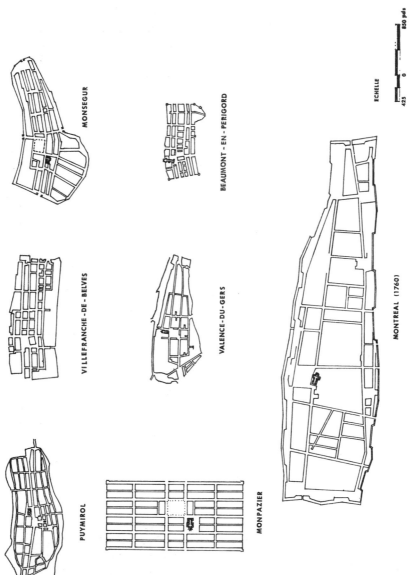

MONSEGUR

BEAUMONT - EN - PÉRIGORD

VILLEFRANCHE - DE - BELVES

VALENCE - DU - GERS

PUYMIROL

MONPAZIER

MONTRÉAL (1760)

ECHELLE

*Fig. 6   Comparaison du plan de Montréal du régime français avec les plans de quelques bastides*

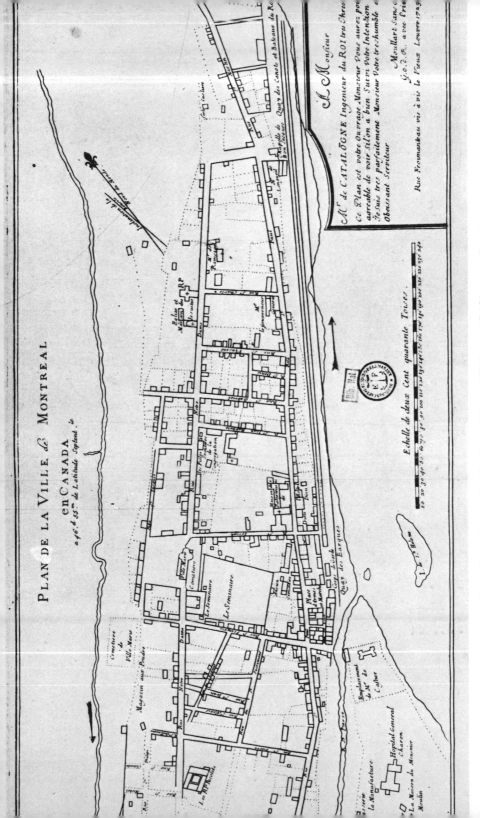

14. *Plan de la ville de Montréal en 1723, par Gédéon de Catalogne.*

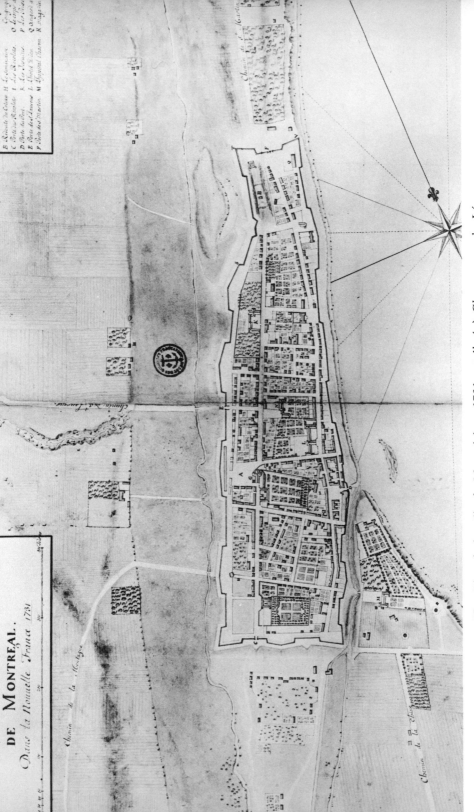

15. *Plan de la ville de Montréal en 1731, attribué à Chaussegros de Léry.*

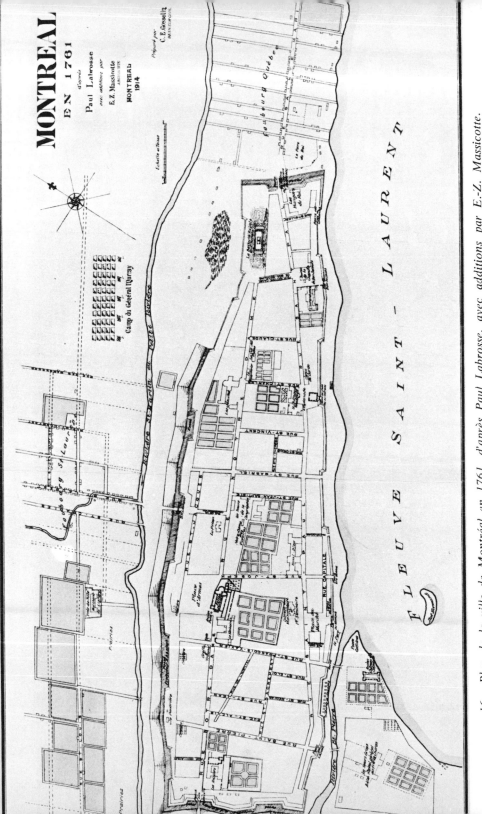

16. Plan de la ville de Montréal en 1761, d'après Paul Labrosse, avec additions par E.-Z. Massicotte.

17. *Vue de Montréal en 1762, par Thomas Patten.*

dans la plupart des cas où un site s'apparente à celui du coteau Saint-Louis par ses dispositions et restrictions topographiques, le plan de la ville qui y est érigée s'apparente de même au plan de Montréal. C'est ainsi le cas de la Basse-Ville de Québec, coincée entre le fleuve et la falaise. C'est encore le cas, sous le régime français, des villes de Saint-Louis, de Mobile et de la Nouvelle-Orléans. Nous pouvons d'ailleurs facilement convenir que les plans de ces trois dernières villes — dont les dates de fondation sont postérieures à celle de Montréal — ont été inspirées par celui de Montréal. Il n'y a rien de surprenant à cela si l'on considère que le fondateur de Mobile et de la Nouvelle-Orléans, le sieur Jean-Baptiste Lemoyne de Bienville (1680-1768) est né et a vécu à Montréal [57].

Si donc on peut établir certains liens entre le plan et la forme de certaines bastides de France et ceux de Montréal de l'ancien régime, il ne s'agit pas cependant d'une simple transposition. Car si ces plans se ressemblent globalement, ils présentent par contre des différences marquées. La première concerne l'échelle. Ainsi le Montréal fortifié de Chaussegros de Léry ne représente pas moins de deux fois la superficie des bastides de Monpazier et de Puymirol, trois fois celle de Valence-du-Gers et quelque sept fois celle de Beaumont-en-Périgord. Si le schéma initial de Dollier de Casson était moins ambitieux, il demeure que les îlots délimités par l'alignement de ses rues étaient très vastes. Par exemple, cet îlot délimité originellement par les rues Saint-Pierre, Notre-Dame, Saint-François et Saint-Paul avait presque dix acres de superficie, soit à peu près la superficie totale de la bastide de Beaumont-en-Périgord... laquelle ne renferme pas moins d'une trentaine d'îlots urbains ! Cette énorme différence d'échelle peut s'expliquer par le fait que les concessions de terre déjà accordées à des particuliers sur le coteau Saint-Louis étaient fort généreuses. Par exemple les concessions faites à Pierre Gadois en 1648, et à Robert Le Cavalier en 1654, et qui semblent avoir été un facteur décisif dans la formation de plusieurs îlots, dont le précédent, avaient deux arpents de large par respectivement quinze et vingt arpents de profondeur, comme nous l'avons déjà vu. Il y a aussi le fait qu'en 1672, Ville-Marie a dû être considérée comme une agglomération agricole autant que comme une communauté urbaine. Et ce n'est que sous les pressions démographiques, et sous celles des autorités, (Chaussegros de Léry notamment) que les lots individuels, à l'intérieur des murs de fortification, ont été progressivement ramenés à des proportions plus compatibles avec le caractère d'un établissement urbain. Dans ce sens, il est révélateur de constater que

---

57. Dans une demeure qui aurait été située à l'angle nord-ouest des actuelles rues St-Paul et St-Sulpice.

c'est dans le quartier des marchands dont les activités sont essentiellement d'ordre urbain, quartier centré dans la Basse-Ville autour de la Place du Marché, que l'on retrouve le plus l'échelle, le plan, la forme, l'esprit même de la bastide traditionnelle.

C'est dans la Haute-Ville que l'on distingue l'autre différence fondamentale entre Montréal et la bastide type. Elle concerne cette fois l'emplacement des organes de vie collective et l'importance qui leur est accordée dans le cadre urbain. En effet, un des traits dominants et propres à toutes les bastides, notamment à celles de la France méridionale, est la présence d'une place du Marché qui occupe physiquement un endroit plus ou moins central dans la ville mais qui possède presque toujours des dimensions considérables par rapport à la superficie globale de l'agglomération. Il est, de plus, assez rare que l'église soit en bordure immédiate de cette place publique. Normalement cette église se situe sur une place secondaire, ou parfois sur une simple rue plus ou moins éloignée de cette place publique centrale. C'est donc nettement la Place du Marché, ou si vous voulez, la fonction économique d'échanges, qui domine dans la bastide [58]. À Montréal, sous l'ancien régime, c'est exactement le contraire : sa place du Marché, bien que ressemblant parfaitement à celle de la bastide type par sa forme rectiligne et ses accès dans les angles, est de superficie réduite en comparaison avec la place d'Armes contiguë à l'église paroissiale. De plus, par son emplacement dans la Basse-Ville, cette Place du Marché est physiquement et symboliquement subordonnée à la place publique de l'église. Et en situant cette place et l'église paroissiale au sommet du coteau St-Louis, en insistant sur l'importance de l'église au point de l'ériger au centre de la rue principale de la ville, il est assez évident que le sulpicien Dollier de Casson a volontairement voulu signifier que Ville-Marie était avant tout une entreprise religieuse et vouée à de telles fins.

Mais en ayant recours au dégagement d'un axe routier pour mettre l'église paroissiale visuellement en évidence, le sulpicien a recours au langage urbanistique de son époque, langage hérité plutôt de la Renaissance que du Moyen Âge. Car dans la bastide, ou dans la ville médiévale en général, la place publique, ou la rue, n'est jamais utilisée pour mettre en évidence une cathédrale, une église ou une quelconque structure. Si cela se produit, c'est bien plus le résultat de transformations organiques au gré des besoins et des opportunités que celui d'une volonté préconçue. On se rend bien compte ici que dans l'urbanisme comme dans l'architecture, le classicisme n'est pas

58. Lavedan, *op. cit.*, pp. 87-88.

une tradition étrangère à la Nouvelle-France. L'exemple de Ville-Marie est certes limité et sans éclat, mais il est à l'échelle des réalisations dans la colonie, et à ce titre, mérite considération.

Comment cet héritage de la Renaissance a-t-il pénétré en Amérique ? Sûrement, comme nous l'avons déjà souligné, parce qu'il fait partie du bagage culturel de la classe dirigeante, la seule à intervenir dans l'organisation du milieu et dont Dollier de Casson est un bon représentant. Le comte de Frontenac aussi, comme nous l'avons également constaté, était imbu d'une conception classique de l'aménagement et aurait volontiers eu recours à ce langage s'il en avait eu l'opportunité. Mais il existe à cette époque une autre source de diffusion de l'évangile du classicisme en Amérique et qui a peut-être marqué, d'une façon indirecte, l'établissement des villes françaises. Il s'agit de la très importante expérience coloniale espagnole sur le continent américain.

Toutes les villes coloniales espagnoles du Nouveau Monde étaient planifiées conformément aux principes et règles formulés dans les *Lois des Indes,* recueil d'ordonnances royales promulguées par Philippe II d'Espagne, en 1573. Ces lois reflétaient bien la longue tradition urbaine de l'Espagne, tradition innervée depuis un certain temps par la Renaissance. Pour ne prendre qu'un exemple, il était stipulé dans ces ordonnances que dans le cas de l'établissement d'une ville côtière la place publique devait être établie près du rivage, que l'église devait donner sur cette place, que la place devait mettre en évidence les principales structures représentant l'autorité civile et religieuse, etc.[59] Or, le plan orthogonal et régulier de la Basse-Ville de Québec, avec sa place du Marché ouverte devant l'église, rappelle curieusement certaines de ces ordonnances des Lois des Indes. Et l'on pourrait déceler une semblable influence dans la première expérience en planification à l'île Sainte-Croix de ce Samuel de Champlain qui devait par la suite fonder Québec. Y a-t-il un lien de cause à effets ? Peut-être si l'on se souvient que Champlain avait visité, de 1599 à 1601, les principaux établissements espagnols en Amérique, notamment Mexico, San Juan, Vera Cruz, Porto Bello, St-Domingue, Panama, La Havane et autres. Même si l'on ne connaît pas le rôle exact qu'il a pu remplir dans la planification de la Basse-Ville de Québec, on n'a qu'à jeter un coup d'œil sur un plan du dix-huitième siècle de la ville de St-Augustin, en Floride, avec sa grille orthogonale et linéaire de rues, sa place centrale pour le marché et la parade, place rehaussée par la présence de l'église bien mise en évidence, pour

---

59. Reps, op. cit., pp. 29-32.

constater certaines ressemblances notables avec le plan de la Basse-Ville de Québec et, à un degré moindre mais non moins réel, avec celui de Montréal sous l'ancien régime.

Dollier de Casson connaissait-il ces Lois des Indes qui régissaient l'établissement des villes coloniales espagnoles ? Ou se rappelait-il certaines villes de France telles Vitry-Le-François, Charleville, ou certaines réalisations de son contemporain de Vauban, réalisations dont les villes coloniales espagnoles elles-mêmes n'étaient pas tellement différentes du point de vue de la conception ? Ou s'est-il tout simplement inspiré du plan de la Basse-Ville de Québec qu'il a sûrement vu ? Nous ne possédons aucune indication permettant de répondre à ces questions. Mais une chose est certaine : les sources d'inspiration auxquelles il pouvait puiser pour planifier Ville-Marie étaient multiples.

Nous retrouvons donc dans ce Montréal du régime français cette dichotomie de traditions dont nous avons parlé au chapitre précédent. Son plan initial, cet élément de formation, semble d'abord relever de la conception de la bastide médiévale. Et notons immédiatement que cette caractéristique n'est pas particulière en Amérique aux seuls établissements français : elle marquera également les villes et postes anglais et espagnols. Il ne faut pas s'en surprendre. Car si au Moyen Âge la bastide est apparue à ces diverses nations comme une solution appropriée à l'occupation d'un territoire nouveau, menacé ou hostile, il était normal qu'elles aient recours à une solution semblable lorsque le problème se posa dans des termes analogues en Amérique. Et de fait il semble bien avoir existé une attitude commune, sans être concertée ni même consciente, de ces différents colonisateurs devant ce problème de l'établissement de villes et de postes au Nouveau-Monde. D'un autre côté, comme chacun de ces peuples est porteur par ses classes dirigeantes d'une tradition nationale qui, à l'époque, est fortement marquée par la Renaissance et par le classicisme, il est normal d'en retrouver certaines empreintes dans les structures physiques de leurs villes coloniales. D'ailleurs une bastide et une ville à la Vauban sont-elles de nature tellement différente ? Une ville à la Vauban ne présente-t-elle pas, en définitive, qu'une plus grande maîtrise, qu'un plus grand raffinement des potentialités de la bastide ? C'est à voir, mais, pour le moment, tournons-nous vers les constituants architecturaux de ce Montréal de la fin du dix-septième et du dix-huitième siècle.

# 5

## Architecture et environnement de la ville frontière

> Nos ancêtres étaient donc des hommes simples, réfléchis, prévoyants. Ils se sont créé un art à leur juste mesure ; un art si compréhensible, si bien ordonné, fait de si peu de chose, qu'il a fleuri pendant près de deux siècles...
> Gérard Morisset. [1]

### 1. L'héritage architectural de l'ancien régime

Contrairement à la croyance populaire, il ne reste dans le Vieux-Montréal actuel que très peu d'édifices datant du régime français. De fait, on pourrait facilement les compter sur les doigts de la main : cinq ou six tout au plus. Et comme il est très difficile parfois de dater exactement certaines constructions, il est presque impossible de confirmer ce petit nombre. Un exemple : il semblerait qu'une partie de l'ancien Hôpital Général des Sœurs Grises, dans l'îlot Normand/St-Pierre, remonterait à l'époque coloniale française, au début des frères Charron, donc vers les années 1692 ou 1694. Cependant, il ne peut s'agir que de certains murs : cet hôpital fut détruit dans un incendie en 1765 et seuls les murs intacts furent utilisés pour la reconstruction [2]. On rencontre une difficulté semblable dans le cas de la maison du Calvet (aujourd'hui occupé par le magasin Ogilvy qui l'a restaurée en 1966). Certains prétendent qu'elle est l'une des plus anciennes demeures existantes à Montréal et qu'elle aurait été construite avant 1725. On peut d'ailleurs établir par l'ana-

---

1.　Gérard Morisset, *Coup d'œil sur les arts en Nouvelle-France*, p. ix. (#)

2.　E.-Z. Massicotte, « Coins historiques du Montréal d'autrefois » dans *Les Cahiers des Dix*, 2, pp. 152-155.

lyse des cartes historiques que le coin nord-est des rues Bonsecours et Saint-Paul semble avoir été construit dès 1723. Mais s'agit-il de la même construction ? C'est difficile à dire. Enfin si Pierre du Calvet, qui s'est fixé à Montréal en 1767, l'a effectivement habitée, cette maison a dû être construite avant ou vers cette période. Un bâtiment dont nous sommes sûrs qu'il appartient d'emblée à l'ancien régime est le vieux séminaire Saint-Sulpice de la rue Notre-Dame. La partie centrale aurait été érigée vers les années 1683-1684, et elle apparaît clairement sur les cartes de 1684 et 1704. Cependant, ce n'est que sur les cartes de 1723 et 1724 levées respectivement par les ingénieurs de Catalogne et Chaussegros de Léry qu'apparaissent les ailes latérales. Chose certaine : le millésime 1740 gravé sur la frise de la porte centrale indique plutôt la date de la construction de cet encadrement de style classique que celle de l'érection du vieux corps du logis [3].

En fait notre fameux Château de Ramesay est peut-être le seul édifice urbain montréalais du régime français dont nous sommes certains de la date de mise en chantier, soit en 1705. Un contrat de maçonnerie passé le 27 avril 1705 entre M. de Ramezay et Pierre Couturier, « maître-maçon et architecte » en fait foi. Mais attention : ce contrat stipule que la « maison sera de soixante-six pieds de long de dehors en dehors et de trente-six pieds de large aussy » [4], en mesures françaises bien entendu [5]. Il s'agit là tout de même de dimensions nettement inférieures aux dimensions actuelles de cet édifice. Un autre marché, conclu le 24 août 1755 entre le sieur Paul Texier La Vigne, maître maçon et entrepreneur, et M. Deschambault, agent général de la Compagnie des Indes, laquelle compagnie est propriétaire du château depuis 1745, nous fournit la clé de l'énigme. En effet, ce dernier contrat vise « le Rétablissement et augmentation de Lhotel de La Comp(agni)e scize En cette Ville Rue Notre-Dame de quatre Vingt douze Pieds de Longs sur quarante huit Pieds de Large » [6], soit à peu près les dimensions actuelles de l'édifice, en excluant évidemment les mauvaises additions des années 1830 et 1906 [7]. Que reste-t-il de la construction originale de 1705 ? En quoi les réfections de 1755 ont-elles altéré le caractère architectural du bâtiment précédent ? Bien malin qui pourrait répondre à ces ques-

3.  Olivier Maurault, « Notre-Dame de Montréal », RTC, 11e année, no. 42, juin 1925, pp. 123ss.
4.  « L'histoire de notre château », CANJ, 1, no. 1-4, 1930, p. 48.
5.  Ancienne mesure de longueur d'environ 33cm. L'unité de mesure anglo-saxonne actuelle du pied vaut 30.47cm.
6.  « L'histoire de notre château », CANJ, p. 76.
7.  Cet agrandissement du château est confirmé par Victor Morin : voir « Les Ramezay et leur château » dans Les Cahiers des Dix, 3, p. 12.

tions, questions qui n'ont pas une importance capitale, de toute façon, en ce qui concerne cette étude. Toutefois, et sans vouloir soulever une querelle byzantine, il faut bien reconnaître que les observations courantes qui supposent que le Château de Ramezay possédait en 1705 les formes et caractéristiques architecturales qu'il n'a vraisemblablement acquises qu'en 1755 peuvent conduire à des jugements erronés. Peut-être arriverait-on à la conclusion que ce château, loin d'être le premier exemple connu de la maison détachée à pignons coupe-feu caractéristique de la région montréalaise comme l'affirme Traquair,[8] serait plutôt un exemple plus prestigieux d'un type d'architecture domestique déjà largement diffusé à l'époque à Montréal et dans ses environs.

Si de nombreuses personnes croient qu'il existe encore aujourd'hui dans le Vieux-Montréal plusieurs édifices datant de la période coloniale française, c'est sans doute parce que plusieurs bâtiments possèdent les caractéristiques de l'architecture populaire distinctive de cette période tout en lui étant postérieurs, parfois de près d'un siècle. Pour nommer les plus connus, c'est le cas notamment de la maison du Patriote, rue Saint-Paul, de celle de la Sauvegarde, rue Notre-Dame, et de la maison Truteau, rue Saint-Gabriel. Signalons aussi, à titre d'exemples, les écuries d'Youville qui auraient été construites vers 1820, et l'agréable ensemble à l'angle nord-est de la place Jacques-Cartier et de la rue Saint-Paul, dont les composants ont probablement été érigés entre 1800 et 1850.

Ces types d'édifices témoignent d'une tradition artisanale qui s'est perpétuée bien au-delà de la Conquête. Car si le changement d'allégeance s'est reflété dans l'architecture de caractère public, il serait erroné de croire qu'il a modifié subitement l'architecture populaire. Pas plus que les modes contemporaines de l'architecture française n'avaient noyé un art traditionnel qui plongeait ses racines dans un apprentissage séculaire contrôlé par les corporations de métiers, la conquête britannique n'a eu de répercussions immédiates sur la façon même de concevoir et de construire les ouvrages domestiques. Au contraire, l'un des effets de la Conquête sur cette population déjà conservatrice et qui se repliera sur elle-même fut de cristalliser certaines traditions autochtones. Si quelques résidences — c'est bien normal — reflètent les influences des nouveaux occupants, telle la maison McTavish par exemple, beaucoup d'autres perpétuent les attitudes et les façons de faire ancestrales jusqu'au milieu du 19e siècle, et même au-delà. Pour cette raison, ces demeures urbaines seront étudiées ici comme partie intégrante de l'héritage architectural légué par le régime français.

---

8. Ramsay Traquair, *The Old Architecture of Quebec*, p. 51.

Enfin un mot sur la chapelle Notre-Dame-de-Bon-Secours. Contrairement encore à la croyance populaire, elle non plus ne remonte pas à la période coloniale française. Tout au plus la chapelle actuelle s'élève-t-elle sur l'emplacement de la précédente qui fut construite en 1675 et détruite par le feu en 1754, tout au plus quelques parties des premiers murs ont-elles été réutilisées dans la reconstruction. Bien que d'échelle légèrement supérieure, la nouvelle chapelle érigée à partir de 1771 a dû ressembler, cependant, à la précédente : même sobriété et même élan du volume, mêmes expressions architecturales témoignant d'un heureux mariage de deux traditions... pignons aigus, portes et fenêtres cintrées, pierres d'angle en relief, œil-de-bœuf rond, voûte en anse de panier, intérieur décoré selon l'art traditionnel de nos sculpteurs sur bois, etc. Malheureusement cette simplicité des formes et du goût était très vulnérable aux canons du romantisme de la fin du dix-neuvième siècle. D'autant plus que cette chapelle en était une de pèlerinage et revêtait un symbole particulier pour une nation qui confondait foi et nationalisme. Comme c'était à craindre, on a tenté de vivifier le symbole en alourdissant l'architecture. Pendant une décennie, de 1886 à 1894, elle subit les assauts répétés d'un mauvais goût qui se voulait édifiant. L'intérieur fut crépi et redécoré ; l'extérieur s'est alourdi de tours, tourelles, clochetons, statues, galeries, ex-voto, etc., le tout formant un étrange bazar bénissable par l'Église mais beaucoup plus significatif des écarts de goût de la période romantique que de quelconques caractéristiques de l'architecture de la période coloniale française [9].

Dans l'île de Montréal, en dehors des limites de l'ancienne cité fortifiée, les structures datant du régime français ne sont guère plus nombreuses. Les plus anciennes seraient ces deux tours du grand séminaire, rue Sherbrooke, derniers vertiges du fort des Messieurs. Érigées en 1694 par l'abbé de Belmont, ces deux tourelles faisaient partie d'un groupe de quatre fichées aux angles d'une muraille de pierre protégeant la mission des Sulpiciens sur la montagne. Une autre construction, datant de la fin du 17e siècle, est la maison de la ferme St-Gabriel à Pointe-St-Charles, bâtie en 1698 pour sa partie centrale, dont nous parlerons un peu plus loin. Un peu plus tard, au début de 1700, fut construit le moulin à vent de Pointe-aux-Trembles et qui est aujourd'hui dans un état déplorable. Enfin, l'un des seuls autres édifices issus de cette période est l'église de la Visitation au Sault-au-Récollet dont le corps principal en maçonnerie remonte aux années 1749-1750.

---

9. Pierre-Georges Roy, *Les vieilles églises de la province de Québec, 1647-1800*, pp. 25-31.

Sans doute existe-t-il encore quelques autres structures datant entièrement ou partiellement du régime français, principalement parmi ces vieilles demeures que l'on retrouve parfois encore le long des anciens chemins du Roy des côtes de l'île, tel celui de la Côte St-Antoine. À défaut de patientes recherches dans les greffes des notaires pour relever les contrats de construction et de mutation de propriétés, il est très difficile de dater avec exactitude ces vieilles résidences, parce que, ici comme dans la cité, les conceptions et méthodes de construire se sont perpétuées pour ces ouvrages domestiques jusqu'en 1900. Seule leur plus ou moins grande adaptation au milieu et aux conditions climatiques peut offrir un critère de référence.

Avant d'entreprendre une étude plus approfondie de ces structures, une mise en garde s'impose. Il faut éviter de les juger selon les canons d'une esthétique conventionnelle. Une affirmation comme celle qui suit de Traquair s'explique par cette approche trop exclusive : Montréal, écrit-il,

> never seems to have had any public buildings of any architectural importance and today very little survives from the French regime. The old seminary of St. Sulpice... is a plain building with only an amusing little clock belfry and an ionic doorporch. The Château de Ramezay is simply a big house [10].

L'architecture avec un grand A, ce subtil mélange de bon fonctionnement, de solidité et de beauté, n'est-elle pas trop prisonnière des règles établies pour s'appliquer intégralement à l'architecture coloniale ? Car enfin Montréal sous l'ancien régime était loin d'être un foyer de raffinement : elle était la frontière, un établissement pionnier en butte aux rigueurs du continent et à la haine de l'indigène, un poste de traite, un lieu de transition, un lieu de tentatives et d'espoirs éphémères. En comparaison avec la ville de Québec, elle était une ville nouvelle, aussi intrépide dans le commerce qu'elle le sera dans l'industrie, lancée à la conquête de nouvelles valeurs au travers un brassage d'hommes, d'idées, d'influences sans aucune proportion avec l'échelle de son petit établissement. Quelle différence avec Québec ! Québec était la capitale, le centre de l'administration, le siège de l'épiscopat, le port où s'arrêtaient les idées, les modes, les influences européennes avant de passer par le filtre du continent pour atteindre Montréal. Québec était la gardienne des valeurs sûres d'une vieille civilisation que l'on tentait d'établir sur un continent nouveau : par essence Québec se devait d'être traditionaliste et conservatrice. Au colon qui avait visité Québec avec ses remparts, l'église et le collège des Jésuites, le palais épiscopal... Montréal a dû

---

10. Traquair, *op. cit.*, p. 91.

apparaître fruste. La première rappelait avec nostalgie la vieille France ; la seconde inaugurait, avec moins de brio mais plus authentiquement, la Nouvelle-France.

L'architecture qui nous intéresse vraiment dans cette étude est celle qui témoigne des changements qu'apportent aux modèles européens un milieu physique nouveau, une main-d'œuvre et des techniques forcément limitées mais en processus d'adaptation. Toute œuvre qui met en évidence ces influences mériterait d'être prise en considération. Nous en analyserons quelques-unes, parmi les édifices publics et domestiques, d'abord pour elles-mêmes, et ensuite comme parties intégrantes du milieu urbain.

## 2. L'architecture publique

Un édifice public retient d'abord notre attention bien qu'il ne nous soit connu aujourd'hui que par quelques croquis, notamment par ceux de Lambert, Drake et Sproule. Il s'agit de l'église paroissiale Notre-Dame dont l'architecte serait encore ce sulpicien François Dollier de Casson, et l'entrepreneur le maître maçon François Bailli[11]. Mise en chantier en plein centre de la rue du même nom en 1672, complétée une dizaine d'années plus tard, elle fut l'église la plus importante de la colonie après la cathédrale de Québec. Même là... Le Père de Charlevoix, visitant Montréal en 1721 — donc après que cette église eut été agrandie en 1708 sous la direction du sulpicien Vachon de Belmont — s'étonnait qu'elle ait « bien plus l'air d'une Cathédrale que celle de Québec » [12]. Mais elle nous intéresse pour une autre raison. Elle s'avérait, en effet, un des monuments clés de l'architecture coloniale française à Montréal, témoignant sans équivoque de cette dichotomie des traditions dont nous avons fait état au chapitre troisième. Son étude est également importante pour nous faire comprendre quelle césure l'érection, en 1824-29, de l'actuelle église Notre-Dame de la place d'Armes provoquera dans les traditions culturelles et artisanales des Canadiens français.

Cette première église Notre-Dame attestait la pérennité de la tradition médiévale non seulement par l'expression franche de sa structure comme de ses matériaux, mais surtout par sa capacité d'adaptation et d'évolution, comme en font foi ses additions successives. En effet, la croissance rapide de la population de Montréal a

11. (Etienne-Michel Faillon), *Histoire de la colonie française en Canada*, 3, pp. 378ss. Cette église constitue la troisième église paroissiale de Montréal, la première ayant été celle du fort de Ville-Marie en 1642, remplacée en 1656 par une seconde érigée sur la rue St-Paul, à côté de l'Hôtel-Dieu.

12. Pierre-François-Xavier de Charlevoix, *Histoire et description générale de la Nouvelle France...*, 3, p. 139.

tôt fait de nécessiter des agrandissements de la nef. En 1731, trois chapelles furent insérées entre le transept et la tour du côté droit ; trois ans plus tard, la même opération fut reprise du côté gauche. Cette croissance libre, organique, selon les besoins du moment, relève d'un principe d'esprit médiéval, en tous cas fort éloigné de l'esprit de formalisme de la tradition classique. Ainsi l'architecture de cette première église Notre-Dame était dynamique et, à l'observateur contemporain, l'église a dû sembler s'agrandir au rythme de la croissance de la cité. Donc malgré la présence d'éléments architecturaux empruntés au classicisme, telles la forme cintrée des fenêtres et lucarnes ou les pierres d'angle en relief, l'esprit médiéval survit dans cette construction, celui-là même qui a permis d'agrandir le sanctuaire sans offenser un « style » ou déroger à ses canons. Mais si on se tourne vers la façade, là un tout autre esprit, une toute autre tradition domine.

En effet, des altérations importantes furent opérées sur l'église à partir de 1722. Et non des moindres fut le réaménagement de la façade d'après les dessins de notre Ingénieur du roi Chaussegros de Léry. Cette façade, que l'on peut qualifier communément de style jésuite, est compressée entre deux tours massives et possède deux étages séparés par un entablement. L'étage inférieur est orné de pilastres engagés de style toscan, encadrant une porte centrale cintrée et deux fenêtres disposées symétriquement de chaque côté de cet axe. L'étage supérieur, de moindre largeur que l'étage inférieur, lui est raccordé selon le procédé traditionnel du style jésuite, à savoir par deux ailerons. Cet étage est également orné de pilastres toscans encadrant une large fenêtre cintrée et supportant un entablement pourvu de triglyphes et couronné d'un fronton classique triangulaire. Deux clochers identiques avaient été prévus dès le début, mais un seul en définitive fut complété (celui du côté de la place d'Armes), et encore assez tardivement, soit en 1782.

Si le croquis de John Drake (1828) qui nous permet d'apprécier cette façade rend fidèlement les intentions de Gaspar Chaussegros de Léry, il confirme une hypothèse émise précédemment à savoir que ce dernier était avant tout attaché à l'art militaire. Sa façade de Notre-Dame de Montréal est en effet sévère, sans grande délicatesse dans les détails, en somme d'une rigueur militaire assez gauche. En oubliant ce côté esthétique, cette façade de M. de Léry, accolée à une structure nettement moins exclusivement classique, est cependant très symbolique de l'influence de la classe dirigeante, de cette classe qui est familière avec les modes architecturales de l'époque et dont Chaussegros de Léry — son titre d'Ingénieur du roi en est garant — est le porte-parole et l'exécutant dans ce domaine.

Pas plus que ces deux classes constituant la société de la Nouvelle-France ne se compénètrent en réalité, pas plus la façade de l'Ingénieur du roi ne fait corps avec la nef de l'église : elle lui est étrangère à plusieurs points de vue, ne serait-ce que par son formalisme et son recours à un style authentifié. Si ce genre de juxtaposition est fréquent en Europe — un exemple fameux est la façade occidentale à trois ordres classiques de Saint-Gervais-Saint-Protais de Paris (1616-1621) appliquée sur une nef gothique du XVIe siècle — il traduit cependant fidèlement la marche du temps et le changement parallèle des modes et idéaux architecturaux. Mais à Notre-Dame de Montréal les deux constructions sont presque contemporaines et témoignent avant tout de l'existence de deux traditions architecturales s'exprimant simultanément. De fait, cette façade rigide de M. de Léry apparaît bien plutôt comme un frein à une tradition artisanale de construire que comme un aboutissement logique et chronologique de son évolution. Lorsque cette vieille église fut démolie en 1830 pour dégager le parvis de la nouvelle Notre-Dame, comment s'étonner que sa façade « jésuite » ait été soigneusement démontée et remontée ensuite pour orner la vieille église du monastère des récollets de Montréal (1706) » ? [13] La classe dirigeante apposait de nouveau sur un édifice de construction artisanale l'estampille du classicisme qui la distinguait.

À un point de vue, cependant, cette façade de l'Ingénieur du roi innovait. Elle prévoyait, en effet, deux clochers, même si, effectivement, seule la base du second fut construite. Avant ce projet de M. de Léry, les tours jumelles avaient été inexistantes dans l'architecture religieuse de la Nouvelle-France tout comme elles avaient été rares dans celles de la France du 17e siècle. De plus, dans un pays de colonisation aux ressources particulièrement limitées, c'était là un luxe qu'aucune nécessité fonctionnelle ne pouvait justifier, pas même celle de signaler davantage la prédominance de l'église dans l'organisation sociale. Peut-être était-ce là une tentative des Sulpiciens pour surpasser en splendeur la cathédrale de Québec ? C'est fort possible, car la rivalité entre Montréal et Québec ne date pas d'hier. Ou était-ce là une réminiscence des grandes abbayes romanes de Normandie ou des grandes cathédrales gothiques de l'île de France ? Ou enfin était-ce un désir bien légitime de ces Messieurs de Saint-Sulpice de reproduire à Montréal un trait architectural nouveau qui devait caractériser leur fameuse église mère, de Paris ? Et bien que la célèbre façade de Servandoni pour

---

13. Cette église du monastère des Récollets fut à son tour démolie en 1867.

ce St-Sulpice de Paris n'ait été complétée que quelques années
après celle de Notre-Dame de Montréal (soit en 1749, une des tours
ne fut terminée qu'en 1788), les plans de cette église parisienne
de St-Sulpice auraient été substantiellement complétés dès 1660,
et auraient pu être connus de Dollier de Casson, Vachon de Belmont
ou d'autres sulpiciens de Montréal. Quoi qu'il en soit, cette façon de
signaler la présence de l'église par le recours à deux tours jumelles
devait avoir une influence considérable sur l'architecture des églises
paroissiales en Nouvelle-France et au Québec et inaugurer une mode
qui va se perpétuer jusqu'au vingtième siècle. Ainsi, on le voit, dès
le début du dix-huitième siècle, Montréal prend un rôle de commande
dans l'architecture canadienne, rôle qu'elle maintiendra jusqu'aujourd'hui. [14]

La vieille église Notre-Dame n'est pas le seul édifice public
à Montréal de l'ancien régime à témoigner de cette dichotomie des
traditions architecturales. Un autre bâtiment présente un certain
intérêt dans ce sens : le vieux séminaire Saint-Sulpice de la rue
Notre-Dame. Heureusement ce séminaire nous est parvenu en assez
bon état, bien que la disparition d'une des deux ailes originales
en ait altéré quelque peu le caractère. [15] Ce bâtiment se rattache
à l'esprit de la tradition médiévale par ses tours d'angle enfermant
les escaliers, par ses tourelles, aujourd'hui disparues, érigées aux
deux extrémités de la façade postérieure, par les puissantes voûtes
en berceau de ses fondations, par la prédominance dans les façades
des pleins sur les vides, par ses techniques artisanales de construction. D'un autre côté, et bien que le séminaire n'ait pas été construit
d'un seul coup, son plan en U, avec la symétrie des tourelles, des
ailes latérales et des ouvertures par rapport à un axe central, la
disposition linéaire (horizontalement et verticalement) et balancée
des fenêtres les unes par rapport aux autres, le couronnement cintré
de certaines lucarnes comme l'encadrement en pierre de taille des
ouvertures, bref tous ces éléments ne sont pas sans rappeler certains
thèmes chéris par le classicisme. Quel que fût l'architecte de cet
édifice — il est généralement attribué à Vachon de Belmont, le
successeur de Dollier de Casson à la tête du séminaire, qui a largement contribué à son financement à même sa fortune personnelle —
il a su marier quelques idées contemporaines à une humble archi-

---

14. Alan Gowans, *Church Architecture in New France*, pp. 63-64 et
76-80. (#)
15. On peut voir du côté est, à laquelle il est curieusement relié, une aile
du nouveau bâtiment qui devait le remplacer, et dont le projet fut abandonné
au profit de la construction d'un nouveau séminaire sur la rue Sherbrooke.

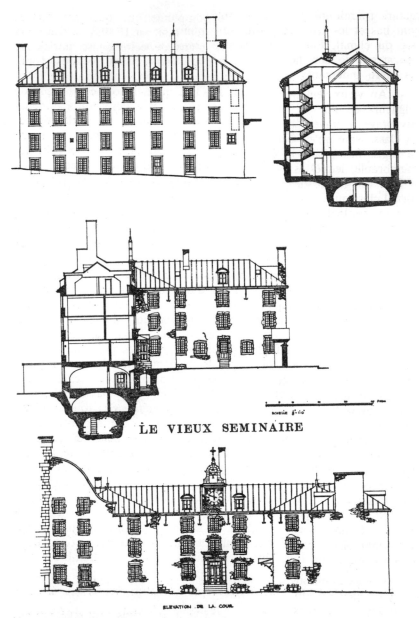

LE VIEUX SEMINAIRE

Fig. 7   *Le vieux séminaire Saint-Sulpice ; partie centrale érigée en 1683-84*

tecture traditionnelle. Si l'ensemble est un peu trapu, si les étages sont bas et les fenêtres petites, du moins est-ce là une réponse au défi du climat. Par contre, sa robustesse, son assurance naïve, la délicatesse de son horloge et de son clocheton lui confèrent un caractère indéniable.

Au vieux séminaire comme à la vieille église Notre-Dame, les seigneurs de l'île de Montréal ont senti le besoin de s'identifier davantage à travers leur bâtiment en y apposant cette estampille du classicisme qu'est cette charmante porte centrale du vieux corps de logis. Ses pilastres engagés de style ionique en constituent le chambranle, lequel est surmonté d'un entablement très simple dont la frise est gravée du millésime 1740. Qui est l'auteur de ce petit portail classique ? Sûrement un bonhomme qui connaissait ses ordres. Certains veulent y voir encore une œuvre de Chaussegros de Léry. D'autres, dont Maurault, croient plutôt que Monsieur Normant, alors supérieur du séminaire de Montréal, l'aurait fait dessiner par le Chevalier de Beaucourt, capitaine et Ingénieur du roi. [16].

On ne peut quitter ce vieux séminaire sans jeter un coup d'œil sur son jardin. Ce jardin, qui possède un petit air de jardin formel, à la française, est le plus ancien de la Métropole, et le seul espace vert d'importance qui ait survécu dans un Vieux-Montréal qui n'est plus aujourd'hui que pierre, asphalte et béton. Bien que les cartes historiques soient imprécises à ce sujet, il semble bien que sa vocation première fut celle d'un jardin potager. Dans ce sens, il s'inscrit dans la tradition médiévale des grands jardins de cloître, lesquels possédaient plusieurs fonctions dont celles de potager, de lieu de repos et de promenade, voire même de cimetière, mais rarement celle de mettre en valeur le monastère lui-même ou un quelconque édifice. Ces espaces libres étaient d'ordinaire fermés sur eux-mêmes comme le fut toujours celui du vieux séminaire Notre-Dame de Montréal. Et encore aujourd'hui, il faut être averti pour en soupçonner la présence en cheminant dans les rues avoisinantes. Mais lorsqu'on y accède, d'ordinaire par un long et sombre couloir adjacent à l'aile ouest, on participe à une expérience sensible de surprise, de découverte, d'intimité subitement dévoilée... expérience fort semblable à celles que nous réservent les villes médiévales européennes.

Si deux traditions se mêlent assez intimement dans l'architecture et l'aménagement du vieux séminaire Saint-Sulpice, l'une prend le pas sur l'autre dans le cas du Château de Vaudreuil. Ce château, qui se situait au pied de ce qui est aujourd'hui la place Jacques-

---

16. Olivier Maurault, « Notre-Dame de Montréal », pp. 117-141.

Cartier, a disparu dans le même incendie qui détruisit, le 6 juin 1803, l'établissement des Jésuites, lequel lui faisait face sur la crête de la rue Notre-Dame. Heureusement, quelques croquis authentiques dont celui de James Duncan nous permettent de nous faire une certaine idée de son allure. Destiné à être la résidence des gouverneurs de la colonie à Montréal — le marquis de Montcalm et le duc de Lévis y ont entre autres séjourné — ces fonctions commandaient évidemment un certain décor : ce château se devait de mettre en évidence et en valeur le prestige de la caste dominante.

Pour cette raison sans doute, il fut le plus « classique » des édifices publics montréalais de l'ancien régime et peut-être aussi le plus élégant. Gaspar Chaussegros de Léry l'aurait dessiné en 1723, visuellement avec plus de bonheur que sa façade de l'église Notre-Dame. La disposition symétrique des volumes et des ouvertures par rapport à l'entrée centrale (très semblable au petit portail classique du vieux séminaire) à laquelle on accédait par un escalier d'apparat à la Fontainebleau, la division horizontale des étages par des moulures et la corniche du toit, l'aménagement intérieur du grand salon de réception, offrant une ample vue sur l'esplanade extérieure, etc., voilà bien le modeste triomphe à Montréal des canons classico-baroques qui régissaient l'architecture publique de la France contemporaine. Et contrairement au jardin fermé du vieux séminaire dont nous venons de parler, le jardin formel de ce château en était un d'apparat et d'agrément, visuellement destiné à rehausser le prestige de ses fonctions. Enfin par sa magnificence — encore une fois peut-être en rien comparable au plus insignifiant hôtel particulier du Paris du 18e siècle — ce château de Vaudreuil ne semble avoir eu d'égal que le palais épiscopal de Québec. [17]

## 3.   L'architecture domestique

C'est dans l'humble architecture domestique que l'influence du milieu et du climat se fait davantage sentir. Et qui s'en étonnerait ? Car d'abord, comme nous l'avons déjà indiqué, la classe populaire en est une de gens fort simples, en partie issus des régions rurales de France, sans trop de conscience d'eux-mêmes, mais dépositaires d'une tradition ancestrale de construire, dont le premier objectif est de satisfaire ce besoin foncier de sécurité et de confort, face aux éléments extérieurs. Et au Canada, Dieu sait si ce besoin de sécurité et de confort, face à l'hostilité des indigènes et aux rigueurs de l'hiver, a dû se faire sentir d'une façon plus impérieuse que dans

17.  Alan Gowans, *Building Canada ; an Architectural History of Canadian Life*, pp. 25-26.

18. *Façade de l'église parois-siale Notre-Dame. Aqua-relle de John Drake, 1828, d'après le projet de Chaus-segros de Léry, 1721.*

19. *Église paroissiale Notre-Dame, place d'Armes, d'a-près un dessin de R. A. Sproule, 1830.*

20. *Le vieux séminaire Saint-Sulpice vers la fin du 19ᵉ siècle.*

21. *La maison de ferme Saint-Gabriel, érigée en 1698, avec additions en 1726 et en 1728.*

la douce France. Ensuite cette humble architecture domestique est d'autant plus perméable aux influences du continent nouveau qu'elle représente le type de construction le plus répandu et normalement le moins soumis aux modes culturelles d'expression architecturale. En comparaison, les édifices publics, séculiers ou ecclésiastiques, parce qu'ils sont infiniment moins nombreux et se doivent de refléter les idéaux de la classe sociale dominante, offrent un matériel d'expérimentation et d'adaptation très inférieur. Voilà du moins ce que révèle la lente évolution de la maison québécoise à partir de ses modèles originaux européens.

Quels sont ces modèles ? On a souvent répété que pour la région de Montréal ce type d'architecture domestique provenait des provinces du nord de la France, plus précisément du Maine, de l'Anjou et surtout de la Bretagne. Écoutons Séguin :

> ... la maison montréalaise prend l'aspect d'une petite forteresse domestique carrée, massive, flanquée de lourdes cheminées, elle est construite de gros cailloux des champs, noyés dans le mortier. Les carreaux qui crèvent les murs se dérobent sous d'épais contrevents bardés de fer... Cette dernière demeure est plutôt d'inspiration bretonne.[18]

Après une visite dans ces provinces françaises, l'auteur reconnaît que cette affirmation est assez vraie. En Basse-Bretagne, par exemple, dans les départements de la Loire-Atlantique et du Morbihan, la maison paysanne, robuste, trapue, triste et anonyme, puissamment ancrée dans le sol comme un menhir solitaire, avec sa muraille de pierre percée de petites ouvertures et ses timides lucarnes sur un toit simple à deux versants, avec ses cheminées à chaque extrémité du bâtiment dominant un mur en pignon souvent aveugle, offre beaucoup de ressemblances avec celles qui ont essaimé dans la région montréalaise du début de la colonie et dont il reste encore quelques spécimens.

L'exemple le plus connu est sans doute celui de la maison de la ferme St-Gabriel, à Pointe-St-Charles. Érigée en 1698 (les additions latérales datent de 1726 et 1728), cette demeure avec son plan oblong où apparaît déjà la grande pièce communautaire, son premier plancher presque à ras du sol, ses murs massifs de deux pieds d'épaisseur, son toit en pente de 50 degrés, percé de petites lucarnes et dont le larmier n'excède pas de six pouces les murs extérieurs, paraît bien être le prototype à l'origine de la maison rurale québécoise.[19]

---

18. Robert-Lionel Séguin, *La civilisation traditionnelle de l'« habitant »
aux 17e et 18e siècles ; fonds matériel*, p. 308.
19. Traquair, *op. cit.*, pp. 38ss.

Cette dernière, sous les influences du climat, d'un nouveau patron d'activités imposé par les contingences du milieu et sans doute des contacts avec les autres colonies américaines, atteindra, au 19e siècle (1780-1920), un stade de parfaite adaptation. Sans vouloir nous attarder sur cette évolution qui concerne davantage la maison rurale que la maison urbaine, signalons néanmoins ses principaux traits. Ainsi le carré se dégage progressivement du sol sur un solage de pierre pour pallier à l'accumulation de la neige l'hiver, un perron-galerie apparaît comme intermédiaire fonctionnel entre le rez-de-chaussée et le sol, l'angle du toit s'adoucit pour se stabiliser à un commode 45° tandis que le larmier déborde de plus en plus les murs extérieurs de façon à les protéger et à offrir un abri au perron-galerie, le feu fermé remplace l'âtre et permet d'alléger les cheminées dont souvent la seconde n'est plus que décorative, et grâce à ces améliorations des modes de chauffage et aux fenêtres doubles, les ouvertures s'agrandissent et se multiplient. Pour ce qui est de l'intérieur, il reste simple : une grande salle commune servant de cuisine et de séjour, un salon, une ou deux chambres ; l'étage sous les combles est réservé aux chambres ou à l'entreposage ou aux deux à la fois. Souvent une cuisine d'été vient se greffer au mur le plus exposé aux intempéries, offrant une pièce fraîche pour les activités estivales et une pièce froide pour l'entreposage hivernal. [20] Sur l'île de Montréal, aux endroits où l'urbanisation n'a pas encore pénétré, tels Ste-Geneviève, Cap-St-Jacques ou Senneville, il reste encore plusieurs bons exemples de cette maison rurale québécoise. En bois ou en pierre, elles témoignent de ces adaptations.

La demeure urbaine a cependant évolué d'une façon différente de cette maison rurale. De vieilles maisons dans le Vieux-Montréal telles celles du Calvet, construites probablement vers 1770, du Patriote, construite vers la même époque, de la Sauvegarde, érigée à la fin du dix-huitième siècle, et Del Vecchio (1807-09), en sont témoins. En effet, dans ces structures il y a peu de trace, ou même aucune trace d'un dégagement significatif du sol, du perron-galerie, du débordement du larmier ; par contre, certains éléments tels que les planchers et les murs coupe-feu, deviennent caractéristiques. Si aucune de ces structures ne remonte au régime français — nous nous permettons d'ignorer ici la résidence citadine du marquis de Lotbinière, sise au 221 de la rue St-Sacrement, probablement érigée vers 1755, et la maison Papineau, dont une bonne partie aurait été également construite vers cette date, parce que des restaurations en ont altéré les traits d'architecture vernaculaire — il est permis de

---

20. Michel Lessard et Huguette Marquis, *Encyclopédie de la maison québécoise,* pp. 250-310. (#)

croire, cependant, qu'elles représentent le type même de la maison urbaine héritée de ce régime.

C'est surtout en Bretagne qu'il faut encore chercher les modèles de cette maison urbaine montréalaise du 18ᵉ siècle. Dans les Côtes-du-Nord, par exemple, dans les beaux alignements austères de résidences citadines à Guingamp, Châtelaudren, St-Brieuc ou Lamballe, on peut déceler des traits communs avec la réalité montréalaise. Un des points communs les plus importants est que dans les villes bretonnes comme à Montréal la maison urbaine possède généralement un toit à deux eaux dont le faîtage est parallèle à la voie publique. Voilà pourquoi sans doute la même disposition a été adoptée ici alors même que le climat ne s'y prêtait pas. En effet avec un climat rigoureux comme celui du Canada, la solution la plus logique aurait été de disposer le faîtage perpendiculairement à la rue comme dans les types flamands, rhénans ou hollandais, de façon à ne pas projeter eau, neige ou glaçons sur la voie publique et la tête des passants. ²¹ S'il est vrai que la faible densité du Montréal du 18ᵉ siècle ne favorisait pas outre mesure cette solution, il est possible également qu'elle fut ignorée parce qu'elle était étrangère aux traditions des habitants de Montréal.

Pour le reste, c'est dans les interventions de la classe dirigeante plus que dans les survivances culturelles et les pressions naturelles du milieu qu'il faut chercher les raisons de ces différences entre la maison rurale québécoise traditionnelle et la maison urbaine. De plus, les réticences avec lesquelles les citoyens se sont souvent pliés à ces interventions indiquent bien que celles-ci contrariaient certaines tendances et certaines habitudes acquises. La première intervention importante, l'« Ordonnance portant règlement pour la reconstruction des maisons (détruites dans l'incendie du 19 juin 1721, en la ville de Montréal) en matériaux incombustibles et pour d'autres fins ; du huitième juillet, mil sept sent vingt-un », de l'intendant Michel Bégon, avait pour but immédiat de prévenir, par des mesures incitatives et des règlements coercitifs, la répétition de conflagrations comme celle du 19 juin, qui avait rasé plus de 130 bâtiments de la cité. ²² Cette ordonnance fut entérinée et complétée par une seconde « portant Règlement pour la construction des Maisons, en matériaux incombustibles, dans les Villes de la Colonie ; du 7 juin 1727 », par l'intendant Claude-Thomas Dupuy. Cette dernière ordon-

---

21. Raymond Tanghe, *Géographie humaine de Montréal*, pp. 234-235. (#)
22. France. Lois, statuts... *Edits, ordonnances royaux, déclarations et arrêts du Conseil d'Etat du roi concernant le Canada*, 2, pp. 292-294. A l'avenir : *Edits, ordonnances royaux*.

nance constitue un véritable petit code de construction et d'urbanisme et mérite que l'on s'y arrête un instant.

L'intendant défend d'abord « de bâtir aucune maison dans les villes et gros bourgs, où il se trouvera de la pierre commodément, autrement qu'en pierres ; défendons de les bâtir en bois, de pièces sur pièces et de colombage,... », et ordonne que toutes les maisons soient bâties à deux étages. Si l'on en juge par les remarques de Pierre Kalm qui écrit en 1749 que « quelques maisons dans la ville sont bâties en pierre ; la plupart le sont en bois de charpente, mais très élégamment construites » [23], il ne semble pas que cette obligation de construire en pierre ait été suivie à la lettre. Et ceci explique aussi pourquoi très peu de ces constructions nous sont parvenues.

L'ordonnance recommande ensuite que les « caves et celliers (soient) voûtés le plus qu'il sera possible, pour éviter la pourriture des poutres et planchers qu'on met dessus... » On retrouve de ces voûtes ici et là dans le Vieux-Montréal, notamment au Château de Ramezay et dans cet édifice situé à l'angle sud-ouest des rues St-Laurent et St-Paul, et dont les voûtes plein cintre des fondations servent aujourd'hui de décor à une discothèque. Et dans le cas de caves qui s'élèvent au-dessus de la voie publique, l'intendant ordonne de rentrer « les escaliers du dehors dans le dedans des maisons, de façon qu'il n'y ait jamais dehors dans la rue que trois marches au plus en hauteur et en saillie ». Même ces quelques marches extérieures ont paru de trop à quelques personnes. Écoutons, par exemple, Monsieur E. A. Talbot :

> Les rues sont en général très étroites, et pour ajouter aux inconvéniens qui en résultent, on a rendu les trottoirs presque impraticables, par l'usage absurde qui prévaut dans toute la ville, d'élever en dehors des portes, des marches en bois qui avancent de deux ou trois pieds dans les rues. Si seulement deux personnes se rencontrent près de ces constructions embarrassantes, elles sont inévitablement obligées ou de retourner sur leur pas, ou, par un excès de complaisance, de descendre dans le milieu de la rue, probablement pour s'y trouver dans la neige jusqu'aux genoux, ou dans la boue jusqu'à la cheville des pieds [24].

On comprend aisément que les perrons-galeries caractéristiques des résidences rurales avaient moins leur raison d'être dans la ville où l'économie d'espace constituait un impératif.

Suit ensuite toute une série de règlements visant à minimiser les risques d'incendie : défense de « mêler dans la construction des murs de face et de pignons extérieurs des maisons aucuns bois

23.  SHM, *Voyage de Kalm en Amérique*, p. 55.
24.  Edward Allen Talbot, *Cinq années de séjour au Canada*, 1, pp. 45-46.

apparens... » ; défense expresse « de couvrir en bardeau aucune des maisons qui se construisent actuellement dans les villes et dans les faubourgs des villes... » ; défense de construire des « toits brisés, dit à la mansarde... qui font sur les bâtiments une forêt de bois... » ; défense « de poser et d'adosser aucune cheminée ou tuyau de poêles sur des cloisons, pans de bois et colombages... », etc. Ces interdictions s'accompagnent de recommandations comme celle

de faire sur les planchers des greniers et galetas un hourdi ou aire de chaux et sable, épais au moins de deux pouces, afin que le plancher supérieur des maisons étant ainsi à l'abri du feu, permette plus aisément d'abattre et jeter bas le toît des mêmes maisons, si le cas arrivoit de feu dans la maison, ou d'un incendie dans le voisinage des dites maisons.

On trouve ces planchers coupe-feu au vieux séminaire St-Sulpice et au Château de Ramezay entre autres. Une recommandation en particulier marquera visuellement l'architecture domiciliaire québécoise : il s'agit des « murs de refend qui en excèdent les toits et les coupent en différentes parties, ou qui les séparent d'avec les maisons voisines, à l'effet que le feu se communique moins de l'une à l'autre... ». Le mur mitoyen avec pignon de pierre coupe-feu qui fait saillie au-dessus de la ligne du toit en s'appuyant sur des corbeaux deviendra l'un des traits les plus distinctifs du paysage urbain montréalais du dix-huitième et du début du dix-neuvième siècle. Et il est clair que cet expédient, avant tout conçu pour empêcher le feu de communiquer d'un toit à un autre, a survécu comme forme à ce besoin. Ainsi le mur ouest de la maison du Calvet, mur qui n'est pas mitoyen mais donne sur la rue Bonsecours, se termine par un imposant pignon coupe-feu en pierre couronné par deux cheminées reliées par un parapet droit. Même constatation dans le cas du Château de Ramezay qui a toujours été pourtant une résidence complètement isolée du tissu urbain ambiant. De plus, la maison rurale de la région montréalaise empruntera souvent à la maison de ville ce trait particulier du mur pignon coupe-feu bien que la nécessité de faire obstacle à la propagation du feu ait, dans ce cas, complètement disparu. Comme cela arrive souvent en architecture, cette forme a connu une vie beaucoup plus longue que la fonction qui l'a imposée. [25]

25. Pour M. Robert Hamilton Hubbard (« The European Backgrounds or Early Canadian Art », *Art Quarterly*, XXVII, no. 3, 1964, pp. 297-323.) il s'agirait plutôt d'un simple héritage culturel ; car, selon lui, ce type de maisons était courant dans les régions rurales de la France du Nord. Cependant, il est surprenant qu'en Bretagne, qui apparaît comme le lieu d'origine de notre architecture domestique, ce même type semble avoir été plutôt rare.

Cette ordonnance de l'intendant Dupuy apparaît enfin autant un code d'urbanisme qu'un code de construction. L'intendant le précise lui-même : « il ne faut pas moins songer à la bonne disposition et à la décoration de la ville, qu'à la durée de ses édifices... ». Il ordonne en conséquence qu'« il ne sera assis aucun nouveau bâtiment... qu'après avoir pris, par le propriétaire de la maison à bâtir ou à rétablir, son alignement sur le terrain même, et par écrit du Sieur de Bécancourt, grand-voyer du Canada... » et cela « sous peine d'amende contre les maîtres maçons et entrepreneurs, et d'encourir, par les propriétaires la démolition de leurs maisons à leurs frais et dépens... ». L'intendant ordonne de plus

> qu'on ne mette aucune porte à faux sur les rues, qu'on n'anticipe point sur les places publiques, tant par le corps du bâtiment que par les escaliers qui seront réglés en même temps que l'alignement, et qu'on ne construise point de maison, trop près des portes de la ville, des remparts, des batteries, dans les places publiques et autres lieux destinés à la défense et à la décoration des villes, et pour qu'il soit donné aux places et aux rues des largeurs et pentes convenables pour l'écoulement des eaux, la commodité, la sûreté et la salubrité publique.

Et c'est sur des considérations d'équité que se termine cette ordonnance du 7 juin 1727 :

> Nous ordonnons, pour faire sur cela une juste compensation et procurer aux seigneurs un dédommagement convenable, qu'à l'égard de ceux qui, pour se conformer aux alignemens donnés, perdront de leur terrain, ils seront déchargés du payement des cens et rentes dues aux seigneurs, au *prorata* de ce qu'il leur sera ôté du terrain, comme aussi que ceux dont les emplacements seront augmentés par les alignemens qui leur auront été donnés, payeront les cens et rentes seigneuriales à proportion du terrain qu'ils aquerront d'augmentation... [26].

A la lecture de ce type d'ordonnance, il est révélateur de constater que les bases et principes de l'intervention de l'État absolu ou démocratique, dans l'organisation et l'aménagement du milieu et dans le contrôle de ses constituants n'ont, tout compte fait, pas tellement changé depuis deux siècles et demi. Et tout comme nos règlements de construction et d'aménagement visent à maintenir, dans le respect des droits des parties en cause, certains standards jugés nécessaires au bien public, de même des ordonnances comme celles du 8 juillet 1721 et du 7 juin 1727 visaient les mêmes objectifs. Et dans ce sens elles étaient propres à changer ou modifier certaines

---

26. Concernant cette ordonnance du 7 juin 1727, voir *Edits, ordonnances royaux*, 2, pp. 314-321.

attitudes ou tendances acquises face au milieu à construire et faire naître ces différences entre la maison urbaine et la maison rurale, cette dernière faisant nettement moins l'objet des préoccupations des gouvernants.

Tentons maintenant de compléter ce portrait de la maison urbaine montréalaise du dix-huitième siècle par l'analyse des quelques demeures qui nous sont parvenues de la fin de ce siècle. Leur plan est d'abord rectangulaire, ou oblong, quoique les plus vieilles, à l'exemple de la maison de la Sauvegarde, soient parfois presque aussi profondes que larges. Ce plan est toujours simple, normalement divisé verticalement entre activités diurnes et repos nocturne et horizontalement entre pièces d'avant et pièces d'arrière, division qui se reflète souvent par deux cheminées reliées par un parapet comme dans les cas de la maison du Calvet et du Château de Ramezay. Les murs sont épais, dans la plupart des cas en maçonnerie de moellons ou de pierres grossièrement équarries ; la pierre de taille sera employée au début du 19e siècle. En façade, les pleins dominent encore sur les vides, et les fenêtres varient en dimensions, certaines étant tout de même assez grandes comme dans le cas de la maison Del Vecchio. Pour leur part, les lucarnes demeurent petites. Les toits sont le plus souvent à deux versants, serrés entre des murs pignons coupe-feu, et complétés par des « cheminées formant éperons à chaque bout de l'édifice et contenant autant de gaines que de pièces à chauffer »[27]. Et il semblerait, comme l'indique Morisset[28], que la pente de ces toits ait eu tendance à s'adoucir avec le temps. Ainsi, par exemple, cette pente est d'environ de 45 degrés pour les maisons du Calvet et de la Sauvegarde, 40 degrés pour celle sise au numéro civique 160-170 de la rue St-Amable, et 35 degrés dans le cas des écuries d'Youville. Les intérieurs ont dû être recouverts de planches de pin à l'exemple de ceux récemment restaurés des maisons du Calvet et Del Vecchio.

Ces demeures citadines témoignent également d'une certaine recherche esthétique inspirée du classicisme et à laquelle la présence d'édifices publics tels le vieux séminaire et le château de Vaudreuil, n'a pas dû être étrangère. On peut ainsi observer une balance axiale dans la répartition des vides et des pleins en façade, les ouvertures étant normalement percées à intervalles réguliers et les fenêtres du premier ou du second étage se trouvant normalement dans l'axe des portes et fenêtres du rez-de-chaussée. Les lucarnes mêmes sont souvent dans l'axe des ouvertures ou dans celui des pleins. La symé-

27. Gérard Morisset, *L'architecture en Nouvelle-France*, p. 26. (#)
28. *Ibid.*, p. 28.

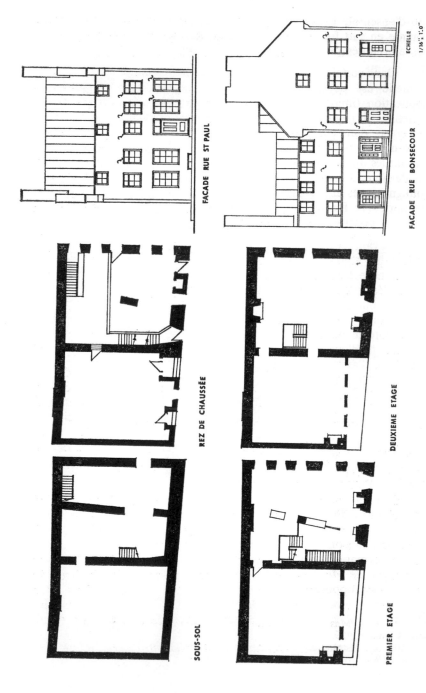

FACADE RUE ST PAUL

FACADE RUE BONSECOUR

ECHELLE
1/16": 1'.0"

REZ DE CHAUSSÉE

DEUXIEME ETAGE

SOUS-SOL

PREMIER ETAGE

*Fig. 8  La maison du Calvet, Vieux-Montréal*

trie d'ensemble est également existante dans certaines constructions comme en fait foi la maison du Patriote avec ses portes à chacune des extrémités du bâtiment.

Dans certaines de ces constructions domestiques, cette recherche formelle est poussée plus loin et l'on peut même déceler une application timide d'un principe hérité de l'architecture renaissante italienne. Il s'agit de la coutume de consacrer plus d'importance au bel étage, dans ces cas-ci, au rez-de-chaussée, en lui accordant une hauteur supérieure et de faire sentir cette hiérarchie en façade en variant les dimensions des fenêtres. C'est le cas des maisons du Calvet, du Patriote, Truteau (sur la rue St-Gabriel) et quelques autres. Enfin soulignons ces autres expressions du classicisme que sont ces linteaux de portes et fenêtres au même niveau et les cadres de pierre de taille ou relativement équarrie pour ces ouvertures.

Devant ces recherches esthétiques on peut se demander qui étaient les architectes de ces résidences. S'il est relativement facile de répondre à cette question concernant les édifices publics, séculiers ou ecclésiastiques car, normalement, les contrats de construction étaient consignés, il n'en va pas ainsi pour l'humble architecture domestique. De toute façon il serait illusoire de vouloir appliquer à l'architecte de l'époque la même définition que nous donnons à l'architecte d'aujourd'hui. Car dans cette architecture traditionnelle populaire, l'artiste n'était pas séparé de l'artisan : celui qui concevait l'édifice était normalement celui-là même qui le construisait. L'architecte était aussi maître maçon ou entrepreneur sans qu'il soit vraiment possible de tracer des frontières entre ces différentes sphères d'activité. Car, « qui disait maître maçon indiquait un homme également versé dans la théorie et dans la pratique de l'art de bâtir ; la pensée, à cette époque, ne se séparait pas de la main » [29]. Ainsi le premier contrat de maçonnerie (27 avril 1705) pour le Château de Ramezay est donné à Pierre Couturier « maître maçon et architecte. » [30] Et c'est le sieur Paul Texier La Vigne « Me Maçon & Entrepreneur » qui sera chargé, en 1755, de la réfection et de l'agrandissement du château. [31] Montréal a bien compté, sous l'ancien régime, ses « architectes, entrepreneurs, maçons », sans que l'on sache vraiment s'il s'agissait de cas de formation ou d'improvisation. Massicotte, dans son *Mémento historique de Montréal,* en nomme une vingtaine incluant des vocations aussi opposées que celle de Dollier de Casson ou Vachon

---

29. E.-Z. Massicotte, « Maçons, entrepreneurs, architectes », BRH, XXXV, no. 3, mars 1929, p. 132.
30. « L'histoire de notre château », CANJ, p. 49.
31. *Ibid.,* p. 76.

de Belmont et celle de notre Gaspar Chaussegros de Léry.[32] Il est possible, par exemple, qu'un Pierre Janson-Lapalme, tailleur de pierre et maître maçon, qui a travaillé notamment sur l'église Notre-Dame et construit des portails aux chapelles des Récollets (1712) et des Jésuites (1719) se soit également exprimé dans l'architecture domestique.[33] Ou encore son fils, Dominique, architecte et entrepreneur en maçonnerie et qui fut l'entrepreneur des fortifications de Montréal.[34] Ou encore ce J.-B. Testard de Montigny qui apparaît à Montréal en 1754, avec le titre d' « Auteur de plans de maisons ».[35] En fait, peu importe les noms et les titres, car cette tradition populaire de construire se transmet de père en fils, de maîtres à apprentis. Et si un siècle peut-être sépare la maison du Calvet de la maison Truteau, la conception, les méthodes de construction et les matériaux sont sensiblement les mêmes dans les deux cas.

On ne saurait terminer cette analyse sans s'arrêter un moment au Château de Ramezay. Ce château est la pièce d'architecture coloniale française la plus connue et la plus appréciée de Montréal. Il n'en fut pas toujours ainsi : on a déjà voulu le démolir et on n'a pas hésité à en détruire partiellement le caractère en l'entourant d'un stationnement. Enfin il a été conservé et il se dresse aujourd'hui face à l'hôtel de ville comme symbole de l'autorité de l'ancien régime et comme la seule grande résidence de cette période française qui ait réussi à survivre jusqu'aujourd'hui.

L'histoire de ce Château de Ramezay est passablement complexe. Après avoir été la résidence du gouverneur de Montréal, M. de Ramezay, et de sa famille, il fut vendu, en 1745, à la Compagnie des Indes qui y entreposa étoffes, épices, liqueurs et pelleteries. À la Conquête, il retrouva sa vocation première d'Hôtel du Gouvernement : les gouverneurs britanniques y logèrent, sauf pendant le court intervalle pendant lequel les Américains y établirent le quartier général de leurs troupes d'occupation (1775-76). Vers 1784, le Baron de Saint-Léger le restaura et l'habita quelque temps. Il devait être à nouveau rattaché à l'histoire du pays lorsque le Conseil Spécial y siégea de 1838 à 1841, pour ensuite servir de siège des délibérations pendant les sessions orageuses de 1844 à 1849. À l'automne de cette dernière année, il fut transformé en Cour

---

32. E.-Z. Massicotte, « Mémento Historique de Montréal, 1636-1760 », MSRC, Section 1, XXVII, série III, mai 1933, pp. 128ss.

33. Né à Paris, date inconnue, et mort à Montréal en 1743 : voir Morisset, L'architecture en Nouvelle-France, p. 133.

34. Serait né à Québec en 1701 et décédé dans cette ville en 1762, Ibid.

35. Massicotte, « Mémento Historique de Montréal, 1636-1760 », pp. 128ss.

de Justice. De 1856 à 1867, il servit au Ministère de l'Instruction Publique tout en offrant le gîte à l'École Normale de 1856 jusqu'en 1878. Il logea ensuite l'Université Laval pour redevenir à nouveau de 1889 à 1893 Cour de Justice. La Ville de Montréal l'acheta quelques années plus tard pour le céder ensuite à la Société d'Archéologie et de Numismatique de Montréal qui le transforma en musée. [36]

Il n'est pas surprenant que des occupations aussi nombreuses que diverses aient altéré le caractère premier de ce château. Nous avons déjà signalé qu'il fut agrandi et restauré en 1755 par la Compagnie des Indes. Successivement, des portes et fenêtres furent bouchées ou percées, des foyers et cheminées furent ajoutés, d'autres disparurent. De mauvaises additions lui furent accolées du côté est (vers 1830), y compris des tourelles (vers 1906 ?) sans doute pour lui conférer un air plus « château ». On tente présentement (début 1972) de lui redonner le caractère qu'il aurait eu dans les années 1755.

Ce Château de Ramezay est architecturalement intéressant comme spécimen d'un stage intermédiaire entre la maison citadine et la maison rurale de type montréalais. Essentiellement, son plan oblong (50' x 100') en est un de résidence citadine en rangée continue, caractérisé par une épaisse cloison de maçonnerie divisant le bâtiment dans toute sa longueur entre pièces d'avant et pièces d'arrière. De même ses deux murs terminaux en pignon excédant la ligne du toit sont une survivance des murs mitoyens coupe-feu qui séparaient les maisons urbaines en rangée continue. Et ses deux cheminées du côté ouest, reliées par un parapet droit, témoignent de ce plan divisé en pièces d'avant et pièces d'arrière. Certainement, le Château de Ramezay paraît bien être la cristallisation dans un bâtiment individuel détaché de la maison mitoyenne urbaine, la consécration de certaines formes qui se libèrent des nécessités premières pour devenir une mode. Et il n'est pas exclu que son impressionnante qualité, son air d'hôtel particulier parisien, le prestige de ses fonctions furent des facteurs déterminants dans la prolifération de ce type de maison qui deviendra, à partir du 19e siècle, un type consacré de maison détachée rurale de la région de Montréal.

Ce château est également intéressant par sa saine construction qui réunit tous les éléments d'un artisanat traditionnel en pleine possession de ses moyens. Notons, *inter alia,* les puissantes voûtes en berceau — très romane de caractère — de ses fondations, le plancher du grenier recouvert de dalles de pierre de quatre pouces d'épaisseur reposant sur de solides poutres de cèdre, accolées les unes aux autres, type de plancher destiné, comme nous l'avons vu,

---

36. Victor Morin, *La légende dorée de Montréal,* pp. 86-88.

à ne pas permettre au feu de se propager aux combles ou vice-versa,
et enfin les fermes des combles à tenons, mortaises et chevilles de bois.

## 4. *L'environnement de la ville frontière*

Quels étaient le caractère et la valeur de cet environnement
urbain montréalais du milieu du 18e siècle ? Voilà une question
difficile à répondre car la base matérielle pour en juger est évidemment aujourd'hui complètement transformée. Si la grille des rues
est demeurée sensiblement la même, des changements draconiens
dans les types et l'échelle des fonctions urbaines, dans les techniques
du bâtiment et les modes de transport en ont altéré l'essence. Elle
apparaît aujourd'hui plus étrangère qu'intégrée au tissu urbain car
des édifices impersonnels de dix à vingt étages sont devenus esclaves
d'une grille conçue en fonction de maisons familiales d'un ou deux
étages. À peine deux îlots urbains, qui se sont moins transformés
que les autres en se développant plus tardivement et dans des matériaux plus permanents que le bois, les îlots Bonsecours (entre les rues
St-Paul, Berri, Notre-Dame et la Place Jacques-Cartier) et d'Youville
(triangle formé par la Place d'Youville, la rue de la Commune et
la rue Normand) peuvent encore offrir un pâle reflet de cet environnement. Même là : ces îlots sont à jamais désarticulés d'un ensemble
dont la qualité première était l'homogénéité. Nous en sommes réduits
à nous faire une idée d'après l'étude de cartes historiques, de vues
contemporaines telle celle de Thomas Patten en 1760, de certaines
ordonnances, et autres documents authentiques incluant quelques
brèves descriptions de la ville par des observateurs de l'époque.

À première impression, cet environnement montréalais de
l'époque coloniale française semble avoit été passablement déplorable du point de vue de l'hygiène. On peut en juger par le nombre
et le ton des ordonnances promulguées par les autorités à ce sujet.
Ainsi, par exemple, une ordonnance promulguée le 22 juin 1706
à l'intention des montréalais par l'intendant Jacques Raudot défend
« à tous les habitans de quelque qualité et condition qu'ils soient
de jeter aucunes immondices, terres et fumier dans les dites rues ... »
et « ... de garder dans leurs maisons aucuns cochons... et de laisser
vaquer dans les rues aucunes bêtes à corne... »[37]. Et cet état de chose
ne semble pas s'être amélioré avec les années. Ainsi, le 24 avril 1745,
M. Guiton de Monrepos promulgue une ordonnance obligeant « tous
les habitants de Montréal, propriétaires ou locataires, à ramasser
au-devant de leurs terrains les fumiers, immondices et ordures qui
y seront, chaque jour, de les mettre en tas, à côté de la voie publique,

---

37. *Édits, ordonnances royaux*, 2, p. 260.

pour ne pas nuire aux voitures... » [38]. Ce genre d'ordonnance revient presque systématiquement à tous les printemps, ce qui laisse supposer que les rigueurs des hivers canadiens ne permettaient pas aux citoyens d'évacuer proprement leurs immondices et leurs déchets et que ceux-ci s'accumulaient dans les cours et dans les rues jusqu'au printemps. Et en Nouvelle-France, ces minables conditions hygiéniques ne sont pas uniquement propres à Montréal : les autres villes et villages de la colonie semblent en avoir souffert tout autant. Une preuve : le Conseil Supérieur de Québec fait adopter un règlement pour la capitale du pays, le 1er février 1706, qui oblige les propriétaires, les locataires et les constructeurs de maisons « d'y faire des latrines et privés, afin d'éviter l'infection et la puanteur que ces ordures apportent lorsqu'elles se font dans les rues... » [39].

Cependant il n'y a pas lieu d'être stupéfait par ces mauvaises conditions sanitaires. Car l'hygiène publique constitue bien une pratique relativement récente. L'habitant de Québec ou de Montréal qui faisait ses besoins intimes dans la rue n'était guère moins civilisé que ces nobles de la Cour de France qui, au même moment, se soulagaient dans les escaliers et les corridors de Versailles ! Et les conditions sanitaires prévalant dans la petite ville de Montréal n'étaient pas plus effroyables — peut-être moins — que celles qui existaient dans la plupart des villes européennes du dix-huitième siècle. J. H. Plumb a montré, par exemple, que dans plusieurs villes et villages d'Angleterre de cette époque la plupart des caves étaient habitées non seulement par des gens, mais aussi par leurs cochons, leurs volailles et même parfois leurs chevaux et bestiaux. Bien plus, tous les habitants, commerçants ou artisans, utilisaient la rue comme dépotoir, y compris les bouchers, qui y jetaient des déchets de boucherie et les y laissaient pourrir.[40] Si ces conditions étaient peut-être pires en Angleterre qu'en France, à cause de l'impact de l'industrialisation naissante, elles demeurent néanmoins fort significatives. Aucun doute qu'avec nos aqueducs et égouts publics nous avons fait un immense progrès dans ce domaine. Mais attention : ce progrès n'est pas grand au point de nous faire oublier que même si nous nous débarrassons de nos ordures et de nos déchets avec plus d'élégance et de raffinement, nous avons, par contre, pollué l'atmosphère et les eaux naturelles, dans un rayon de cent milles autour de Montréal. Quel citoyen du Montréal des années 1760, lui qui pouvait jouir de la nature dans toute sa pureté à quelque 15 minutes de marche de son lieu de travail et de résidence, et tirer du fleuve une bonne

---

38. *Répertoire des arrêts*, p. 107.
39. *Édits, ordonnances royaux*, 2, p. 137.
40. J.H. Plumb, *England in the Eighteenth Century*, p. 12.

partie de sa nourriture, aurait pu croire qu'en deux siècles le progrès allait transformer cet immense et limpide fleuve en un dégoûtant égout collecteur, et faire reculer la nature à plus d'une heure d'automobile du lieu de résidence ?

On peut déceler des déficiences semblables dans l'aménagement et l'entretien des espaces publics dans le Montréal du dix-huitième siècle comme l'indique cette constatation en 1706 de l'intendant Raudot :

> Ayant connu en arrivant en cette ville le désordre qui étoit dans toutes les rues, lesquelles sont quasi impraticables dans toutes les saisons, non seulement aux gens de pied, mais même aux carosses et charrois, et ce à cause des bourbiers qui se trouvent dans les dites rues qui proviennent tant de la mauvaise nature et inégalité du terrain que des immondices que les habitans y jettent journellement... [41].

Et ces conditions ne semblent guère s'être améliorées avec le temps, car aussi tard qu'en 1785, Joseph Hadfield note dans son *Journal* que les rues ne sont pas pavées, que cela rend la ville très désagréable pendant les mauvaises températures, et que marcher dans les rues, beau temps mauvais temps, est toujours pénible pour les pieds.[42] Durant le régime français, les autorités ont tenté de remédier partiellement à ces conditions en obligeant les habitants à faire entretenir des trottoirs pendant les mois d'hiver. Citons à cet effet, et à titre d'exemple, l'ordonnance du 10 novembre 1744 « obligeant chaque propriétaire de Montréal à tirer ou à faire tirer durant l'hiver toutes les pièces de bois nécessaires pour faire des banquettes devant leurs maisons, et ce afin que dans les temps de glace, les gens de pied puissent y marcher en sûreté » [43]. Encore ici, on aurait tort de se scandaliser de ces conditions : elles apparaissent parfaitement normales pour l'époque. Plomb, que nous avons cité précédemment, nous rappelle en effet que beaucoup de rues n'étaient pas pavées dans les villes britanniques de cette époque, que plusieurs mêmes étaient particulièrement étroites et encombrées, au point qu'à Bristol, par exemple, certaines ne pouvaient livrer passage aux voitures, et que des traîneaux y étaient utilisés pour transporter les marchandises.[44] Enfin il ne faut pas oublier que ce qui fait un peu le confort de nos villes : l'aqueduc, l'égout, l'éclairage de nuit ou les pavés, représente un progrès relativement récent ; même dans les grandes capitales mondiales comme Londres, ces améliorations ne

---

41. *Édits, ordonnances royaux*, 2, p. 258.
42. Joseph Hadfield, *An Englishman in America, 1785...*, p. 46.
43. *Répertoire des arrêts*, p. 107.
44. J.H. Plumb, *op. cit.*, p. 12.

furent introduites, et seulement dans les artères principales, qu'à partir de la seconde moitié du dix-huitième siècle.[45]

En contrepoids à ces aspects négatifs, on peut présumer que la petite cité a dû fonctionner relativement bien. Car c'est précisément le propre d'une croissance organique d'intégrer le développement urbain au gré des besoins et des opportunités. Et comme le processus d'urbanisation et de croissance est très lent durant cette période pré-industrielle, cette intégration a dû se faire sans trop de heurts, aboutissant à un équilibre entre les besoins et les intérêts de la communauté et ceux des particuliers. D'autant plus qu'on ne trouve dans les interventions des autorités de l'époque aucune indication permettant de croire que le canevas de développement laissé par le sulpicien Dollier de Casson ait eu quelque vice majeur. Les diverses ordonnances se rapportant à la vie urbaine montréalaise visent plutôt à améliorer le fonctionnement et le rendement de ce plan qu'à le modifier profondément. Ainsi en font foi les diverses législations visant à réglementer la largeur des rues, à en faire respecter l'alignement, à réduire la superficie des terrains urbains, à améliorer l'écoulement des eaux, à construire et entretenir des trottoirs, à enlever les ordures et la neige, etc.

Spatialement, ce Montréal fortifié du 18e siècle se distingue par des concentrations en plusieurs petits noyaux fonctionnels des organes de vie urbaine. Ainsi, la fonction d'échanges économiques s'adjuge la Basse-Ville, pour sa proximité de cette grande voie de communication qu'est le fleuve. Là se trouve la place du Marché et le quartier des marchands qui s'étend le long de la rue St-Paul. Et comme à cette époque le lieu de travail n'est pas dissocié du lieu de résidence, le marchand vit et œuvre dans cette aire spécifique de la cité. Pour leur part, les fonctions administratives et politiques se regroupent nettement à l'est, comme en témoigne la présence dans ce secteur de la ville des châteaux de Vaudreuil et de Ramezay, du Palais de l'Intendance, des Hangars et Quais du Roi, et de la Citadelle. Enfin les fonctions religieuses, qui assurent en tout ou en partie, comme nous l'avons déjà souligné, le bien-être physique, social, culturel et spirituel de la petite communauté, se localisent autour de l'église paroissiale et sur la crête dominante du coteau St-Louis, le long de la rue Notre-Dame. Mais non seulement ses fonctions d'ordre religieux ou civil occupent-elles en plan des secteurs qui leur sont propres, mais elles se signalent également dans la fabrique urbaine, à la fois par les volumes de leurs constituants, qui

---

45. M. Dorothy George, *England in Transition ; Life and Work in the Eighteenth Century*, p. 71.

s'élèvent au-dessus des humbles constructions domestiques environnantes, et par l'aménagement d'espaces ouverts, qui constituent des
tampons entre ces volumes et le reste de l'environnement bâti. C'est
bien ce qui frappa Pierre Kalm en 1749... :

> Elle (Montréal) a plusieurs églises, dont je ne mentionnerai que
> celles des religieux de l'ordre de St-Sulpice, des Jésuites, des moines
> Franciscains, du couvent et de l'hôpital... Attenants à chacun de
> ces édifices il y a de beaux jardins... [46].

Nous en arrivons ainsi à un environnement fait de pleins et
de vides, de masses et de cavités. Cet environnement a dû prendre
toute sa signification dans cet ensemble homogène à échelle constante
et uniforme qu'était le Montréal de ce milieu du dix-huitième siècle.
Des ces rues « droites, larges, coupées à angle droit par des petites
rues » [47], l'observateur contemporain a dû voir des alignements sévères de maisons anonymes, robustes, à peu près de la même hauteur,
et ça et là, au tournant d'une rue, les grands vides des jardins ou des
places publiques, ponctués par des structures distinctives, jaillissan-
tes, représentant les principales vocations de la cité et les idéaux de
la classe dirigeante, le tout articulé d'une façon libre, proportionnée,
harmonieuse, engendrant contraste et variété au sein d'un ensemble
homogène bien délimité par une enceinte de fortification. Voilà bien,
à s'y méprendre, un environnement qui n'est pas sans caractériser
également les villes médiévales et pré-industrielles européennes !

---

46. SHM, *Voyage de Kalm en Amérique*, p. 55.
47. *Ibid.*, pp. 55-56.

22. *Le Château de Ramezay vers 1920. Paul Texier La Vigne, maître maçon et entrepreneur, 1755.*

23. *Plan de la ville de Montréal en 1815, par Joseph Bouchette, montrant les améliorations projetées.*

# 6

## Les années de transition

> We should judge of the beauty of our city, more from
> its impression on strangers, than on ourselves.
> Un critique anonyme, *American Journal of Science
> and Arts,* 1830.[1]

### 1. La ville des marchands

D'une façon générale les historiens considèrent la cession de la
Nouvelle-France à la Grande-Bretagne comme l'événement capital
de l'histoire du Canada. C'est assez juste. Car la Conquête annonce
un chambardement complet des structures économiques, sociales,
politiques, idéologiques et mêmes mentales. Mais si la date de 1760
marque un tournant décisif, ce n'est pas une incision mais une charnière. Entre l'ancien et le nouveau régime, il y a une transition, un
passage graduel. Dans le domaine de l'architecture et de l'urbanisme
tout au moins, ce n'est pas au lendemain de sa capitulation que
Montréal a changé de caractère ou que ses édifices ont changé de
façades ! Il y eut transformation progressive. Et, constatation importante, malgré l'ampleur de ces transformations, ces dernières ont
apporté des changements aux paysages urbains qui sont en rien comparables à ceux qu'apportera l'industrialisation de Montréal au milieu
du dix-neuvième siècle. C'est pour cette raison que les années de
transition se rattachent davantage à la ville frontière qu'à la ville
victorienne.

Durant les premières décennies qui ont suivi cette cession, le
montréalais de l'époque n'a guère dû percevoir une différence dans
son univers urbain. Si les faubourgs ont pu s'accroître sensiblement,
à l'intérieur de l'enceinte des vieux murs, ce sont toujours les mêmes

---

1. Cité dans Henry Stern Churchill, *The City Is the People,* p. 108. (#)

alignements austères, ce sont toujours les mêmes édifices publics affichant les mêmes prétentions sociales. Les gouverneurs britanniques remplacent tout simplement les gouverneurs français au Château de Ramezay et l'église Notre-Dame domine toujours la silhouette de la ville. Aussi tard qu'en 1795, le comte de Colbert Maulevrier fait de cette cité une description que l'on pourrait facilement attribuer à un observateur de la fin du régime français : « Trois rues parallèles à la rivière, d'environ un mille, coupées par une dizaine d'autres, à angle droit ou à peu près forment la ville qui est entourée en partie d'un vieux mur... » [2].

L'année suivante, Isaac Weld complète cette description en nous offrant une image de la ville vue des hauteurs du mont Royal :

> On the left below you appears the town of Montreal, with its churches, monasteries, glittering spires, and the shipping under its old walls... [3].

Et qui peut déceler une différence significative entre la *Vue Orientale de Montréal,* que présentait Thomas Pattern en 1762, et celle que nous offre un Richard Dillon en 1803 ? C'est en tous points la même ville, sans doute un peu plus densément bâtie, mais conservant la même échelle, la même silhouette marquée par les mêmes clochers qui pointent vers le ciel. C'est en tous points la même ville sauf qu'elle est peuplée désormais en partie d'éléments anglophones. En très faible partie cependant car, pour ceux qui pensent que la Cession fut suivie d'une invasion massive de britanniques, rappelons que l'on dénombre à peine une centaine de protestants à Montréal en 1765. [4]

En fait Montréal de la fin du 18e siècle est une ville en lente transformation. Et par plus d'un point de vue, elle se rattache encore à la mentalité de l'ancien régime. Par exemple, les réactions des hommes aux appels du vaste continent sont demeurées les mêmes que sous le régime français. Montréal cherche toujours son destin dans l'aventure de l'Ouest. Plus que jamais, c'est la ville du fleuve, la ville de l'empire du St-Laurent. La seule différence, c'est précisément que cet empire a changé de mains. Ainsi, comme le souligne Creighton, les premiers britanniques canadiens sont des aventuriers attirés par les promesses du fleuve. [5] La réaction d'un Alexander Henry est typi-

---

2.  Edouard-Charles-Victurnien Colbert, comte de Maulevrier, *Voyage dans l'intérieur des États-Unis et au Canada,* pp. 58-59.

3.  Isaac Weld, *Travels through the States of North America, and the Provinces of Upper and Lower Canada During the Years 1795, 1796, and 1797,* p. 181.

4.  Donald Creighton, *The Empire of the St. Lawrence,* p. 24.

5.  Creighton, *op. cit.,* p. 24.

que à ce sujet : marchand prospère des colonies américaines, il se précipite à Montréal dès qu'il apprend qu'un nouveau marché est ouvert à l'aventure britannique.[6] Et la promesse la plus séduisante que fait le fleuve c'est encore de donner un accès à des territoires vierges qui regorgent d'animaux à fourrure.

Pour un demi-siècle encore, sous l'impulsion presque fanatique de ces marchands anglophones, les anglais Lees, Molson ou les frères Frobisher, les américains Price, Alexander Henry ou Pond, les écossais surtout, les Lymburners, McBeath, McGill, MacKenzies ou Simon McTavish, Montréal demeure la capitale américaine si ce n'est mondiale des fourrures. Groupés à partir de 1784 en une puissante association, la Compagnie du Nord-Ouest, ces marchands étendent l'hinterland de Montréal jusqu'à l'océan Pacifique.

En effet, comme les grandes découvertes sous le régime français avaient été stimulées par la recherche des fourrures, la découverte de l'Ouest canadien le sera pour les mêmes motifs. C'est pour ouvrir de nouveaux territoires aux appétits des marchands montréalais qu'Alexander MacKenzie, partenaire de cette compagnie du Nord-ouest, atteint en 1789 le grand fleuve qui porte son nom et se rend, en 1793, jusqu'à l'océan Pacifique. C'est dans le même but que Simon Fraser, également partenaire de la Compagnie, suit ses traces, explore les territoires à l'ouest des Rocheuses et baptise le fleuve Fraser. En 1811, c'est au tour de Thompson de parcourir la Colombie-Britannique pour le compte des intérêts montréalais tandis que J.J. Astor, qui exploite des magasins de fourrure à New-York et à Montréal, devient le véritable père de l'Orégon. Donc, dans ces découvertes de l'Ouest, l'impulsion vient invariablement de Montréal. En 1812, la Compagnie du Nord-Ouest emploie à elle seule plus de 1,300 personnes et Montréal profite du commerce du castor comme jamais elle ne l'avait fait durant les plus beaux jours de la Nouvelle-France.[7]

Mais avec le recul de l'histoire, on peut aujourd'hui constater que ces années de transition marquent les dernières tentatives des marchands montréalais de plier la politique aux réalités géographico-économiques du continent. Par la Conquête, les Britanniques avaient hérité d'un empire économique homogène axé sur les voies fluviales de communication. Cependant, un événement capital devait précipiter sa désagrégation et faire perdre graduellement à Montréal son leader-

---

6. Alexander Henry, *Travels and Adventures in Canada and the Indian Territories, between the Years 1760 and 1776*, p. 2.
7. Désiré Girouard, *Lake St. Louis, Old and New*, p. 222.

ship continental. Il s'agit de l'insurrection des colonies américaines contre l'Angleterre.

Ainsi le traité de Paris de 1783, qui sanctionne la victoire des colonies sur la mère patrie, annonce des changements dramatiques pour Montréal. Car la nouvelle frontière avec les États-Unis coupe à travers son hinterland naturel, la dépouillant des immenses territoires du sud des Grands Lacs, entre l'Ohio et le Mississippi. Cette nouvelle frontière coupe également à travers les routes traditionnelles des commerçants de pelleterie : c'est pour cette raison que le commerce s'oriente rapidement vers l'Arctique et le Pacifique. Mais cette nouvelle orientation lui est néfaste : l'accroissement progressif des coûts de transport est sa grande faiblesse, faiblesse qui précipitera l'assimilation de la Compagnie du Nord-Ouest par celle de la baie d'Hudson en 1821. Par la suite, la route du castor s'acheminera vers la baie, et Montréal perdra son principal actif commercial, après avoir dominé le commerce des fourrures pendant près de deux cents ans.

En contrepartie, cependant, cette guerre d'indépendance des treize colonies suscite des vagues d'immigrants Loyalistes qui viennent s'établir en Amérique britannique, notamment dans le Haut-Canada, le long du fleuve et de l'Outaouais. Avec cette colonisation, les forêts reculent progressivement, les terres sont mises en culture et d'autres produits d'exportation apparaissent bientôt, dont le bois et le blé. Le commerce du bois entre autres connaît un essor extraordinaire dans les décennies 1800-1820 des suites des guerres napoléonniennes et du Blocus continental. Parallèlement, Montréal cesse d'être la ville frontière enfouie en pleine forêt continentale et se taille peu à peu un nouveau rôle économique comme port d'exportation des nouveaux produits et d'importation de produits manufacturés de plus en plus nécessaires pour une population du Haut-Canada qui croît à un rythme accéléré, passant par exemple de 158,000 âmes en 1825 à 347,000 dix ans après.[8] Du statut de ville clé d'un empire continental, Montréal devient, avec le 19e siècle, le port national d'un pays en pleine croissance.

Mais les conséquences de la rébellion des colonies américaines ne s'arrêtent pas là. Car celle-ci est plus qu'une lutte pour la libération des liens impériaux : elle dissimule une lutte de classes sociales, lutte de la nouvelle bourgeoisie capitaliste contre l'aristocratie et la pérennité de structures sociales féodales. Et cette lutte se propage au Canada avec les marchands.

---

8. *Recensements du Canada (1665-1871)*, pp. 86ss et 118ss.

Elle est déjà apparente dans la colonie dans les jours mêmes qui suivent la Conquête. Deux groupes s'affrontent : d'une part, les marchands anglophones, américains ou britanniques, pressés de profiter du nouveau marché et de participer à la gestion de la chose publique, et d'autre part, les officiels de la couronne britannique, recrutés au sein d'une aristocratie conservatrice, et qui sont bien décidés à conserver le rang et les privilèges de leur caste. Ainsi des gouverneurs comme Murray ou Carleton n'ont que faire des revendications des marchands, Walker, du Calvet et autres, qui réclament un ordre social dans lequel tous les individus seraient perçus comme égaux. En somme, Murray et Carleton ne font que remplacer Frontenac et Vaudreuil : l'absolutisme de l'ancien régime fait place à l'absolutisme du nouveau, et une société basée sur l'utilité sociale des groupes tend à se perpétuer sur les rives du St-Laurent. Prônée par une Église catholique désormais absolue dans son domaine et qui y trouvera son propre profit, cette conception statique de la société continuera d'imprégner le petit peuple canadien-français. Quant à la bourgeoisie anglophone, elle ne tardera pas à façonner son devenir à l'image de ses idéaux.

En effet, en lisant l'histoire de ces années de transition à Montréal, le lecteur se rend parfaitement compte que l'intérêt et le pouvoir réel se déplacent progressivement du château de Ramezay, résidence des gouverneurs de la colonie, ou du vieux séminaire, résidence des seigneurs de l'île montréalaise, vers les châteaux de banlieue des riches commerçants : vers le château St-Antoine, où William McGillivray, neveu de Simon McTavish et comme lui magnat de la fourrure, vit en grand seigneur et profite d'une vue exceptionnelle sur la ville et sur le fleuve ; vers Beaver Hall (à l'angle des rues actuelles de Beaver Hall Hill et de La Gauchetière), où Joseph Frobisher multiplie les réceptions dans son magnifique cottage entouré d'une quarantaine d'acres de forêts et de pommiers ; vers le domaine de Simon McTavish, le roi de la fourrure à Montréal, celui que l'on appelle le Premier ou le Marquis, et qui se fait construire, près du sommet de la rue qui porte aujourd'hui son nom, un somptueux château de pierre, de pas moins de cent vingt-six pieds de façade. Il est malheureux que ces trois résidences bourgeoises aient aujourd'hui disparu, car elles auraient pu témoigner excellemment de la prise du pouvoir à Montréal par la bourgeoisie capitaliste. De plus, l'étude de leur architecture aurait pu nous renseigner davantage sur les prétentions de cette bourgeoisie.

Dans l'évolution de la ville, l'influence de ces grands marchands est marquante. Pour la première fois, le lieu de travail est dissocié du lieu de résidence. Pour la première fois, les pauvres sont isolés des riches. Et ces magnats de la fourrure s'éloignent de la cité comme si cette ruche humaine n'était bonne qu'à leur assurer un plus grand confort sur les pentes vierges et aérées du mont Royal. En somme ces riches bourgeois ne font que s'approprier les marques extérieures qui ont identifié auparavant le statut social de l'aristocrate, à savoir le château et la grande propriété terrienne. Ce qui est particulier à Montréal, cependant, c'est que les anglophones occupent les plus beaux endroits et marquent ainsi le pas vers une ville dont les divisions ethniques et sociales se superposeront dans la géographie de l'agglomération.

Pour prendre conscience de l'influence de ces grands marchands sur la vie et la forme de la cité, considérons un moment les activités d'un des plus célèbres d'entre eux : James McGill. McGill naquit à Glasgow, le 6 octobre 1744. Il s'inscrivit à l'université de cette ville mais ne semble pas y être resté très longtemps puisqu'on le retrouve bientôt dans les colonies américaines engagé à corps perdu dans le commerce des fourrures. Il ne tarda pas à devenir très prospère et lorsqu'il emménagea à Montréal en 1774, c'était pour jouer un rôle majeur dans le commerce canadien des fourrures. Cependant, les activités de James McGill ne se limitèrent pas au seul commerce des pelleteries. Il se distingua particulièrement par sa philanthropie et son esprit civique. De près ou de loin, il fut lié à presque toutes les améliorations que connaîtra ce Montréal des années de transition. Ainsi il fut l'un des commissaires chargés de l'enlèvement des vieux murs de fortification, tâche qu'il mena à bien et dont nous parlerons un peu plus loin. Il fut également administrateur de la prison, président de la brigade volontaire contre les incendies, membre du comité pour l'érection de la cathédrale anglicane Christ Church, député de Montréal-Ouest à l'Assemblée Législative et enfin membre du Conseil Législatif. Mais c'est surtout grâce à son domaine de Burnside que son nom restera attaché à l'histoire de notre ville. Comme la plupart des riches commerçants montréalais, McGill s'était taillé un vaste domaine de banlieue de quelque quarante-six acres de superficie, domaine qu'il légua avec une somme substantielle quelques années avant sa mort survenue le 12 décembre 1813 pour promouvoir l'instruction dans la Province. Le résultat de ce don fut la création de l'Université McGill, institut qui ne tardera pas à se mériter une réputation mondiale et dont le magnifique campus sis en grande partie sur cet ancien domaine Burnside (au nord de l'artère Sherbrooke, entre les rues McTavish et University), demeure toujours l'une des contributions les plus positives à l'image de la Métropole.[9]

9.   Voir Edgar Andrew Collar, *Oldest McGill*.

Du point de vue des expressions architecturales, ces années de transition ne manquent pas non plus d'un certain intérêt. Notamment parce que l'architecture, surtout celle de prétention officielle et sociale, témoigne de la variété (et des rivalités) des groupes ethniques cohabitant désormais à Montréal. Si chacun de ces groupes s'exprime dans une architecture qui semble à première vue issue d'un même esprit classique, leurs motivations ne sont pas identiques, loin de là, pas plus d'ailleurs que leurs architectures.

Chez la classe dirigeante britannique, il y a une forte tendance à l'impérialisme. Cela va de soi. Car la supériorité des institutions britanniques lui paraît indubitable : n'ont-elles pas contribué à faire de l'Angleterre la plus puissante nation et la mère du plus grand empire que le monde ait connu ? John Summerson a bien caractérisé cet âge d'or qui suit en Grande-Bretagne la Paix de Paris de 1763... « it was an age which combined confidence and vitality, security and adventure... »[10]. Rien d'étonnant donc que les colonisateurs importent directement de la mère patrie leurs modèles architecturaux, en puisant dans le vaste et rassurant répertoire classique du dix-huitième siècle. Ainsi, la première cathédrale anglicane de Montréal, Christ Church, s'inscrit d'emblée dans la grande tradition architecturale des églises de Sir Christopher Wren (1632-1723) et de James Gibbs (1682-1754). La cathédrale anglicane de Québec a même pour modèle la fameuse église St-Martin-in-the-Fields (1721-26, à Trafalgar Square, Londres), chef-d'œuvre de Gibbs. Et ce n'est pas l'effet du hasard. Car pour l'archevêque anglican de Québec, Jacob Mountain, l'église St-Martin-in-the-Fields représentait l'œuvre religieuse par excellence de la société vertueuse et parfaite de l'Angleterre du 18e siècle.[11] L'expression britannique du classicisme dans la Province sera donc celle d'un classicisme colonial, sain, conscient et assez lourd qui témoignera bien des vertus de force, de confiance et de supériorité que les colonisateurs s'attribuent à cette époque. Il s'agit déjà, on peut s'en rendre compte, d'une architecture qui fait appel au symbole. Elle ne sera pas la seule comme en fait foi l'architecture américaine de cette même période.

À ces Américains dont plusieurs immigrent au Canada à la suite de la guerre d'indépendance — on en dénombre déjà 208 à Montréal en 1779 — cette tradition architecturale britannique classique n'est pas inconnue. Elle a en effet pénétré les côtes américaines dès les premières décennies du 18e siècle : à partir de 1720 Boston

10. John Summerson, *Georgian London,* p. 133.
11. Alan Gowans, *Building Canada : an Architectural History of Canadian Life,* pp. 72ss. (#)

devenait ainsi le centre privilégié de diffusion des idées et des théories architecturales de Wren, Vanbrugh, Nicholas, Hawksmoor et James Gibbs.[12] Mais la glorieuse révolution de 1774, et le triomphe des classes moyennes sur l'aristocratie ont changé beaucoup de choses. La colonie a défait par les armes l'orgueilleuse Angleterre, et elle s'est constituée République. Et cette République cherchera désormais ses modèles architecturaux non plus dans une Angleterre vaincue, qu'à ce titre, elle considère comme corrompue, mais dans les antiques républiques d'Athènes et de Rome, dont elle idéalise à souhait les vertus et la force morale. Lewis Mumford a trouvé les mots pour cerner cet état d'esprit... « It was the Revolution itself... that turned the classical taste into a myth which had the power to move men... »[13]. Voilà pourquoi un ouvrage comme celui de James Stuart (1713-1788) sur les *Antiquités d'Athènes* (1762) connaît un bon succès chez les Américains. Ceux-ci délaissent rapidement les idiomes palladiens et georgiens pour ceux de l'architecture antique et affectionnent particulièrement la Maison carrée de Nîmes... laquelle aura par mimétisme conscient de nombreux rejetons de l'autre côté de l'Atlantique.[14] Dans la région montréalaise l'influence du classicisme vernaculaire américain sera nécessairement moins accentuée que dans les régions où les Loyalistes s'établiront en masse à savoir en Nouvelle-Écosse, au Nouveau-Brunswick ou au Haut-Canada. Mais avec le début du dix-neuvième siècle, et les vagues d'immigrants américains qui ont connu la période postrévolutionnaire, l'influence du néo-classicisme, de ce classicisme romantique inspiré des grandeurs gréco-romaines, ne tardera pas à se manifester à Montréal dans l'architecture publique, notamment sous la forme d'un renouveau grec.

La tradition classique du dix-huitième siècle n'est pas non plus étrangère à l'architecture des Canadiens français à cette époque. Nous avons vu que le classicisme constituait sous l'ancien régime le véhicule préféré d'expression architecturale de la classe dirigeante. Et nous avons vu également que son influence était même perceptible dans l'humble architecture domestique urbaine comme en témoignent des maisons telles celles du Patriote ou Del Vecchio. Un meilleur exemple est sans doute celui de la maison Papineau, rue Bonsecours, restaurée dernièrement dans sa splendeur des années 1830. Son équilibre, l'harmonie des pleins et des vides, ses bonnes proportions, une certaine emphase sur les lignes horizontales et une certaine déco-

12. Olivier W. Larkin, *L'art et la vie en Amérique*, pp. 41-42. (#)
13. Lewis Mumford, *Sticks and Stones ; a Study of American Architecture and Civilization*, p. 23. (#)
14. *Ibid.*, pp. 26ss.

ration intérieure, bref tous ces éléments contribuent à en faire une pièce d'architecture domestique qui se rattache bien à cette tradition.[15]

Après la Conquête, cette tradition classique est encore chérie par l'élite québécoise. Et elle fleurit particulièrement dans l'architecture religieuse (ce qui prouve une fois de plus le rôle prédominant joué par l'Église catholique dans la société canadienne-française) grâce surtout à deux hommes qui se complètent merveilleusement : Jérôme Demers et Thomas Baillargé. Le premier, qui est prêtre, et qui détient un poste de commande à partir du début du dix-neuvième siècle comme directeur du Séminaire de Québec, est le théoricien et le propagandiste acharné d'une architecture classique rationnelle, gracieuse, raffinée, plus légère que le lourd classicisme des conquérants, et qui se rapproche du classicisme institutionnel français, de style Louis XVI. Ses sources principales sont Vignole, Blondel, d'Aviler et le *Livre d'Architecture* de Gibbs ; il écrit même un *Précis d'Architecture* pour mieux diffuser ses doctrines auprès des élèves du Séminaire.[16] Le second, Thomas Baillargé, le dernier représentant de la fameuse dynastie Baillargé d'architectes, sculpteurs, peintres, entrepreneurs de Québec, est l'exécutant. Formé d'abord comme apprenti dans le cadre artisanal traditionnel de la Province, associé à son père François qui lui avait étudié et séjourné à Paris, il acquiert au contact de l'abbé Demers une connaissance profonde de ce type de classicisme, connaissance qu'il mettra en pratique de la façon la plus créatrice. Son nom et son art resteront attachés à ce qu'il y a de plus précieux comme architecture religieuse au Québec, dans la première moitié du dix-neuvième siècle. Dans la région de Montréal, on lui doit l'église de Ste-Geneviève de Pierrefonds, à laquelle il aurait travaillé à partir de 1849. Bien que ce sanctuaire ait subi de nombreuses transformations par la suite, il peut encore rendre justice à cette quête de pureté et d'universalité qui caractérisait le classicisme de Thomas Baillargé.[17]

Cependant Demers et Baillargé étaient des gens de la région de Québec, et Québec était meilleure conservatrice des traditions que Montréal. En effet, la Métropole hésitera à endosser ce classicisme jugé provincial et effectivement tardif, et les marguilliers de Notre-Dame refuseront un plan de Thomas Baillargé pour la reconstruction

15. Eric McLean, « The Papineau House », *Habitat*, 7, no. 5, September-October 1964, pp. 2-7.

16. Olivier Maurault, « Un professeur d'architecture à Québec en 1828 », JRAIC, 3, no. 1, January-February 1926, pp. 32-36.

17. Ramsay Traquair, *The Old Architecture of Quebec*, pp. 287-289; Gowans, *op. cit.*, pp. 59-63.

de leur église. Car l'Église catholique de Montréal, pour conserver son rang et son prestige, se devait de contrebalancer le froid classicisme impérial de la cathédrale anglicane Christ Church construite à quelques pas de la vénérable église paroissiale Notre-Dame. Pour cela, le classicisme français de Demers et Baillargé a dû paraître trop épuré et trop timide. Il lui fallait un style affirmant de façon plus convaincante la supériorité du catholicisme sur le protestantisme, un style plus symbolique des valeurs défendues. Ici, précisément, se situe un événement capital dans l'histoire de l'architecture, à Montréal et au Canada : la construction de la nouvelle église Notre-Dame dans un style de renouveau gothique. Cette construction inaugurera officiellement l'ère de l'architecture victorienne dans la Province, et il est pour le moins surprenant que ce pas important ait été franchi par le groupe ethnique le plus conservateur de tous ceux qui cohabitaient à Montréal durant ces années de transition.

## 2. Le plan des Commissaires

En visitant le Vieux-Montréal et ses abords immédiats aujourd'hui, on ressent l'impression, en excluant la vieille grille de rues laissée en héritage par le sulpicien Dollier de Casson, que le développement urbain y fut spontané. La place Jacques-Cartier, la place d'Youville, le Champ-de-Mars, la rue Craig, la rue McGill, le square Victoria, tous ces éléments, enfin, qui composent un paysage urbain familier, nous semblent être davantage les produits de transformations successives, sous les pressions d'un organisme en pleine croissance, que la réalisation d'un plan conscient et voulu. D'ailleurs n'entretient-on pas l'idée que la spéculation foncière fut le seul stimulant du développement de Montréal comme de la plupart des grandes villes du continent nord-américain ? Pourtant il faut se rendre ici à l'évidence : ces idées reçues et ces impressions sont partiellement fausses en ce qui concerne le développement de Montréal durant ces années de transition.

Déjà en 1799, le Parlement du Bas-Canada présentait une résolution visant à ordonner le développement des villes de Québec et de Montréal. Cette résolution autorisait la nomination d'un inspecteur qui aurait pour charge de dresser les plans de la ville et de ses abords, d'ouvrir des rues spacieuses et de réserver des terres pour des squares publics. Déjà le Parlement reconnaissait qu'il était

> nécessaire et utile au public que les divisions se fassent d'après un plan régulier avec l'ouverture des rues suffisantes et nécessaires et réserves de places publiques pour le besoin à venir... [et] qu'à compter du jour que tel plan sera ainsi homologué, il ne sera permis ni loisible à aucun propriétaire desdits terrains de les vendre ou

diviser par emplacements, pour y bâtir ou pour y clore aucun verger ou jardin, à moins qu'il ne se conforme en tout audit plan et ne réserve les rues ou places publiques qui y seront désignées et représentées... [18].

Tout ceci a une résonance très moderne et n'est pas tellement éloigné de l'urbanisme tel qu'il se pratique quotidiennement aujourd'hui.

Une occasion unique allait se présenter deux ans plus tard pour mettre cette résolution en pratique : la démolition des vieux murs de fortification de Montréal qui étaient devenus un obstacle gênant à l'accroissement de la cité. En effet, le 8 avril 1801, le Lieutenant-Gouverneur donnait la sanction royale à un bill intitulé : « Acte pour abattre les anciens murs et fortifications qui entourent la cité de Montréal, et pour pourvoir autrement à la salubrité, commodité et embellissement de la dite Cité » [19]. Notons en passant que pour les promoteurs de ce bill, la commodité et l'embellissement, l'aspect fonctionnel et esthétique, allait heureusement de pair.

Pour mener à bien cette tâche, trois commissaires étaient nommés : l'honorable James McGill, ce marchand dévoué aux choses publiques dont nous avons déjà parlé ; l'honorable John Richardson, natif de l'Angleterre puis immigrant aux États-Unis et au Canada (1787), où il est tenu en grande considération, autant pour sa prospérité que pour son esprit civique ; enfin, Jean-Marie Mondelet, notaire de profession, qui comme la plupart des représentants de la nouvelle élite canadienne-française, se distingue dans la politique, comme député de Montréal-Ouest au Parlement. En plus de veiller à la démolition des vieux murs, deux obligations principales devaient retenir leur attention. Premièrement, ils devaient remettre aux propriétaires légitimes ou à leurs héritiers légaux les terres ou parcelles de terrain qui avaient été utilisées ou confisquées par la construction des fortifications sous le régime français. Deuxièmement, ils devaient soumettre un plan des améliorations ultérieures avec une estimation des dépenses nécessaires pour le réaliser. [20]

C'est avant tout ce plan des améliorations ultérieures qui retient notre attention pour les répercussions qu'il aura sur la physionomie de Montréal. Et pour nous en parler, nous avons l'Arpenteur général

---

18. *Journal de la Chambre d'Assemblée du Bas-Canada*, depuis le 28e Mars jusqu'au 3e Juin, inclusivement, dans la trente -neuvième année du règne de Sa Majesté George Trois, (1799), pp. 187-191.

19. *Journal de la Chambre d'Assemblée du Bas-Canada*, depuis le 8e janvier jusqu'au 8e avril 1801 inclusivement, dans la 41ième année du règne de Sa Majesté George Trois, (1801), pp. 321ss.

20. Albertine Ferland Angers, *La citadelle de Montréal, 1658-1820*, p. 508.

du Bas-Canada à l'époque, Joseph Bouchette, personnage fort intéressant. Né dans la colonie en mai 1774, il montra dès son adolescence une habileté particulière à dessiner des cartes géographiques et des paysages. À tel point, qu'il devenait, à trente ans, chef des bureaux des arpenteurs, poste qu'il conserva jusqu'à sa mort survenue à Montréal en 1841. Sa véritable passion concernait les statistiques : il passa sa vie à ramasser des données sur la province et sur le dominion britannique, matériaux qu'il publia en plusieurs ouvrages. Sa *Description topographique de la Province du Bas-Canada,* publiée en 1815, et son grand ouvrage topographique et statistique sur les provinces britanniques, paru à Londres en 1831, sont de bons témoignages de sa compétence et de son sérieux. Si ses travaux lui valurent les félicitations du prince régent, une couple de médailles et le titre envié de membre correspondant de la Société des Arts et des Sciences de Londres, ils lui occasionnèrent, cependant, des frais considérables qui le ruinèrent littéralement. Voilà un autre crédit à mettre au compte de son zèle et de son dévouement pour l'intérêt commun [21].

Joseph Bouchette, donc, se montre fort élogieux envers le plan proposé par les Commissaires. Voici ce qu'il en dit dans sa scrupuleuse et très détaillée *Description topographique* de 1815 :

> Lorsque l'acte rendu par le Parlement en 1801, « pour enlever les anciennes murailles et les fortifications qui entourent la ville de Montréal, et pour pourvoir à la salubrité, à la commodité, et à l'embellissement de la dite ville », aura été mis en exécution, suivant le plan projeté, aucune des possessions extérieures de l'Angleterre, excepté celles de l'Inde, n'offrira une ville aussi belle, aussi régulière, aussi étendue, ni aussi commode que celle-ci. [22]

En quoi consistent ces améliorations projetées ? Bouchette nous les résume bien et en voici les principales.[23]

D'abord une terrasse élevée doit s'étendre le long du fleuve entre la Pointe-à-Callières et le faubourg de Québec. En plus de servir de rue, cette esplanade doit servir de rempart contre la glace flottante qui envahit la Commune tous les printemps, et servir également de barrière contre le feu qui pourrait prendre à tout moment dans les énormes quantités de bois de construction entassées en permanence sur le rivage. Par rapport aux conditions antérieures, cette améliora-

---

21. N.E. Dionne, « Joseph Bouchette », BRH, XX, no. 7, Juillet 1914, pp. 226-230.

22. Joseph Bouchette, *Description topographique de la province du Bas-Canada...,* p. 157.

23. *Ibid.,* pp. 157ss.

tion est sûrement bienvenue car plus d'un observateur a décrit l'état pitoyable de cette berge. Par rapport aux conditions actuelles, on se plaît à rêver d'une esplanade où l'on pourrait se promener et contempler enfin le fleuve. La seconde amélioration concerne la petite rivière Saint-Pierre, qui sépare la Pointe-à-Callières du coteau Saint-Louis. On doit aménager une chaussée des deux côtés de cette rivière, de façon à la ramener à un canal de vingt pieds de largeur. Un canal semblable, au centre de la rue Saint-Augustin (aujourd'hui McGill), reliera le canal Saint-Pierre avec le canal que l'on prévoit faire en aménageant le ruisseau Saint-Martin. Ainsi, l'ancienne cité sera physiquement séparée des faubourgs adjacents par un ruban d'eau, sauf du côté du faubourg de Québec. Cet aménagement semble d'ailleurs s'imposer, si l'on en croit les dires du comte de Colbert Maulevrier. Ce dernier signalait, en 1798, que « derrière les murs de la ville, au Nord, est un ruisseau bourbeux qu'on pourrait aisément changer en un canal, qui ajouterait à la salubrité de l'endroit au lieu d'y nuire comme à présent » [24]. Au sujet de ces canaux remarquons enfin que des bassins circulaires doivent être formés à leur croisement, et que les édifices riverains doivent être en retrait de trente pieds de chaque côté de la bordure de ces canaux, de façon à constituer des boulevards aérés, de 80 pieds de largeur.

Parmi les autres améliorations prévues, retenons que la rue Saint-Jacques sera prolongée du faubourg des Récollets à celui de Québec, sur une largeur de soixante pieds. Entre cette dernière et la future rue Craig, à une distance à peu près égale de l'une et de l'autre, une autre rue doit être ouverte, de 24 pieds de largeur. Elle sera à l'origine de l'actuelle ruelle des Fortifications à l'ouest, et de l'actuelle rue du Champ-de-Mars à l'est. Au sujet des places publiques maintenant, un square de 174 pieds par 208 est projeté sur l'emplacement de la vieille porte de Québec. Un autre square, de 180 pieds par 468 est prévu à l'angle sud-ouest des rues Craig et Saint-Augustin, square qui deviendra le Marché aux Foins (Hay Market). Aujourd'hui, ce square a été prolongé au nord-ouest jusqu'à la rue Vitré et porte le nom de Victoria. Pour sa part, la vieille place d'Armes doit être agrandie aux dimensions de 344 pieds par 392 de façon à se prolonger jusqu'au canal de la rue Craig. Le Champ-de-Mars, également, doit être agrandi jusqu'au canal de la rue Craig, pour former une esplanade de 114 toises par 57, propice aux exercices et aux parades militaires. Au moment où écrivait Bouchette, cet aménagement était presque complété ; on y avait même planté des arbres et placé des bancs, de façon à inviter les citoyens à jouir du magnifique panorama qu'offraient le faubourg Saint-Laurent et

---

24. Comte de Maulevrier, *op. cit.*, p. 59.

les pentes cultivées de la seconde terrasse de l'île (aujourd'hui appelée Terrasse Sherbrooke). De cet endroit privilégié, il ne reste aujourd'hui qu'un vaste et insignifiant terrain de stationnement. Enfin, signalons une dernière amélioration parmi les principales de celles qui furent projetées ; une nouvelle place du Marché, pour remplacer la vieille place rendue trop exiguë par l'accroissement de la population. Cette place du Marché a été réalisée peu après, dans l'est de la petite cité, à l'endroit où se trouvait auparavant le château de Vaudreuil et ses jardins : c'est la place Jacques-Cartier, qui s'étend en un long rectangle de la rue Notre-Dame à la rue des Commissaires.

De la part des commissaires qui travaillaient gratuitement et qui n'avaient de compétence dans ce domaine que leur esprit civique, il faut admettre que cette série d'améliorations est assez surprenante. Une des qualités de ce plan est qu'il y est tenu compte du fait que la vieille cité constitue un tout homogène : les faubourgs plus récents devront s'articuler par l'intermédiaire de charnières spatialement iden- tifiables. Ainsi les faubourgs St-Antoine et des Récollets s'articuleront à la cité par l'intermédiaire d'un square (Victoria) et de la large rue St-Augustin ; le faubourg de St-Laurent, par l'intermédiaire de la rue Craig et de son Canal ; enfin, le faubourg de Québec, par l'inter- médiaire du square Dalhousie.

Ces bons commissaires planifiaient toutefois à l'échelle du Mont- réal de l'époque, et ne pouvaient soupçonner que l'industrialisation de la seconde moitié du 19e siècle allait chambarder complètement cette précédente échelle. Ainsi aujourd'hui ces dégagements des rues McGill et Craig, sans doute splendides en 1800, nous paraissent aujourd'hui bien ordinaires. De plus, il est déplorable que les com- missaires aient autorisé des constructions immédiatement à l'ouest de la rue McGill, et qu'ils aient projeté l'ouverture des rues Saint-Louis, du Champ-de-Mars et de la ruelle des Fortifications. Ces réserves de terrains, qui avaient été occupées par les vieux murs de fortifica- tion, auraient dû être restituées à la cité, après la démolition de ceux- ci, et conservées dans leur état naturel. Par exemple, quel effet spa- tial n'aurait pas pu créer une telle bande de verdure s'étendant tout le long de la vieille cité, entre les rues St-Jacques et Craig ! Mais oublions cela, et revenons aux améliorations projetées par McGill, Richardson et Mondelet, pour voir comment elles furent mises à exécution.

Une carte de la cité et des faubourgs de Montréal, carte dressée en 1825 par John Adams, nous procure à cet effet un excellent docu- ment de travail. De toutes les améliorations préconisées, on peut aisément s'en rendre compte, à peine quelques-unes ne furent pas réalisées, ou le furent d'une façon différente. Ainsi aucun canal ne coulera au centre de la rue St-Augustin, renommée McGill par la suite, en l'honneur du commissaire du même nom. De même la place d'Armes ne sera pas prolongée jusqu'à la rue Craig, tel que prévu. Ceci est très regrettable : une place d'Armes ainsi agrandie aurait offert une aire mieux proportionnée à l'établissement en bordure, quelques années plus tard, de la nouvelle et énorme église Notre-Dame. Elle aurait permis également de maintenir une meilleure relation visuelle entre cet important monument et le reste de la ville, notamment avec la terrasse Sherbrooke. Mais pour le reste, tous les autres aménagements projetés furent réalisés, avec parfois, comme il est normal, des changements mineurs.

Il ne s'ensuit pas pour autant que les commissaires n'aient eu qu'à imposer leur volonté pour aboutir à ce résultat. Très souvent, au contraire, ils ont dû saisir l'occasion au vol, pour compléter certaines améliorations. C'est le cas, par exemple, de l'établissement du nouveau Marché qui prit par la suite le nom de place Jacques-Cartier. Le tout commença, comme cela arriva souvent à Montréal, par un incendie. Le lundi 6 juin 1803, un incendie se déclare dans une maison du faubourg Saint-Laurent, et, poussé par un vent violent, se propage aux édifices du coteau St-Louis, après avoir consumé plusieurs dizaines de bâtiments du faubourg. Là, il détruit la prison, une grande partie des établissements des Jésuites, une douzaine d'habitations, et enfin, le Collège-de-Montréal, qui n'est rien d'autre que l'ancien château de Vaudreuil. Quelque temps après deux bourgeois assez riches, Joseph Périnault et J.-B. Durocher, qui n'ont en commun que le sens des affaires, portent intérêt à ces ruines car ils ont machiné un coup habile de spéculation. Ils achètent d'abord, le 14 décembre de la même année, les ruines du vieux château ainsi que ses dépendances et les jardins. Ensuite, dans un geste de libéralité bien calculé, ils offrent gratuitement à la ville à peu près un tiers du terrain acquis mais à charge d'y établir un marché public. L'offre acceptée, nos deux spéculateurs divisent le terrain résiduel en sept lots à bâtir, qu'ils mettent en vente aussitôt, à un prix élevé, puisque ces lots seront désormais en bordure de la nouvelle place du Marché. En deux jours, tous ces lots sont vendus, Périnault et Durocher ont réalisé une petite fortune, et Montréal est doté d'une nouvelle place publique.[25]

La création du square Dalhousie, projeté sur le plan des commissaires près de la vieille porte de Québec, prend par contre une

25. E.-Z. Massicotte, « Quelques rues et faubourgs du vieux Montréal » dans Les Cahiers des Dix, 1, pp. 130ss.

tournure totalement différente. Le processus débute au moment où la vieille Citadelle, juchée sur un monticule sis dans le prolongement de la rue Notre-Dame, perd toute raison d'exister, à la suite de la démolition des fortifications (1801-1817) et de l'acquisition de l'île Ste-Hélène par le gouvernement impérial, en 1818, pour y établir, à l'entrée du port, un poste militaire. Comme ce monticule nuit désormais à l'expansion de la cité, on décide de le niveler. Un contrat est passé dans ce sens, le 14 août 1819, avec la société Bagg & Wait. La terre ainsi prélevée servira à terminer l'esplanade du Champ-de-Mars, et à combler les terres marécageuses du faubourg Saint-Louis. Le monticule disparu, M. Louis Charland, arpenteur et inspecteur des chemins et routes de la ville, est chargé par les commissaires de dresser un plan pour l'utilisation de cet espace pour fins urbaines. Par suite d'un trafic d'influences assez cocasse, ce bon fonctionnaire se fait voler la vedette par Jacques Viger (le futur premier maire de Montréal) qui fait accepter un plan de son cru. Ce plan consiste essentiellement à faire aboutir les rues Notre-Dame et St-Paul dans un square public. Celui-ci sera appelé square Dalhousie, du nom de Lord Dalhousie qui en fit don à la municipalité en septembre 1823. Et il deviendra rapidement un cadre résidentiel élégant, fort recherché par les citoyens riches. Malheureusement, ses fastes seront de courte durée. Au mois de juillet 1852, un incendie rasera jusqu'au sol tous les édifices en bordure du square. Enfin, quelques décennies plus tard, il disparaîtra complètement, étant creusé de quelque trente pieds pour y accommoder la gare Viger. Ainsi cet endroit qui avait été le plus élevé de la cité du régime français devenait l'un des plus bas de la ville industrielle : c'est là un destin symbolique qui annonce bien les transformations que subira le Montréal victorien.[26]

Durant ces années de transition, les squares se multiplient dans la cité et les faubourgs. Il y a ce square Dalhousie dont nous venons de parler. Il y a la place d'Armes qui devient un square dans le sens propre du mot, après la démolition de la vieille église Notre-Dame et la construction de la nouvelle en bordure de la Place. Il y a aussi ce Marché aux Foins qui sera à l'origine du square Victoria. Dans le faubourg St-Laurent, c'est la place du marché Viger qui deviendra le square Viger, non sans s'être considérablement agrandi. À l'extrémité du Faubourg de Québec, on note la présence du square Papineau situé au pied de l'avenue du même nom. Un peu plus tard, dans les années 1830, apparaîtront le square Chaboillez au faubourg des Récollets et le square Richmond au faubourg St-Antoine.

---

26. *Ibid.*, pp. 110ss ; Angers, *op. cit.*, pp. 508ss.

25. *La place Jacques-Cartier en 1896.*

26. *Vue du Champ-de-Mars en 1830, d'après un dessin de R.A. Sproule.*
*À gauche, la prison et le palais de justice ; à droite, l'Hôtel-de-France.*

27. *La rue Saint-Jacques en 1850, d'après une aquarelle de John Murray.*
*À droite, la Banque de Montréal.*

28.  *L'église Notre-Dame, place d'Armes, vers 1870. James O'Donnell,*
     *arch., 1824-29.*

Il faut voir dans la prolifération de ces squares l'influence des Britanniques. Ceux-ci ont poussé cette forme urbaine à la perfection, surtout durant cette période georgienne (1714-1830), qui verra Londres notamment se garnir de ses plus beaux squares. Et entre ces squares anglais et la place de type continental dont Montréal avait reçu l'héritage sous le régime français, il existe une bonne différence d'expression spatiale. Une comparaison entre la Place d'Armes sous l'ancien régime et cette même place vers les années 1840 est propre à nous faire saisir cette différence. Cette place d'Armes coloniale française se caractérisait par le fait que l'église en occupait une partie, en étant érigée en plein dans l'axe de la rue Notre-Dame. Or, cette façon de mettre en valeur un monument, en en faisant le point terminal d'une perspective visuelle, caractérise la place classique continentale, plutôt que le square anglais. La réaction du britannique John Duncan pestant contre l'emplacement de la vieille église dans ces termes : « Notre Dame Street... is however unfortunately broken into separate portions by the principal French church, which... has been awkwardly set down in the very centre of the street » [27] est très révélatrice à ce sujet. Car le square anglais type est au contraire un espace ouvert, mais intime, fermé sur lui-même, normalement planté, sans but « didactique », sans autre prétention que celle de donner confort et satisfaction à ceux qui habitent tout près. C'est un peu l'allure que prendra notre place d'Armes, au dix-neuvième siècle, alors que la nouvelle église Notre-Dame sera construite en bordure, que la place sera plantée d'arbres, en 1848, garnie d'une fontaine l'année suivante, et entourée d'une haute grille de fonte.[28]

On pourrait multiplier ainsi les observations concernant l'influence des nouveaux maîtres sur le développement et l'image de la ville. Pour le moment, retenons-en une dernière : si l'église paroissiale Notre-Dame avait été le point focal de la cité coloniale française, et la place d'Armes l'un des principaux noyaux de contacts sociaux, il n'en est plus ainsi cent ans plus tard. En effet la Place d'Armes devient un simple square résidentiel avec son église en bordure tandis que le Champ-de-Mars, cette esplanade artificielle qui tourne le dos à la cité, apparaît comme le véritable centre de rencontre des citoyens, « a favourite promenade in the summer evenings, and the principal scene of military displays », selon le même John Duncan.[29]

27. John M. Duncan, *Travels through Part of the United States and Canada in 1818 and 1819*, 2, pp. 152-153.

28. Olivier Maurault, *La Paroisse ; histoire de l'église Notre-Dame de Montréal*, p. 104.

29. Duncan, *op. cit.*, p. 153.

L'apparition de nouveaux faubourgs et le développement considérable (toute proportion gardée) des plus anciens caractérisent
également ces années de transition comme on peut le constater
sur cette carte d'Adams de 1825. Un recensement de la même année
nous indique une population de 26,154 personnes (14,830 francophones et 11,324 anglophones) dont 5,316 seulement vivraient dans
les limites de l'ancienne ville fortifiée, soit à peine 20% du total. [30]
Ce recensement couvre tout le territoire des nouvelles frontières
administratives, soit quelque 1,020 acres dont 100 pour le territoire
de l'ancienne cité fortifiée. Ce nouveau territoire administratif a été
fixé le 7 mai 1792, par une proclamation du Parlement du Bas-
Canada. Il correspond à un parallélogramme, délimité par le fleuve
et par une ligne imaginaire tracée parallèlement aux vieux murs de
fortification, à une distance de cent chaînes. Aujourd'hui, ces mêmes
bornes correspondraient à peu près à l'avenue Atwater à l'ouest,
à l'avenue des Pins au nord, et à la rue d'Iberville à l'est. La même
proclamation du 7 mai 1792 stipulait que la ville serait désormais
divisée en deux quartiers, appelés respectivement quartier de l'Ouest
et quartier de l'Est, avec le boulevard St-Laurent comme ligne de
démarcation entre les deux. [31] De là provient notre habitude de
distinguer de cette façon l'est et l'ouest de la ville, même si, géogra-
phiquement, cette distinction est absurde. En effet, à cause de la
forme en boomerang de l'île de Montréal, ce que nous appelons
l'Est de la ville est bien plutôt le nord, et le boulevard St-Laurent
lui-même est davantage d'orientation est-ouest que nord-sud.

Déjà cinq de ces faubourgs ont acquis une certaine consistance.
D'abord, celui de St-Laurent, le plus peuplé et le plus étendu de tous,
dont l'axe de développement est le boulevard St-Laurent ainsi nommé
à l'origine parce qu'il conduisait au village de St-Laurent. Ensuite
celui de Québec, le plus aristocrate de tous (pour un temps seulement
car il se fera connaître plus tard comme « faubourg à la mélasse »),
greffé sur la rue Ste-Marie, qui n'est elle-même que le prolongement
nord-est de la rue Notre-Dame. Dans la direction opposée, deux
faubourgs se dessinent : celui de St-Antoine dont l'axe de développement est le prolongement de la rue Craig et le faubourg des
Récollets ou St-Joseph axé sur le prolongement sud-ouest de la rue
Notre-Dame. Signalons enfin la présence de Griffintown au sud
de la Pointe-à-Callières. Ancienne propriété des religieuses de l'Hôtel-
Dieu, elle est passée, par bail emphytéotique, à un Irlandais protes-

30. Raoul Blanchard, *L'ouest du Canada français*, 1, *Montréal et sa
région*, pp. 229-231.
31. Alfred Sandham, *Ville-Marie, or, Sketches of Montreal, Past and
Present*, pp. 80-81. (#)

tant, Robert Griffin, qui la lotira et lui laissera son nom. Ces terres sont marécageuses et assez malsaines, soumises régulièrement aux inondations ; assez logiquement, elles attireront les immigrants les plus dépourvus, surtout irlandais, d'autant plus qu'un important noyau d'industries consommatrices de main-d'œuvre à bon marché s'y localisera.

En limitant notre champ d'observation au plus important de ces faubourgs, celui de St-Laurent, on peut en tirer quelques informations intéressantes. D'abord, remarquons que le patron de développement urbain est en train de changer de direction, passant de l'orientation nord-est sud-ouest, parallèle à la rue Notre-Dame, à une orientation perpendiculaire à cette dernière, nord-ouest sud-est, parallèle au boulevard St-Laurent. Effectivement, ce boulevard St-Laurent symbolisera désormais l'axe de croissance démographique tandis que le front du fleuve et des artères principales telles Notre-Dame, St-Jacques ou Ste-Catherine, représenteront l'axe de croissance économique. Ensuite la régularité, l'uniformité et le caractère anonyme de la grille de rues sont frappants. Cette grille apparaît ici comme une pure construction de l'esprit car au moment où elle monte à l'assaut de l'abrupte seconde terrasse de l'île, elle n'est pas du tout adaptée à cette topographie naturelle. Et à l'encontre de la vieille cité, ce faubourg n'est pas polarisé autour de certains organes de vie collective : le développement urbain y est tragiquement uniforme, de là informe. L'établissement, à partir de 1823, de l'église cathédrale St-Jacques et du palais épiscopal à l'angle nord-est des rues St-Denis et Ste-Catherine aurait pu constituer un centre de polarisation très fort. Malheureusement, à la suite de la conflagration de 1852 qui rasera tout ce secteur, la cathédrale et son palais seront reconstruits en bordure du square Dominion. Une autre tentative d'insuffler une vocation à ce quartier par l'établissement de l'université de Montréal avortera piteusement au tournant du siècle. Présentement (1972), on renouvelle la tentative, cette fois avec l'université du Québec.

Dans ce faubourg comme dans les autres, la ruelle n'existe pas encore. La plupart des habitations y sont unifamiliales, plus larges que profondes, du type même de celles que nous avons analysées au chapitre précédent. Ce patron d'occupation du sol est encore possible parce que le front des lots est suffisamment large pour permettre un passage, très souvent par porte cochère, vers l'arrière terrain. Avec le temps, sous l'effet des pressions démographiques et économiques, cette largeur de front sera réduite progressivement jusqu'à un minimum de quelque 25 pieds, ce qui nécessitera désormais d'orienter le plan des maisons dans le sens de la profondeur du lot et une autre forme d'accès vers l'arrière terrain qui sera à l'origine de la ruelle. Cette occupation du sol aura l'avantage économique de pouvoir aligner plus d'habitations sur une même longueur de rue et de réduire par le fait même le coût des équipements et services communautaires. Mais elle aura aussi des désavantages marqués comme nous le constaterons dans un chapitre subséquent.

En terminant, concernant la qualité de vie en collectivité, rappelons rapidement certains progrès qui sont remarquables durant ces années de transition. Ainsi à partir de 1801, Montréal est doté d'un système d'aqueduc destiné à fournir une eau potable accessible jusqu'alors par quelques puits seulement. Au début on recueille l'eau de source de la Montagne grâce à des tuyaux de bois ; ceux-ci seront remplacés par des conduits en fonte à partir de 1819. La protection contre le feu s'est également organisée, toujours sur une base volontaire mais plus efficace, et qui évoluera progressivement vers notre système actuel. Même progrès concernant l'éclairage des rues. La rue St-Paul, grâce à l'impulsion des marchands, fut la première rue de Montréal à être éclairée à l'aide de lampes à huile en 1815. D'autres le seront par la suite, d'une façon plus adéquate grâce à l'emploi du gaz à partir de 1830. Enfin en 1818 la municipalité se donne un premier corps policier fort de 24 « surveillants de nuit ». Toutes ces innovations nous paraissent banales aujourd'hui. Mais elles n'en constituent pas moins des jalons essentiels à une vie urbaine décente. [32]

### 3. L'image de la Cité

Comment les visiteurs et observateurs de l'époque ont-ils vu Montréal ? Remarquons immédiatement que la plupart ont été unanimes à reconnaître que la silhouette de la cité perçue du fleuve constituait un spectacle impressionnant. Georges Heriot, par exemple, dans le compte rendu de ses voyages à travers les Canadas publié à Londres en 1807, constate que la vue la plus favorable de Montréal est obtenue de l'île Ste-Hélène. [33] La présence du mont Royal, avec ses flancs garnis de vergers et de domaines champêtres, a dû offrir en plus une arrière scène peu banale. On peut s'en faire une petite idée aujourd'hui en regardant le paysage d'Épinal qu'en peint un James Gray en 1828. Pour un autre britannique, John Lambert, qui visite Montréal probablement la même année que Heriot, ce profil de la ville est rendu saisissant grâce aux tons de

---

32. Pour un inventaire de ces progrès, voir William Henry Atherton, *Montreal*, 2, pp. 397ss et 413ss. (#)
33. George Heriot, *Travels through the Canadas...*, p. 114.

gris léger des édifices et aux reflets du soleil sur les toits recouverts de fer-blanc. [34] Cette impression est ressentie également par un monsieur J. E. Alexander : « Montreal had a most inviting appearance as we approached — the high and varied roofs, covered with shining tin, rivaling in brightness the broad and sparkling mirror of the St. Laurence... » [35]. Même un John Duncan, un diplômé de l'Université de Glasgow, dont les récits de voyages sont empreints de pondération et très souvent de sévérité, est fortement impressionné par le site de Montréal. Voici ce qu'il en dit en 1818 : « From the opposite bank the town has a showy appearance, and in summer the circumjacent scenery is exceedingly beautiful. » [36] Un autre Écossais, Adam Fergusson, qui fait un tour au Canada en 1831, est encore plus éloquent...

> The city looks very handsome, as it is approached from Prairie ; and the glistening tin-roofs of houses, nunneries, and churches, give it an appearance of splendour, rarely equalled, while the mountain, with its woods and rooks, its orchards and villas, forms a beautiful and romantic back-ground to the picture.[37]

Cependant, chez certains visiteurs, ce ton élogieux change dès qu'ils pénètrent dans la cité. Plusieurs en effet ne semblent pas avoir prisé ses rues étroites et leur apparence sombre et maussade. Isaac Weld, par exemple, qui est un Irlandais de Dublin et dont le récit de ses voyages en Amérique du Nord a connu un immense succès, remarque en 1796 que les maisons de la Basse-Ville ont un caractère très mélancolique et ressemblent à des prisons. [38] Mais c'est sans doute Edward Talbot, qui a droit à un certain crédit puisqu'il a passé cinq années au Canada, qui en donne la description la plus troublante en 1820 :

> Il est impossible de se promener dans les rues de Montréal, un dimanche ou un jour de fête, lorsque toutes les boutiques sont fermées, sans éprouver les plus tristes impressions. Toute la ville paraît alors une vaste prison, et à chaque bruit qui vient frapper l'oreille de l'étranger qui passe, il croit entendre le son des chaînes du malfaiteur, ou les gémissemens lamentables d'un débiteur incarcéré.[39]

---

34. John Lambert, *Travels through Lower Canada, and the United States of North America, in the Years 1806, 1807 and 1808*, 2, p. 64.
35. Sir James Edward Alexander, *Transatlantic Sketches...*, 2, p. 191.
36. Duncan, *op. cit.*, p. 150.
37. Adam Fergusson, *Practical Notes Made during a Tour in Canada...*, p. 64.
38. Weld, *op. cit.*, p. 178.
39. Elward Allen Talbot, *Cinq années de séjour au Canada*, 1, p. 47.

Cependant, l'explication de cet état de choses est simple, et Théodore Pavie qui apparaît comme un observateur très perceptif nous en fait part dans ses *Souvenirs atlantiques* publiés à Paris en 1833 :

> Les maisons sont toutes bâties en pierres grises, qui répandent un aspect sombre sur ces rues longues et resserrées ; ce qui frappe surtout les yeux d'un étranger, c'est la blancheur des toits tout couverts en fer-blanc, et les contrevents doublés en tôle, pour prévenir les incendies ; cette manière de construire cause une grande monotonie... [40].

Ces jugements peu favorables ne sont pas heureusement sans appel. Ainsi notre Joseph Bouchette est plus nuancé. Il note que les rues sont aérées, surtout les nouvelles, et de largeur commode. S'il admet que la plupart des maisons sont en pierre grisâtre, il souligne cependant que plusieurs sont spacieuses, belles et de style moderne. « Dans son état actuel, écrit-il en 1815, Montréal mérite certainement le qualificatif de belle ville. » [41] Il faut reconnaître cependant que l'Arpenteur-Général du Bas-Canada est un canadien de naissance, et qu'à la différence d'un étranger, il voit la ville d'un œil moins critique.

Pourtant son témoignage est corroboré par celui de Benjamin Silliman. Et les observations de Silliman sont à considérer car ce monsieur est un éminent géologue de l'Université de Yale. Convaincu que la qualité des paysages et le caractère même des populations qui les habitent sont intimement reliés aux caractéristiques géologiques des sols, il fut le premier, semble-t-il, à donner du Québec une description géologique quelque peu sérieuse. De plus, c'est un esprit ouvert : il a voyagé et a publié le journal de ses voyages en Angleterre, en Hollande et en Écosse. Il peut donc se permettre d'établir des comparaisons. Et c'est ce qu'il fait en visitant Montréal en 1819.

Il note de cette façon dans ses *Remarks on a Short Tour Between Hartford and Quebec* que Montréal possède l'apparence d'une ville européenne, principalement d'une ville continentale. Il justifie sa comparaison par le fait que Montréal est une ville construite en pierre, selon une mode ancienne. Silliman ne cache pas son admiration : « I was, I confess, much gratified at entering, for the first time, an American city, built of stone. » Il vante la qualité de la pierre calcaire utilisée à Montréal et souligne qu'elle est aussi belle, aussi durable, que la célèbre pierre Portland d'Angleterre.

---

40. Théodore Pavie, *Souvenirs atlantiques : voyage aux Etats-Unis et au Canada*, 1, p. 157.
41. Bouchette, *op. cit.*, p. 142.

Il ajoute même... « a number of the modern houses of Montreal, and of its environs, which are constructed of this stone, handsomely hewn, are very beautiful, and would be ornaments to the City of London, or to Westminster itself. »[42] Faut-il conclure à la déformation professionnelle d'un géologue ? Silliman admet que les visiteurs américains, habitués à des villes de brique et de bois, ont pu trouver Montréal sombre et mélancolique. Mais sa préférence va néanmoins à la pierre pour ses qualités structurales et plastiques. Et il est sans doute le premier américain à trouver quelque chose à imiter au Canada... : « Montreal is certainly a fine town of its kind, and it were much to be wished that the people of the United States would imitate the Canadians, by constructing their houses, wherever practicable, of stone. »[43]

Ces observations de Silliman trouveront un écho quelques années plus tard dans les remarques de J. E. Alexander. Ce Monsieur Alexander, qui a énormément voyagé et qui s'arrête d'ailleurs un moment à Montréal après avoir visité les deux Amériques, considère également que Montréal est une cité intéressante... « interesting because it has an air of stability and antiquity about it, and does not savour of the « shavings and paints » of the new cities in the States... »[44].

Devant ces témoignages contradictoires, on peut conclure que Montréal des années de transition n'était peut-être pas aussi superbe et solide qu'ont voulu la voir Bouchette et Silliman, ni peut-être aussi terne et triste que l'ont vue Weld et Talbot. Il est sûr par contre que les européens l'ont jugée avec un œil différent de celui des natifs d'Amérique. Pour les premiers, la petite cité a gardé plusieurs traits du village primitif ; pour les seconds, elle est davantage la promesse d'un futur unique. Cette différence de perception existe toujours aujourd'hui entre l'Ancien et le Nouveau Monde.

De toute façon, les éléments positifs ne manquent point. Si, selon Bosworth, la rue St-Paul, principale rue commerciale de la cité, aurait avantage à être plus large, elle soutient néanmoins la comparaison avec « some of the central streets in London, but without their fog and smoke »[45]. La plupart des observateurs sont d'accord avec Joseph Bouchette pour vanter la rue Notre-Dame

42. Benjamin Silliman, *Remarks Made on a Short Tour between Hartford and Quebec, in the Autumn of 1819*, p. 358.
43. *Ibid.*, p. 359.
44. Alexander, *op. cit.*, p. 192.
45. (Rev. Newton) Bosworth ed., *Hochelaga Depicta ; the Early History and Present State of the City and Island of Montreal*, p. 91.

(« by much the handsomest street in the place ») [46], lieu de résidence des riches marchands, et site de la plupart des édifices publics : église des Récollets, église paroissiale Notre-Dame, église épiscopalienne Christ Church, palais de justice, prison, Château de Ramezay. Les améliorations réalisées par les commissaires sont aussi appréciées, notamment la spacieuse place Jacques-Cartier, l'élégant square Dalhousie, mais surtout le Champ-de-Mars, considéré comme l'endroit par excellence pour la promenade, les soirs d'été. Lambert vante les perspectives qu'il ouvre vers les faubourgs St-Laurent et St-Antoine [47], tandis que Théodore Pavie reconnaît que « c'est une des plus délicieuses positions » qu'il ait rencontré dans aucune ville. [48]

Du point de vue de l'architecture domestique maintenant, en excluant possiblement quelques vastes demeures de riches marchands, demeures qui ont disparu depuis longtemps et dont nous savons peu de chose, les maisons ordinaires n'affichent guère de prétention architecturale. Font partie de celles-ci les maisons du Patriote, Del Vecchio, de la Sauvegarde, et les autres que nous avons décrites au chapitre précédent. Règle générale, les maisons de la vieille cité sont construites en pierre, selon la méthode traditionnelle, avec emploi de plus en plus fréquent de la pierre de taille. Au dire de Hadfield, qui écrit son Journal en 1785, très peu de ces résidences sont élégantes. Dans les faubourgs, les résidences sont surtout en bois, mesquines, selon Hadfield [49], peu élégantes, selon Weld, mais du moins très confortables. [50] Une villa de banlieue aurait pu retenir notre attention : celle de Monkland construite à la fin du XVIIIe siècle sur le plan d'un château d'Écosse, nous précise E.-Z. Massicotte. [51] Elle fut cependant transformée considérablement, et maquillée à la manière italienne, au milieu du siècle suivant, par l'architecte Brown, pour devenir la digne résidence officielle du gouverneur général, Lord Elgin. Par la suite (en 1854), elle fut acquise par les religieuses de la Congrégation de Notre-Dame, pour être convertie en un pensionnat sélect, Villa-Maria, fonction qu'elle occupe toujours, bien qu'à demi étouffée par les succès et les agrandissements de l'institution. [52]

Ceci nous amène à considérer les édifices publics : quels sont ceux qui sont apparus depuis la Cession ? Ils sont relativement peu

---

46. Bouchette, *op. cit.*, p. 143.
47. Lambert, *op. cit.*, 2, p. 68.
48. Pavie, *op. cit.*, 1, p. 160.
49. Hadfield, *op. cit.*, p. 46.
50. Weld, *op. cit.*, p. 178.
51. E.-Z. Massicotte, « Montréal se transforme » dans *Les Cahiers des Dix*, 5, p. 207.
52. *Ibid.*, pp. 207-210.

nombreux et tous ne méritent pas de retenir l'attention. Parmi ceux dont on peut tirer quelques renseignements du point de vue de l'architecture, il faut signaler la nouvelle église paroissiale Notre-Dame, l'église épiscopalienne Christ Church, la Banque de Montréal, l'Hôtel-de-France, la vieille Douane, le palais de Justice et la prison. Par malheur, sauf l'église Notre-Dame et la Douane, tous ces édifices ont disparu. Réservons-nous l'église Notre-Dame, pour terminer ce chapitre, et considérons tout de même les autres, à l'aide de gravures et d'observations contemporaines, lorsque cela sera jugé nécessaire.

Il semble bien que ces édifices publics furent d'inégale valeur architecturale. Pour un John Duncan, par exemple, aucun ne pouvait être qualifié d'élégant (opinion que nous partageons en partie), les plus « honnêtes » étant le palais de justice et la vieille prison. [53] Plusieurs autres visiteurs, dont Lambert, Bouchette, Silliman, Fergusson et Sir Bonnycastle, ont également émis l'opinion que le palais de Justice et la vieille prison présentaient deux bâtiments d'intérêt à Montréal. [54] Pour James Silk Buckingham, le palais de justice constituait même « one of the best ornaments of the town ». [55] Ces deux édifices étaient érigés sur l'ancienne propriété des Jésuites rue Notre-Dame, devenue depuis la Cession propriété de la couronne, à peu près sur l'emplacement de notre actuel Ancien Palais de Justice et de la place Vauquelin. Construits respectivement en 1800 et 1806, ils avaient le calme, la lourdeur et l'assurance légèrement insignifiante, caractéristiques du classicisme britannique colonial. C'est avant tout leur site, adjacent au Champ-de-Mars, qui a contribué à les mettre en valeur : dans un autre cadre, ils n'auraient peut-être pas attiré l'attention.

Il n'y a pas lieu non plus de s'émerveiller outre mesure de l'édifice de la Banque de Montréad, sis sur la rue St-Jacques, et érigé au printemps 1818, même si Talbot l'a considéré comme « le plus bel édifice public ou particulier » des deux Canadas. [56] Premier bâtiment du pays à être conçu comme une banque, il n'a pas moins conservé l'allure d'une résidence pour bourgeois aisé. Même si on ne sait pas qui en fut l'architecte, on peut assumer qu'il a dû être d'origine écossaise ou irlandaise ; car cet édifice possédait un fort

53. Duncan, *op. cit.*, p. 153.
54. Lambert, *op. cit.*, 2, p. 70.
   Bouchette, *op. cit.*, p. 150.
   Silliman, *op. cit.*, p. 367.
   Fergusson, *op. cit.*, p. 66.
   Sir Richard Henry Bonnycastle, *The Canadas in 1841*, 1, p. 75.
55. James Silk Buckingham, *Canada, Nova Scotia, New Brunswick, and the other British Provinces in North America...*, p. 129.
56. Talbot, *op. cit.*, 1, p. 53.

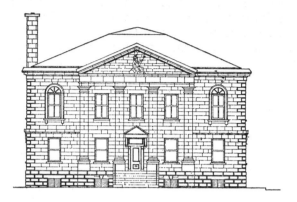

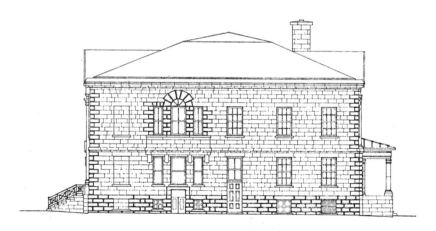

Fig. 9 *La vieille Douane ; vue de la façade du côté de la rue St-Paul et de la façade latérale du côté ouest de la Place Royale. John Ostell, arch., 1833*

caractère domestique primitif, propre à ces contrées, à cause, à la fois, de sa décoration intérieure et de son austère façade, en pierre de taille. Un dessin de John Murray, exécuté vers 1850, nous révèle les bonnes proportions de cette façade, sauf pour son portique d'ordre vaguement dorique qui semble manquer singulièrement d'échelle. Cette première banque, qui aménagera dans un nouvel édifice voisin en 1847, sera démolie en 1870 pour faire place au bureau général de la poste. [57]

Dans ce même esprit georgien, mais cette fois davantage d'inspiration anglaise, il faut classer l'Hôtel-de-France. Démoli il y a une dizaine d'années, cet hôtel était situé sur la rue St-Gabriel, en face du Champ-de-Mars. Il doit avoir été construit au début du 19e siècle, car il apparaît sur une *Vue du Champ-de-Mars* de Sproule, gravée en 1830. Assez lourd, il révélait bien l'influence de la maison georgienne sur plan carré avec circulation verticale centrale et comble en croupe.

L'exemple de la vieille Douane (aujourd'hui logeant certains services gouvernementaux) est plus intéressant. Son emplacement, en plein centre de l'ancienne place du Marché, s'avère d'abord symbolique d'un changement de valeur. Sous l'ancien régime, seule l'église paroissiale avait occupé un pareil site. Maintenant, c'est le tour de la Douane ... ce qui reflète bien l'importance grandissante des marchands dans la vie de la cité. Quant au bâtiment lui-même, il demeure encore très petit, à peine 60 pieds par 70 en plan, à deux étages. Il fut élaboré en 1833, par l'architecte John Ostell.

Avec Victor Bourgeau, John Ostell fut l'architecte le plus important à Montréal au 19e siècle. Né à Londres en 1813, il y étudia probablement un peu d'architecture, de génie et d'arpentage, avant de venir s'établir dans notre ville vers 1833. Il semble y être resté jusqu'à sa mort, en 1892. Ostell ne manqua pas d'ouvrage dans sa ville d'adoption. On lui doit, outre cette Douane, les tours de l'église Notre-Dame, la façade de la remarquable église de la Visitation au Sault-au-Récollet, l'église Notre-Dame-de-Grâce, le grand séminaire de la rue Sherbrooke, le palais épiscopal détruit dans l'incendie de 1852, la reconstruction de l'église St-Jacques, après qu'elle fut rasée par le même incendie, l'Asile-de-La-Providence. Certains lui attribuent également l'église Ste-Anne de Pointe-St-Charles, démolie récemment, quelques édifices de l'Université McGill, le plan d'aménagement de son campus, ainsi que celui du cimetière de la Côte-des-Neiges. Avec son neveu Maurice Perrault, Ostell inaugura probablement le

57. Merrill Denison, *Canada's First Bank ; a History of the Bank of Montreal*, pp. 115ss.

plus ancien bureau d'architecture du pays. Ensemble, ils réalisèrent entre autres le vieux palais de Justice, de la rue Notre-Dame, dont nous parlerons plus tard. Si on en juge par cet ancien palais, en le comparant avec le lourd gothique de ce qui reste de son œuvre à l'église St-Jacques, il paraît bien que John Ostell maniait plus adroitement les ordres classiques que tout autre style. [58]

Comme cette Douane était sa première œuvre en Amérique, qu'en outre elle était située dans un cadre où l'architecture vernaculaire prédominait, Ostell semble avoir voulu faire étalage de ses connaissances en architecture classique. Bien que l'on ne s'en rende pas toujours compte, et c'est sans doute une des qualités de cet édifice de pouvoir transcender cette déficience, ce petit bâtiment présente un véritable éventail des expressions architecturales classiques : pilastres toscans, frontons triangulaires et fenêtres cintrées, du côté de la rue St-Paul, appareil de pierre de taille aux joints accentués, délicieux portiques aux colonnes toscanes, entablements couronnant les ouvertures, du côté de la rue des Commissaires, fenêtres de type vénitien ou palladien sur les autres façades, etc., etc. Inutile d'insister ici sur l'influence britannique dans ces détails architecturaux, notamment dans ces fenêtres vénitiennes et ces frontons triangulaires destinés à signaler les entrées principales, expressions chères à Palladio et que le classicisme anglais a fait siennes. Et si ce petit édifice de la vieille Douane nous paraît, après analyse, bien chargé, il n'y a pas de doute cependant qu'il a dû plaire aux commerçants montréalais justement comme symbole de leur importance grandissante dans la communauté.

Les marchands n'étaient pas les seuls à vouloir faire état de leurs prétentions. L'Église anglicane officielle a dû être également impatiente d'affirmer sa présence par un édifice témoin, d'autant plus qu'elle devait s'implanter dans une ville à majorité catholique romaine. Pour les anglicans montréalais il s'agissait donc ni plus ni moins de rivaliser avec la vénérable église Notre-Dame. Est-ce pour cette raison qu'ils ont choisi comme site de leur temple un terrain près de cette dernière, à savoir du côté nord de la rue Notre-Dame, à peu près à mi-chemin entre la place d'Armes et la rue St-Laurent ? Pour ce qui est du bâtiment lui-même, divers architectes soumirent des plans et ceux de William Berczy, un Allemand de passage, peintre et architecte amateur à ses heures, furent choisis. Ainsi le 21 juin 1805, la première pierre fut posée par

58. Gérard Morisset, *L'architecture en Nouvelle-France*, p. 136. (#)
     John Bland, « Deux architectes du 19ième siècle — Two 19th Century Architects », ABC, 8, no. 87, juillet 1953, p. 20.

l'évêque anglican de Québec. À l'origine, l'édifice devait accommoder quelque 800 personnes, et coûter environ £ 7500. Mais comme la construction fut considérablement retardée pour cause d'absence de fonds, cette capacité fut accrue pour tenir compte de l'accroissement de la population protestante de Montréal, et l'église coûta à la fin beaucoup plus cher que prévu. Elle ne fut complètement terminée qu'en 1821. [59]

Cette église plut à Silliman, qui n'a pas hésité à la qualifier du plus bel édifice de Montréal. [60] Talbot, également, en fut très impressionné : son clocher, « reconnu pour être supérieur à tout ce qu'on voit en ce genre dans le nord de l'Amérique-Anglaise », lui parut très léger et très élégant tandis que l'intérieur reflétait, selon lui, beaucoup de goût et de finesse. [61] Pour sa part notre Joseph Bouchette, dans sa description de 1831 des Dominions britanniques en Amérique du Nord, la considéra comme l'un des plus superbes spécimens d'architecture moderne dans la province. [62]

En fait, et quoi qu'en ait pensé Bouchette, cette première cathédrale anglicane de Montréal ne possédait absolument rien de moderne. Ses modèles existaient à Londres depuis un siècle ou plus, dans les magnifiques églises de Christopher Wren et James Gibbs. Et il ne faut pas s'en surprendre. Car comme dans le cas de la cathédrale anglicane de Québec, avec laquelle elle possédait beaucoup d'affinités dans l'esprit comme dans les formes, elle devait refléter la conscience d'une Église sûre d'elle-même, et les vertus d'une société attachée à ses traditions et à ses règles morales. Et quelle société était supérieure à celle qui avait restauré la monarchie et l'Église anglicane ? Et comme Wren avait été le premier architecte à adapter le temple à cette nouvelle liturgie anglicane, ses conceptions architecturales représentaient une valeur sûre.

Ainsi le plan rectangulaire de l'église Christ Church montréalaise, garni d'un prolongement pour y accommoder l'autel [63], offrait-il une bonne ressemblance avec ceux de Wren pour St. Bride, Fleet Street et St. James, Piccadilly à Londres. Son volume intérieur se divisait en trois parties : une nef centrale, voûtée par un plafond en arc de cercle reposant sur un entablement continu supporté par des colonnes corinthiennes, et une nef latérale, de chaque côté,

59. Frank Dawson Adams, *A History of Christ Church Cathedral,* pp. 56ss
60. Silliman, *op. cit.,* p. 369.
61. Talbot, *op. cit.,* p. 51.
62. Bouchette, *op. cit.,* p. 149.
63. Plan de 120 pieds de long par 80 de large, avec prolongement de 12 pieds de profondeur par 40 de largeur.

*Fig. 10  La première cathédrale anglicane Christ Church. William Berczy, arch., 1805-21*

caractérisée par son plafond plat et sa galerie également supportée par ces colonnes. En somme une bonne application des principes de Wren pour « a convenient auditory in which everyone should hear the service and both hear and see the preacher » [64]. Ces galeries étaient d'ailleurs une autre innovation de ses églises, innovation qui sera perpétuée par les églises de James Gibbs.

Par sa façade principale, avec ses trois portes correspondant aux trois nefs intérieures, la cathédrale anglicane de Montréal se rapprochait davantage de l'église St-Martin-in-the-Fields de Gibbs. Extérieurement cette dernière se distingue par une combinaison unique d'un portail résolument classique et d'une flèche presque médiévale par son envolée. À Christ Church, le portique n'existait pas comme tel, mais se trouvait néanmoins évoqué en relief par des pilastres engagés, de style toscan, supportant un fronton d'ordre dorique. Et comme à St-Martin-in-the-Fields, et placé de la même façon sans en posséder cependant le raffinement, l'élément le plus imposant était sans contredit sa flèche, composée d'une tour carrée de pierre et de brique surmontée d'un clocher en bois recouvert de fer blanc, le tout culminant à une hauteur de 204 pieds.

Plus classique que la cathédrale anglicane de Québec, grâce surtout à un parapet couronnant l'édifice et accentuant l'horizontalité de son volume, Christ Church se voulait un monument plein d'assurance. Cependant il n'a pas dû paraître très à l'aise sur le site où il était implanté. Dans ce sens, la cathédrale anglicane de Québec et la vieille Douane de Montréal avaient hérité d'un site urbain plus approprié à leur message. Car comme symbole des valeurs figées d'une société idéalisée, Christ Church aurait dû être amplement dégagée sur toutes ses faces, tel un monument funéraire dans un cimetière. C'est là un objectif que la seconde cathédrale Christ Church réalisera un demi-siècle plus tard, rue Ste-Catherine, en remplacement de cette première qui fut entièrement ravagée par un incendie en décembre 1856.

Néanmoins, cette première cathédrale anglicane de Montréal constituait un point de repère important dans la cité. Son clocher rivalisait désormais d'emblée avec celui de la vieille église Notre-Dame. Et ces deux sanctuaires, sis presque côte à côte, témoignaient d'une communauté divisée sur le plan religieux comme sur le plan ethnique. Christ Church lançait un défi à la communauté française et catholique, plus particulièrement aux sulpiciens du vieux séminaire, desservants de la paroisse Notre-Dame et seigneurs du lieu. Ces

---

64. Peter Kidson, Peter Murray and Paul Thompson, *A History of English Architecture*, p. 193. (#)

derniers, déjà aiguillonnés par la construction (contre leur gré) dans le faubourg St-Laurent de la première cathédrale catholique de Montréal, l'église St-Jacques, allaient le relever de la façon la plus inattendue et la plus surprenante avec la construction de la seconde église Notre-Dame.

### 4.    *La nouvelle église Notre-Dame*

L'actuelle église Notre-Dame nous est trop familière pour qu'il soit vraiment utile de la décrire ici. Elle fait partie intégrante de l'image de notre Métropole, au point qu'il est impossible aujourd'hui d'imaginer la place d'Armes sans son énorme monument néo-gothique. Par contre, le fait d'être trop familier avec un bâtiment nous en fait oublier les principales caractéristiques, les qualités comme les défauts. Qui, par exemple, se rend compte aujourd'hui de l'échelle monumentale de cette église, d'autant plus que cette échelle est maintenant complètement faussée par la proximité des gratte-ciel ? Rappelons que ses tours ont 217 pieds de hauteur, son vaisseau quelque 255 pieds de long par environ 135 de large. Sous voûte, la nef a quelque 80 pieds de hauteur. Au moment de sa construction (1824-29), c'était le plus vaste bâtiment des deux Canadas et peut-être de toute l'Amérique du Nord. Toute comparaison avec les grandes cathédrales gothiques d'Europe est évidemment oiseuse. Mais comme on a déjà pris la mauvaise habitude de comparer son portique à celui de la cathédrale de Peterborough, ses tours à celles de l'Abbaye de Westminster et sa façade à celle de Notre-Dame de Paris (est-ce possible ?), retenons simplement que sa voûte est aussi élevée que celle de la cathédrale de Peterborough, que ses tours sont presque aussi hautes que celles de Westminster et seulement deux pieds et demi de moins que celles de Notre-Dame de Paris, et que sans être aussi profonde que ces deux églises, elle est plus large que la première et presque aussi large que la seconde.

Ces comparaisons sont superficielles, mais elles sont les seules possibles. Car comparer d'un point de vue architectural Notre-Dame de Montréal aux chefs-d'œuvre gothiques du Moyen Âge ne peut que faire ressortir l'absurdité de l'œuvre montréalaise. Du gothique authentique qui était avant tout un système dynamique de construction propre à équilibrer les poussées des voûtes par l'articulation de la croisée d'ogives, de l'arc-boutant et du contrefort, permettant ainsi d'évider les murs et d'éclairer adéquatement les vastes vaisseaux, elle n'est évidemment qu'une caricature. Sa voûte, en effet, est un simple plafond suspendu aux combles du toit et, pour tout dire, son principe structural demeure essentiellement celui de la boîte traditionnelle des églises classiques anglaises de la fin du 17e et du

29. *Intérieur de l'église Notre-Dame, tel qu'il était vers 1838. Dessin de William Henry Bartlett.*

30. *Intérieur actuel de l'église Notre-Dame, tel que transformé par l'architecte Victor Bourgeau dans les années 1870.*

*et 32. Montréal vers 1870, vue vers la montagne.*

18e siècle, celles de Sir Christopher Wren et de James Gibbs, incluant les galeries intérieures. Et dans sa nef, de tout ce qu'un authentique système gothique aurait pu engendrer d'élan et de lumière, il n'y avait à l'origine, de l'avis presque unanime des contemporains, que lourdeur et obscurité. Car l'intérieur actuel est fort différent de l'intérieur initial. Il a été transformé par l'architecte Victor Bourgeau dans les années 1870. Ainsi, la grande verrière qui terminait originellement le chevet de l'église, à l'exemple du Minster de York, et qui diffusait une lumière brutale dans le chœur mais insuffisante à d'autres endroits, a disparu au profit de trois rosaces percées directement dans la voûte suspendue et dans le toit, dans une tentative d'éclairer plus adéquatement la grande nef. De même le badigeonnage initial de gris et de bleu en imitation de marbre a fait place à la polychromie de toutes les surfaces, à l'exemple de la Sainte-Chapelle de Paris et de la cathédrale forteresse de Ste-Cécile d'Albi. Enfin, parmi les autres transformations effectuées à la fin du siècle dernier, soulignons que le maître autel fut entièrement refait.

D'un autre côté, si l'on considère Notre-Dame de Montréal comme une œuvre de pionnier — et sûrement la seule d'une telle échelle monumentale — en Amérique dans le mouvement du renouveau gothique, si l'on considère que les architectes impliqués dans ce mouvement cherchèrent davantage, au début, en utilisant les éléments gothiques d'une façon décorative plus que structurale, à capter l'« atmosphère » de ce style plus que la logique de son système de construction, à ce moment, Notre-Dame prend une signification beaucoup plus positive dans l'histoire de l'architecture montréalaise et canadienne. Et de fait son architecte, James O'Donnell, n'a pas cherché à recréer un monument gothique, ni même à s'inspirer d'une façon archéologique aux sources véritables du gothique européen. Il semble s'être contenté de réminiscences de quelques œuvres de sa patrie d'origine (Irlande) ou de l'Angleterre, qu'il avait bien connue. Et ses sources directes d'inspiration furent, comme l'a démontré Franklin Toker, ses propres œuvres aux États-Unis, notamment Christ Church à New-York (1823) et la First Presbyterian Church à Rochester (1824), dans lesquelles il avait employé des éléments du style gothique, et certaines œuvres d'architectes américains contemporains, telles la First Unitarian Church (1817-18) de Maximillien Godefroy à Baltimore, l'église du Christ (1816) de Charles Bullfinch à Lancaster au Massachusetts, et enfin l'église St-Paul (1817-18) de Benjamin Henry LaTrobe, à Alexandrie, en Virginie. [65]

---

65. Franklin K.B. Toker, *The Church of Notre-Dame in Montreal ; an Architectural History*, pp. 29ss et 38ss.

Il faut d'ailleurs prendre connaissance des réactions, remarques et observations des personnes de l'époque, à propos de Notre-Dame de Montréal, pour comprendre qu'elles ne cherchaient pas un gothique archéologique mais bien une image que ce style a toujours évoquée, un symbole de foi, de grandeur, de beauté, que certains défauts bien réels de cette église n'ont pas réussi à ternir. Ainsi, par exemple, Théodore Pavie, que nous avons déjà reconnu comme un observateur très perceptif, considère en 1830 que Notre-Dame constitue un « vaste et beau monument », le plus remarquable qu'il ait vu dans toute l'Amérique. [66] Coke, dans son bon ouvrage « A Subaltern's Furlough », publié en 1833, se montre encore plus emphatique : pour lui la Cathédrale (sic) catholique de Notre-Dame est probablement supérieure à tout autre monument du genre en Amérique, même à toute autre structure du 19e siècle... Chose étrange, la plus grande partie de la courte description qu'il en fait est consacrée à en signaler les défauts et les traits de mauvais goût. [67] Même réaction chez l'Écossais Hugh Murray, quelques années plus tard. La grande verrière lui déplaît souverainement, mais cela ne l'empêche pas d'apprécier le style et les dimensions surprenantes de l'église, de croire que son autel principal ressemble à celui de St-Pierre, à Rome, et sa chaire à celle de la cathédrale de Strasbourg, de conclure que « the new Catholic cathedral ... is undoubtedly the most splendid, and is, in fact, superior to any other in British America » [68]. Typique encore est la réaction d'un Walter Henry, grand voyageur, qui s'arrêta une année entière à Montréal. Il ne craint pas de déclarer que Notre-Dame est la plus majestueuse église du continent, un très noble édifice, même s'il n'est pas tendre pour sa décoration intérieure qu'il qualifie de pitoyable et de mauvais goût. Ce qui l'impressionne surtout ce sont les vastes dimensions, les lampes toujours allumées, l'autel somptueux, les madones sur les murs, la présence continuelle de pénitents agenouillés... [69]

Devant ces témoignages, on ne peut plus douter que les critères d'appréciation de cette architecture ne sont plus du tout ceux, plutôt intellectualisés, de la période classique. Ainsi, Notre-Dame de Montréal ne semble pas appréciée autant pour ses qualités architecturales intrinsèques que pour les fortes impressions produites par ses vastes dimensions et autres traits frappants, ainsi que pour le « message » véhiculé par son style ou ses fonctions. Nous pénétrons dans l'ère

---

66. Pavie, *op. cit.*, 1, p. 159.
67. E.T. Coke, *A Subaltern's Furlough...*, pp. 334-335.
68. Hugh Murray, *An Historical and Descriptive Account of British America...*, 1, pp. 260-261.
69. Maurault, *La Paroisse*, pp. 99-100.

romantique. Notre-Dame devient un symbole... O'Donnell, son architecte, n'écrivait-il pas au Comité de Construction de l'église : « Messieurs, ayez bien dans l'esprit que vous n'élevez pas une construction temporaire, mais plutôt que vous érigez un édifice qui jettera de la gloire sur vous, votre assemblée et votre pays ... je vous assure que l'histoire de votre Église sera transmise aux générations futures ». [70]

James O'Donnell lui-même, il est assez facile de s'en rendre compte grâce aux traits biographiques que nous en livrent Maurault et Toker, fait figure d'artiste romantique. Né en Irlande en 1774, il fit des études d'architecture dans son pays, études qu'il compléta par la visite de quelques pays européens, sans toutefois mettre les pieds en France. Avant d'immigrer aux États-Unis en 1812, il ne semble avoir rien produit de remarquable dans le domaine de son art. Établi à New-York, rien non plus ne le distingue particulièrement, si ce n'est qu'il produit des plans pour une dizaine d'édifices, dont des rénovations et additions pour le collège Columbia et les deux églises néo-gothiques déjà mentionnées, et qu'il est le seul architecte à être élu membre de l'Académie américaine des Beaux-Arts de New-York, statut dont il se montrera très fier. Sur le plan personnel, c'est un individualiste qui attache une extrême importance à son caractère professionnel, qui affiche ostensiblement une conscience irréprochable et se distingue par un sens chatouilleux de l'honneur. [71] Il apparaît de plus peu porté à cacher ses tourments, pas plus que ses impatiences à supporter l'inintelligence des profanes et les opinions contraires aux siennes : sa lettre à François Antoine La Rocque, du comité de construction de Notre-Dame, lettre reproduite en appendice dans le bel ouvrage de Franklin Toker [72], est très révélatrice à ce sujet. Un jour, encore, il se lamentera ainsi : « hélas ! combien peu de gens, ici, apprécient l'œuvre d'un architecte !.. » Il faut admettre que plus d'un artiste romantique s'est plaint sur ce ton ! [73]

Mais il faut aussi admettre que James O'Donnell avait droit à un crédit légitime pour son œuvre montréalaise. Car, comme l'a souligné Toker, il fut appelé à concevoir une église de deux à trois fois plus vaste que toute autre existant sur ce continent, sur un site prestigieux, mais difficile, dans un style nouveau, qui défiait des

---

70. Cité dans Maurault, *La Paroisse*, p. 95.
71. Voir *Ibid.*, *passim* et Franklin B. Toker, « James O'Donnell ; an Irish Georgian in America », JSAH, XXIX, no. 2, May 1970, pp. 132-143.
72. Toker, *The Church of Notre-Dame in Montreal*, pp. 83-86.
73. Cité dans Maurault, *La Paroisse*, p. 58.

traditions bien établies. [74] Sur le plan de la construction, il a fort
bien réussi, complétant en cinq saisons seulement ces travaux très
considérables, et en faisant preuve de solides qualités d'ingénieur,
appréciables surtout dans ses solutions structurales pour les combles
du toit. Du point de vue implantation sur le site, O'Donnell voyait
grand ; et son portique à trois arcs monumentaux témoigne que son
église était conçue pour être appréciée d'aussi loin que la terrasse
Sherbrooke. Si la place d'Armes avait été prolongée jusqu'à la rue
Craig comme le préconisait le plan des Commissaires de 1801 et
comme le prévoyait O'Donnell, c'est cette vue que nous aurions
aujourd'hui, beaucoup plus à l'échelle de ce monument que celle
de la place d'Armes actuelle. Du point de vue architectural, il fut
plus heureux à l'extérieur, qui ne manque pas de virilité, qu'à
l'intérieur qui semble avoir désappointé tout le monde... sans pour
autant que soient véridiques des affirmations comme celle-ci de
J. E. Alexander : « Its tawdry internal decorations, its blue compart-
ments and spotted pillars, caused the death of the unfortunate
architect, who died of a broken heart, disgusted at the bad taste
which had spoiled his handwork ». [75] Enfin, d'après les concessions
qu'il a faites concernant les conditions de salaire et de travail, et
d'après l'intérêt qu'il porta à son ouvrage, au point d'en altérer
sa santé, on peut en déduire qu'O'Donnell a cru en l'importance de
cette œuvre architecturale. D'ailleurs rares sont les architectes qui
apprécient une de leurs œuvres à ce point de souhaiter y reposer
après leur mort. Et c'est sans doute pour réaliser ce désir qu'il
avait déjà exprimé, que notre architecte alla jusqu'à abjurer le protestantisme et embrasser le catholicisme quelque temps avant sa mort,
survenue le 28 janvier 1830. Effectivement, il fut inhumé sous son
église, au pied du premier pilier du côté de l'épître.

Bien que le renouveau gothique soit devenu une mode en
Angleterre dès 1750-70, c'est-à-dire à partir des rénovations effectuées dans ce style par Robert Adam et les autres à la résidence
Strawberry Hill d'Horace Walpole, et bien qu'il ait déjà atteint
une perfection certaine au début du 19e siècle, comme en fait foi
la délicieuse église St-Luke à Chelsea, à Londres, réalisée en 1820
par l'architecte James Savage, en Amérique, ce mouvement artistique
est encore fort timide au début de ce siècle. Aux États-Unis, on
compte encore les exemples sur les doigts de la main : aux œuvres
déjà mentionnées de Godefoy, Bullfinch, LaTrobe et O'Donnell,
il faut ajouter la chapelle du séminaire Sainte-Marie, à Baltimore,
dessinée selon la mode gothique en 1817, mais en se rappelant bien

74. Toker, *The Church of Notre-Dame in Montreal*, pp. 29ss.
75. Alexander, *op. cit.*, p. 192.

qui les exemples plus célèbres, telle l'église de la Trinité à New-York (1841-46), de Richard Upjohn, seront réalisés beaucoup plus tard. Dans les deux Canadas, le mouvement avait pénétré également, au début du 19e siècle, par les provinces maritimes, mais ne consistait alors qu'en de vagues formes gothiques greffées à des édifices en bois, de style georgien ou néo-classique. On peut donc se rendre compte de l'impact formidable produit par la réalisation dans ce style néo-gothique d'un temple de l'importance et de la taille de Notre-Dame de Montréal ; d'autant plus que cette église était intimement associée aux valeurs jugées sûres et prônées par la classe prestigieuse des clercs. Elle allait, d'un premier et seul coup, consacrer la mode du néo-gothique pour les lieux de culte, comme si ce style était synonyme de christianisme, comme si l'on priait mieux dans des bâtiments décorés de la croisée d'ogives, et couronnés par des pinacles. Inspiré par son exemple, plus d'un curé à travers la province n'hésitera pas à « gothiser » une délicieuse église d'architecture vernaculaire ou à démolir tout simplement un chef-d'œuvre pour le remplacer par un éléphant gothique. Notre-Dame de Montréal sonnait le glas de la vieille tradition architecturale française au Québec.

Des personnes comme l'abbé Jérôme Demers, associé à Thomas Baillargé dans la diffusion de l'évangile du classicisme dans la province, se sont vite aperçues du coup mortel que le style de Notre-Dame allait assener à la tradition classique. Baillargé lui-même soumit un plan de rechange, présumément une église cruciforme d'inspiration classique. Mais leur opposition ne faisait pas le poids : ils étaient déjà dépassés par l'époque. À leur opposition, O'Donnell répliqua simplement que l'emploi du style gothique lui paraissait « more suitable to your materials, workmen, climate, wants and means, etc. » [76] Cela ne voulait rien dire sauf que l'idée avait fait son chemin et que le gothique apparaissait désormais, même aux profanes, comme une solution de rechange acceptable pour le classicisme. Et lorsque Thomas Baillargé, déjà avantageusement connu, fut pressenti par les marguilliers de Montréal pour diriger la construction de l'église projetée, ce qu'il répondit par lettre est révélateur : « Votre bâtisse devant être gothique et n'ayant étudié que l'architecture grecque et romaine, ce que j'ai cru suffisant pour le pays, je n'ai pris qu'une connaissance superficielle du gothique et je me crois donc de ce côté au-dessous de cette tâche... » [77].

Il ne sera pas le seul à apparaître au-dessous de cette tâche d'ériger la nouvelle Notre-Dame. Aux dires d'O'Donnell, tous les

76. Toker, *The Church of Notre-Dame in Montreal*, p. 84.
77. Cité dans Maurault, *La Paroisse*, p. 72.

ouvriers sur le chantier le sont... à savoir « universally careless, and inattentive in obeying orders » [78]. Pour lui, ce qui manque partout, c'est le « system »... Mais justement, ce « system » ne faisait pas partie de la tradition artisanale québécoise. Car pour l'artisan, le plus souvent, la conception n'était pas dissociée de la réalisation. Un Thomas Baillargé, par exemple, pensait, concevait, dessinait et construisait ses propres plans. Mais pour la première fois, à Notre-Dame, sur un chantier majeur, un architecte professionnel entrait en scène. Il imposait un style nouveau, de tradition anglaise au surplus, une échelle carrément monumentale, à laquelle l'ouvrier n'était pas accoutumé, des matériaux à assembler d'une façon nouvelle, enfin une méthode de travailler par laquelle l'artisan perdait son autonomie et ses capacités créatrices, pour répéter des gestes commandés de haut par un étranger. L'ère industrielle pointait à l'horizon...

Cette deuxième partie de l'étude de l'évolution de Montréal a débuté sur une vision de la première église Notre-Dame érigée fièrement comme un phare au cœur de la petite cité. Elle se termine par une vision de la seconde église qui maintient une semblable position. Mais pas pour longtemps, car un âge nouveau s'annonce. Il sera fantastique pour Montréal, qui connaîtra des transformations profondes et une croissance topographique sans précédent. Ce sera un monde à la fois horizontal et vertical, symbolisé par les rails et le gratte-ciel, et qui consacrera la victoire du marchand et de l'industrie sur le seigneur et l'artisanat : voilà le sujet de notre troisième partie.

---

78. *Ibid.*, p. 90.

# PARTIE III

## Montréal victorien
## (c. 1840 - c. première guerre mondiale)

Les rues y sont larges et bien mieux entretenues qu'à Québec ; les magasins vastes et superbement bornés, les institutions de crédit abondent, et quelques-unes des banques principales — situées pour la plupart dans la rue Saint-Jacques — sont installées dans de véritables palais. Les journaux anglais et français écrasent par l'ampleur de leur format et l'abondance des renseignements leurs plus modestes confrères de Québec ; les maisons particulières elles-mêmes affectent les prétentions architecturales des plus grandes cités du continent américain. Vingt sectes diverses ont édifié des églises, dont un bon nombre, avouons-le, sont bâties dans ce style hybride et désagréable, semi-gothique et semi-rocaille, qui fait la joie des cockneys anglo-saxons et le désespoir des véritables artistes. Dans cette débauche de bâtisses religieuses, le clergé catholique tenait à ne pas se laisser distancer. Non content de posséder une cathédrale qui passe cependant pour l'une des plus belles d'Amérique du Nord, l'évêque de Montréal a entrepris, à grand renfort de souscriptions, d'ériger une basilique nouvelle qui sera la réduction, mais une réduction grandiose encore, du premier des temples chrétiens : Saint-Pierre de Rome aura sa copie sur les bords du Saint-Laurent.
H. de Lamothe, 1879. [1]

---

1. H. de Lamothe, *Cinq mois chez les Français d'Amérique...*, pp. 78-79.

# 7

## Les forces nouvelles

It is revolution that has done most to change the places where men live, not the revolution of politics, but the revolution of economics and technics...
Henry S. Churchill. [2]

### 1. La révolution des transports

La reine Victoria monta sur le trône d'Angleterre en 1837 ; elle n'en descendra qu'en 1901, le jour de sa mort. Son long règne de 64 ans couronna une longue série de découvertes, d'inventions, de développements techniques et de progrès scientifiques, qui devaient marquer l'essor de la révolution industrielle, et faire de la Grande-Bretagne la première et la plus puissante nation industrielle du monde. Dans l'évolution de Montréal, ce règne n'aura peut-être pas été plus significatif qu'un autre ni retenu comme un point de repère, s'il n'avait précisément été témoin de l'impact de cette révolution économique et technique sur l'architecture et l'environnement urbain.

Une des premières manifestations dans la colonie de cet essor technologique fut le lancement en 1809 de l'*Accomodation,* premier navire à vapeur à sillonner les eaux du St-Laurent, et qui fut entièrement construit et équipé à Montréal. L'utilisation de la vapeur pour propulser les navires, en plus de réduire les distances, prouvait que la navigation commerciale sur la difficile artère du St-Laurent était possible et rentable, ce que la navigation à voile n'avait pas réussi à établir clairement. Cela devait donner lieu à de grands travaux, pour améliorer cette grande voie naturelle de communication. Ainsi, en 1825, l'ouverture du canal Lachine (à nouveau transformé

2. Henry Stern Churchill, *The City Is the People,* p. 6.

et élargi en 1836-37 et 1844) éliminait enfin le formidable obstacle à la navigation des rapides du même nom. Dès 1848, toute une série de canaux et le creusage progressif du lit du fleuve avaient rendu ce dernier navigable pour les bateaux de l'époque, de l'Atlantique aux Grands Lacs. Le premier vapeur océanique à remonter le Saint-Laurent, le *SS Genova,* venait triomphalement accoster à Montréal, en mai 1853. [3]

Pour la petite ville canadienne, cette ère de la navigation à vapeur devait contribuer à mettre davantage en valeur sa situation géographique privilégiée. Sa croissance portuaire, spectaculaire, le montre clairement. Au début du 19e siècle, les quelques petits vaisseaux qui réussissaient à remonter le courant Ste-Marie devaient encore s'amarrer le long d'une mauvaise plage boueuse, au pied de la place du Marché. Voici la description que fait de ce port « naturel » John Lambert vers 1807 :

> « The shipping lie close to the shore, which is very steep, and forms a kind of natural wharf, upon which the vessels discharge their cargoes. About twenty yards back, the land rises to the height of 15 or 20 feet ; and an artificial wharf has been constructed, and faced with plank ; the goods are, however, all shipped from, and landed upon, the beach below. » [4]

Cependant cette situation n'allait pas tarder à s'améliorer. Si, durant les années 1832-38, la moyenne des arrivages fut de 100 navires pour un tonnage global de 23,137 tonnes, si, en 1842, la longueur des quais de pierre était d'un mille environ, en 1850, pour une longueur de quais de près de deux milles, les arrivages comme le tonnage ont nettement doublé : 222 bateaux, 46,000 tonnes. À peine dix années plus tard, ce tonnage s'élève à 261,000 tonnes pour les navires océaniques, 530,000 pour les vaisseaux de rivière. En 1877, l'ouverture progressive à la colonisation des territoires de l'Ouest, territoires désormais unifiés par le lien politique de la Confédération, se reflète dans les progrès du développement du port montréalais. Ses quais et jetées s'étendent maintenant de l'entrée du canal Lachine à la limite orientale de la ville (à la hauteur de la rue Frontenac actuelle), soit, sur une longueur de plus de quatre milles ; le tonnage atteint la marque respectable d'un million et demi de tonnes. Montréal s'affirme comme centre de transbordement entre la navigation océanique et la navigation fluviale, et principal lieu d'échange canadien entre le vieux et le Nouveau monde.

---

3.   Voir Joseph Arthur Lower, *Canada ; an Outline History,* pp. 88-89.
(#)
4.   John Lambert, *Travels through Lower Canada, and the United States of North America, in the Years 1806, 1807 and 1808,* 2, pp. 64-65.

À la fin du siècle, ce port de Montréal, bien que n'opérant que
sept mois par année, accueille près d'un millier de lourds vaisseaux
de mer annuellement. Désormais le deuxième en importance en
Amérique, après celui de New-York, il dépasse les ports de haute
mer de Boston et Philadelphie. En 1914, le tonnage global atteint
9 millions de tonnes, et durant ces premières années du 20e siècle,
le port subit des transformations spectaculaires pour emmagasiner le
blé de l'Ouest. La construction des immenses élévateurs à grain qui
masquent aujourd'hui partiellement la silhouette de la cité date de
cette époque ; ces structures sont des monuments aussi caractéristiques de cette ère industrielle que le seront les grandes usines et les
premiers gratte-ciel.[5]

Plus encore que pour la navigation, l'utilisation de la vapeur
pour le transport par chemin de fer sera la réalisation technique par
excellence de cette période victorienne. Et parallèlement à l'amélioration de la voie navigable du St-Laurent et au développement du port,
le chemin de fer apparaîtra comme le plus précieux allié d'une métropole en quête de son destin national. Car le rail permet d'atteindre
des centres qui ne sont pas accessibles par le réseau des voies navigables, et surtout, il supplée aux inconvénients des hivers canadiens
qui solidifient les voies d'eau. Six ans à peine après que le premier
chemin de fer de l'histoire ait relié Liverpool et Manchester, en
Angleterre, le premier chemin de fer de la colonie (le premier du
reste de toutes les colonies britanniques), le Champlain et St-Laurent,
relie en 1836 St-Jean, sur le Richelieu, à Laprairie, dans le but de
faciliter les communications entre Montréal et New-York. Un second,
inauguré en novembre 1847, raccorde cette fois Lachine à Montréal,
comme complément au canal Lachine. En 1853, grâce aux entreprises du Grand-Tronc, Montréal possède une communication directe
avec la ville de Portland, sur la côte du Maine, pour la première fois
avec un port libre de glace durant l'hiver. La même compagnie trace,
quelques années plus tard (1855-56), un chemin de fer entre Toronto
et notre ville. Et c'est également dans le cadre des opérations du
Grand-Tronc qu'est envisagée et réalisée vers la même époque la
construction du premier pont jeté sur le St-Laurent, pont qui portera
très symboliquement le nom de Victoria et dont nous parlerons plus
longuement dans un prochain chapitre. En 1876, l'Intercolonial relie
Montréal aux provinces maritimes et, une décennie plus tard, en
mai 1887, le premier chemin de fer transcontinental, celui du Pacifique Canadien, joint Montréal et Vancouver sur la même ligne. Avec

---

5. Voir Raoul Blanchard, *L'ouest du Canada français*, 1, *Montréal et
sa région*, pp. 247-251 et 278-280 (#) ; Benoît Brouillette, « Le port et les
transports » dans *Montréal économique*, pp. 115-182.

cette réalisation du Pacifique Canadien, dont les deux gares monumentales érigées dans la métropole, Viger et Windsor, sont le symbole architectural, Montréal est en quelque sorte consacrée centre ou plaque tournante de tout le réseau ferroviaire canadien. Encore une fois, elle y retrouve sa vocation de ville charnière entre l'Est et l'Ouest.

L'échelle continentale de ce réseau primaire de chemins de fer ne doit pas cependant nous faire négliger tout un réseau de lignes secondaires, moins spectaculaire sans doute, mais non moins intéressant pour l'économie de la Métropole. Comme la structure d'une toile d'araignée, ces lignes s'irradient dans toutes les directions, vers Québec, vers Joliette, vers St-Jérôme, vers Hull, vers Valleyfield, etc. Donc, un réseau très complet de circulation par rail, aux embranchements locaux comme intercontinentaux, effectif hiver comme été, vient compléter celui du fleuve et de ses affluents.[6]

Cette révolution dans les moyens et équipements de transport, tant maritimes que terrestres, combinée à d'autres facteurs, telle la présence de ressources naturelles, humaines et financières, constitue un élément déterminant dans cette industrialisation rapide qui marque le Montréal de la seconde moitié du 19e siècle. Sans le port et les chemins de fer, l'industrie n'aurait sûrement pas acquis une telle prépondérance au point de devenir, dès 1870, le principal secteur d'activités économiques de l'agglomération. D'abord, à une époque où le charbon et le fer sont les facteurs premiers conditionnant le développement économique, le bateau et le train les apportent à une région montréalaise qui en est totalement démunie. Mais ce ne sont pas là les seules matières premières transportées à Montréal par ces nouveaux moyens de transport. Les grains, par exemple, prennent une place enviable ; beaucoup sont entreposés dans les énormes silos du port, en attendant leur exportation vers les marchés extérieurs ; d'autres sont transformés sur place, dans les brasseries et les distilleries, dans les minoteries d'Ogilvie établies sur le quai de la Pointe-au-Moulin-à-Vent ou dans celles de la St. Lawrence Flour, établies en 1910 près du canal Lachine. Le sucre de canne est également transporté à Montréal pour être raffiné dans les usines de John Redpath ou celles de la St. Lawrence Sugar d'Hochelaga. Plus tard, ce sera le pétrole dont les raffineries finiront par occuper une partie considérable de la pointe orientale de l'île montréalaise. Non seulement ces nouvelles industries engendrent-elles des multitudes d'emplois, mais des centaines d'hommes sont désormais employés au transbordement et à la manutention de ces matières premières. Sur-

---

6. Voir Blanchard, *op. cit.*, pp. 251-252 et 276-278 ; Brouillette, *op. cit.*

tout la conception, la construction et l'entretien mêmes de ces nouveaux moyens de transport représentent un secteur industriel des plus
importants. Par exemple, des milliers d'ouvriers œuvrent dans les
différents chantiers navals ou dans les usines métallurgiques à la
fabrication des machines à vapeur et du matériel flottant et roulant.
Ces usines sont nombreuses, localisées dans le voisinage du port et
du canal Lachine : Canadian Car and Foundry, avec ses ateliers
établis à St-Henri, La Salle, Pointe-St-Charles, Longue-Pointe,
Montreal Locomotive Work établi également dans cette dernière
localité, la Canadian Vickers et les usines Angus de Maisonneuve,
etc. Leurs employés ne sont pas moins nombreux : en 1880, par
exemple encore, les ateliers de réparation du Grand-Tronc, à Pointe-
St-Charles, occupent quelque 3,000 personnes, tandis que les grandes
usines Angus du Canadien Pacifique, consacrées à la construction et
à l'entretien du matériel roulant, emploient vers la fin du siècle
quelque 7,000 ouvriers. [7]

C'est l'élément humain qu'il faut maintenant considérer, pour
connaître les autres caractéristiques de cette industrialisation de
Montréal.

2.  *Les deux solitudes*

Cette révolution dans les moyens de communication et de transport interurbains — le navire à vapeur, le chemin de fer, bientôt
suivis du télégraphe — engendre une force centripète concentrant à
Montréal le principal des activités économiques du Dominion. Cette
concentration des activités économiques, financières, commerciales,
industrielles, en fait un puissant pôle d'attraction où convergent des
milliers d'immigrants en quête d'une fortune facile ou le plus souvent du simple pain quotidien. Car les nouvelles sources d'énergie et
les progrès de la technologie ont fait naître la division et la coopération du travail, lesquelles réclament de toute nécessité la concentration de la main-d'œuvre et de la production. À son tour, cette concentration progressive de la population dans l'agglomération stimule
l'accroissement industriel et les activités d'échange et de service,
en accroissant la consommation et la main-d'œuvre. Ainsi s'accélère le processus, plutôt lent jusqu'ici, d'urbanisation. Pour la première fois à partir de la seconde moitié du 19e siècle, l'équilibre
est rompu entre le taux de la population urbaine et celui de la population rurale, entre l'habitat groupé et l'habitat desserré. Si en 1825
les villes de Montréal et de Québec, les deux centres urbains les plus
importants de l'Amérique britannique, ne renfermaient qu'environ

---

7.  Blanchard, *op. cit.,* pp. 268-276.

5% de la population de ce territoire, en 1851, pour la seule province de Québec, le pourcentage de la population urbaine par rapport à la population rurale s'élève déjà à 14.9. En 1881, ce pourcentage a grimpé à 23.8. Mais c'est le début du 20e siècle qui annonce un fort accroissement de la population urbaine par rapport à la population rurale. Ainsi la relation est de 36.1 pour cent en 1901, mais de 44.5 dix ans plus tard. En 1921, ce pourcentage des urbains est le double de ce qu'il était quarante ans auparavant, à savoir 51.8%.[8]

De ce processus d'urbanisation qui, dans l'intervalle de moins d'un siècle, perturbe complètement l'équilibre entre les populations rurales et urbaines, Montréal est le premier centre d'agglutination ; elle s'affiche comme la ville la plus dynamique et la plus insatiable non seulement de la province de Québec, mais de toute l'Amérique britannique. Et l'on peut aisément constater que l'accroissement de sa population s'accélère parallèlement aux progrès réalisés dans l'amélioration des moyens de transport et dans la rationalisation et la mécanisation de la production. Comme preuve, considérons que dans les soixante-dix ans qui suivent la conquête britannique, de 1761 à 1831, l'accroissement de la population montréalaise fut de 21,797 âmes, accroissement qui n'a rien de surprenant, si l'on tient compte du processus démographique naturel et de l'immigration britannique et loyaliste. Cependant, dans les soixante-dix années suivantes, c'est-à-dire de 1831 à 1901, cet accroissement se chiffre désormais à plus de 300,000, ce qui dépasse de beaucoup le processus démographique normal et ne peut être attribuable qu'à l'apport considérable de l'immigration extérieure.[9]

Qui sont ces immigrants et d'où viennent-ils ? Beaucoup viennent des îles britanniques, en trois vagues principales : une première déferle vers 1820, composée surtout de soldats démobilisés après les guerres napoléoniennes, une seconde, dans les années 1830, engendrée par une crise économique en Europe, et une troisième, dans les années 1840, composée en majorité d'irlandais fuyant la grande famine. Il est cependant difficile de citer des chiffres sur leur nombre : Montréal, comme port national et porte d'entrée d'Amérique, est un centre de distribution des arrivées de population ; beaucoup d'immigrants débarqués dans la métropole canadienne gagneront par la suite le Haut-Canada ou les États-Unis. Cependant, nous n'aurions aucune précision concernant l'immigration britannique, qu'il nous faudrait néanmoins conclure à son existence et à sa qualité, surtout

8.  Leroy O. Stone, *Urban Development in Canada ; an Introduction to the Demographic Aspects*, p. 29.
9.  Jean de Laplante, « La communauté montréalaise », CESH, 1, 1952, pp. 95ss.

celle de la seconde vague. Car à une époque où le Royaume-Uni avait conquis une position prépondérante dans le domaine des sciences et de la technologie, il ne fait aucun doute que cette habileté technique (sans oublier les capitaux) est importée à Montréal par des britanniques. Et les plus fortunés, les plus astucieux et les plus audacieux d'entre eux — écossais pour la plupart — ne tarderont pas à s'approprier les commandes des moyens de production, à exploiter à fond les nouveaux moyens de transport et communication, à contrôler la finance.[10]

Où que l'on tourne les yeux, on trouve de dignes successeurs des McGill et des McTavish. À titre d'exemple, signalons quelques grandes fortunes montréalaises de la seconde moitié du 19e siècle. Il y a d'abord ce John Redpath qui, à l'âge de cinquante ans, après avoir connu de grands succès comme contremaître en chef de la construction de l'église Notre-Dame, et comme entrepreneur pour le pont Victoria, la construction la plus audacieuse de l'époque, se lance dans l'industrie du raffinage du sucre, où il enregistre un succès plus éclatant encore. La philanthropie de cette famille Redpath a doté l'Université McGill de ses plus beaux édifices. Il y a cette famille des Ogilvie qui, de simples fermiers de la Côte St-Michel, deviennent les minotiers les plus entreprenants du pays. Sans oublier l'excentrique Sir William MacDonald qui réalise des millions dans l'industrie du tabac, tout en en réprouvant ouvertement l'usage ; un autre qui ne sera pas à court de largesses pour l'Université McGill. Il y a enfin ce Hugh Allan qui fonde en 1852 la Montreal Ocean Steamship et, plus tard, la Canadian Pacific Railway Company. À sa mort, il laisse une fortune personnelle évaluée entre 6 et 8 millions de dollars, fortune astronomique pour l'époque, et dont témoigne encore son ancienne résidence Ravenscrag, sur l'avenue des Pins.[11] Mais c'est une visite au cimetière protestant du mont Royal qui peut encore le mieux rappeler l'importance des immigrants écossais dans la vie montréalaise du siècle dernier. Leurs monuments funéraires, en effet, dépassent tous les autres par leur nombre et par leur opulence.

Cependant, l'immigration britannique n'est pas composée exclusivement de personnes qualifiées, audacieuses, et promises à la fortune. Une bonne majorité est représentée par des irlandais affamés et démunis. On estime qu'entre 1845 et 1848, une centaine de milliers d'irlandais sont venus au Canada pour échapper aux affres de la grande famine de 1845-46. Combien se sont fixés à Montréal ? Assez pour que les parages de la rue Cheneville acquièrent le surnom de

---

10. John Irwin Cooper, *Montreal, a Brief History*, pp. 18-19. (#)
11. *Id.*, « The Social Structure of Montreal in the 1850s » in CHAR, 1956, pp. 64-65.

« petit Dublin », et que le vieux Griffintown soit peuplé presque exclusivement d'irlandais. On peut ainsi présumer que le fort accroissement de la population montréalaise enregistré dans la décennie 1851-61, à savoir un accroissement de 56%, reflète en partie cette immigration massive d'irlandais. Un bon nombre ont réussi à survivre comme employés à la construction des canaux, du pont Victoria, ou dans les chantiers navals du canal Lachine.

Le recensement de 1851, par exemple, reflète bien cette supériorité britannique dans l'immigration d'outre-mer. En effet, sur les quelques 57,715 personnes qui habitent la ville à cette date, à peine les deux tiers (38,514), d'origine française ou autre, sont natifs du Canada. Des 19,201 restants, 11,736 sont natifs d'Irlande, 3,150 d'Écosse, 2,858 d'Angleterre, 919 des États-Unis, 133 seulement de France et 405 d'autres pays.[12] Avec le temps cependant, cette prépondérance des éléments britanniques s'effacera pour faire place à une immigration plus variée, qui sera à l'origine de la vocation multiraciale et cosmopolite du Montréal du 20e siècle. On note ainsi la venue des juifs russes — ils sont six mille à Montréal en 1900 — de syriens, d'italiens, de chinois, etc., qui forment peu à peu de solides communautés, établies souvent dans des quartiers spécifiques, comme en témoigne le quartier chinois (Chinatown).[13]

Cependant l'immigration d'outre-mer ne peut expliquer à elle seule la croissance remarquable de la population de l'agglomération montréalaise durant cette période. La vérité est que cette immigration étrangère est doublée par une puissante immigration locale des ruraux canadiens-français attirés par la ville. Quel est l'ordre de grandeur de cette immigration locale ? Bien qu'il soit impossible ici encore d'avancer des chiffres précis, on peut présumer qu'elle dépasse toutes les autres. On ne saurait, en effet, expliquer autrement le fait que la grande plaine rurale de Montréal renferme moins d'habitants en 1931 qu'elle n'en possédait en 1861 ; que la ville elle-même, en majorité britannique durant les années 1840, redevienne en majorité française à partir de 1870, alors même que l'immigration française d'outre-mer ne se chiffrait qu'à quatre ou cinq mille personnes pour toute cette période allant de 1861 à 1931.[14] Cooper note pertinemment, à ce sujet, que les sept Canadiens français, Rivard, Beaudry, Beaugrand, Grenier, Desjardins, Villeneuve et Préfontaine, qui furent maires de Montréal entre 1879 et 1902, étaient tous nés à l'extérieur de la ville.[15]

---

12. *Recensements du Canada (1665-1871)*, pp. 202-207.
13. Cooper, *Montreal, a Brief History*, pp. 94-95.
14. Blanchard, *op. cit.*, pp. 228-233 et 281-288.
15. Cooper, *Montreal, a Brief History*, p. 92.

33. *Montréal vers 1870, vue de la montagne.*

34.  L'entrée du canal Lachine vers la fin du 19ᵉ siècle.

Or c'est cette venue à la ville d'un nombre considérable de ruraux canadiens-français qui explique en définitive le grand essor de l'industrie manufacturière montréalaise et ses principales caractéristiques. Repliés dans les campagnes après la Conquête, fortement encadrés par la structure paroissiale et maintenus dans un état de soumission à une Église qui répudie la ville et enseigne le dédain des richesses matérielles, sans argent, sans instruction ni connaissances techniques, sans tradition ni expérience dans les grandes affaires ou l'industrie, ces futurs urbains ne peuvent évidemment pas prendre en mains les leviers du développement industriel. Ceux-ci leur échapperont complètement, pour passer à des mains étrangères, en majorité britanniques, qui importeront capitaux et connaissances techniques. Par contre, ces ruraux constitueront une main-d'œuvre idéale pour les industries à bas niveau technique et à bas salaire, de production des biens de consommation courante (aliments, vêtements, etc.), biens d'autant plus en demande que Montréal est de loin l'agglomération la plus populeuse du Canada. Cooper est formel sur ce point : « No people (were) better adapted for factory hands, more intelligent, docile, and giving less trouble to their employers... » [16] En excluant les industries reliées au transport, c'est la présence de cette main-d'œuvre abondante, capable et peu exigeante, combinée à la facilité d'approvisionnement en matières premières, qui favorise la prépondérance dans le paysage industriel montréalais de la fin du siècle dernier de minoteries, de raffineries, de filatures de coton et autres textiles, d'ateliers de confection, de fabriques de chaussures, de manufactures de tabac, de brasseries, etc. ; en somme d'industries transformant des produits d'origine agricole.[17]

Voilà bien ce que révèle le recensement de 1871. Pour une agglomération montréalaise qui comprend 22,784 personnes engagées dans les manufactures, les industries de fabrication de chaussures, de vêtements et de tabac emploient à elles seules presque la moitié de ces effectifs. En 1911, à la toute fin de cette période victorienne, alors que 78,000 personnes sont engagées dans les manufactures montréalaises, l'industrie du vêtement vient en première place, occupant pas moins de dix pour cent de ce personnel ouvrier, et produisant les deux tiers de la production canadienne. La métallurgie, stimulée par les besoins du transport et par les nouvelles techniques de construction en acier, se classe deuxième. Mais immédiatement après vien-

---

16. Id., « The Social Structure of Montreal in the 1850s », p. 69.
17. Voir Albert Faucher et Maurice Lamontagne, « History of Industrial Development » dans *Essais sur le Québec contemporain*, pp. 23-37.

nent les manufactures de tabac, les minoteries, les raffineries et les filatures de coton. Il y a là une constante révélatrice.[18]

Signalons enfin que ces deux courants principaux d'immigration, celui des Britanniques d'outre-mer et celui des ruraux canadiens-français de la grande plaine, accentuent la division de l'agglomération en deux pôles distincts d'agglutination. Il est vrai que la ségrégation raciale, dans les villes industrielles du 19e siècle, est un phénomène universel. Disraéli, grand homme d'État, et romancier, a fait état, pour son temps, des « deux nations » qui cohabitent dans les villes industrielles ; d'autre part, le fameux Dr William Channing, de Boston, exprimait la même réalité, lorsqu'il écrivait en 1841 : « In most large cities, there may be said to be two nations, understanding as little of one another, having as little intercourse as if they lived in different lands. »[19] La seule mais importante différence, c'est qu'à Montréal, ces « deux nations » de Disraeli ou de Channing ne sont plus une simple métaphore pour désigner le clivage de deux classes sociales selon des strates économiques, mais correspondent bien à deux groupes, divisés sur le plan racial et linguistique, comme sur le plan social et économique. Car dans la métropole canadienne, la classe dirigeante et possédante recrute généralement ses adhérents chez les anglophones, tandis que la classe pauvre et prolétaire se compose globalement de francophones. Mais plus encore, cette division est physiquement inscrite dans le sol et reflétée par le domaine bâti. Gabrielle Roy a trouvé une tournure heureuse pour décrire cette réalité : « Ici, le luxe et la pauvreté se regardent inlassablement, depuis qu'il y a Westmount, depuis qu'en bas, à ses pieds, il y a Saint-Henri. »[20]

Cette division très réelle de Montréal en deux villes distinctes, trois si l'on tient compte de l'existence d'une population mixte et mouvante, de prédominance juive, greffée sur l'axe du boulevard St-Laurent, et qui fait office de tampon entre les deux groupes linguistiques, est un phénomène qui a retenu l'attention de presque tous les observateurs et visiteurs qui nous ont livré leurs impressions sur ce Montréal de l'époque victorienne. Le thème des « deux solitudes », développé par C. H. Farnham dans un important article sur Montréal, écrit en 1889, est normalement sous-jacent à ces observations.[21] Qu'il nous suffise de citer quelques lignes de la

---

18. Blanchard, *op. cit.*, pp. 271-276 ; Jean Delage, « L'industrie manufacturière » dans *Montréal économique*, pp. 183-241.
19. Asa Briggs, *Victorian Cities*, p. 64.
20. Gabrielle Roy, *Bonheur d'occasion*, p. 33.
21. *Harper's New Monthly Magasine*, June 1889 ; article reproduit en partie dans Edgar Andrew Collard, *Call Back Yesterdays*, pp. 202-208.

description de Montréal parue dans *Picturesque Canada*, en 1882 :

There is no fusion of races in commercial, social or political life, the differences are sharply defined, and appear to be permanent... It is easy to trace the two main divisions of population of Montreal. Taking St. Lawrence Main Street as a dividing line, all that is east of it is French, and all that is west of it is English speaking. The two nationalities scarcely overlap this conventional barrier, except in a few isolated cases. [22]

Suivons le développement topographique de la ville durant cette période, pour prendre connaissance des patrons qui président à l'implantation de ces groupes humains.

### 3. L'impact de l'industrie

Que l'on se rappelle ici la ville des années 1830, au moment où l'église néo-gothique d'O'Donnell inaugure de surprenante façon l'ère de l'architecture victorienne dans la colonie. C'est encore une petite ville toute tournée vers son noyau commercial originel, moteur premier de ses activités économiques. Elle possède bien sa ceinture de faubourgs, St Antoine, St Laurent, Québec, pour nommer les principaux, mais ceux-ci ne sont pas encore très étendus. Ils ne peuvent guère l'être d'ailleurs, car la distance qui les sépare du centre des activités économiques est un facteur limitatif. De plus, ces faubourgs offrent peu de possibilités d'emploi, le développement industriel n'y étant encore qu'embryonnaire : quelques tanneries, la petite savonnerie de Griffintown, ou la brasserie des Molson. C'est pourquoi le développement urbain se confine encore en majeure partie à la basse terrasse, et ne dépasse guère les limites du territoire juridico-administratif de la ville elle-même, telles que fixées en mai 1792, et qui correspondraient *grosso modo,* aujourd'hui, comme nous l'avons déjà constaté, à l'avenue Atwater au sud, des Pins à l'est, et à la rue Frontenac au nord.

L'industrialisation va cependant transformer complètement ce tableau. Car non seulement l'industrie, en créant des sources d'emplois, attire-t-elle main-d'œuvre et population, mais, à une époque où des moyens adéquats de transport et communication intra-urbains n'existent pas encore, elle a une influence directe sur la structure même du peuplement et sur l'orientation topographique du développement urbain. L'influence que les nécessités de la défense avaient eue sur la structuration de l'occupation humaine de l'île montréalaise est désormais dévolue à l'industrie.

---

22. George Monro Grant, ed., *Picturesque Canada. The Country as it Was and Is,* 1, p. 112.

C'est la région du canal Lachine qui s'industrialise la première. C'est normal, car le site est bien servi par le transport par eau, ensuite par le rail, et les écluses du canal fournissent une précieuse énergie hydraulique. C'est pour ces raisons, par exemple, que la minoterie Ogilvie et la raffinerie de sucre Redpath s'installent à son embouchure. Donc, dans le prolongement sud du vieux Griffintown, de part et d'autre du canal, se développe rapidement un quartier ouvrier qui prendra le nom de Ste-Anne, et que certains qualifieront de « Little Lowell » ou « Fall-River ». Cette agglomération recrute ses habitants principalement parmi les immigrés irlandais pauvres, qui dénichent des emplois dans les chantiers navals et autres industries ne réclamant pas une main-d'œuvre très spécialisée, telles les minoteries. La construction du pont Victoria — chantier gigantesque pour l'époque — et l'établissement des ateliers du Grand-Tronc à Pointe-Saint-Charles, sont autant de facteurs qui contribuent à favoriser le peuplement de ce territoire. On dénombre déjà 18,639 personnes dans ce quartier, dès 1871. En 1911, le quartier Sainte-Anne peut être judicieusement considéré comme la capitale de l'industrie : ses chantiers navals, ses manufactures et usines de toutes sortes emploient désormais plus de monde que le quartier ne possédait de résidents quarante ans plus tôt (19,000 employés), soit près du quart de tous les ouvriers engagés dans l'industrie montréalaise. [23]

Cependant, le développement industriel dans cette région du canal Lachine ne se confine pas à ce seul quartier. Il se déplace encore vers le sud-ouest, à l'extérieur des limites municipales de Montréal, sans doute parce que le quartier Ste-Anne est rapidement saturé, mais également pour échapper au fardeau des taxes municipales. Ce nouveau territoire, envahi par le développement industriel, sera éventuellement organisé en trois municipalités distinctes, à savoir Saint-Gabriel, Sainte-Cunégonde et Saint-Henri, comptant une main-d'œuvre engagée en prédominance dans le travail des métaux. Leur population atteint déjà 15,770 habitants en 1881, et trois fois plus vingt ans après (48,063). [24]

C'est dans cette « vallée » industrielle, dont on aperçoit aujourd'hui, des hauteurs de l'échangeur Turcot, le sombre et désespérant panorama, que sont apparues les plus évidentes tares sociales et la plus sordide dégradation de l'environnement qui n'ont que trop caractérisé, malheureusement, la ville industrielle du 19e siècle. À Montréal, comme ailleurs, les longues heures de travail, les bas

23. Canada, *Recensement 1870-71*, 1, pp. 38-39 ; Blanchard, *op. cit.*, pp. 275 ss.
24. Canada, *Recensement 1880-81*, 1, pp. 52-53 ; *Fourth Census 1901*, 1, pp. 104-105.

salaires, l'exploitation des femmes et des enfants comme source de main-d'œuvre à bon marché seront monnaie courante. À Montréal comme ailleurs, l'une des plus importantes contributions de l'âge victorien à la ville sera le taudis. [25] Ainsi, dans une étude sociologique très avancée pour l'époque (1897), intitulée *The City Below the Hill* et portant sur une superficie d'environ un mille carré incluant une partie des quartiers Ste-Anne et St-Antoine, Herbert Brown Ames, industriel de la chaussure et, comme plusieurs de ses contemporains, réformateur social, a dégagé certains faits qui témoignent bien des conditions pénibles dans lesquelles vivaient ces populations. Concernant les conditions d'habitation et d'environnement, par exemple, Ames a montré que certaines rues possédaient des densités variant entre 200 et 300 personnes l'acre, que la moitié des logements de l'aire d'étude pouvaient être considérés comme surpeuplés, c'est-à-dire logeant plus d'une personne par pièce habitable, que la moitié des logements occupés ne possédaient pas de toilette intérieure, qu'une grande partie de ce secteur, cette partie appelée assez symboliquement « the swamp », et renfermant quelque 15,000 résidents, ne possédait, pour tout espace libre et vert, que le petit square Richmond, soit à peine un acre. Aussi peut-on rapprocher de ces conditions d'habitation et d'environnement le fait que le taux de mortalité dans cette aire d'étude s'élevait en moyenne à 22.47 par mille, avec des secteurs noirs, où ce taux atteignait jusqu'à 40 et 44, alors que le taux de mortalité dans les opulents quartiers résidentiels de la « city on the hill » (Westmount, etc.) n'était à la même date que de 13 par mille résidents. [26]

Plus près de nous, Gabrielle Roy, dans son roman social *Bonheur d'occasion* (roman qui fut un des bons succès de la littérature internationale), a décrit le quartier St-Henri avec les mêmes images empruntées à la pauvreté, la misère, l'ennui, la dégradation des hommes, de leurs habitats et de leur environnement...

> Autrefois, c'étaient ici les confins du faubourg ; les dernières maisons de Saint-Henri apparaissaient là, face à des champs vagues ; un air presque limpide, presque agreste flottait autour de leurs pignons simples et de leurs jardinets. De ces bons temps, il n'est resté à la rue Saint-Ambroise que deux ou trois grands arbres poussant encore leurs racines sous le ciment du trottoir.

> Les filatures, les élévateurs à blé, les entrepôts ont surgi devant les maisons de bois, leur dérobant la brise des espaces ouverts, les emmurant lentement, solidement [27].

25. Robert Furneaux Jordan, *Victorian Architecture*, p. 18.
26. Herbert Brown Ames, « *The City below the Hill* ». A Sociological Study of a Portion of the City of Montreal, Canada, pp. 41-47.
27. Roy, *op. cit.*, p. 28.

Vision de désespoir et d'injustice, inévitable, à une époque où le
« laissez faire » est érigé en doctrine, à une époque où ces agglomérations surgissent dans le chaos le plus absolu, poussées par des forces
aussi impérieuses qu'aveugles : par un appétit de profits et de confort
d'une classe d'audacieux, celle des spéculateurs sur la consommation,
la main-d'œuvre et les terres, et par des hordes humaines en quête
de la nourriture quotidienne, classe de travailleurs d'autant plus mal
rémunérés qu'ils sont sur le marché de la compétition trop nombreux
et peu qualifiés. Comment s'étonner alors que les quartiers ouvriers
aient été dépourvus des équipements collectifs les plus élémentaires ?
Ainsi, par exemple, Blanchard nous rappelle que Ste-Cunégonde sera
dépourvu d'aqueduc jusqu'en 1879, et d'égout jusqu'en 1887. [28]
Comment s'étonner alors que cette croissance spontanée de l'agglomération ne transforme guère les structures de l'ancien domaine
rural envahi ? Une grille orthogonale de rues, uniforme et monotone,
ne fait que superposer sur l'ancien patron de division des terres des
côtes rurales. Nous avons déjà traité de ce sujet au chapitre deuxième.

À l'exemple de Saint-Henri et de Sainte-Cunégonde, et comme
ces municipalités, ne devant son explosion démographique qu'au
développement industriel, lui-même bientôt accéléré par l'apparition
de l'électricité, une autre banlieue ouvrière bourgeonne rapidement
à l'extérieur des limites de la ville de Montréal, mais cette fois du
côté nord. Situé dans le prolongement nord du vieux faubourg de
Québec, le village d'Hochelaga présentait de fait un site idéal à
l'établissement de l'industrie lourde, grâce à sa proximité du port et
à la présence de la ligne de chemin de fer du Pacifique. Avec
l'établissement des usines Angus sur ce territoire, c'est en définitive
le chemin de fer qui constituera l'une de ses plus importantes sources
d'emploi. Après le quartier Sainte-Anne, cette agglomération d'Ho ·
chelaga-Maisonneuve apparaît comme la concentration industrielle
la plus importante en 1911, offrant du travail à pas moins de
15,000 ouvriers. [29]

À l'intérieur des limites administratives de la ville de Montréal,
les anciens faubourgs, St-Antoine, St-Laurent et Ste-Marie (nouveau
nom pour le faubourg Québec), maintenant considérés ou subdivisés
en quartiers, s'industrialisent parallèlement au quartier Ste-Anne et
aux banlieues extérieures, et connaissent une croissance remarquable.
Les industries légères de consommation courante, telles celles du
vêtement, produit d'autant plus en demande que le climat est rigou-

---

28. Blanchard, op. cit., p. 292.
29. Ibid., p. 276. La municipalité d'Hochelaga sera en grande partie
annexée à Montréal en 1883, le reste prenant le nom de municipalité de
Maisonneuve.

reux, dépendant peu ou presque pas du transport par bateau ou par rail, trouvent dans ces quartiers une main-d'œuvre abondante déjà en place, doublée d'un marché en pleine expansion. Ainsi St-Antoine devient le principal centre de l'industrie de la chaussure. Sa population passe de 23,925 résidents en 1871, à 48,638 en 1911. À cette dernière date, elle déborde déjà, depuis un certain temps, vers les pentes magnifiques du mont Royal, vers Côte-des-Neiges, Côte-St-Antoine, le futur Westmount et Notre-Dame-de-Grâce, qui deviendront des municipalités autonomes en 1881. Quant au faubourg St-Laurent, centre de l'industrie de la confection, il est désormais subdivisé en plusieurs quartiers : St-Laurent, St-Louis, St-Jacques, plus une partie intégrée du quartier St-Antoine. Le quartier Saint-Laurent est le premier à entamer profondément la terrasse de la rue Sherbrooke, et le célèbre boulevard St-Laurent, l'artère et l'épine dorsale de ce développement vers le nord-ouest, pointe résolument de l'avant, suivi de près par les rues Bleury, St-Urbain et St-Denis. Perpendiculairement à ces artères, une série de rues consolident progressivement la conquête du monde urbain sur le monde rural. Enfin le quartier Ste-Marie devient un centre d'accueil pour les canadiens-français en quête de travail. Ses manufactures de chaussures et de tabac attirent en effet une main-d'œuvre habile, mais particulièrement conciliante, parce que démunie. Véritable agglomération de prolétaires, au même titre que Ste-Anne et St-Henri, et qui engendrera un environnement urbain tissé d'uniformité et d'ennui, sa population passera de 13,695 résidents en 1871, à 54,910 en 1911. Ce rythme d'accroissement démographique sera à peu près suivi par les quartiers St-Jacques et St-Louis qui lui sont adjacents ; ces quartiers font plus que doubler leur population dans le même laps de temps. [30]

Comme on a pu le constater, l'industrie a joué un rôle majeur dans l'éclatement du cadre traditionnel de Montréal, et dans l'orientation du développement urbain. Cet éclatement fut également favorisé par deux autres facteurs. D'abord par le démembrement par Mgr Bourget, en 1865, de l'ancienne et unique paroisse de Montréal. Ce démembrement accélère le peuplement des banlieues, en assurant les nouveaux venus que des paroisses, unités administratives ecclésiastiques, mais aussi bases de l'organisation sociale, seront fondées selon les besoins. Et nul doute que ces besoins se font déjà pressants, puisque dès les deux années suivantes St-Jacques, St-Patrice (1866), Notre-Dame-de-Grâce, St-Enfant-Jésus du Mile-End, St-Henri, la

---

30. *Ibid.*, pp. 288-296 : Canada, *Recensement 1870-71*, 1, pp. 38-39 ; *Fifth Census 1911*, 1, p. 110. Paul Gauthier, « Montréal et ses quartiers municipaux », BRH, 67, no. 4, Octobre, novembre, décembre 1961, pp. 115-135.

Nativité d'Hochelaga, St-Vincent-de-Paul et Ste-Brigide (1867) deviennent des paroisses autonomes. La loi des corporations municipales, votée par le gouvernement de Québec en 1876, permettra aux paroisses d'être incorporées comme municipalités civiles, ce qui accentuera la décentralisation. Le second facteur favorisant l'éclatement du cadre traditionnel concerne les progrès techniques constants dans la mise sur pied des services urbains, telle l'utilisation de tuyau de fonte et de fer pour aqueducs et égouts, et du gaz pour l'éclairage des voies publiques, etc.

Cependant, cette décentralisation n'est encore que partielle. Car à cause de l'absence de moyens adéquats de communication et de transport de masse intra-urbains, les populations doivent s'agglutiner près des sources d'emplois, autour des manufactures et des usines, ce qui explique la haute densité des premiers quartiers industriels comme ceux de Ste-Anne et de St-Henri. Ainsi ne trouve-t-on pas à Montréal avant la fin du 19e siècle des banlieues ou quartiers purement résidentiels.

Le changement décisif apparaît en 1861, à la suite de l'inauguration d'un service d'omnibus à chevaux, par la City Passenger Railway. Ce service, malgré ses inévitables limitations, se développe rapidement, et offre pour la première fois aux travailleurs la possibilité de vivre éloignés de leur milieu immédiat — souvent sordide et dégradant — de travail. Voilà ce qui explique maintenant que des quartiers comme celui de St-Laurent montent rapidement à l'assaut de la seconde terrasse, site magnifique, réservé jusque-là aux riches banlieusards pouvant se permettre des équipages. En 1888, ces omnibus à chevaux transportent annuellement plus de huit millions et demi de passagers. Le changement est encore plus prononcé à partir de 1892, alors que les premiers tramways électriques sont mis en service et ont tôt fait de reléguer les omnibus à traction animale dans le domaine des souvenirs. À la fin de leur première année de mise en service, ces tramways ont déjà transporté deux fois plus de passagers que les omnibus à chevaux en 1888 ; rapidité et régularité, hiver comme été, apparaissent comme les plus grands avantages de ce service. Sans compter que des lignes régionales (pour l'époque) relient bientôt Montréal à des communautés éloignées. Ainsi le Park and Island Railway desservira Lachine et Sault-au-Récollet, entre autres, tandis que le Montreal Island assurera le même service pour l'Est, pour Maisonneuve et le Bout de l'Ile. [31]

La transformation complète des moyens de transport qui, à l'échelle nationale et régionale, avaient tant fait pour concentrer les

---

31.  Cooper, *Montreal, a Brief History*, pp. 104-106.

activités d'échange et de production a Montréal, et pour déclencher le processus d'urbanisation, sera, à l'échelle de la ville elle-même, un facteur premier de grande dispersion ou exurbanisation des populations, dispersion que l'automobile ne tardera pas à accentuer. Avec le tramway électrique, puis avec le téléphone, apparu en 1879 [32], la distance et les difficultés de communication, qui avaient été un facteur contraignant dans la ville frontière, ne sont plus un obstacle désormais à l'extension du domaine bâti. Les conséquences sont immédiates : la banlieue purement résidentielle devient une réalité. Ainsi Westmount, riche banlieue huppée, passe de 3,000 résidents en 1891 à 8,856 en 1901 et à 14,579 dix ans plus tard. Dans ce cas précis, ce n'est pas tant l'accroissement des résidents qui est notable que celui des « châteaux » qui s'accrochent aux flancs du mont Royal. Outremont, autre banlieue résidentielle, qui possède beaucoup d'affinités avec celle de Westmount et qui est quasi inexistante en 1881, se réclame en 1911 de 4,820 résidents. Du reste, ce ne sont pas seulement les banlieues élégantes qui profitent de cette abolition des distances : le comté de Maisonneuve, composé de faubourgs industriels, croît à un rythme prodigieux, passant de 65,178 âmes en 1901, à 170,998, dix ans plus tard ! Un autre exemple est Verdun, ce vieux fief dont nous avons parlé au deuxième chapitre, qui avait vu son développement retardé par les inondations fréquentes d'une partie de son territoire et par son éloignement du centre des activités de Montréal. Dès qu'une digue est construite, pour le protéger des crues du fleuve, et dès que les transports de masse le mettent à la portée des sources d'emplois et d'échanges, sa population s'accroît rapidement : 296 habitants en 1891, 1,898 en 1901, 11,619 en 1911. Enfin Lachine connaît lui aussi un boom extraordinaire, attirant non seulement une population nombreuse, mais aussi des industries fort importantes, témoins des progrès technologiques en cours, telles la Dominion Bridge en 1882 et la Canadian General Electric dix ans après. [33]

Le mouvement de fondation de paroisses, qui suit le démembrement de la paroisse de Montréal, en 1865, indique très bien le rythme de cette urbanisation de l'île. Par exemple, de 1870 à 1900, 17 paroisses françaises et 3 paroisses anglaises sont fondées sur le territoire montréalais ; entre 1900 et 1920, ces fondations doubleront : 38 paroisses françaises, 8 anglaises et trois néo-canadiennes. [34] Et comme la loi des corporations municipales de 1876

---

32. La lumière électrique apparaît également durant cette année de 1879.
33. Canada, *Fifth Census 1911*, 1, pp. 103-108. La construction du pont du Canadien Pacifique sur le Saint-Laurent, en 1886, marque le début du Lachine moderne.
34. Laplante, *op. cit.*, pp. 85-86.

permet à chaque paroisse de s'incorporer en municipalité, la paroisse, d'abord unité administrative ecclésiastique, est désormais acceptée comme unité civile territoriale. Tout le pourtour juridico-politique de la ville de Montréal se fractionne ainsi en petites municipalités autonomes ; et si, en 1871, on ne comptait que quatre villes et trois cités, sur l'île montréalaise, en 1901, on compte déjà 11 villes et 8 cités. [35]

Toutefois, beaucoup de ces municipalités de fortune auront une courte vie : soit sous les pressions d'un trop proche voisinage avec le géant montréalais, comme ce fut le cas pour Hochelaga et St-Jean-Baptiste, soit à cause d'intérêts identiques, comme dans le cas de St-Henri, de Ste-Cunégonde ou de Maisonneuve, soit le plus souvent parce que ces petites municipalités ne sont pas, financièrement, en assez bonne posture pour s'équiper à elles seules en services nécessaires à une vie urbaine décente, un grand nombre seront successivement annexées à Montréal. Il serait fastidieux d'énumérer ici toutes ces annexions : par exemple, entre 1883 et la fin de la première guerre mondiale, on en compte pas moins d'une trentaine, qu'il s'agisse de villes populeuses, comme St-Henri avec ses 21,000 résidents ou St-Louis avec 35,000, ou de petits villages, comme Côte-des-Neiges ou Villeray. Retenons simplement que c'est par ce mouvement d'annexions que la ville de Montréal abandonne ses anciennes limites municipales, fixées en 1792, pour s'étendre au point de cerner désormais des municipalités restées autonomes, telles Westmount et Outremont, et d'étendre sa juridiction jusqu'aux rives de la rivière des Prairies. [36]

Abolition des distances, accroissement prodigieux de la population, extension considérable du territoire administratif, sont autant de facteurs qui affectent le caractère même de la vieille cité. Celle-ci s'engage dans un processus de transformations morphologiques, qui la rendront totalement différente de la petite cité qu'avaient planifiée au début du 19e siècle les commissaires McGill, Richardson et Mondelet. Essentiellement, la cité se vide progressivement de ses résidents et des fonctions sociales, pour laisser la place aux seules fonctions commerciales et administratives. Ces dernières en viennent à occuper tout le territoire du coteau St-Louis. La rue St-Paul, qui avait été l'artère privilégiée des commerçants de détail, devient le centre des commerces en gros et des entrepôts, profitant en ce sens de la proximité du port et des services ferroviaires. Pour leur part, les marchands détaillants occupent progressivement la rue Notre-Dame, puis la rue St-Jacques ; enfin, sous l'impulsion des Morgan, Birks, Ogilvy et Dupuis, les premiers à y aménager leurs commerces au

35. *Ibid.*, p. 90.
36. Blanchard, *op. cit.*, pp. 294-296.

début des années quatre-vingt-dix, la rue Ste-Catherine deviendra la rue commerciale par excellence de la métropole. En même temps, les riches demeures de la rue St-Jacques abandonnent cette artère aux banques, à la finance et aux journaux, pour occuper la terrasse Sherbrooke : pendant que cette rue St-Jacques devient la Wall Street du Dominion, la rue Sherbrooke acquiert un caractère de richesse et un air de distinction qui la feront qualifier par certains voyageurs en mal de comparaisons de champs Élysées montréalais ! Enfin, comme l'administration publique prend une ampleur considérable à la suite de l'accroissement du territoire administratif et de l'augmentation importante du nombre des citoyens, à la suite de la concentration des activités d'échange et de production, de nouvelles structures s'imposent : l'hôtel de ville, le palais de justice, le bureau de la poste, etc., auront tôt fait, avec l'apport des fonctions commerciales et financières, de transformer la ville « cathédrale » de Dollier de Casson en une « city » d'époque contemporaine.

## 4.  L'architecture victorienne

On a pu facilement se rendre compte par la lecture des paragraphes précédents qu'à l'époque victorienne, Montréal ne reflète plus l'influence de la classe des seigneurs. En théorie, d'ailleurs, sinon toujours en pratique, les Sulpiciens ont renoncé à la propriété de l'île, en 1838. S'ils avaient constitué la classe dirigeante sous le régime français, s'ils avaient tenté de maintenir leur rang à l'arrivée des marchands anglo-saxons par une alliance tacite avec l'aristocratie Tory, ils s'effacent désormais devant la montée de cette classe, celle des commerçants et des industriels, nouvelle bourgeoisie active et besogneuse, bien décidée à promouvoir l'ordre nouveau. Des cinq maires qui se succèdent à la tête de Montréal durant la décennie 1850-1860, à savoir Fabre, Wilson, Staines, Nelson, et Rodier, seul Nelson représente l'ordre ancien : tous les autres sont des commerçants ou des industriels. [37]. Cette nouvelle caste dirigeante possède son évangile ; fortune et confort en sont les fins dernières, et les moyens pour atteindre ces fins sont la libre entreprise, l'audace et l'ambition.

Comme l'époque précédente avait livré ses monuments typiques, avec les deux églises Notre-Dame qui se sont succédé sur la place d'Armes, cette ère nouvelle devait produire de nouveaux monuments témoignant des nouvelles valeurs : la bourgeoisie monopolise l'architecture. Il apparaît ainsi très symbolique que dans les quartiers industriels, les cheminées des usines pointent désormais aussi haut que les clochers des églises, et que les immenses élévateurs à grain

---

37.  Cooper, « The Social Structure of Montreal in the 1850s », pp. 72-73.

construits le long du port regardent maintenant de haut les deux tours de l'église Notre-Dame d'O'Donnell. De même, il est significatif que l'hôtel de ville de Montréal, construit en face du Château de Ramezay, l'écrase de sa masse et de la prodigalité de sa décoration, que les gares Bonaventure, Windsor ou Viger concentrent plus de personnes que la place d'Armes ou le Champ-de-Mars, que l'un des édifices les mieux réussis du point de vue architectural durant cette période est une banque, la Banque de Montréal, de John Wells.

L'image architecturale du Montréal victorien est évidemment plus complexe que celle de l'époque précédente, et elle ne saurait se limiter à quelques édifices qui manifestent des prétentions sociales. Car cette ère, qui a connu des progrès sans précédent dans les domaines des sciences et de la technique, qui a connu des transformations révolutionnaires dans les domaines des communications, du transport et de la production, qui a précipité l'urbanisation et présidé aux premières grandes concentrations humaines dans la ville, se devait de fournir des solutions nouvelles aux fonctions et aux problèmes nouveaux. Et ce n'est pas sans raison que le premier pont à enjamber le fleuve, le pont Victoria, en est un pour chemin de fer, réalisé selon une conception nouvelle, avec des matériaux nouveaux. Car la spécialisation de plus en plus poussée des fonctions réclame des programmes architecturaux et des structures appropriés. Pour la première fois, par exemple, l'entrepôt, l'édifice commercial, l'usine, la gare, etc., apparaissent. Pour la première fois, des édifices commencent à augmenter en hauteur, se stabilisant d'abord à cinq ou six étages, puis dépassant ce palier, dès que l'ascenseur le permet. Pour la première fois encore, l'habitation des hommes va perdre son caractère familial et individuel — sauf pour ceux qui possèdent les moyens de faire de leur résidence le signe de leur prospérité — pour devenir un simple produit de consommation, soumis aux critères de la rentabilité économique, et faisant un large appel à la standardisation et à la préfabrication industrielle.

Cependant, l'architecture est plus qu'une fonction, plus que l'expression d'une technologie : elle est le reflet des cultures et des idéologies, elle est forme et esprit. Ainsi, les Canadiens français, passés pour la plupart d'un univers rural, à peine dégagé d'une gangue médiévale, à un monde urbain moderne, tenteront de conserver, comme une dernière sécurité dans leur dépaysement, leurs valeurs ancestrales et traditionnelles. Celles-ci trouvent encore et toujours leur meilleur véhicule d'expression dans l'architecture religieuse. Et Farnham, auteur de l'analyse sociologique sur les « deux solitudes » montréalaises, soulignera pertinemment que les églises paroissiales des quartiers francophones ne sont pas aussi remarquables par

leur architecture que par le fait qu'elles révèlent une vie religieuse
encore tout empreinte de traditions médiévales, et conservée avec
une merveilleuse vigueur jusqu'au 19e siècle. [38] Pour le reste, ayant
très peu de contrôle sur l'économie, ces montréalais subissent
le développement plutôt qu'ils ne le modèlent : l'environnement
de leurs quartiers populaires en fait foi. Au niveau des édifices de
prestige, sauf quelques rares exceptions comme la nouvelle cathédrale St-Jacques, érigée en bordure du square Dominion, sauf
l'hôtel de ville, œuvre de l'architecte Perrault, ou le Monument
National, siège de la très nationaliste Société St-Jean-Baptiste, et
dont l'architecture est d'une prétention ridicule, les banques, les
édifices commerciaux, les gares, les spacieuses résidences et autres
bâtiments d'intérêt architectural, témoignent surtout des idéaux d'une
classe dirigeante et possédante, qui recrute ses adhérents presque
exclusivement chez les Anglo-Saxons. En examinant l'architecture
victorienne de Montréal, il ne sera donc pas inutile de connaître
quelques traits de la mentalité, et quelques caractéristiques culturelles de ces Anglo-Saxons, trop souvent dépeints superficiellement
comme « committed to commerce and valuing modernity, progress... » [39].

Les historiens nous apprennent qu'au rationalisme du 18e siècle
a succédé le romantisme du 19e, et que le pendule de l'histoire —
c'est là une caractéristique constante de la pensée humaine — a tenté
de corriger par des excès contraires les excès de la période classique.
La période victorienne, en opposition au rationalisme de la période
classique, va donc se distinguer par un déferlement de passions,
de sentiments, d'émotions. Et les Victoriens, du moins ceux qui ont
atteint gloire et fortune, seront des individualistes très conscients de
leur personnalité, et très désireux de l'exprimer selon un scénario
de leur cru. Leur attitude devant l'architecture ne sera plus celle
des siècles précédents, où des critères objectifs d'ordre, d'harmonie,
de beauté, avec un grand B, avaient présidé à la création architecturale. Au contraire, ils tenteront de traduire par l'architecture leurs
vertus, leurs forces et leur excentricité, comme leur individualité ou
leur opulence. Pour la première fois sans doute, l'architecture ne sera
plus appréciée comme un art soumis à ses propres règles, mais comme
le symbole d'une réalité que l'on admire ou que l'on aime. Ainsi
Pugin, en Angleterre, associera l'architecture gothique à sa passion
pour le catholicisme, et la Cambridge Camden Society essaiera de
faire revivre la ferveur religieuse du Moyen Âge par le stimulant d'un
style architectural. De même, l'autoritaire Mgr Bourget, à Montréal,

---

38. Edgar Andrew Collard, *Call Back Westerdays*, p. 207. (#)
39. *Ibid.*, p. 176.

a voulu ériger un symbole tangible de l'attachement du peuple québécois au Saint-Siège, en prenant la basilique de St-Pierre de Rome comme modèle pour sa nouvelle cathédrale St-Jacques (aujourd'hui Marie-Reine-du-Monde). Et c'est dans les styles historiques, du style grec au style baroque, que les Victoriens puiseront leurs symboles, respectant, au début, l'intégrité de chaque style, mais à la fin, les mélangeant sans vergogne les uns aux autres, dans une dernière tentative de véhiculer des messages par des excitations visuelles.

Cette attitude de complaisance envers un passé idéalisé peut paraître surprenante pour une époque qui a dompté la vapeur et usiné le fer ; et il est étrange qu'une société qui a jeté le pont Victoria à travers le St-Laurent, ce pont tubulaire si moderne par ses principes structuraux comme par ses matériaux, se soit en même temps complue dans le néo-gothique de Christ Church, dans le néo-baroque de la cathédrale St-Jacques, ou dans cette architecture type « château de la Loire » de la gare-hôtel Viger. Cette attitude s'explique peut-être par l'absence de racines culturelles, chez cette bourgeoisie qui accède au pouvoir et à la fortune. Des siècles de culture avaient pétri les nobles de l'ancien régime. L'émerveillement au cours des voyages, la prise de connaissance d'une architecture passée, à travers les récits, les gravures, les recherches archéologiques, sont le propre de gens culturellement instables, ayant débuté dans la vie, le plus souvent, sous le signe de la pauvreté et de l'inculture. Cette caractéristique de la classe dirigeante apparaît plus prononcée dans les colonies britanniques, notamment au Canada, que dans la mère patrie.

Car, comme l'a souligné avec maîtrise Arthur Lower, pour la classe dirigeante britannique canadienne, le romantisme de l'époque fut le plus souvent synonyme de nostalgie, ce type de nostalgie que ressent l'exilé ; [40] nostalgie d'un empire, le plus grand que les hommes aient connu, dominant le monde par ses progrès scientifiques et ses vertus, attachant autant d'importance à l'archéologie qu'aux sciences de l'avenir, appréciant d'un même œil le Parlement de Londres et le Crystal Palace ; nostalgie qui rendit la majorité des Britanniques canadiens plus britanniques que les Britanniques eux-mêmes. Comme l'avoue un monsieur Ballantyne, l'un de ces fils d'Albion habitant la forteresse britannique montréalaise du « Square Mile » : « Nous n'étions pas une vulgaire petite minorité... au sein d'une colonie faiblement peuplée. Nous étions les orgueilleux citoyens et bâtisseurs d'un empire le plus grand, le meilleur que le monde ait jamais vu. » [41]

---

40. Arthur R.M. Lower, *Canadians in the Making; a Social History of Canada*, pp. 212-225.

41. Murray Ballantyne, « J'ai grandi au Canada français » dans *Le Canada français aujourd'hui et demain*, pp. 56-57.

Il n'est donc pas surprenant qu'à une époque où chacun avait droit à ses émotions et à ses sentiments, ceux qui, dans la colonie lointaine, ont accaparé pouvoir, prestige et fortune aient demandé à la mère patrie, cette « Land of Hope and Glory », des expressions architecturales traduisant leur nostalgie et leur appartenance. Et comme la navigation à vapeur a considérablement réduit les distances, les influences culturelles de la Grande-Bretagne seront ressenties et embrassées rapidement dans le Dominion. Ainsi le Parlement d'Ottawa sera de style néo-gothique comme celui de Londres ; ainsi Christ Church sera fidèle aux canons de la Cambridge Camden Society ; ainsi encore Montréal aura son mauvais Crystal Palace, dix ans à peine après celui de Londres, et son plus ou moins mauvais pont tubulaire Victoria, dix ans après la construction du Britannia Bridge, au Menai Strait.

Remarquons cependant que l'architecture victorienne n'est pas, à Montréal, une simple copie de celle de la Grande-Bretagne. Elle s'enrichit ou se dégrade (selon les monuments et les points de vue) en une série d'autres influences extérieures qui reflètent bien encore les effets de la situation géographique de Montréal et de son cosmopolitisme. L'influence, entre autres, des puissants voisins du sud se fera sentir dans plusieurs monuments ; et comme les Américains commencent à produire des architectes de grand renom, tel un Richardson ou un Sullivan, ces influences auront d'heureux résultats. Mais, en règle générale, tant dans l'architecture publique que dans celle des nantis, cette architecture victorienne montréalaise a tendance à être moins sobre qu'en Grande-Bretagne, plus flamboyante, souvent même vulgaire, témoignant indécemment des réussites de l'argent et du prestige des parvenus.

C'était inévitable, dans une ville dont le port est le lieu d'arrêt obligé de tous les immigrants qui viennent tenter fortune dans le Dominion d'Amérique. Montréal, durant cette période, devient le centre d'un cosmopolitisme, coloré d'un brassage d'affaires, d'influences et d'idées, qui la feront comparer par Arthur Lower à un Shanghai canadien. [42] Et comme beaucoup d'immigrants en quête de fortune, les écossais surtout, y réussissent au-delà de leurs espérances, il était également inévitable qu'ils fissent montre de leurs réussites aux yeux de tous. Car rien ne compense mieux les risques encourus, que d'afficher les succès qu'ont procurés l'initiative et l'audace.

In perhaps no section of the Colonies, constate un observateur, have Englishmen and Scotchmen made more of their opportunities

---

42. Lower, *Canadians in the Making*, p. 247.

than in Montreal. There is an air of prosperity about all their
surroundings which at once impresses the visitor. Taken all in all,
there is perhaps no wealthier city area in the world than that
comprised between Beaver Hall Hill and the foot of Mount Royal,
and between the parallel lines of Dorchester and Sherbrooke Streets
in the West End. [43]

C'est là le quartier des audacieux qui ont fait littéralement le Canada :
riches marchands, fondateurs des compagnies de navigation et de
commerce international, constructeurs de chemins de fer, grands
patrons de l'industrie, magnats de la finance, en un mot, princes
du Nouveau Monde et de la Nouvelle Ère qui, dans une tentative
de se glorifier eux-mêmes, devaient emprunter à l'ancien régime les
signes extérieurs de la bonne naissance : châteaux, jardins et grandes
serres, pour perpétuer l'été dans ce Dominion du Nord.

Dans le cadre de l'étude de l'architecture et de l'environnement
à Montréal, durant cette période victorienne, nous analyserons
d'abord les édifices publics et religieux. Ensuite nous nous tournerons
vers l'architecture commerciale, laquelle, avec cette époque de
spécialisation des structures, commence à émerger comme digne
d'intérêt. Enfin nous analyserons l'habitation des hommes et son
environnement, en essayant de dégager ce qui peut constituer un
héritage valable pour la Métropole. Toutefois, il faudra bien garder
en tête que les édifices dignes de retenir notre attention ne seront pas
toujours ceux qui peuvent paraître les plus valables, du point de vue
de l'esthétique — nous nous intéressons avant tout ici à l'architecture
la plus susceptible de nous faire découvrir l'essence de Montréal — ni
uniquement ceux qui furent construits durant le règne de la reine
Victoria. Car avant même que la reine Victoria ne monte sur le trône,
l'église Notre-Dame d'O'Donnell témoignait déjà d'une attitude toute
victorienne, concernant l'architecture ; attitude qui se prolongera
malheureusement bien des années après que cette grand-mère des
rois d'Europe eut laissé son trône à ses descendants.

---

43. Grant, *op. cit.,* pp. 113-114.

36. La Banque de Montréal vers 1870. John Wells, arch. ; édifice complété en 1848.

35. Le marché Bonsecours vers 1870. William Footner, arch. ; édifice commencé en 1842.

37. *L'ancien palais de justice vers 1864, John Ostell et H.-Maurice Perrault, arch., 1849-57.*

38. *Le marché Bonsecours et le port vers 1870.*

40. *La cathédrale anglicane Christ Church vers 1870. Frank Wills et Thomas S. Scott, arch., 1857-59.*

39. *Église Saint-Patrick. Pierre-Louis Morin et Félix Martin, arch., 1843-47.*

42. *La cathédrale Saint-Jacques en construction. Joseph Michaud et Victor Bourgeau, arch., 1875-85.*

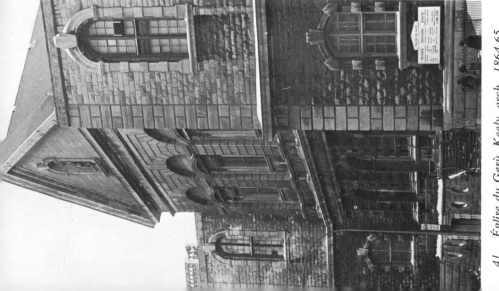

41. *Église du Gesù. Keely, arch., 1864-65.*

# 8

## Entre le bon et le médiocre:
## l'architecture publique
## et l'architecture religieuse

One thing is certain — there is something in architecture generally, and Canadian architecture in particular,
for everyone to enjoy.
Alan Gowans. [1]

### 1.  De l'architecture néo-classique à l'architecture néo-gothique

L'église Notre-Dame, de l'architecte irlandais O'Donnell, avait
inauguré d'une manière naïve, mais convaincante, l'ère de l'architecture victorienne à Montréal et dans la Province. Cependant, il
ne faudrait pas en conclure que l'architecture victorienne est uniquement assimilable à la renaissance du style gothique, bien que cette
renaissance ait connu une fortune particulière au Canada, dont elle
constituait la première expression nationale en architecture. Loin
d'être un style en elle-même, l'architecture victorienne est avant
tout assimilable à une attitude particulière devant cet art, à un état
d'esprit qui s'exprimera par un recours aux styles historiques. Et de
fait, comme l'a souligné Jordan, aucune architecture ne nous renseigne
davantage sur les hommes qui l'ont réalisée, sur leur arrogance comme
leurs doutes. [2] À Montréal, le néo-gothique ne sera qu'une expression
parmi d'autres, quoique bien recherchée par l'architecture religieuse.
Pour ce qui est de l'architecture des édifices publics, elle continue,
pour le moment, à s'inspirer du classicisme romantique, marqué du

---

1.  Alan Gowans, *Building Canada: an Architectural History of Canadian Life,* p. xix. (#)
2.  Robert Furneaux Jordan, *Victorian Architecture,* p. 19.

sceau de la renaissance grecque, notamment dans des bâtiments comme le marché Bonsecours et l'ancien palais de justice.

De la construction du marché Bonsecours, on sait peu de chose, et guère plus de son architecte William Footner. Ce dernier aurait pratiqué à Montréal une partie de sa vie, et des édifices qu'il a construits on peut retenir le palais de justice de Sherbrooke, qui présente d'ailleurs quelques affinités stylistiques avec le marché. De celui-ci, on nous apprend qu'il coûta quelque 70,000 livres sterling, somme jugée extravagante pour l'époque. Cependant, aux dires des contemporains, la « beauté saisissante » de l'édifice valait cette dépense. [3]

L'édifice nous est parvenu dans un état acceptable, après avoir subi tour à tour des inondations, des incendies — celui de 1946 consuma complètement le dôme — et l'assaut des commerçants, qui utilisèrent ses murs extérieurs pour y adosser leurs baraques. Précieux pour son architecture comme pour la place qu'il a tenue dans l'histoire de la ville et de la nation, il a en effet déjà servi d'hôtel de ville et de Parlement ; [4] il a été coûteusement restauré, ces dernières années, dans sa splendeur première, du moins pour l'extérieur ; car l'intérieur a dû être transformé pour répondre à des fonctions nouvelles d'ordre administratif.

Commencé en 1842, de dimensions appréciables (plus de cinq cents pieds de long), il dominait la rue des Commissaires et le port adjacent de toute la masse de ses trois étages et de l'élan de son dôme. [5] Et il ne fait aucun doute que Footner a conçu son édifice en rapport avec ce site exceptionnel : en approchant de la ville par le fleuve, c'était le premier édifice d'importance que les gens pouvaient apercevoir ; un rapide coup d'œil sur des gravures de l'époque suffit pour nous convaincre que l'architecte n'a pas manqué son effet. Il n'en a pas pour autant négligé de mettre en valeur sa façade, du côté de la rue St-Paul : le léger retrait de l'édifice par rapport à l'alignement des autres bâtiments contribue fortement à signaler sa présence. Cette solution est peut-être plus sympathique que l'ouverture d'une longue perspective (comme on aurait pu s'y attendre avec ce type d'édifice) qui aurait mis en valeur le portique et le dôme, au détriment de l'ensemble.

3. John Bland, « Effect of Nineteenth Century Manners on Montreal », JRAIC, 33, no. 11, November 1956, p. 417.
4. A la suite de l'incendie criminel du Parlement de l'Union, sur la place d'Youville en 1849.
5. A cause de la dénivellation de son site, le Marché présente deux étages du côté de la rue St-Paul, trois du côté de la rue des Commissaires.

En lui-même, le marché ne manque pas de caractère. Moins raffiné et moins chargé de prétentions culturelles que d'autres édifices contemporains qui lui ressemblent, tels le palais de justice et l'hôtel de ville de Kingston, il n'est pas dépourvu d'un certain pittoresque. Son portique aux magnifiques colonnes doriques, fondues en Angleterre, qui ressemble notablement au portique de l'église presbytérienne Saint-André à Niagara-sur-le-Lac (1831), et son dôme élancé confèrent à l'ensemble une allure naïve, mais altière, qui a dû être celle de la jeune métropole durant cette période pleine d'espoir et remarquablement prospère du début de la seconde moitié du 19e siècle.

Plus terne et plus classique est, ou plutôt était, l'apparence de l'ancien palais de justice. Construit à la suite de la démolition du précédent, incendié en juillet 1844, et sur le même site adjacent au Champ-de-Mars, il s'inscrit dans la tradition du classicisme britannique des Province House (1811-19), d'Halifax, et de Osgoode Hall (1829), de Toronto. Œuvre des architectes John Ostell et H. Maurice Perrault, qui avaient remporté le concours institué par le gouvernement à cet effet en octobre 1849, ce ne fut jamais un bâtiment bien réussi, quant au fonctionnement. Il faut ajouter cependant, à la décharge des architectes, que ces messieurs du Barreau firent changer substantiellement les plans, à plusieurs reprises, et se mêlèrent même de vouloir changer la composition plastique du palais, réclamant un portique copié sur celui de la Banque de Montréal, de John Wells, ou sur celui de l'église Notre-Dame d'O'Donnell. Comme on peut le constater, il s'agit là d'une attitude on ne peut plus victorienne.

Ce palais ne fut terminé qu'en février 1857, pour ne susciter que des plaintes : pièces mal éclairées, humides, absence d'une ventilation adéquate, et bientôt absence d'espace suffisant pour répondre aux besoins croissants. À cette dernière insuffisance, il fut remédié par la plus mauvaise des solutions, à savoir, par l'addition, en 1890-94, d'un étage supplémentaire, orné d'un dôme, qui a contribué à écraser complètement l'œuvre d'Ostell et de Perrault. Inutilement d'ailleurs, car à peine deux ans après l'addition de cet étage qui avait nécessité une reconstruction presque complète du bâtiment originel (seuls les murs extérieurs n'ont pas été changés) et exigé plus de deux fois le coût de la construction du palais lui-même, on se plaignait à nouveau de l'exiguïté des lieux. [6]

---

6. Voir Maréchal Nantel, « Le palais de Justice de Montréal et ses abords » dans *Les Cahiers des Dix*, 12, pp. 197-230.

Dans cet ensemble hétéroclite, aussi typique des écarts de goût des Victoriens que le sera la restauration de la chapelle Notre-Dame-de-Bonsecours, le portique originel à colonnes ioniques est bien le seul élément digne d'attention. Mais portique pour portique, il ne vaut pas celui de la Banque de Montréal. Car cette banque, située sur la place d'Armes, compte parmi les monuments les plus élégants de la Métropole. John Wells en fut l'architecte.

Comme dans le cas de Footner, on ne sait rien de très précis sur John Wells. Anglais d'origine, fut-il assez bon artiste pour exposer ses dessins d'architecture à l'académie Royale de Londres en 1823 et en 1828, comme le laisse entendre John Bland ? [7] Cela reste à prouver. À Montréal, outre cette banque, il aurait été l'architecte du marché Sainte-Anne, cet édifice qui fut par la suite transformé en Parlement de l'Union, et incendié d'une façon dramatique en avril 1849. Il l'aurait été aussi d'un bureau de poste, sur la rue St-Jacques, et de quelques autres bâtiments qui portent sa marque, sans que l'on sache cependant s'il en fut le concepteur ou le restaurateur. Lui et son fils pratiquèrent ensemble, non seulement comme architectes mais également comme paysagistes et arpenteurs (ils se sont notamment occupés de lotir le vieux domaine de Simon McTavish). D'après leur publicité, il semblerait qu'ils ne manquaient ni de connaissances ni de modestie : ils étaient prêts en effet à exécuter des travaux « in every variety of ancient and modern taste... as practised in Europe during the last century. » [8] Voilà de quoi répondre aux aspirations des Victoriens.

On peut cependant raisonnablement présumer que si les services de John Wells furent retenus pour construire la nouvelle Banque de Montréal, c'est sûrement parce que ce dernier jouissait d'une bonne réputation dans sa profession. Car la Banque de Montréal tenait à son prestige d'être l'institution la première en son genre et la plus puissante au pays. Pour témoigner des progrès accomplis, le nouveau siège social serait édifié juste à côté de l'établissement que la banque avait occupé de 1819 à 1848. C'est d'ailleurs pour la même raison que la banque fera appel, au début du vingtième siècle, à la grande firme des architectes newyorkais McKim, Mead & White, pour l'agrandissement de l'édifice de Wells.

De cet édifice original de Wells, il ne reste aujourd'hui que la façade qui donne sur la place d'Armes. Cela est suffisant pour apprécier son échelle, ses bonnes proportions et la vigueur de ses détails de pierre..., le tout supposant nécessairement une main habile

---

7.   Bland, *op. cit.,* p. 416.
8.   *Ibid.*

et entraînée. C'est une œuvre remarquable, tout comme le seront, en plan et en élévation, les transformations réalisées en 1903 par McKim, Mead & White, en particulier, la façade qui donne sur la rue Craig. Percy Nobbs, honnête architecte comme nous le verrons, jugea que cette dernière était la meilleure réalisation du genre à Montréal, sinon en Amérique. [9]

Aujourd'hui, avec l'érection tout près du gratte-ciel neutre, mais imposant, de la Banque Canadienne Nationale, la vénérable façade de John Wells cherche timidement sa place au soleil. Mais, à l'époque de sa réalisation, elle était digne de faire face, sur la vieille place d'Armes, à l'église Notre-Dame. L'une et l'autre étaient de bons témoins de l'époque victorienne. L'une parce qu'elle symbolisait, à travers son style néo-gothique, la ferveur religieuse, l'autre, parce qu'elle mettait au service d'une institution bancaire un style qui fut toujours un symbole de grandeur et de conquête.

Avec la banque de John Wells, Montréal s'approche pour la première fois du standing international, en architecture. Toute proportion gardée, sa façade soutient la comparaison, par exemple, avec celle de la célèbre banque des États-Unis (1818-1824), à Philadelphie, due à William Strickland. Durant cette même décennie, un autre édifice, un bâtiment religieux cette fois, devait venir confirmer l'excellence de l'architecture dans la métropole canadienne. Il s'agit de la nouvelle cathédrale anglicane Christ Church. Mais avant d'analyser cette église, considérons-en une autre du même style, l'église Saint-Patrick (1843-47), qui s'inscrit favorablement, elle aussi, dans l'évolution du néo-gothique au Canada.

Nécessitée par l'accroissement rapide de la population irlandaise à Montréal, accroissement consécutif aux grandes migrations du milieu du siècle — en 1841 on dénombre pas moins de 6,500 irlandais catholiques dans la ville — l'église Saint-Patrick fut érigée sur un site magnifique, que la proximité actuelle des gratte-ciel a quelque peu abîmé. Si elle apparaît, au moment de sa construction, comme l'église la plus importante de style néo-gothique après Notre-Dame, elle est digne d'attention pour d'autres raisons. Elle marque en effet un progrès sensible dans la compréhension des principes formels du gothique. Avec Saint-Patrick, le stade des boîtes classiques ornées de détails gothiques est heureusement dépassé.

L'église fut construite par Pierre-Louis Morin (1811-1886), architecte français, avec la collaboration étroite d'un jésuite, égale-

9. Percy E. Nobbs, « Architecture in the Province of Quebec during the Early Years of the 20th Century », JRAIC, 33, no. 11, November 1956, p. 418.

ment français, Félix Martin (1804-1886). Quelle fut la part de l'un et de l'autre dans cette réalisation, on ne sait trop. D'un côté, si l'on en juge par les critiques de Morin au sujet de Notre-Dame, il est indiscutable qu'il comprenait mieux le gothique qu'O'Donnell. D'un autre côté, Saint-Patrick reflète bien l'art d'un amateur consciencieux, tel que le pratiquait le Père Martin. Fondateur du collège Sainte-Marie, il en fit aussi les plans. C'était un ouvrage solide, mais naïf, qui s'inspirait probablement du palais de justice d'Ostell et Perrault. [10] Il faut, d'ailleurs, convenir que ce collège est devenu plus célèbre pour la qualité de son enseignement que pour celle de son architecture. Cependant, le Père Martin était peut-être mieux armé pour travailler dans le sytle gothique. Comme sa principale source d'information en architecture lui venait de son frère Arthur, il ne faut pas oublier que ce dernier s'était particulièrement illustré par un ouvrage monumental sur les vitraux de la cathédrale de Bourges, et qu'il était un conseiller recherché dans le cas de restaurations d'églises gothiques. [11] Quoi qu'il en soit, l'église St-Patrick, surtout l'abside, est remarquable à l'extérieur pour sa simplicité, pour l'emploi logique des matériaux, et pour son adaptation aux contraintes climatiques. Elle n'est malheureusement pas exempte d'une certaine lourdeur ; le clocher, notamment, manque nettement d'élan. Toutefois, il ne semble pas que ces défauts soient imputables aux architectes concernés, mais bien à M. Quiblier qui a joué, dans cette affaire, à titre de supérieur de St-Sulpice, le rôle de client. Après qu'on eut prévu un bâtiment sans clocher, de 180 pieds de longueur par 90 de largeur, M. Quiblier fit porter ces dimensions à 223 pieds par 105, et réclama une tour qui, au grand regret des architectes, n'atteindra jamais la hauteur recommandée.

Cette impression de lourdeur fait cependant place, à l'intérieur, à un véritable envoûtement, tant le volume est bien dégagé, vaste et élégant. L'observateur qui écrit dans la Minerve du 28 avril 1866, et qui fait une profession de foi victorienne en approuvant le recours à l'architecture gothique, non seulement parce qu'elle répond « aux

---

10. Aujourd'hui le collège Ste-Marie tel que conçu par Martin est méconnaissable : un étage a été ajouté en 1892, le dôme supprimé en 1913; le péristyle qui devait orner la façade du côté du boulevard Dorchester ne fut jamais réalisé, la façade du côté de la rue Bleury a été complètement transformée; enfin, le site même a été transformé par le haussement considérable du côté du boulevard Dorchester. Les autres bâtiments, qui auraient été construits sous la direction du Père Martin, l'église de Caughnawaga (1842) et le corps central du noviciat des Jésuites (1852) au Sault-au-Récollet, le révèlent davantage comme bon constructeur que comme bon architecte. Voir Paul Desjardins, Le Collège Sainte-Marie de Montréal, 1, pp. 211ss.
11. Ibid., pp. 180ss.

exigences du culte, mais de plus aux grandes idées qu'elle était appelée à représenter », a bien saisi le caractère dominant de Saint-Patrick, en signalant que « lorsqu'on entre dans l'église, on est frappé de ses belles proportions nettes et bien divisées. »[12]

Mais c'est avec la nouvelle église cathédrale Christ Church, construite sur la rue Sainte-Catherine en face du square Phillips, que la renaissance gothique atteint son apogée à Montréal. Cette église, complétée en 1859 et consacrée en 1867, avait été érigée pour remplacer la précédente Christ Church de la rue Notre-Dame, dont nous avons parlé au chapitre sixième, et qui fut détruite par le feu en 1856.

L'excellence atteinte dans l'expression gothique, d'une fidélité presque archéologique, par cettte nouvelle Christ Church reflète l'influence qu'exerça la Camden Society d'Angleterre sur l'architecture des églises anglicanes, à partir des années 1840. Fondée à Cambridge en 1839, cette société de personnes savantes préoccupées d'ecclésiologie en vint à s'intéresser à l'architecture religieuse non pas comme à un art soumis à ses propres critères, mais comme à un symbole visant à identifier la véritable Église catholique d'Angleterre. À une époque où l'architecture gothique était considérée par les britanniques comme un art essentiellement autochtone et des plus chrétiens, elle devint donc le mode d'expression le plus approprié. Mais ce n'était pas tout de penser que l'architecture gothique était la seule véritable architecture chrétienne : pour diverses raisons, une période de ce style était plus vraie, plus chrétienne, plus digne de symboliser l'Église anglicane et c'était la période du gothique dit « orné » ou « Édouardien ». Aussi, avec toute l'intransigeance qui l'a rendue célèbre, la Camden Society prétendait qu'il n'y avait que ce style, et lui seul, qui pouvait être toléré dans la construction et la restauration des églises anglicanes.[13]

Pendant quelque cinquante ans, presque toutes les églises anglicanes construites en Angleterre et dans le monde le seront selon les préceptes et les instructions de cette société ecclésiologique. Et il n'est pas étonnant que Christ Church à Montréal, la nouvelle cathédrale d'une communauté désireuse de faire valoir son identité dans une société en grande partie d'allégeance catholique romaine, d'affer-

12. « L'architecture en Canada », *La Minerve,* 28 avril 1866.
   A consulter concernant St-Patrick :
   Robert Liscombe, *The Story of Old St-Patrick.*
   Robert Hamilton Hubbard, « Canadian Gothic », *Architectural Review,* 116, no. 8, August 1954, pp. 102-108.
13. Voir Kenneth Clark, *The Gothic Revival ; an Essay in the History of Taste,* spécialement le chapitre 8, pp. 134-158.

mir ses attaches avec la Grande-Bretagne et d'afficher ses prétentions culturelles dans un milieu de langue et de culture françaises, se soit conformée de bonne grâce aux instructions et aux intransigeances de la Camden Society. Elle n'était d'ailleurs pas la seule Christ Church au Canada à subir l'influence de la Camden Society. Parmi les plus célèbres de ses homonymes, citons celle de Frédéricton, sûrement la plus remarquable d'Amérique, complétée selon les plans mêmes du grand architecte victorien anglais William Butterfield, l'architecte favori de cette Camden Society ; ou encore l'exemple type du produit « importé », la cathédrale anglicane de St-Jean, Terre-Neuve, dont même les pierres furent importées d'Écosse !

D'ailleurs, Frank Wills, d'Exeter et Salisbury, architecte des cathédrales Christ Church de Frédéricton et de Montréal, a été un propagandiste de ce type d'architecture ecclésiastique. N'a-t-il pas publié à New-York en 1850 un ouvrage sur l'*Ancient English Ecclesiastical Architecture* (Standard and Swords) ? Il ne manquait pas non plus de clientèle, construisant aux États-Unis pas moins d'une vingtaine d'églises entre 1840 et 1856. Bien qu'il n'ait pas dirigé les travaux de Christ Church à Montréal, il mourut en effet en 1857, avant même que les fondations ne fussent complétées, ses plans furent néanmoins suivis à la lettre. Ce n'est qu'à cette condition que Thomas S. Scott put prendre sa relève.[14]

Quoique Frank Wills fût un architecte inférieur aux Butterfield et Scott, qui furent par la suite consultés pour la construction des cathédrales anglicanes canadiennes, son œuvre montréalaise, qui prend pour modèle les églises anglaises du quatorzième siècle, à plan cruciforme régulier, reflète une bonne connaissance du gothique orné. Trop bonne, peut-être ; car, malgré certains détails originaux, tels les chapiteaux des arcades de la nef, qui représentent les feuillages de différentes essences d'arbres canadiens, l'église ressemble davantage à une maquette bien étudiée et raffinée qu'à un édifice original et consistant. Chose certaine, la meilleure vue que l'on puisse en avoir est du haut de la tour de la place Ville-Marie. De là, elle apparaît toute petite dans son écrin de verdure, exactement comme un bijou importé, délicat et exotique... ce qu'elle est peut-être en définitive. Enfin, malgré ses prétentions et ses qualités réelles, Christ Church nous laisse froids. Une œuvre d'architecture où l'amateurisme a compensé pour la science exacte, et l'imagination pour la copie, telle l'église St-Patrick par exemple, a plus de chance de nous émouvoir. Signalons néanmoins la grande élégance de sa flèche. L'une des seules à avoir jamais été construites en pierre du Canada, et sûre-

---

14. Hubbard, *op. cit.*, p. 107.

ment l'une des plus élégantes (127 pieds au dessus de la mer), elle fut démolie en juin 1927, à cause des fissures que son poids occasionnait aux fondations, pour être remontée en 1940, sur une ossature légère, en acier, recouverte de plaques d'aluminium spécialement traité pour imiter la pierre.[15]

## 2. L'architecture néo-baroque

On sait que la renaissance gothique a joui d'une faveur exceptionnelle au Canada, au point de devenir une expression architecturale vraiment nationale, au même titre que la renaissance classique aux États-Unis, dans la décennie 1820-1830. Ce n'est pas sans raison que les édifices du Parlement canadien à Ottawa sont de style néogothique. Montréal, qui avait inauguré ce mouvement avec l'église Notre-Dame d'O'Donnell, devait être témoin de la fécondité de cette expression. Cependant, en dehors de quelques édifices séculiers sans grande valeur architecturale, tel le Morrice Hall de l'université McGill, ou, plus tard, de quelques bâtiments inspirés du douteux style « Collège », tels certains de la faculté de médecine de la même université, ce style néo-gothique fut surtout réservé aux églises et autres édifices religieux.

Entre 1850 et 1900, on dénombre une grande quantité d'églises néo-gothiques, à Montréal et dans les municipalités avoisinantes. Sans posséder les qualités architecturales de St-Patrick ou de Christ Church, elles confèrent néanmoins à l'agglomération un caractère propre, qui permet au Baron Hulot d'écrire, à la fin du siècle, qu'au dessus « des « toits d'argent » qui scintillent se dressent les tours de Notre-Dame, le dôme de Saint-Pierre et les flèches d'une trentaine d'églises, plus ou moins gothiques »[16]. Ces églises appartiennent à diverses confessions, et font appel à une vaste gamme de variations du néo-gothique. Ainsi l'Église d'Écosse se signale par l'église St-Andrew, construite en 1850-51, sur l'emplacement de l'actuel édifice du Bell Telephone, sur la rue Beaver Hall. Elle était l'œuvre de l'architecte G. H. Smith. Mais c'est surtout avec sa nouvelle église St-Paul que cette confession presbytérienne se distinguera.[17] Inaugurée en 1868, et œuvre de Frederick Lawford, qui aurait été élève

---

15.   Philip J. Turner, « Christ Church Cathedral, Montreal », *Construction*, XX, no. 11, November 1927, pp. 347-354 ;
      Franklin Morris, « Christ Church Cathedral, Montreal », *Dalhousie Review*, 35, Summer 1955, pp. 176, 178.
16.   Baron Etienne Hulot, *De l'Atlantique au Pacifique à travers le Canada et le Nord des Etats-Unis*, p. 158.
17.   En remplacement de la précédente érigée en 1834 selon les plans de John Wells.

de Sir Charles Barry, elle fut peut-être l'église la plus intéressante après Christ Church et St-Patrick. Malheureusement, comme l'église St-Andrew, elle est aujourd'hui disparue : être située à l'angle des rues Dorchester et Ste-Geneviève n'était évidemment pas un gage de longue vie ! De cet architecte, Lawford, et de son partenaire, Nelson, on pourrait citer d'autres églises dans ce style, telle St-Jacques de l'Église Unie (angle Ste-Catherine et City Councillors), commencée en 1863, avec sa nef aux formes assez molles, garnie de galeries, partiellement cachée aujourd'hui derrière les façades des magasins de la rue Ste-Catherine ; telle également l'église St-Sauveur, église anglicane, à l'origine, construite en 1865, à l'angle nord-ouest de la rue St-Denis et du square Viger, et qui reproduit un style gothique anglais primitif. Parmi les autres exemples, on peut en signaler un bon dans l'église anglicane St-Georges, qui s'élève, menue et déli- cate, face à la massive gare Windsor. C'est l'œuvre d'un architecte dont nous aurons l'occasion de parler, William Thomas, qui avait remporté le concours institué à cet effet. Une autre église anglicane néo-gothique se distingue sans doute plutôt par son site que par son architecture : l'église St-Jacques-Apôtre, sise à l'angle nord-ouest des rues Ste-Catherine et Bishop. Signalons enfin, du côté protestant, cette faveur soutenue dont jouira ce style néo-gothique. Le recours à cette expression pour l'église presbytérienne St-Andrew et St-Paul (Sher- brooke ouest, angle Redpath) construite aussi tard qu'en 1932, en constitue une preuve.

Comparées à ces temples des religions protestantes, les églises catholiques témoignent en général de moins de raffinement et de fidélité historique. On se rappelle, par exemple, que John Ostell avait fait les plans de l'église St-Jacques, après le grand incendie de 1852. De nos jours, il en reste la façade rigide et son très haut clocher (275 pieds), qui, bien que conçu par Ostell, ne fut élevé qu'en 1880. Cette flèche unique constitue depuis lors un merveilleux point de repère dans le bas de la ville, et pour cette raison surtout, elle mé- rite d'être conservée. Dans l'ensemble, ces églises catholiques allient la naïveté dans l'emploi du néo-gothique, comme en témoignent des temples comme St-Joseph (rue Richmond), Ste-Catherine-d'Alexan- drie (angle Robin et Amherst) ou St-Édouard (St-Denis et Beaubien), au style vigoureux d'églises comme celle de St-Joachim (Pointe-Claire) et de St-Pierre-Apôtre, sur la rue de la Visitation, angle boulevard Dorchester, construite en 1851-53, œuvre du très versatile architecte Victor Bourgeau, dont nous parlerons abondamment dans quelques instants.

Cependant de ce côté français catholique apparaît rapidement une réaction contre le renouveau gothique. Si, pour le début de l'ère victorienne, on a pu parler d'une guerre des styles, il semble bien que cette guerre, au Québec, fut le reflet de rivalités qui opposaient la religion catholique romaine aux autres confessions. On a déjà pu constater que le recours aux formes gothiques pour l'église Notre-Dame était apparu comme un puissant argument pour voler la vedette à la première cathédrale Christ Church, de style classique. Il ne fait pas de doute, non plus, que la prolifération des temples néo-gothiques chez les protestants, dont le meilleur type sera la seconde cathédrale Christ Church, fut un important facteur pour expliquer le désintéressement certain dans lequel ce style est progressivement tombé du côté catholique. C'est le style néo-baroque qui comblera les vides, et un homme en particulier, peut être tenu responsable de ce changement : Monseigneur Ignace Bourget.

Mgr Bourget (1799-1885), qui succéda à Mgr J. Jacques Lartigue en 1840 sur le siège épiscopal de Montréal, apparaît comme une intéressante figure de type victorien. Habile, ambitieux et conservateur, certains diront réactionnaire, travailleur infatigable, aux idées bien arrêtées, sinon toujours très larges, il prit la tête d'une véritable régénération religieuse, qui marqua son époque. S'inscrivant dans la profonde tradition de l'ultramontanisme des Montmorency de Laval et de ses successeurs, épris d'une admiration sans borne pour Rome et pour tout ce qu'elle représentait d'autorité et de symbole pour l'église catholique montréalaise, Mgr Bourget poussa cet attachement au point de réclamer que des églises de son diocèse — dont sa cathédrale, copie de St-Pierre — soient des répliques des temples de la ville éternelle.

C'est par l'histoire de la construction du Gesù, sur la rue Bleury, qu'on peut le mieux saisir cette influence de Mgr Bourget sur l'architecture religieuse de son temps. Ayant assuré le retour des Jésuites au Canada en 1842, il les engagea à ouvrir un collège — ce sera le collège Ste-Marie — et une chapelle, pour l'exercice de leur ministère. Cette chapelle, d'abord incluse dans le collège, parut bientôt trop exiguë, et les Jésuites décidèrent de construire une église plus grande, à côté de leur institution. Des plans à cet effet furent tracés en 1861, par le Père Arthur Jones, qui avait appris son art auprès du Père Martin. Le bon jésuite choisit le style gothique, à savoir, « le beau style de St-Louis, celui de la Sainte-Chapelle, de la cathédrale d'Amiens, et, plus particulièrement celui de la cathédrale de Cologne... »[18] On peut constater ici que les Victoriens ne répugnaient pas à l'éclectisme ! Cependant le projet de Jones ayant paru trop coûteux à réaliser — sans doute une façon polie de lui faire

18. Desjardins, *op. cit.*, 2, p. 127.

sentir que l'on craignait son inexpérience — on demanda à la firme Lamontagne et Perrault de préparer des plans « en pur gothique XIIᵉ siècle ». De toute évidence, on tenait au gothique.

Or, ces plans préparés par Lamontagne et Perrault à la satisfaction des Jésuites, furent fermement refusés par Mgr Bourget. Pour lui, une église de sa ville épiscopale desservie par les Jésuites devait nécessairement s'inspirer du Gesù de Rome. En fait ce n'était pas tellement l'architecture du Gesù qui l'intéressait, mais bien le symbole que cette église de la contre-réforme représentait. Car il voyait dans l'érection d'une copie du Gesù à Montréal l'occasion d'impressionner les étrangers, c'est-à-dire les non-catholiques de la métropole. C'est ainsi que les architectes Lamontagne et Perrault furent appelés à modifier leurs plans pour répondre aux vœux de l'évêque.

Ces nouveaux plans durent paraître suspects, car on en vint à les faire modifier à nouveau par un architecte de Brooklyn, un certain Monsieur Keely, qui avait à son crédit la construction d'une couple de centaines d'églises, et qui s'était habilement vanté de connaître le Gesù « par cœur ». C'est selon ces derniers plans que fut construit le Gesù de Montréal, dans les années 1864-65.

Malgré les prétentions de l'architecte new-yorkais, le Gesù de Montréal n'offre aucune ressemblance avec son homonyme romain, si ce n'est par une décoration en trompe-l'œil, particulièrement horrible dans le cas de l'église montréalaise. Pour le reste, en plan, en volume comme en élévation, il faut se creuser l'imagination pour y retrouver des similitudes. Le plan à transept accentué, le collatéral de type basilical, l'absence de dôme, l'obscurité quasi permanente, tous ces éléments sont loin de rappeler le puissant volume unifié du véritable Gesù, avec sa lumière insinuante, baignant ses marbres, et avec les couleurs sensuelles de sa décoration. La façade principale également, pour laquelle Keely avait prévu deux clochers (ils ne s'élèveront jamais plus haut que la base des tours), est absolument sans rapport avec celle du Gesù de Rome, si ce n'est par un vague rappel du style baroque italien. Sans doute, pour Mgr Bourget, le nom du Gesù était-il magique et pouvait-il s'appliquer à tout bâtiment, pourvu qu'il ne fût pas de style gothique. Enfin, la seule valeur architecturale que l'on peut concéder au Gesù de la Métropole canadienne est qu'il laisse poindre une note de pittoresque qui fera la fortune des monuments victoriens à venir.[19]

La construction du Gesù ne constituait pas la première aventure de Mgr Bourget dans le néo-baroque. Depuis 1852, il songeait à

19. *Ibid.*, pp. 136-152.

reconstruire ou cathédrale, sur le modèle de St-Pierre de Rome.
Celle-ci nous montre bien l'influence prépondérante de l'évêque sur
l'architecture religieuse de son diocèse. Il ne s'en cachait pas, de
toute façon, en affirmant, par exemple, que c'était à « l'évêque seul
à fixer le plan et les principales dimensions des églises qui se (bâtis-
saient) dans son diocèse » et que son droit s'exerçait « sans autre
contrôle que celui du Souverain Pontife... » [20] Si l'Église anglicane
avait eu la Cambridge Camdem Society pour lui dicter ses choix
architecturaux, l'Église catholique de Montréal pouvait se targuer
d'avoir son évêque, infiniment moins compétent dans ce domaine que
la société ecclésiologique, mais non moins intolérant.

Si l'on songe que John Ostell et Victor Bourgeau furent tour
à tour les architectes favoris de Mgr Bourget, il n'est pas du tout
étonnant que l'un et l'autre aient produit des œuvres néo-baroques,
durant cette période. Ainsi Ostell surchargera le nouveau palais
épiscopal d'une façade et d'un lourd dôme baroques [21], et accolera
en 1852 à la délicieuse église de la Visitation du Sault-au-Récollet
une puissante et austère façade, d'un baroque très anglais. Au début
de ces années 1850 également, il dessina deux églises presque en
tous points identiques, d'un style que l'on pourrait qualifier de style
jésuite du 18e siècle : l'église Notre-Dame-de-Toutes-Grâces, et
l'église Sainte-Anne, respectivement situées dans les quartiers du
même nom. En prenant l'église Notre-Dame-de-Toutes-Grâces comme exemple, puisque l'autre fut démolie récemment, signalons que
sa façade offre plus de ressemblance avec celle de l'authentique Gesù
de Rome que le Gesù de Montréal, et semble avoir été inspirée pour
sa façade par celle que Chaussegros de Léry avait plaquée en 1721
sur l'église paroissiale Notre-Dame. Comme cette dernière, elle est
froide, robuste et sévère. Pour ce qui est de l'intérieur, il ne peut rien
nous apprendre, ayant été complètement transformé à la douteuse
manière « moderne » de l'après-guerre.[22]

Victor Bourgeau (1809-1888) paraît avoir été davantage influencé par ce penchant pour le baroque qui animait son évêque.
Fils d'un fermier de Lavaltrie, formé comme apprenti-sculpteur dans
la grande tradition des Quévillon et Baillargé, il n'avait pas la formation théorique d'un Ostell ou d'un Wells, mais possédait une
sûreté de goût qui compensait largement. Il fit une carrière remarquable comme architecte, ne construisant pas moins d'une vingtaine
d'églises, et en remodelant vingt-trois autres. À Montréal, Ste-Brigide,

20. *Ibid.*, p. 127.
21. Ce palais fut détruit dans le grand incendie du 9 juillet 1852.
22. Olivier Maurault, *Marges d'histoire*, 2, *Montréal*, pp. 247ss. Le
campanile fut érigé en 1926 par l'architecte J.-O. Marchand. (#)

entre autres, l'Hôtel-Dieu et le grand couvent des Sœurs Grises
(boulevard Dorchester), avec sa flèche splendide, sont de lui. Toute
son œuvre architecturale peut être caractérisée par trois qualités :
simplicité, solidité et économie. S'exprimant d'abord dans le style
néo-gothique — son premier travail aurait été de sculpter des détails
gothiques pour O'Donnell à Notre-Dame — il employa ce style
notamment pour son église montréalaise de St-Pierre-Apôtre (1851-
53) et pour la cathédrale de Trois-Rivières, en 1858. Progressivement, sous l'influence de Mgr Bourget, il en vint à s'intéresser au
style baroque italien. Ainsi son église de Ste-Rose, construite en
1850, est vaguement baroque. Mais après un voyage qu'il fit à Rome
en 1856, pour étudier sur place, sur la recommandation de Mgr
Bourget, la basilique St-Pierre semble lui avoir laissé une impression
profonde. Du moins la façade de son église de l'Assomption, dessinée
en 1859, est une modification de la façade de St-Pierre de Rome,
tandis que pour la façade de l'église de St-Barthélemy (1866-67)
à Berthier, il combinera le portail de l'église Notre-Dame de la place
d'Armes avec cette même façade de St-Pierre.

Cependant, ce n'est pas pour permettre à Bourgeau de parfaire
sa formation et pour étudier de plus près le baroque italien que Mgr
Bourget l'envoya à Rome en 1856. Son but était beaucoup plus
direct : Bourgeau devait étudier et mesurer la basilique Saint-Pierre,
afin de la reproduire à échelle réduite, à Montréal, en remplacement
de la cathédrale de la rue St-Denis, qui avait brûlé en 1852. Monseigneur avait décidé de frapper un grand coup avec sa nouvelle
cathédrale, et d'affirmer aux yeux de tous, par cette fidèle copie,
l'attachement fidèle de l'Église canadienne envers le Saint-Siège. Pour
rendre plus évidente la « gloire » de la religion catholique, il avait
même décidé d'aller frapper d'étonnement, dans leur propre retran-
chement, les protestants montréalais, et défier Christ Church sur son
propre territoire. Il choisit donc comme site de sa nouvelle cathédrale un emplacement situé près de la nouvelle gare Windsor du
Pacifique canadien, en plein cœur de la population protestante et
anglaise, au grand détriment de la population française et catholique,
que ce temple devait desservir. Il n'est pas étonnant que ce choix
ait suscité beaucoup d'objections, de même que le choix du modèle
architectural. Bourgeau lui-même s'opposa fermement à ce projet.
Pour lui, la basilique de St-Pierre de Rome ne se copiait tout simplement pas ; encore moins, à échelle réduite. Il est évident qu'il jugeait
ce projet avec le sens critique d'un architecte pour qui certains canons
d'échelle, de proportion, d'harmonie et de beauté, hérités de l'ancestrale tradition classique, s'avéraient toujours valables. Mais il est tout
aussi évident que Mgr Bourget jugeait l'entreprise sous un autre

angle, avec un esprit beaucoup plus victorien ; pour lui l'architecture était avant tout un symbole. Enfin, copier la basilique de St-Pierre de Rome lui conférait la meilleure assurance que sa nouvelle cathédrale ne serait pas à son tour plagiée par les protestants !

Obstiné, Mgr Bourget attendit son heure. Elle se présenta en 1871, prolongeant l'euphorie et l'enthousiasme qu'avait suscités la levée des zouaves pontificaux pour aller défendre les États du pape contre les visées de l'armée nationaliste italienne. L'occasion était unique : quelle plus grande marque d'attachement au Saint-Siège pouvait-il exister que la reproduction sur le sol canadien de la basilique St-Pierre de Rome elle-même ? C'est ainsi qu'en 1875, les travaux commencèrent, sous la direction du Père Michaud, un amateur, que le pauvre Bourgeau, malgré ses principes et ses objections, dut épauler de sa compétence et de son expérience. Il en résulta cet étrange monument, d'intérêt historique plutôt qu'architectural, néanmoins, composante essentielle à l'environnement familier du square Dominion.[23]

Avec la consécration de cette cathédrale St-Jacques en 1885, le style néo-gothique laissait définitivement la primauté aux styles italiens, à Montréal comme dans la Province. L'architecture religieuse se trouvait ainsi libérée comme d'un carcan, car les styles italiens, par leur grande variété, se prêtaient à une grande liberté d'expressions. Cette liberté devait à son tour contribuer à mettre l'accent davantage sur l'aspect visuel de l'architecture, et moins sur son aspect symbolique ou spatial. Ce sera le règne de l'image et du pittoresque, c'est-à-dire, d'une recherche d'effets visuels et plastiques empruntant leurs motifs aux divers styles historiques, et combinant ces derniers de façon à créer des ensembles attrayants.

Malheureusement, cette recherche de l'excitation visuelle ne sera pas toujours exemple de superficialité, parfois même, de vulgarité et de mauvais goût. Les exemples n'en sont pas rares, parmi les églises montréalaises construites à la toute fin du 19e et au début du vingtième siècle, plus particulièrement à cause de leurs façades ; car ce sera une constante de l'architecture victorienne de ne pas se soucier de l'unité entre les façades, les volumes et les plans. Citons au hasard les façades des églises St-Charles et St-Gabriel, situées côte à côte, sur la rue du Centre, à Pointe-St-Charles, ou celle de l'église St-Enfant-Jésus (angle St-Dominique et boulevard St-Joseph). Celle-ci compense cependant par sa situation face à un délicieux square. Mais le sommet de cette escalade pédante sera sans aucun

---

23. Maurault, *op. cit.*, pp. 269-291 ; Gowans, *op. cit.*, pp. 109-111.

doute atteint par l'érection à partir de 1925 de l'oratoire St-Joseph, sur le mont Royal.

### 3. Les styles Second-Empire et Beaux-Arts

Si l'on passe en revue les édifices publics et religieux qui furent construits durant cette période victorienne, on est forcé de reconnaître que plusieurs semblent échapper aux diverses catégories de styles que l'on a pu discerner jusqu'ici, à savoir le néo-classique, le néo-gothique et le néo-baroque. [24] Certains bâtiments comme l'hôtel de ville, la gare Windsor ou la bibliothèque St-Sulpice semblent en effet devoir se placer dans des catégories différentes. Ces édifices ne sont évidemment pas des chefs-d'œuvre, pas plus qu'aucun de ceux que nous avons analysés jusqu'ici ; mais ils sont suffisamment nombreux et distinctifs pour justifier une recherche plus approfondie.

En mettant côte à côte l'hôtel de ville, le nouveau Bureau de Poste, l'hôtel Windsor et d'autres bâtiments moins importants mais significatifs, tels les banques Molson et des Marchands, ou le Dominion Block, on est immédiatement frappé par certaines caractéristiques communes à tous ces édifices. [25] D'abord ces constructions s'imposent par leur masse : elles sont fermement ancrées au sol et occupent lourdement leur place. Ensuite, en élévation, elles se distinguent par une composition tridimensionnelle, dont l'élément distinctif est le toit mansard, visuellement affirmé, le plus souvent à niveaux variables et accentuant certaines parties de l'édifice. Le tout est habillé d'un singulier mélange, très riche plastiquement, d'éléments Renaissance et Baroque, mélange que Hitchcock qualifie assez pertinemment de modulation pompeuse d'un renouveau Renaissance.[26] Parfois certains éléments georgiens ne sont pas exclus dans ce mélange, comme dans le cas de l'hôtel Windsor ; mais dans l'ensemble ce sont les motifs empruntés aux palais florentins et romains de la Renaissance qui

---

24. Dans cette optique, on aurait pu identifier d'autres styles « néo » tels le néo-roman (couvent des Sœurs Grises, boul. Dorchester), le néo-byzantin (chapelle Notre-Dame-de-Lourdes, rue Ste-Catherine) et autres. Cependant ces expressions sont nettement moins répandues que celles citées ici.
 25. Localisation de ces édifices :
  Bureau de Poste : angle nord-est des rues St-Jacques et St-François-Xavier. Démoli.
  Banque des Marchands : angle nord-ouest St-Jacques et St-Pierre ; plusieurs étages ont été rajoutés.
  Banque Molson : angle sud-est des rues St-Jacques et St-Pierre.
  Dominion Block : angle nord-ouest McGill et St-Paul.
 26. Henry-Russel Hitchcock, *Architecture : Nineteenth and Twentieth Centuries*, p. 132. (#)

44. *La bibliothèque Redpath de l'université McGill. Sir Andrew Taylor et Gordon, arch., 1890-91.*

43. *Le Bureau de Poste. H.-Maurice Perrault, arch. ; édifce complété en 1873.*

45. *L'hôtel de ville de Montréal. H.-Maurice Perrault, arch., 1872-78.*

46. *L'hôtel de ville de Montréal en reconstruction en 1923.*

48. Édifice commercial situé au 366-68 ouest de la rue Notre-Dame (aujourd'hui, édifice Belt-Rinfret).

47. Édifice commercial situé au 417 de la rue des Récollets.

49 et 50.   Façades à squelette de pierre.

51.   L'intérieur du restaurant Privett, rue de l'Hôpital.

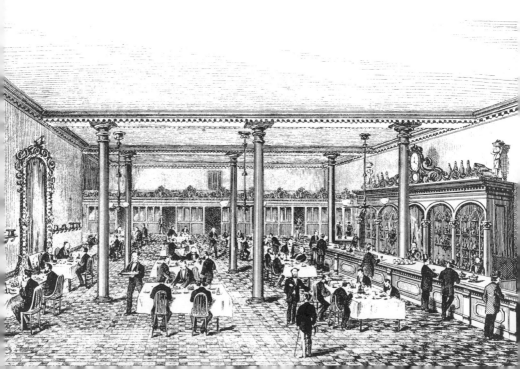

dominent, et qui confèrent à ces édifices une texture facilement identifiable.

Ces édifices s'inscrivent dans une version nord-américaine du style Second-Empire d'origine française. Comment ce style, qui connut une vogue quasi universelle, est-il parvenu au Canada ? Directement de la France, ou par l'intermédiaire de l'Angleterre et des États-Unis ? Plutôt indirectement, car il apparaît à Montréal, passablement corrompu et affaibli. Du moins, au point de vue du style, l'hôtel de ville de Montréal se rapproche davantage de l'édifice du Département de l'État, de la Guerre et de la Marine à Washington (construit en 1871 par A. B. Mullet, et peut-être le meilleur exemple de ce style aux États-Unis), et l'hôtel Windsor, du Palmer House de Chicago plutôt que du monument qui a lancé cette mode à Paris, à savoir le Nouveau Louvre, de Visconti et Lefuel.

Il faut savoir que cet hôtel de ville qu'avait construit en 1872-78 H.-Maurice Perrault, ce même architecte qui avait remporté en 1849 avec John Ostell la compétition pour le palais de justice, était plus élégant que la reconstruction que nous possédons aujourd'hui. En effet, l'édifice de Perrault fut incendié en mars 1922, et sur les murs restés debout on a ajouté un étage supplémentaire et un haut toit mansard, faisant d'une composition volumétrique à l'origine, articulée par une tour centrale et des pavillons d'angle, un ensemble cubique beaucoup plus monolithique et paraissant presque aussi haut que large et profond.

En même temps qu'il construisait l'hôtel de ville, ce même Perrault achevait, en 1873, le nouveau Bureau de Poste, sis à l'angle nord-est des rues St-Jacques et St-François-Xavier, et qui fut par la suite transformé, puis enfin démoli, pour faire place à l'actuel édifice administratif de la Banque de Montréal. Ce fut là peut-être, dans la métropole canadienne, l'édifice de ce style Second-Empire le mieux réussi. Très homogène dans sa composition, garni de puissants toits mansards convexes, il était vigoureux et non dépourvu d'une certaine échelle monumentale, assez appropriée à sa fonction. Il faut cependant noter qu'il n'avait guère de rival de sa taille, et que les autres bâtiments de ce style étaient plutôt mineurs et moins intéressants par eux-mêmes que pour leur intégration dans le spectacle mouvementé et pittoresque des rues victoriennes. La banque Molson mérite néanmoins une mention ; elle rend justice à l'honnête talent de George Brown, cet architecte qui fut, du côté anglais, le plus prolifique, avec William Thomas, durant cette période.[27]

27. Bland, *op. cit.*, p. 416.

Pour ce qui est de l'hôtel Windsor, eh bien ! il était un exemple parmi tant d'autres de ces somptueux hôtels qui rappelaient, à travers le monde, la gloire et le cosmopolisme du Paris de Napoléon III. Construit sur le haut plateau longeant le boulevard Dorchester, face au plus vaste square de la cité, il constituait un excellent fond de scène à ce square Dominion. On n'a d'ailleurs qu'à prendre connaissance de la publicité faite autour de cet hôtel durant sa période de gloire, pour constater que ce palace était avant tout un décor destiné à loger de riches bourgeois nostalgiques,... décor constitué de grands halls « défiant toute tentative de description », ou de salons « Frescoed and furnished in strictly Egyptian style... » [28]. Ce palais des splendeurs victoriennes, qui fut le pied-à-terre obligé des princes et autres grands personnages a connu une triste fin. Il est tombé sous la dynamite et le pic des démolisseurs, pour dégager le site de l'actuel gratte-ciel de la Banque Impériale de Commerce. [29]

Une autre mode internationale d'origine française devait graduellement supplanter celle du Second Empire. Cette mode qu'il est convenu d'appeler de l'École des Beaux-Arts ou, plus improprement, de « style Beaux-Arts », tire précisément son origine de l'enseignement architectural donné à cette époque par l'École des Beaux-Arts de Paris. Et comme à partir de la seconde moitié du 19e siècle Paris devient la Mecque des architectes, un peu comme l'avait été Rome au 18e, il ne faut pas s'étonner que l'influence de cette École ait été importante, particulièrement chez les architectes du Nouveau Monde, pour qui un séjour à Paris était le complément obligé de leurs études ou de leur apprentissage. [30]

La manière des « Beaux-Arts » était basée sur les prémisses que l'architecture contemporaine devait s'inspirer des moments du passé, en les améliorant grâce aux ressources du présent. Mais ce recours à l'éclectisme n'était pas pour autant laissé à la fantaisie de l'architecte. Le symbole reprenait en quelque sorte ses droits et l'on avait établi d'autorité que les édifices contemporains devaient s'inspirer des styles historiques les plus aptes à traduire l'esprit de leurs fonctions. Ainsi le style roman était réservé aux abbayes et monastères, le style gothique ou byzantin aux églises comme il se doit, les styles romain ou de la Renaissance aux édifices publics, commerciaux ou domestiques, et ainsi de suite. [31]

28. Voir *The Winsor Hotel Guide to the City of Montreal and for the Dominion of Canada.*

29. Ce qui reste aujourd'hui de l'hôtel Windsor correspond à un agrandissement postérieur à l'édifice originel.

30. Hitchcock, *op. cit.*, p. 144.

31. Gowans, *op. cit.*, pp. 122-123.

À Montréal, comme il était prévisible, cette manière Beaux-Arts devait connaître une grande vogue, par le seul fait qu'une bonne partie de la population avait des attaches culturelles et sentimentales avec la métropole française, et que l'école des Beaux-Arts de Montreal allait emboîter le pas — pour trop longtemps malheureusement — à celle des Beaux-Arts de Paris.

Un des premiers représentants montréalais de cette manière Beaux-Arts fut J.-Omer Marchand (1873-1936), le premier Canadien français à avoir étudié à l'École des Beaux-Arts de Paris, de 1893 à 1903. De retour au Canada, il se fit surtout connaître comme spécialiste des styles ecclésiastiques. Sa cathédrale catholique de Saint-Boniface au Manitoba est typique de son genre et de ce style Beaux-Arts. À Montréal, on lui doit entre autres l'église Sainte-Cunégonde (1906), la chapelle du grand séminaire, rue Sherbrooke (1905-07), dont l'intérieur fut considéré à l'époque comme l'un des plus sérieux et des plus attrayants de la ville, [32] et surtout la maison mère des Dames de la Congrégation (1907) également rue Sherbrooke. Ce dernier édifice, de dimensions monumentales, est un bon exemple du recours aux formes romanes et byzantines pour exprimer le caractère religieux du couvent.

On pourrait établir une longue liste de ces édifices montréalais qui, à la fin du 19e siècle et au début du 20e, reflètent cette manière Beaux-Arts, en passant de l'hôtel de ville de l'ancienne municipalité de Maisonneuve jusqu'au prétentieux temple maçonnique (angle des rues St-Marc et Sherbrooke). Comme ils sont dans l'ensemmle assez médiocres, contentons-nous d'en signaler quelques-uns parmi les plus typiques de l'architecture publique ; l'architecture commerciale et domestique sera traitée dans des chapitres subséquents. D'abord il y a bien les deux bibliothèques d'Eugène Payette : la bibliothèque Municipale et la bibliothèque Saint-Sulpice, aujourd'hui bibliothèque Nationale. La première, avec ses puissantes colonnes corinthiennes monolithiques en granit, présente sur la rue Sherbrooke une monumentale façade romaine ; la seconde, qui se rapproche d'assez près de l'hôtel particulier parisien, est délicieuse et raffinée ; son plan est un reflet de l'influence de l'École française. On pourrait signaler également dans cette veine du style Beaux-Arts précisément ce musée des Beaux-Arts, rue Sherbrooke lui aussi, dessiné à l'antique par Edward & William Maxwell, et inauguré en 1912. Ou encore l'ancien édifice de la Bourse de Montréal (1904), rue Saint-François-Xavier, dont la composition architecturale et les ornements de marbre et de

---

32. Philip J. Turner, « The Development of Archiculture in the Province of Quebec since Confederation », *Construction*, 20, no. 6, June 1927, pp. 193-194.

bois précieux, à l'intérieur, rappellent le caractère architectural des édifices de la Rome impériale.[33]

Une petite réussite comme celle de la bibliothèque St-Sulpice, de Payette, ne saurait nous faire oublier cependant que cette manière Beaux-Arts aura une influence plutôt néfaste sur l'architecture montréalaise comme sur l'architecture universelle d'ailleurs. Surgissant à une époque où de nouveaux matériaux structuraux sont disponibles, où de nouvelles techniques de construction ont fait leur preuve, au moment même où les programmes architecturaux sont appelés à se transformer complètement pour répondre à des besoins inédits, issus de l'urbanisation, et à des échelles encore jamais imaginées, ce pseudo-style imposait un carcan à l'architecture, et la réduisait à n'être plus qu'une carapace étriquée enveloppant des fonctions qui n'avaient plus rien à voir avec l'éclectisme des formes et le symbolisme architectural d'un âge épuisé. Un exemple frappant de ce type d'architecture ampoulée est celui de l'école des Hautes Études Commerciales, face au square Viger. Oeuvre des architectes Gauthier et Daoust, cette structure fut considérée à l'époque de son inauguration comme « the finest and most dignified structure to that purpose in North America. »[34] Aujourd'hui, on serait porté à penser exactement le contraire. L'architecture commerciale aboutira au même cul-de-sac : devant répondre à des fonctions spatialement exigeantes, elle n'en demeurera pas moins esclave des formes et des concepts du Haut-Victorien. Cet aspect sera traité dans le prochain chapitre.

## 4.  Influences de Shaw et Richardson

À Montréal, sur ce plan des influences culturelles qui ont marqué l'architecture publique et religieuse, rien n'est simple. Cela est dû à sa situation géographique privilégiée et à son histoire particulière. Ainsi, avons-nous déjà vu, par exemple, que la rivalité religieuse entre catholiques et protestants avait contribué à l'apparition du néo-gothique et du néo-baroque. On a également pu constater que les styles français Second Empire et Beaux-Arts avaient trouvé un écho particulièrement propice, dans cette ville où une grande partie de la population est de culture et d'expression françaises. Ce-

---

33. « Bibliothèque Saint-Sulpice, Montréal. Eugène Payette, architecte. » (Portofolio of current architecture), *The Architectural Record*, XLI, no. 4, April 1917, pp. 341-348.

Thomas W. Ludlow, « The Montreal Art Gallery ; E. & W.S. Maxwell, architects », *The Architectural Record*, XXXVII, no. 2, February 1915, pp. 132-148.

34. Turner, « The Development of Architecture in the Province of Quebec since Confederation », p. 194.

pendant, Il ne faudrait pas oublier que les influences des pays anglo-saxons y trouvaient également une terre d'élection. Comment expliquer autrement le fait que l'hôpital Royal Victoria, sur l'avenue des Pins, construit en 1887-93 par l'architecte londonien Saxon Snell, soit une réplique du Royal Infirmary d'Édimbourg ? ou que le style très personnel de Frank Lloyd Wright ait été plagié sans vergogne jusque dans les casernes de pompiers ? [35] Ces influences britanniques et américaines colorent d'une façon très spéciale quelques pièces d'architecture montréalaise à la toute fin du dix-neuvième siècle et au début du vingtième. Elles retiennent ici notre attention.

À cette époque, les influences anglo-saxonnes peuvent être ramenées globalement à trois principales. Il y a d'abord ce qu'il a été convenu d'appeler, à tort, le « roman » américain, qui s'avère avant tout être le rayonnement de l'œuvre du grand architecte américain, Henry Hobson Richardson. Il y a, deuxièmement, l'influence du très versatile architecte anglais Norman Shaw, qui était à l'Angleterre ce que Richardson était aux États-Unis. Plus imitée que celle de Richardson, l'architecture de Shaw s'avérait également plus variée dans ses thèmes. Enfin, face à ces deux géants qui ont recours, chacun à sa manière, à l'éclectisme, il y a cette réaction vers un classicisme plus pur, plus retenu, réaction que Hitchcock a surnommée la réaction Académique, dont les meilleurs interprètes furent sans doute McKim, Mead & White.[36]

De cette réaction Académique, en ne tenant pas compte pour le moment de l'architecture commerciale et domestique, on peut se contenter de citer deux bâtiments intéressants à Montréal. D'abord, il y a évidemment cette annexe à la Banque de Montréal, dont nous avons déjà parlé, dont la façade sur la rue Craig est typique du mouvement, et à ce titre, assez remarquable. Que ce bâtiment soit typique du mouvement n'a rien d'étonnant, puisqu'il a été érigé par McKim, Mead & White eux-mêmes, à un moment (1903) où ils atteignaient la parfaite maîtrise de leur doctrine architecturale et de leurs moyens d'expression. Le second édifice qui mérite de retenir notre attention est le Redpath Museum de l'université McGill. Inauguré en 1880, création des architectes Hutchison et Steel, cet édifice se réclame d'être une version romantique de la renaissance grecque. Mise en valeur par son site merveilleux, la masse de ce bâtiment est imposante ; ses proportions ne sont pas mauvaises non plus, bien que l'entablement du portique soit un peu lourd. Admettons que ce

---

35. Voir la caserne de pompier de l'ancienne municipalité de Maisonneuve, rue Notre-Dame, œuvre de Marius Dufresne en 1915.
36. Hitchcock, *op. cit.*, pp. 226-227.

musée Redpath gagne à être vu de loin : plus près, on peut constater que sa décoration manque de retenue, et que la façade en hémicycle, du côté de la rue McGregor, est assez curieuse. Ceci n'a cependant pas empêché cet édifice de figurer dans l'Histoire de l'Architecture Moderne de Ferguson. [37]

Pour ce qui est des influences de Norman Shaw et de Richardson sur le territoire montréalais, c'est précisément sur le campus de McGill qu'on en retrouve les meilleurs exemples. Cela s'explique aisément : cette université connaît à la fin du siècle une grande expansion, et elle aspire déjà à la réputation mondiale qui sera sienne quelques décennies plus tard. Comme McGill renferme tout ce qu'il y a de plus raffiné de l'intelligentsia anglophone, il est normal que cette haute classe d'intellectuels cherche à s'identifier à des monuments qui reflètent l'excellence architecturale du temps. Parmi ces monuments sur le campus, c'est sans doute la bibliothèque Redpath qui reflète le mieux cette excellence architecturale. Ainsi son style s'inspire du style très personnel — et qui connaîtra une vogue extraordinaire entre 1875 et 1890 — d'un des plus puissants architectes que l'Amérique ait produit : Henry Hobson Richardson. Bien que ce style de Richardson s'inspire lui-même du style roman, mais d'un roman qui n'a rien d'archéologique, il n'est cependant pas suffisant de qualifier son style de simple renouveau ou néo-roman. Il y a beaucoup plus que de l'habileté éclectique dans l'œuvre architecturale de Richardson : il y perce un sens de la logique fonctionnelle dans l'expression formelle, doublé d'un sens intuitif de la nature et du caractère des matériaux, qui feront de Richardson un des précurseurs de l'architecture moderne et un intermédiaire essentiel pour expliquer les œuvres de Root, de Sullivan et de Wright.[38] Il est aisé de discerner quelques-unes de ces qualités, à un degré moins intense il est vrai, dans cette bibliothèque Redpath. L'édifice est asymétrique, rigoureux et solide comme une forteresse ; ses arcades plein cintre sont caractéristiques de la manière de Richardson, et particulièrement bien affirmées ; la pierre d'appareil est robuste et respire la pérennité. L'intérieur, sans grande continuité avec l'extérieur, n'en manque pas moins de caractère. On pourrait cependant reprocher aux divers volumes constituant l'ensemble de n'être pas suffisamment dégagés et articulés — le beffroi entre autre n'est pas très élevé par rapport à sa masse — et le tout paraît légèrement engoncé.

Cette bibliothèque a été érigée en 1890-91 par Sir Andrew Taylor et par Gordon, agrandie en 1901, et de nouveau en 1921,

---

37. Turner, « The Development of Architecture... », p. 192.
38. Hitchcock, *op. cit.*, p. 206.

selon des plans de Nobbs et Hyde. Sir Taylor fut particulièrement
actif comme architecte, dans les dernières années du 19e siècle. Il
reçut de nombreux contrats pour construire des succursales de la
Banque de Montréal, et semble avoir pris de l'intérêt pour le design
de lourdes résidences dans les goûts du temps ; il fut peut-être
l'architecte qui a le plus contribué à introduire à Montréal l'emploi
des matériaux de couleur, notamment la pierre rouge et brune.[39]
Associé à Hogle et Davis, il commença en 1890 un autre bâtiment
pour l'université McGill, le Macdonald Physics Building. Cet édifice
rappelle encore l'influence de Richardson, mais une influence très
affaiblie : l'unité organique de la bibliothèque Redpath a disparu,
pour faire place à un pittoresque de commande, basé sur un rassemblement sophistiqué de formes et de thèmes médiévaux.

Toujours sur le campus de McGill, près du Macdonald Physics
Building, se trouve le Macdonald Engineering Building, érigé en 1907,
par l'architecte Percy E. Nobbs. Ce bâtiment s'inspire des traditions
architecturales britanniques, et c'est dans l'œuvre de Norman Shaw,
qui pratiqua en Angleterre avec un grand succès dans la seconde
moitié du 19e siècle, qu'il faut chercher la source de ces inspirations.
Caractériser la manière de Shaw n'est pas chose facile : il s'agit en
gros d'une mixture du style hollandais du 17e siècle et de styles
anglais dits William and Mary et Queen Anne, mixture assaisonnée
de charme, de sensibilité, d'imagination, de volonté de plaire. Le
Macdonald Engineering Building, avec ses pignons proéminents, à
saveur hollandaise, rappelle ainsi (quoique faiblement) cette manière
de Shaw.

Deux ans auparavant, ce même Monsieur Nobbs avait complété le McGill Student Union Building, rue Sherbrooke. C'est là
encore un édifice qui s'inspire de l'œuvre de Shaw : les fenêtres en
baie en sont caractéristiques. Ce bâtiment est à notre avis le mieux
réussi de l'architecte Nobbs. Sans prétention, il conserve une simplicité et une sûreté de proportions qui sont attachantes. Un des seuls
autres bâtiments à s'inspirer des ouvrages de Norman Shaw et à
posséder la simplicité du McGill Student Union Building est probablement la caserne centrale des pompiers, sise sur la place d'Youville
dans le Vieux-Montréal, caserne dessinée en 1903 par les architectes
Perreault et Lesage. Ce petit édifice de brique rouge, tout menu au
milieu de la place, signalé par sa timide tour de guet, n'est sûrement
pas un chef-d'œuvre en lui-même, mais il n'en meuble pas moins
merveilleusement cette place d'Youville.

---

39.  Turner, « The Development of Architecture... », p. 193.

Enfin, une autre construction du campus de McGill se révèle de tradition shavienne : le Royal Victoria College, réalisé en 1899, et qui offre une perspective agréable, au bout de l'avenue Union. En fait, ce bâtiment ne présente rien de très singulier, sauf qu'il reprend les thèmes caractéristiques des pignons proéminents, à la hollandaise, et des fenêtres en baie, à faible projection. Il nous donne quand même l'occasion de présenter son architecte, le célèbre Bruce Price. Ce Monsieur Price (1845-1903) fut sans contredit l'un des architectes américains les plus influents au Canada, avec ses compatriotes Mc-Kim, Mead & White. Sa carrière comme architecte, malheureusement trop brève, fut typique des réussites possibles, durant cette période victorienne, pour les gens de talent ambitieux et travailleurs. Relativement pauvre dans sa jeunesse, soutien de sa famille, il consacra ses temps libres à étudier l'architecture. Servi par une personnalité agréable et attachante, qui en fera un invité recherché dans la haute société, il se tira rapidement d'affaire, au point de devenir un des architectes les plus prolifiques et les plus prospères d'Amérique. Son champ d'action ne se limita pas d'ailleurs aux États-Unis : il reçut des commissions d'autres pays, et abattit une bonne besogne notamment au Canada. C'est lui, en effet, qui contribua à lancer cette mode du style château de la Loire, pour les gares et les hôtels des chemins de fer canadiens. Sa première œuvre dans ce genre fut le fameux Château-Frontenac à Québec, dessiné en 1890, d'après les formes d'un château français du 16e siècle.[40] Et ce Château-Frontenac fut le prototype de toute une série d'hôtels de chemins de fer, « châteaux » pointant leurs donjons et lucarnes sous tous les cieux du Canada, y compris l'un des plus connus, le Banff Springs Hotel, dessiné également par Price.[41]

À Montréal, le travail de Bruce Price, outre le Victoria College, est mémorable pour ses deux gares de chemin de fer, celle du square Viger (transformée depuis pour loger des services administratifs de la ville de Montréal, et connue sous le nom d'édifice Jacques-Viger) et la gare Windsor. Sa gare-hôtel Viger était de la même veine que le Château-Frontenac, c'est-à-dire un pseudo château de la Loire, pittoresque, un peu exotique, coloré, quelque peu engoncé, mis en valeur heureusement par le square qui lui fait face ; en somme, le type même d'architecture de propagande, pour lequel Price était de plus en plus connu et demandé, à la fin de sa carrière.

---

40. La tour actuelle du Château Frontenac fut ajoutée en 1923 par les architectes E. & W.S. Maxwell.
41. Voir Allen Scribner, ed., *Dictionary of Americain Biography*, 15, pp. 210-211.

Mais c'est surtout sa gare Windsor qui mérite de retenir notre attention. Avec le vieil hôtel de ville de Toronto, construit en 1890 selon les plans d'Édouard Jones Lennox, cette gare est l'édifice qui reflète le mieux l'influence de Richardson au Canada. Ces deux monuments peuvent également servir de points de repère, à partir desquels on sentira que l'influence américaine se fera de plus en plus envahissante dans l'architecture canadienne, au détriment de l'influence européenne.[42] D'ailleurs, ces deux bâtiments semblent tirer leur inspiration d'un seul et même édifice qui a beaucoup contribué à établir la réputation de Richardson : le Allegheny County House à Pittsburgh, complété en 1887. Cette hypothèse est d'autant plus plausible que Price commença à élever sa gare Windsor l'année suivante.

Cette gare Windsor, considérablement agrandie par la suite, exactement dans le même style, et dont la monumentale tour de 16 étages sur squelette d'acier fut complétée par les architectes Taylor, Watts et Painter, possède l'assurance d'une forteresse du Moyen Âge. Le recours par Price à l'arcade plein cintre engagée sur trois étages, expression puissante déjà utilisée par Richardson pour son Marshall Field Wholesale Building de Chicago (1885-87), a fortement contribué à maintenir l'unité d'ensemble lors des agrandissements postérieurs, et cela malgré les problèmes suscités par un site de forte dénivellation. L'emploi de la pierre rustiquée, pour donner plus de vigueur à ces arcs plein cintre, de même qu'à ceux des fenêtres de l'étage supérieur, ajoute à cette impression de puissance et de force, qui a dû caractériser l'édifice de Price, comme il caractérise aujourd'hui l'ensemble. Écoutons un témoin du temps (1889) :

> The new station and general offices of the Canadian Pacific is in many respects one of the most interesting buildings in the city. In it the common grey limestone of Montreal has been used with a truer perception of its character as a building material and with better effect than ever before. It has been given a texture which not only prevents it from being unpleasantly cold but is admirably suited to the size and power of the building it composes. [43]

Les agrandissements postérieurs ont de plus doté la gare d'une magnifique salle des pas perdus qui, bien qu'elle ne soit pas très élevée, dégage un aspect fort intéressant, éclairé directement par un immense puits de lumière.

---

42. L'église Erskine and American United, rue Sherbrooke, angle nord-est de l'avenue Ontario, érigée en 1893, représente un autre exemple d'architecture inspirée de la manière de Richardson. Cette église fut considérablement transformée à l'intérieur, par les architectes Nobbs et Hyde, en 1938.
43. Edgard Andrew Collard, *Call Back Yesterdays,* p. 200. (#)

Il était normal de terminer ce chapitre sur l'architecture publique et religieuse de cette période victorienne par un bref coup d'œil sur la gare Windsor. Car l'esprit du temps sera celui du fer et de la vapeur, et finalement du capitalisme, qui érige un peu partout les instruments et les symboles de ses activités et de son pouvoir. Ce capitalisme possède ses exigences, qui s'appelle production, efficacité, rentabilité, profit, etc. Nous allons retrouver ces exigences inscrites dans l'architecture commerciale de l'époque, et cette architecture se distingue suffisamment pour qu'un chapitre lui soit consacré.

# 9

## Espoirs et déceptions: l'architecture commerciale

We should never be able to perceive the real nature of the period from a study of public buildings, state residences, or great monuments. We must turn instead to an examination of humbler structures. It was in routine and entirely practical construction, and not in the Gothic or Classical revivals of the early nineteenth century, that the decisive events occurred, the events that led to the evolution of new potentialities. Sigfried Giedion. [1]

### 1. Les squelettes de pierre

L'architecture commerciale au 19e siècle, à Montréal, se distingue donc assez pour justifier un chapitre particulier. Mais, comme l'indique le titre de ce chapitre, cette architecture est à la fois bonne et mauvaise, plus exactement, intéressante, au début, puis de plus en plus décevante. Pourquoi? C'est ce que nous allons tenter d'expliquer, en prenant pour exemples des structures encore existantes. D'autres spécimens, peut-être plus appropriés, ont dû exister par le passé, mais ils ont disparu depuis. Car ces « constructions pratiques », pour reprendre l'expression de Giedion, étaient d'autant plus vulnérables que l'on ne leur connaissait d'autres qualités que celles d'être pratiques et exploitables économiquement. Dès qu'elles cessaient de l'être, elles devaient faire place à d'autres, mieux adaptées aux fonctions et aux impératifs de l'économie.

---

1. Sigfried Giedion, *Space, Time and Architectural; the Growth of a New Tradition*, pp. 100-101.

À son meilleur, cette architecture commerciale se réduit à un simple système structural de poutres et poteaux, et, en façade, à une austère ossature de pierre, avec remplissage de verre. L'exemple montréalais le plus intéressant que l'on puisse citer est sans doute l'édifice situé au 417 de la rue des Récollets. Bien que sa façade soit défigurée par un escalier de secours — c'est le cas aujourd'hui pour la plupart de ces bâtiments — on ne peut qu'être frappé par sa simplicité virile, ses bonnes proportions et son couronnement puissant. Mais ce qui s'avère davantage fascinant, au sujet de cet édifice, c'est que la structure intérieure de ses poutres et de ses poteaux dégage un plan libre sur tous ses étages, et que sa façade n'est qu'un clair reflet de cette structure. Aujourd'hui, ce type d'architecture est courant ; mais n'oublions pas que cet édifice fut érigé au début des années 1850, probablement, donc à une époque où l'architecture était encore esclave des cloisons et murs portants, et sous la tutelle des styles historiques. Par sa structure comme par son traitement architectural, ce bâtiment évoque éloquemment cette architecture « fonctionnaliste » que Sullivan portera à son sommet, et que Le Corbusier et ses adeptes reprendront au vingtième siècle, pour en faire la base du Mouvement Moderne International. Il apparaît nettement comme l'archétype de nos édifices à bureaux modernes.[2]

Ce type d'architecture commerciale à Montréal, dont cet édifice de la rue des Récollets constitue un excellent exemple, est vigoureux et audacieux. Il apparaît comme une réponse spontanée, logique et économique à des fonctions commerciales et industrielles que la ville n'avait pas encore connues, du moins à cette échelle. Auparavant, ces fonctions, qui se réduisaient à des échanges de caractère local et à la production artisanale, avaient trouvé un espace adéquat au rez-de-chaussée des demeures traditionnelles. Le caractère même de ces activités faisait que le travail n'était pas coupé du lieu de résidence. Mais avec la division et la coopération du travail, avec la mécanisation progressive des moyens de production, avec l'élargissement considérable des marchés, ces fonctions changent rapidement de caractère et d'amplitude. Elles se spécialisent, deviennent plus complexes et exigent plus d'espace approprié. Elles réclament désormais des espaces présentant un minimum d'obstruction et aménageables à volonté, que ce soit pour des ateliers de confection, de fabrication de meubles, de chaussures ou d'objets de cuir, avec leurs machines de toutes sortes, que ce soit pour le commerce en gros ou pour l'entreposage, ou encore pour loger des fonctions administra-

---

2. Melvin Charney, « The Old Montreal no One Wants to Preserve », *The Montrealer*, 38, no. 12, December 1964, p. 22.

tives avec leurs structures opérationnelles de plus en plus définies et impératives. À ces demandes d'espace, la réponse des constructeurs est le plan libre, qui, grâce à une structure de poutres et de colonnes, offre un minimum d'obstruction et un maximum de flexibilité, et la façade de verre, qui laisse pénétrer tout l'éclairage naturel possible. Il s'agit donc d'une réponse pratique, claire, et sans prétention. On peut affirmer sans hésitation que ce type d'architecture commerciale est une bonne architecture, et une des seules authentiques — bien que non exclusive à la Province — que le Québec ait possédées, avec celle des demeures traditionnelles, rurales et urbaines, si bien adaptées à tous points de vue, et avec la sobre habitation industrielle.

Malheureusement, malgré son originalité et sa valeur, nous ne possédons guère d'informations concernant cette architecture commerciale montréalaise. Qui furent les architectes ou les constructeurs de ces structures ? Quand furent-elles érigées ? On n'en sait presque rien. Et c'est un peu normal : pouvait-on s'intéresser à une architecture qui n'avait justement pas la prétention d'en être une ? Parfois serons-nous assez fortunés pour retrouver une inscription comme celle gravée sur une pierre d'angle de l'édifice situé au coin des rues d'Youville et St-Pierre et qui se lit comme suit : « Batisses des Sœurs Grises construites par E. Plante & Dubuc en 1871 ». Cependant, on peut poser des questions plus fondamentales. Par exemple, quelle est l'origine de cette architecture commerciale révolutionnaire ? Pourquoi ces conceptions architecturales si avancées furent-elles progressivement oubliées ou négligées, pour n'être retrouvées et appréciées qu'assez tard au vingtième siècle ? En réponse à cela, vu l'absence de témoins, on ne peut qu'émettre des hypothèses.

À la première question, à savoir, où cette architecture révolutionnaire a-t-elle pris naissance, il semble bien que ce soit en terre américaine, plus précisément en Nouvelle-Angleterre. Car si on retrouve de plus en plus en Grande-Bretagne, durant la 1re moitié du dix-neuvième siècle, la structure avec poutres et colonnes de fonte, à l'intérieur des édifices commerciaux, ces systèmes structuraux ne se reflètent pas d'ordinaire dans les façades ; celles-ci demeurent le plus souvent en maçonnerie portante traditionnelle. C'est par l'ossature en pierres monolithiques qu'on innove en Amérique ; l'historien de l'art Hitchcock en retrace l'origine à Boston, dans les magasins du Quincy Market, érigés en 1824 par l'architecte Alexander Parris. La même année, le squelette de pierre apparaît dans le Granite Block et dans la Roger Williams Bank de Providence ; et quelques décennies plus tard il sera commun à de nombreux édifices de Philadel-

phie.[3] Les grandes villes de la côte est américaine s'étant industriali-
sées avant les villes canadiennes, il est de fait probable que ce type
d'architecture commerciale est apparu d'abord dans ces centres commerciaux, avant de passer outre-frontière. Mais rien n'exclut d'autres
sources d'influences : la présence, par exemple, dans la métropole
canadienne des Ingénieurs des armées du roi, avec leur façon directe
et pratique d'envisager et de réaliser leurs travaux, compta sans doute
pour quelque chose.

Quoi qu'il en soit, il demeure indéniable qu'à Montréal, ces
façades en squelette de pierre répondaient parfaitement aux condi-

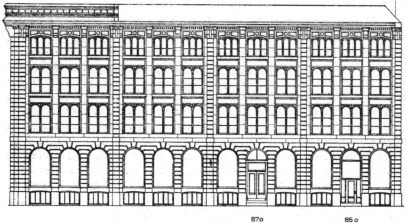

Fig. 11    Les entrepôts érigés à partir de 1866 sur le site de l'ancien
Hôtel-Dieu de Jeanne Mance. Vue partielle de la façade du
côté de la rue St-Paul.

tions particulières d'implantation de ces édifices commerciaux au
cœur de la vieille cité. La plupart de ces édifices, en effet, ont été
bâtis dans des rues déjà densément construites, comme Saint-Paul,
Notre-Dame, St-Pierre, en remplacement de structures plus traditionnelles, jugées inadéquates pour les besoins nouveaux. Et comme
la plupart des lots individuels libérés par la destruction, volontaire
ou non, des anciennes structures étaient des terrains fort étroits et
profonds, enserrés entre d'autres bâtiments, la façade en poutres et
linteaux de pierre, avec remplissage de verre, était la seule susceptible de donner suffisamment d'éclairage naturel à des bâtiments attei-

---

3. Henry-Russel Hitchcock, Architecture : Nineteenth and Twentieth
Centuries, p. 234 ; Winston Weisman, « Philadelphia Functionalism and Sullivan », JSAH, XX, no. 1, March 1961, p. 6.

gnant souvent 90 à 100 pieds de profondeur, entre deux murs mitoyens aveugles. Ainsi l'édifice situé au numéro civique 7-9 ouest de la rue Notre-Dame, possède quelque 100 pieds de profondeur par à peine 25 de largeur, et il ne constitue pas une exception. D'ordinaire, l'espace entre les murs mitoyens, à l'intérieur de ces édifices, est complètement libre de toute obstruction — et cela à tous les étages — si ce n'est celle, minime, des colonnes. Quelques gravures nous sont parvenues montrant l'aménagement de ces intérieurs. Une, entre autres, publiée dans le *Canadian Illustrated News* du 21 novembre 1874, sur l'intérieur du restaurant Privett de la rue de l'Hôpital, nous montre bien la souplesse et la flexibilité qu'assuraient ces structures.[4]

Il est à remarquer que ces façades à ossature de pierre furent employées également dans le cas de vastes structures autonomes, tels, par exemple, les entrepôts des Sœurs Hospitalières de St-Joseph (1866), établis sur les îlots urbains délimités par les rues St-Sulpice et St-Dizier, de Brésoles, Le Royer et St-Paul,[5] et les Bâtisses des Sœurs Grises, érigées en 1871 et en 1874, sur l'îlot borné par les rues Normand, d'Youville, Saint-Pierre et place d'Youville. Le traitement architectural de leurs façades s'avère, pour l'époque, tout à fait remarquable. Les rez-de-chaussée se signalent par la répétition d'arcades vigoureuses, tandis que les élévations sont rythmées à toutes les trois baies, par de puissants piliers maçonnés, qui recoupent les horizontales des planchers.[6] Dans ces édifices se trouvent déjà résumés pour l'essentiel les principes architectoniques qui, à la fin du siècle, feront l'originalité et la force de l'École de Chicago.

Ces considérations sur l'architecture des façades nous amènent à souligner un autre trait fondamental de cette première architecture commerciale montréalaise : ces façades en squelette de pierre témoignent en effet non seulement d'une innovation technique, mais de recherches purement architecturales de composition, de proportion, d'articulation et d'échelle. Il est tout d'abord visible que ce type d'édifice commercial — contrairement à l'édifice commercial moderne, où tous les étages sont identiques, et qui se signale comme

---

4. Gravures reproduites dans Charles De Volpi et P.S. Winkworth, eds, *Montréal : Recueil iconographique*, 2, planche 228. Cet édifice semble avoir été démoli depuis.
5. Ces entrepôts ont été érigés sur le site de l'ancien Hôtel-Dieu de Jeanne Mance.
6. Ce traitement architectural évoluera vers les premières expressions du mur rideau comme on peut le constater dans le traitement de la façade de l'édifice commercial sis au numéro 47-55 ouest de la rue des Commissaires.

une « machine à produire » — est conçu pour être vu de la rue et apprécié par le passant. Ainsi ces façades sont le plus souvent modulées verticalement, et la hauteur des étages diminue progressivement, en s'élevant vers le toit. Ce traitement est très perceptible dans le cas de l'édifice déjà mentionné de la rue des Récollets, de l'édifice situé au 410 de la rue St-Vincent, et de ceux de la rue St-Paul, aux numéros 120 est et 215, 221-231 ouest. Mentionnons, comme dernier exemple parmi bien d'autres, le magnifique bâtiment de la place Jacques-Cartier, 438-442.

Le toit de ces édifices commerciaux semble avoir également retenu l'attention des constructeurs. Ainsi, lorsque le bâtiment se termine par un toit mansard, des lucarnes à forte projection le signalent au passant. On constate la même chose dans les édifices qui flanquent le côté est de la rue St-Pierre, entre la rue d'Youville et la place du même nom. Mais comme le toit mansard représente une perte d'espace, dans une structure dont l'espace sera monnayé, et comme l'emploi du goudron, qui permet les toits plats, se généralise aux environs de 1880, c'est le toit plat qui s'impose rapidement ; plusieurs toits mansards seront tout simplement transformés en étage supplémentaire. Mais avec le toit plat, l'édifice risque de paraître non terminé, de fuir vers le ciel. Les architectes et les constructeurs y remédieront par le recours à une imposante corniche. Cette solution architecturale, apparue quelques centaines d'années auparavant avec la Renaissance italienne, n'est peut-être pas très originale, mais elle n'en demeure pas moins efficace et intéressante, comme le prouve l'usage qu'en fera l'École de Chicago. À Montréal, en sont d'éloquents témoins l'édifice de la Place Jacques-Cartier, mentionné tout à l'heure, les édifices situés au 430 de la rue Ste-Hélène et au 434 de la rue St-Pierre, et, parmi beaucoup d'autres, les édifices situés rue St-Paul, 92-100 est, et rue Notre-Dame, 7-3 ouest.

On aurait tort, par contre, de considérer ces édifices commerciaux uniquement pour eux-mêmes, et de négliger leur intégration formelle dans les rues où ils sont érigés. Car il y a fort à parier que les constructeurs, par le traitement architectural des façades, cherchaient à intégrer celles-ci dans le « spectacle » de la rue victorienne. Ainsi, sur la rue St-Pierre, face aux Bâtisses des Sœurs Grises, on retrouve les mêmes arcades aux rez-de-chaussée, et le même rythme du pilier dominant, à toutes les trois baies, que dans les Bâtisses elles-mêmes ; de plus, l'affirmation des lignes horizontales assure l'unité à toute la rue. Les horizontales sont également dominantes dans le cas des bâtiments situés 7-39 ouest de la rue Notre-Dame. Dans d'autres cas, comme pour les édifices du 215-231 ouest, St-Paul, ce sont les lignes verticales qui prédominent : de puissants piliers

52.   *Rue Saint-Paul, Vieux-Montréal.*

53. *Rue Sainte-Hélène, Vieux-Montréal.*

55. *L'Unity Building, complété en 19.2.*

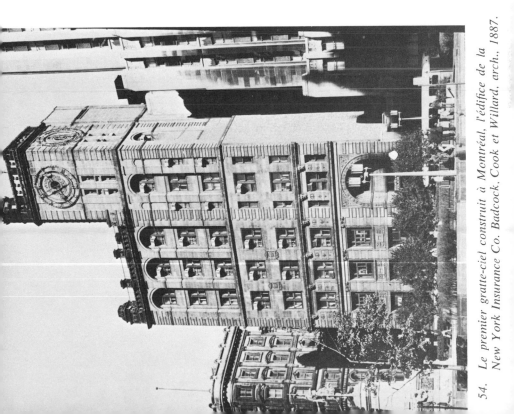

54. *Le premier gratte-ciel construit à Montréal, l'édifice de la New York Insurance Co. Badcock, Cook et Willard, arch., 1887.*

56.   *Les élévateurs à grains du port.*

montent sans interruption du trottoir à la corniche. Leur émergence par rapport aux surfaces vitrées, les ombres qu'ils projettent confèrent à ces façades une texture très robuste, qui correspond à celle des bâtiments voisins. L'exemple le plus frappant de cette prédominance des lignes verticales est celui du 430 de la rue Ste-Hélène, où les six étages sont divisés verticalement par des piliers uniformes, en trois lanières étroites, qui accentuent l'élan du bâtiment et en font un lien avec les édifices adjacents. Dans d'autres façades enfin, ni la verticale ni l'horizontale ne domine ; ces façades apparaissent alors soit comme une composition de rectangles ou de carrés de pierre bien proportionnés (120 est, rue St-Paul ; 374-84 ouest, St-Paul ; 367-73 Place d'Youville) soit, au contraire, comme une simple surface vitrée, où les membrures sont à peine perceptibles (47-55 ouest, rue des Commissaires). Dans presque tous les cas, cependant, on peut avancer que ces façades à ossature de pierre ajoutent au spectacle des rues, soit par leur intégration aux lignes et aux textures dominantes de ces rues, soit encore par une franche opposition à ces caractéristiques.

Signalons, en terminant, que ces façades en squelette de pierre non seulement précèdent l'architecture de squelette de fer, mais évoquent même ce procédé de construction, en se prêtant à la préfabrication des éléments constituants. De plus, il y a une telle affinité d'esprit entre ces deux types de construction, qu'on les trouve parfois associés dans une même façade. Cette combinaison d'éléments de fonte ou de fer et de membrures de pierre est-elle à l'origine de ces façades ? les éléments ferreux ont-ils remplacé par la suite les éléments de pierre ? On ne le sait guère. Il se pourrait que la seconde hypothèse soit la plus vraie dans le cas du bâtiment sis aux numéros 177-183 est de la rue St-Paul, qui aurait été construit au début des années 1860 : son toit en pignon, avec lucarnes, permet de supposer que sa façade à membrures en pierre et en fonte serait la transformation d'une façade traditionnelle en pierre d'appareil. Quoi qu'il en soit, cette façade est remarquable, et compte peut-être parmi les plus dénudées et les plus « vitrées » de tous les bâtiments que nous ayons vus jusqu'ici. La proportion de la surface vitrée par rapport aux surfaces pleines est à ce point surprenante qu'il y a à parier qu'elle dépasse celle de plusieurs de nos gratte-ciel contemporains.

On ne saurait ignorer le fait cependant, qu'à Montréal, les façades à membrures de pierre furent nettement prédominantes pour ce type d'architecture commerciale. Contrairement aux États-Unis, où les façades à membrures en fonte connaissent une grande vogue durant la période 1850-1880 — le centre d'affaires de St-Louis en constituait sans aucun doute le meilleur exemple — [7] l'emploi de la fonte en façade sera plutôt rare dans la métropole canadienne. Craignait-on les effets du climat sur ce nouveau matériau ? Jugeait-on la préfabrication des éléments de fonte moins économique que celle des éléments de pierre ? Le débat reste ouvert. Mais l'emploi de la pierre dans cette architecture d'avant-garde venait confirmer la prédilection des montréalais pour la pierre (à vrai dire disponible sur tout le territoire) et renforcer cette image d'une ville en pierre, qui avait tant impressionné Benjamin Silliman quelques décennies plus tôt.

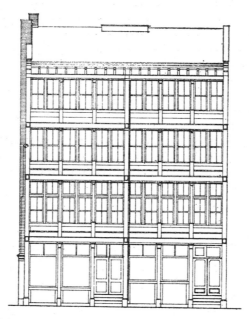

Fig. 12   *Édifice commercial du 400-402 ouest de la rue St-Paul. Combinaison en façade d'éléments de fonte et de membrures de pierre*

2.   *Les formes italiennes*

Il est plus que probable que ces façades à squelette de pierre, que nous venons d'analyser, n'ont pas été très appréciées dans leur temps. Structures vouées à des fins purement commerciales, elles ont dû paraître comme telles à la population, c'est-à-dire, comme de simples constructions utilitaires, sans aucune prétention architectu-

---

rale. Sans doute aujourd'hui apprécions-nous davantage ces édifices, parce qu'ils se révèlent les précurseurs d'une architecture toute contemporaine, dont nous reconnaissons les qualités. Mais pour des gens habitués à percevoir l'architecture comme une image nostalgique du passé, accoutumés à apprécier l'architecture pour son pittoresque, ces squelettes de pierre ont dû paraître passablement arides et dénués d'intérêt. Les romantiques de la fin du 19e siècle ont dû se délecter davantage du Bureau-de-Poste de Perrault ou de la Banque Molson de Brown que des Bâtisses des Sœurs Grises des obscurs Plante & Dubuc ! Et cette réaction n'a pas dû être sans influencer les grands commerçants, banquiers et patrons de compagnies d'assurance, pour qui le prestige était la pierre d'angle de la réussite de leurs entreprises, et qui étaient particulièrement soucieux d'afficher ce prestige dans l'architecture même de leurs immeubles. Pour prendre un seul exemple, l'édifice situé 445-49 de la rue St-Pierre affiche bien cette quête de prestige. En elle-même sa façade demeure ce cadre de pierre dégageant bien les surfaces vitrées et traduisant la logique du système structural ; pourtant, les linteaux s'ornent ici de moulures, les piliers de chapiteaux, les portes et certaines baies de couronnements et de frontons triangulaires. Ces ornements sont bâtards, l'ensemble est affreux, mais on y sent bien une tendance à revêtir l'ossature de pierre d'un costume plus approprié aux goûts de l'époque.

Heureusement un « costume » acceptable s'imposera rapidement, et nous épargnera des horreurs comme celles dont nous venons de parler. Il s'agit de la manière italienne, à savoir, de l'emploi assez cohérent de formes et de détails empruntés à l'architecture de la Renaissance italienne, plus particulièrement à l'architecture palatiale. L'Angleterre avait excellé dans ce type d'architecture commerciale à l'italienne, durant les années 1840-1860 — le Karsapian's Warehouse de Leeds Road à Bradford, avec ses détails romains, est resté un exemple célèbre du genre — et l'Amérique n'a pas tardé à emboîter le pas, comme on peut s'en rendre compte, entre autres, à Philadelphie.[8] Peu importe d'ailleurs d'où provient cette influence au Canada,[9] elle laissera à Montréal de bonnes structures, dont la façade de l'humble édifice Bell-Rinfret (366-68 ouest de la rue Notre-Dame) peut témoigner. Il est important de noter aussi que cette manière italienne n'était pas propre à la seule architecture commerciale : principale expression de cette période victorienne, après

---

8. Hitchcock, *op. cit.*, p. 237.
9. Alan Gowans affirme qu'en règle générale les premiers édifices canadiens de ce style ont été inspirés par l'Angleterre, tandis que les derniers l'ont été par les États-Unis. Voir *Building Canada : an Architectural History of Canadian Life*, p. 105.

le néo-grec et le néo-gothique, elle avait déjà commencé à teinter l'architecture religieuse dans la province (sous le vocable de néo-baroque), comme nous l'avons déjà constaté.

Si l'on jette un coup d'œil d'un peu plus près vers cette façade de l'édifice Bell-Rinfret, on peut en conclure que cette manière italienne était sans doute la meilleure façon d'habiller sans trop de dommage les fameuses façades à ossature de pierre. Ainsi, dans cette façade, on perçoit toujours la structure interne du bâtiment par l'affirmation des supports horizontaux et verticaux, et l'arcade apparaît ici comme un simple ornement qui s'insère entre ces supports. S'il y a perte de surface vitrée, par conséquent d'éclairage naturel à l'intérieur de l'édifice, cette perte reste encore minime, et elle se trouve compensée par un gain sur le plan de l'articulation des divers composants de la façade et par la richesse de sa texture.

Donc, un des aspects positifs de cette manière italienne est de permettre l'animation des façades, sûrement plus que ne le permettaient les austères cadres de pierre. Et lorsque cette animation et cette articulation des divers composants conservent la retenue que lui dicte la structure, ou lorsque la recherche du pittoresque se résume à mettre en valeur les éléments qui traduisent la structure interne de l'édifice, il faut reconnaître que ce type d'architecture commerciale ne manque pas d'un certain intérêt. Les exemples en sont nombreux dans le Vieux-Montréal, où presque toutes les rues renferment une ou plusieurs de ces structures. Tous ces bâtiments n'ont évidemment pas une égale valeur — qu'on se rappelle bien que la valeur de cette architecture est d'être honnête, sans plus ; d'autant plus que la plupart d'entre eux ont été transformés ou défigurés de la façon la plus bête. Nous nous contenterons d'en signaler quelques-uns, ne serait-ce que pour les regarder une dernière fois, avant qu'ils ne disparaissent, victimes comme les autres du progrès. Il y a ainsi l'édifice situé à l'angle nord-est de la rue St-Jacques et de la place d'Armes, construit probablement vers 1870, pour la Life Association of Scotland. Trois étages ont été rajoutés depuis, faisant disparaître un toit mansardé, à lucarnes cintrées, assez original. Pour le reste, sa façade reflète les principaux thèmes de cette manière italienne, notamment les fenêtres cintrées et les colonnes engagées, rythmant verticalement les étages. Un point négatif à noter : la proportion des surfaces vitrées est à peu près équivalente à celle des surfaces pleines. Il y a donc régression dans ce domaine par rapport aux façades à squelette de pierre analysées précédemment.

Un autre édifice du même genre attire l'attention, bien qu'il ait été mal transformé, au rez-de-chaussée comme au toit. Il s'agit de l'édifice érigé à l'angle nord-ouest des rues McGill et St-Maurice. Ici, on remarque que les colonnes engagées, reflétant la structure de l'édifice, sont mises en valeur, et confèrent ainsi à cette façade logique et texture. Ces effets visuels évolueront cependant vers des effets uniquement plastiques, sans référence à aucune logique structurale, comme on peut le constater dans la façade de l'édifice sis à l'angle nord-est des rues Notre-Dame et St-Jean, et surtout dans celle du 380-84 ouest de la rue St-Jacques (dont le rez-de-chaussée loge le Pub St-Jacques), où ces colonnes sont totalement dégagées et uniquement décoratives, conférant à cette devanture un petit air de style Second Empire.

Il fallait malheureusement s'attendre à ce que cette recherche du pittoresque ne se limite pas à ces timides exemples que nous venons de signaler. Les rues de la vieille cité sont remplies de ces bâtiments commerciaux du siècle passé, dont les façades sont de véritables orgies décoratives, des exploits pas toujours heureux de combinaison d'éléments empruntés aux styles les plus divers, italiens en majorité. Dans ces cas, les considérations structurales et les restrictions climatiques sont ignorées : seul le pittoresque du « costume » importe.

Les trois édifices contigus, du 38 au 60 ouest de la rue Notre-Dame, nous donnent un premier aperçu du genre. Très souvent, une lourde prétention n'est pas exclue de ces bâtiments, comme on peut aisément s'en rendre compte en regardant cet édifice érigé au coin sud-ouest des rues Notre-Dame et Saint-François-Xavier, qui porte le nom très approprié de British Empire Building. D'autres constructions présentent des textures par trop superficielles, on dirait à fleur de pierre. Par exemple, plus d'un montréalais a dû être étonné par la façade de l'édifice sis au 157 ouest de la rue St-Paul, juste en face de la sérieuse petite Douane de John Ostell, et qui est couverte de pierres rustiquées, aux motifs changeants, selon le rythme des étages. Cependant, dans ce domaine de la prodigalité décorative, la palme revient sans contredit au bâtiment du 451-57 de la rue Saint-Pierre. Sa façade est tellement surchargée qu'elle défie toute tentative de description : disons seulement qu'elle peut rivaliser avec celle du palais vénitien le plus exalté.

À notre époque, où chacun veut être rationnel, on aime critiquer le style de ces édifices ; il ne fait guère de doute que, considérés individuellement, plusieurs sont victimes d'un manque de goût assez prononcé. On ne peut nier, cependant, que pris collectivement, ils traduisent assez bien la présomption, la vigueur, l'imagination, la créativité de cet âge d'or du capitalisme et de la libre entreprise.

Celui qui ne connaît pas la courte rue Ste-Hélène, à Montréal, ne peut saisir l'essence de cette période dynamique de la fin du 19e siècle. Plus précisément, si l'on s'arrête au croisement des rues Ste-Hélène et des Récollets, et que l'on promène son regard sur les quatre bâtiments d'angle, on bénéficie d'une expérience unique : si on devait prendre le pouls de la cité commerciale du siècle passé, c'est cet endroit précis qu'il faudrait d'abord ausculter.

Au coin nord-est de ces rues, se trouve un édifice qui signale admirablement bien l'écart désormais existant entre cette architecture commerciale de la fin du siècle et celle de son début, celle qui fut caractérisée en façade par son ossature de pierre structurale. Tout ce que cette architecture originale possédait de révolutionnaire et de logique, tout ce qu'elle promettait comme libération des styles du passé et de leur inaptitude à répondre aux exigence des matériaux modernes et aux fonctions nouvelles, se trouve maintenant remplacé par un lourd, puissant, volontaire et suffisant palais renaissant italien, où tous ces progrès des plans libres et du maximum d'éclairage naturel ont été sacrifiés à une copie romantique plus ou moins servile. Construit en 1870, il est symptomatique de le constater, c'est un des rares édifices commerciaux de l'époque dont l'architecte nous soit connu. Cet architecte est William Thomas. Il pratiqua à Montréal de 1860 à 1890, et se distingua pour sa préférence pour les styles italiens, dont il maniait d'ailleurs assez bien les principaux thèmes. Tout ce qu'il dessinait, que ce soit des édifices à la manière de palais, ou de lourdes résidences — à l'exception de sa délicate église néo-gothique St-George — avait tendance à être ainsi massif, carré et formel.[10]

## 3.   Les premiers gratte-ciel

Ce qu'il y a de particulièrement tragique dans l'évolution de cette architecture commerciale à Montréal (comme ailleurs, de toute façon), c'est qu'au moment même où les fonctions deviennent de plus en plus spécialisées et réclament des structures plus appropriées, au moment même où de nouveaux matériaux, tel l'acier structural, et des progrès techniques, tel l'ascenseur, permettent précisément l'érection des structures désirées, cette architecture commerciale retourne à des conceptions architecturales obsolètes. Un fossé se creuse entre la technique et l'art, entre la construction et l'architecture. Cela est

10.   John Bland, « Effect of Nineteenth Century Manners on Montreal », JRAIC, 33, no. 11, November 1956, p. 416 ; Philip J. Turner, « The Development of Architecture in the Province of Quebec since Confederation », Construction, XX, no. 6, June 1927, p. 190.

d'autant plus tragique, que les bâtiments à plan libre et à façades d'ossature structurale en pierre avaient ouvert la voie au renouveau. Que l'on compare, par exemple, les Bâtisses des Sœurs Grises, construites au début des années 1870, avec cet étrange Bureau Général de la Compagnie du Grand-Tronc, érigé en 1900, sur la rue McGill (au numéro 360) : les premières offrent un plan libre, le maximum d'éclairage naturel, et projettent à l'extérieur leur fonctionnement ; l'autre est conçu d'abord comme un décor (égyptien ? assyrien ? qui sait ?), dégage des volumes difficilement exploitables pour les fonctions prévues, et l'éclairage naturel est sacrifié à la nécessité d'orner les façades de tous les motifs architecturaux décoratifs qu'un dictionnaire de l'art peut offrir. On ne peut se méprendre sur la destination des Bâtisses des Sœurs Grises ; le Bureau du Grand-Tronc peut être aussi bien un palais qu'un hôtel... mais plus difficilement un édifice à bureaux. L'un est vrai, l'autre est ambigu. Or, c'est cette équivoque, cette hégémonie des styles et des conceptions visuelles de l'architecture, au détriment de ses fonctions et de leur logique, qui sera avant tout responsable de la mauvaise renommée de l'architecture victorienne, à Montréal comme ailleurs.

Établissons une autre comparaison, cette fois entre la vieille Douane de John Ostell, construite en 1833, et l'énorme bloc (131 pieds par 410, 8 étages) de la nouvelle Douane, construit à partir de 1912, et occupant tout l'îlot urbain borné par la Place d'Youville et par les rues Normand, d'Youville, et McGill. Bien que près d'un siècle sépare ces deux constructions, bien qu'entre temps de nouvelles techniques et de nouveaux matériaux réclamant leur propre expression aient fait leur apparition, il n'y a pas, au point de vue de l'architecture, de différences fondamentales entre ces deux Douanes, si ce n'est la différence d'échelle. John Ostell, on s'en souvient, avait voulu faire état de ses connaissances des thèmes classiques. Les architectes de cette nouvelle Douane semblent avoir eu les mêmes prétentions. Que la structure de ce bâtiment de 1912 soit en acier ou en béton, cela ne change rien au fait qu'elle est habillée à l'ancienne, dans un costume Beaux-Arts, étriqué, qui ne lui convient pas du tout. John Ostell n'avait pas tellement le choix des moyens ; les architectes de la nouvelle Douane pouvaient, eux, choisir une manière de construire beaucoup plus appropriée aux fonctions de l'édifice. Malheureusement, ils sont restés esclaves de la même conception de l'architecture qu'avait Ostell quelque cent ans auparavant.

Il ne faudrait pas en conclure pour autant que toute l'architecture commerciale montréalaise est mauvaise, au tournant du siècle. Il existe quelques bonnes structures, dont nous parlerons en temps et lieu. Mais dans l'ensemble, elle est décevante. Que l'on considère, par exemple, le premier gratte-ciel construit à Montréal, l'édifice de la New-York Life Insurance Co. (aujourd'hui de la Société de Fiducie du Québec) érigé en 1887, par les architectes Badcock, Cook et Willard, sur la place d'Armes, à l'angle sud-est de la rue St-Jacques. Pour la première fois, un édifice montréalais — un édifice commercial, ce qui est symbolique — atteignait huit étages. Jusque-là, les édifices commerciaux n'avaient guère dépassé cinq étages, parfois six (mais jamais plus que la hauteur que les clients étaient disposés à monter par escaliers), à cause précisément de l'absence d'un moyen adéquat de transport vertical. La mise en point, aux États-Unis, vers 1850, d'un ascenseur sécuritaire pour les usagers devait transformer complètement cet état de chose. Mais à la fin du siècle, dans ces années mêmes où Gustave Eiffel avec sa Tour, où Contamin et Dutert, avec leur Galerie des Machines (structures érigées pour l'Exposition Internationale de Paris en 1889) révélaient toutes les promesses et les possibilités du fer structural, dans ces années mêmes où William Le Baron Jenney, à Chicago, apportait (surtout avec son Leiter Building de 1889) les premières solutions architecturales claires et logiques à la construction des gratte-ciel à structure de fer, ce premier gratte-ciel montréalais se révélait plutôt conservateur. En effet, bien que l'acier fût utilisé pour ses planchers et pour le toit, les murs de 32 à 40 pouces d'épaisseur demeuraient de maçonnerie portante, et supportaient la structure des planchers, à chaque étage. Sur ce plan, les précédents édifices, avec leurs structures de poutres et colonnes, leurs façades à membrure monolithique, s'avéraient, encore une fois, beaucoup en avance.[11]

L'utilisation progressive des nouvelles méthodes de construction, de l'ossature d'acier ou de béton, n'allait pas pour autant sauver cette architecture commerciale de son apathie, ni de sa médiocrité. En effet, la conception académique qui avait présidé à l'architecture du New-York Life Insurance Building en 1887 allait se perpétuer sans remords, jusque dans les années 1930. Les exemples ne manquent pas pour appuyer cette affirmation, à commencer par l'édifice du Canada Cement sur le square Phillips, en passant par celui du Dominion Square avec son air d'Atlantic City, jusqu'à l'édifice du Bell Téléphone, réalisé par l'architecte Barott, sur la Côte du Beaver Hall. Mais deux gratte-ciel en particulier traduisent bien cet attachement au pittoresque et au symbolisme surannés, au détriment d'une conception plus à la page de l'architecture : l'édifice de la Banque Royale du Canada, qui occupe tout l'îlot délimité par les rues Notre-

---

11. Turner, *op. cit.*, p. 193 ; Thomas Ritchie, *Canada Builds 1867-1967*, p. 73.

Dame, St-Pierre, St-Jacques et Dollard, et l'édifice de la Sun Life au square Dominion.

L'édifice de la banque Royale fut érigé en 1928 par les architectes York et Sawer. Facilement reconnaissable par son rez-de-chaussée monumental, du genre palais renaissant florentin, il marque le triomphe à Montréal du classicisme mercantile. Ce noble rez-de-chaussée sert de socle à une tour massive et monotone. Le lien entre ces deux volumes est particulièrement mauvais ; il traduit exactement un règlement municipal qui fixait alors la hauteur limite des édifices à bureaux à 110 pieds, après quoi un retrait dans les volumes s'imposait.[12] L'édifice de la Sun Life reprend à peu près la même solution, bien qu'il ait été construit en différentes étapes. La dernière étape fut l'addition, à la fin des années 1920, par les architectes Darling et Pearson, de l'actuelle tour étagée, ce qui en fit le complexe à bureaux le plus spacieux et le plus élevé de tout l'Empire Britannique. Avec son ossature d'acier recouverte d'un magnifique matériau, le granit Stanstead, cet édifice fut reconnu à l'époque pour être le plus impressionnant et le plus orné de tous les nouveaux bâtiments de la ville. Mais sûrement pas le plus nouveau. Si sa masse d'ensemble est impressionnante, grâce à son site face au magnifique square Dominion, ses colonnes corinthiennes monumentales, au rez-de-chaussée, ses balustrades, aux divers toits, sa colonnade du genre Louvre de Perrault, du 17e au 19e étage, lui confèrent un pittoresque depuis quelque temps désuet. Beaucoup plus moderne s'avérait, en comparaison, l'édifice Aldred, construit par les architectes Barott et Blackader, à peu près en même temps que ces dernières additions de la Sun Life.[13] Ayant à peu près la même hauteur que ce dernier ou que la Banque Royale, il est résolument plus contemporain par l'expression architecturale de ses volumes, où se reflètent le système structural et la fonction du bâtiment. Malheureusement, les multiples retraits de ses volumes seraient plus appropriés à un gratte-ciel de trois à quatre fois sa superficie, à l'exemple du Palmolive Building de Chicago, dont les architectes de l'Aldred se sont peut-être inspirés.

Par bonheur, ce ne sont pas tous les édifices commerciaux de la fin du 19e siècle ou du début du 20e qui, à l'instar de la Sun Life, de la banque Royale ou de la Banque Canadienne de Commerce (construite sur la rue St-Jacques en 1907 par Darling et Pearson), resteront esclaves de cet académisme. Certains se libèrent ainsi du costume éclectique, tel l'édifice Jacobs, à l'angle des rues Ste-Cathe-

---

12. Turner, *op. cit.*, p. 195.
13. L'édifice Aldred est situé à l'angle nord-est de la rue Notre-Dame et de la place d'Armes.

rine et St-Alexandre, structure de sept étages en béton recouverte de brique semi-vernissée, érigée en 1909. Cette structure n'est pas sans ressemblance avec le Leiter Building II de Le Baron Jenney, de Chicago. De la même veine, signalons le magasin Ogilvy (angle des rues Ste-Catherine et de la Montagne), avec sa structure d'acier et ses planchers de béton, encadrés en façade par une monumentale arcade au rythme structural, puis, un dernier bâtiment situé du côté nord de la rue Ste-Catherine, à l'ouest de Drummond, qui reflète lui aussi l'influence de l'École de Chicago. Mais c'est l'Unity Building, complété en 1912, au coin sud-ouest des rues de La Gauchetière et St-Alexandre, qui rappelle le plus (l'ornementation en moins) ce style d'architecture commerciale de Chicago, en présentant des affinités avec ce qui peut être considéré comme les deux principaux gratte-ciel d'Henry Sullivan, le Wainwright Building de St-Louis (1890), et le Guaranty Building de Buffalo (1894).

Avec la construction de la Banque Royale et de l'Aldred, l'église Notre-Dame a perdu son titre et son prestige du plus haut édifice de la ville, tout comme la Sun Life a plongé dans l'ombre le dôme de la cathédrale St-Jacques. En quelques décennies, Montréal est devenue une puissante ville commerciale et industrielle : les gratte-ciel en sont témoins. Cependant, au cours de cette trop brève transformation, la cité a perdu beaucoup des qualités d'environnement qu'elle avait progressivement acquises durant les deux premiers siècles de son existence. La ville pré-industrielle avait laissé les traces d'un planning organiquqe, avec ses fonctions sociales parfaitement hiérarchisées se traduisant dans des structures physiquement identifiables dans le tissu urbain. L'église Notre-Dame dominait la silhouette de la cité, le palais de justice bornait le Champ-de-Mars, les châteaux de Ramezay et de Vaudreuil possédaient des jardins tampons pour les relier à la trame urbaine. Dans tous les cas, il y avait cette préoccupation du site de l'édifice et de la signification dans la fabrique urbaine, même pour l'humble structure domestique. Cette conception humanisée de l'espace urbain disparaît tragiquement dans la cité industrielle. Cet espace n'est plus perçu comme le reflet ordonné d'une façon de vivre gouvernée par des idéaux culturels et sociaux, mais comme un bien d'échange et de consommation, à l'instar de tous les autres.

Cette dégradation de la qualité de l'espace urbain, dans le centre-ville commercial, se produit selon deux phénomènes opposés et consécutifs dans le temps. D'abord un phénomène d'infiltration de l'espace, puis un phénomène de succion. Au début, ce que les édifices commerciaux ne peuvent gagner en hauteur, faute d'un moyen efficace de transport vertical, ils le gagnent en plan ; ils s'insinuent par-

tout, occupant tous les espaces disponibles, supprimant les espaces
verts et publics, ne laissant en somme que la rue, parce qu'elle leur
est utile. Il n'est donc pas surprenant que ces fonctions commerciales aient délogé la plupart des autres fonctions sur le coteau St-
Louis ; délogé seulement, sans changer quoi que ce soit aux structures existantes, à la grille de rues déjà en place. Quoi d'étonnant
que des rues, planifiées par Dollier de Casson comme support d'une
occupation résidentielle à faible densité, deviennent alors d'étroits
corridors, où le soleil ne pénètre jamais ? C'est le règne des « Wall
Streets ». Par la suite, avec l'apparition de l'ascenseur et des techniques modernes de construction, de chauffage, de ventilation, le phénomène inverse se produit. Le gratte-ciel siphonne son entourage
immédiat, fait le vide autour de lui ; il désarticule l'espace urbain,
et transforme le centre-ville en un champ d'asperges. Nous reviendrons sur ce dernier phénomène, qui appartient davantage à notre
époque qu'à l'ère victorienne.

### 4. Les élévateurs à grains et le pont Victoria

On ne saurait décemment terminer ce chapitre sur l'architecture commerciale victorienne à Montréal sans dire un mot du pont
nommé Victoria, précisément, et des entrepôts à grains. L'un comme
les autres s'avèrent des monuments marquants de cette période. Ainsi
le pont Victoria, construit durant les années 1854-59 (et transformé
à partir de 1897), premier pont à franchir l'immense fleuve St-Laurent, gardait encore quelque chose de ce caractère fantastique
qu'avaient présenté, quelques décennies plus tôt, les premiers chemins de fer. En effet, à l'époque de son inauguration, ce pont était
considéré comme œuvre de science, et comme l'entreprise la plus
gigantesque au monde ; bref, comme la huitième merveille de l'univers. De leur côté, les entrepôts à grains s'imposent par la complexité de leur fonctionnement, complexité traduite dans un ensemble de formes variant entre le géométrique gigantesque des silos et
la dynamique linéaire des convoyeurs.

Les nouveaux matériaux et les nouvelles techniques de construction apparus durant cette ère victorienne ne sont pas étrangers à
ces structures. Par exemple, l'entrepôt no 2, érigé en 1912 pour la
Commission du Port, par les ingénieurs de John S. Metcalf, est la
première structure du genre à être construite entièrement en béton ;
457 pieds de long, 100 pieds de large, d'une hauteur de 200 pieds
et d'une capacité de 2,662,000 boisseaux, cette masse utilitaire,
visuellement hors d'échelle par rapport aux édifices du Vieux-Montréal, vole la vedette au marché Bonsecours situé tout près, non

satisfaite de lui couper toute vue sur le fleuve. [14] Parfaitement anonymes, sans prétention d'aucune sorte, ne portant pas de nom mais de simples numéros (élévateurs no 1, no 2, no 3, etc.), reliés aux quais et souvent les uns aux autres par des convoyeurs aériens, ces entrepôts, pour ceux qui savent les regarder, sont des pièces merveilleuses d'architecture fonctionnelle. Dans ces constructions, qui ne possèdent ni plus ni moins que ce qui est nécessaire à leurs fonctions, le principe, cher à l'architecte moderne, que la forme doit obéir à la fonction a rarement reçu meilleure confirmation. Rarement aussi l'architecture cybernétique a été mieux prophétisée que par ces immenses structures tentaculaires couvrant les quais comme des pieuvres. Ces structures, enfin, furent une inspiration pour l'architecture formelle ; Le Corbusier fut des premiers à admirer et à saisir tout le potentiel de design que renfermaient ces austères structures. Déjà en 1925, dans son important ouvrage intitulé *Vers une Architecture,* Le Corbusier incluait des photographies des entrepôts à grains de Montréal.[15]

Le pont Victoria était lui aussi, à l'époque de son inauguration, un exemple frappant des possibilités offertes par les nouvelles techniques et par les nouveaux matériaux. Malheureusement, du strict point de vue architectural, il s'avérait une œuvre manquée. Ceci était dû principalement à la trop grande dépendance culturelle de la colonie par rapport à la mère patrie.

Pour jeter ce premier pont sur le Saint-Laurent, la compagnie du Grand-Tronc avait retenu les services du grand ingénieur anglais Robert Stephenson. Fils du « père des chemins de fer », George Stephenson, Robert s'était mérité une grande réputation pour avoir réalisé entre autres, après trois années de recherches en laboratoire, le célèbre pont de chemin de fer Britannia (1845-50). Enjambant le Menai Strait, pour relier l'île d'Anglesey au pays de Galles, ce pont était remarquable pour sa structure tubulaire comme pour la maturité de son design, laquelle était tributaire du talentueux architecte Francis Thompson, associé à Stephenson pour la réalisation de ce projet. D'une grande pureté et simplicité de ligne, ce pont consistait essentiellement en deux tubes rectangulaires structuraux, construits avec des plaques de fer forgé rivées les unes aux autres et renforcés, au plancher comme au toit, avec des poutres en I majuscule. Trois piliers maçonnées, d'une grande rigueur géométrique, soutenaient les tubes reliant les deux rives.

------

14. *Montreal, Old (and) New,* p. 351. (#)
15. Charney, *op. cit.,* p. 22 ; Id., « The Grain Elevators Revisited », *Architectural Design,* XXXVII, July 1967, pp. 328-331.

Ce principe du pont tubulaire structural fut repris par Stephen son pour le pont Victoria. Mais tandis que le pont Britannia pouvait être considéré à la fois comme « the greatest and boldest civil engineering feat of the early Victorian era »[16], et comme le plus beau pont du début de cette ère, le pont Victoria, tout en demeurant une œuvre de génie remarquable, ne possédait malheureusement aucune des qualités qui ont fait du Britannia une œuvre d'art. Et ceci est principalement dû au fait qu'une structure parfaitement adaptée au site du Menai Strait avait été adoptée sans changement pour un site complètement différent. Ceci est dû également au fait que Robert Stephenson n'a pas joui ici, comme dans le cas du Britannia, de la collaboration précieuse d'un Thompson.

Au Menai Strait, il existait un potentiel de relations harmonieuses entre les rives escarpées du détroit, la verticalité des piliers et l'horizontalité des tubes ; sur les rives du Saint-Laurent, à l'endroit choisi pour construire le pont, tout était désespérément plat : le fleuve y a plutôt l'aspect d'un lac que l'aspect d'un cours d'eau. Au Menai Strait, la distance à franchir était faible, et le site très dramatique : la longueur totale du pont entre les entrées — entrées signalées par d'énormes lions sculptés dans la pierre — était de 1,500 pieds. Cette distance était franchie avec beaucoup de vigueur, par quatre portées, dont deux principales de 463 pieds, et les tubes eux-mêmes étaient suspendus à quelque cent pieds au-dessus de la marée haute.[17] À Montréal, la seule longueur du tube était plus de quatre fois celle du Britannia, soit environ 6,600 pieds, tandis que la longueur totale du pont, incluant les ouvrages d'accès, était de 9,184 pieds. La distance entre les deux culées était franchie par 25 portées de longueur uniforme, 242 pieds, à l'exception de la portée centrale qui en avait 330. De plus, la hauteur du tube au-dessus du niveau de l'eau se chiffrait, à son point le plus élevé sous la portée centrale, à tout juste soixante pieds.

Les heureuses proportions du Britannia ne se retrouvaient pas, évidemment, avec le pont Victoria. Ici, une dimension prédominait nettement sur les autres, la longueur, une désespérante longueur. Pour allonger encore davantage cette dimension linéaire, contrairement au Britannia qui possédait deux tubes côte-à-côte, le pont Victoria n'en possédait qu'un (18 pieds par 25), à l'intérieur duquel ne circulait qu'une voie. Donc, malgré le désir de la compagnie du Grand-Tronc de doter son chemin de fer d'un pont « of the best and

---

16. Lionel Thomas Caswell Rolt, *Victorian Engineering*, p. 28.
17. Henry-Russel Hitchcock, *Early Victorian Architecture in Britain*, 1, pp. 518-521, 2, pp. 35-38 ; Rolt, *op. cit.*, pp. 27-31.

most substantial character », seuls les piliers, en calcaire noir, possédaient quelque caractère, étant précisément adaptés aux conditions locales. Ils possédaient en effet, pointant dans le courant, une arête effilée, destinée à briser les glaces, lors des débâcles du printemps. Cependant, dans leur maçonnerie comme dans celle des culées d'accès, on ne retrouve guère la distinction, la discrétion et la subtilité de la maçonnerie du Britannia.

Cette œuvre monumentale, la plus vaste entreprise du monde à l'époque, a effectivement attiré les regards du monde entier. Les impressions, toutefois, étaient partout à peu près les mêmes : le principal mérite du pont Victoria semble avoir été ... sa longueur. Et c'est un certain Monsieur de Lamothe qui résume le mieux ces impressions :

> Disons-le tout de suite, cette merveille de l'art des ingénieurs impressionne plus vivement l'esprit que la vue, car la distance en réduit étrangement les gigantesques proportions. La longue ligne rigide de la galerie, les formes grêles et également rectilignes des arches vues de face lui donnent de loin l'humble apparence d'un pont de chevalets. [18]

Il appartiendra à New-York, avec son pont de Brooklyn, construit par les ingénieurs Roebling, de montrer au monde ce que l'Amérique pouvait produire d'original dans ce domaine, lorsqu'elle puisait en elle-même ses propres inspirations et ses talents.[19]

Devant ces structures gigantesques, devant l'entrepôt à grains no 1 qui, avec sa capacité de quatre millions de boisseaux, était à l'époque l'entrepôt portuaire le plus considérable du monde, devant le pont Victoria qui, malgré son « humble apparence d'un pont de chevalets », n'en restait pas moins alors le plus long pont du monde, on ne peut s'empêcher de faire des rapprochements avec ce que Geddes et Mumford ont appelé l'époque Paléotechnique, caractérisée précisément, par son gigantisme, par son esprit de conquête, par sa brutalité, et par son peu de respect des valeurs humaines, au bénéfice du pouvoir et de l'argent. Ainsi, ces entrepôts écrasaient, ils écrasent toujours, de leur masse, la vénérable cité, lui coupant toute vue et tout accès vers ce fleuve qui fut sa raison d'être et le charme de son site. Ainsi le pont Victoria, dont la construction avait coûté la vie à vingt-six personnes, enjambait l'un des plus beaux fleuves du monde, sans offrir la moindre chance de l'admirer. Comme une caverne, le tube était complètement noir à l'intérieur — d'une « noirceur égyp-

18.  H. de Lamothe, *Cinq mois chez les Français d'Amérique*, p. 74.
19.  Lewis Mumford, *The Brown Decades ; a Study of the Arts in America, 1865-1895*, pp. 97ss. (#)

tienne », précise un témoin ! — avec, par intervalle, quelques mini-mes percées, laissant filtrer une misérable lumière. De plus, le tube retenait fumée, bruits et vibrations, pour le plus grand inconfort des usagers. Lors de son inauguration le 25 août 1860, le prince Albert-Édouard (futur Edward VII) et les officiels qui assistaient à la céré-monie furent presque asphyxiés par la fumée dégagée par la loco-motive.[20]

---

20. Au sujet de ce pont Victoria, voir Charles Legge, *A Glance at the Victoria Bridge and the Men Who Built It.*

57. *Le pont Britannia, au Menai Strait. Robert Stephenson, ing. et Francis Thompson, arch., 1845-50.*

58. *Le pont Victoria vers 1878. Robert Stephenson, ing., 1854-60.*

59. *La maison Trafalgar. John George Howard, arch., 1848.*

60. *L'Engineers Club, place Phillips. William T. Thomas, arch.*

# 10

## Du délire à l'indigence:
## l'architecture domestique

Si l'on veut retracer l'évolution d'une authentique
architecture moderne au Québec au cours de la seconde
partie du XIXe siècle et de la première moitié du XXe,
c'est dans les rues qu'il faut la chercher.
Melvin Charney. [1]

### 1. L'habitation des riches

L'architecture domestique apparaît non seulement comme un
des plus authentiques reflets des idéaux d'une époque, mais également
comme un fidèle miroir des conditions socio-économiques des populations ; car il est bien connu que les riches peuvent suivre la mode,
pour leurs demeures comme pour leur habillement, tandis que les
pauvres n'ont qu'à se contenter du gîte accessible à leur peu de
revenu. De même, dans le Montréal victorien, deux pôles se dessinent : les quartiers ou municipalités riches grignotent les flancs du
mont Royal, les quartiers et municipalités pauvres se répandent sur
la basse terrasse, et dans ce qu'il est convenu d'appeler l'Est de la
métropole. Cependant, cette distinction entre quartiers riches et quartiers pauvres ne se limite pas, ici comme dans la plupart des villes,
à une simple différence de classes sociales et de revenus. Cette distinction se double, en plus, d'une différence d'origine ethnique :
les quartiers riches sont peuplés en majorité par les anglophones,
tandis que les quartiers pauvres le sont en majorité par les francophones. L'architecture domestique, nous le verrons, rendra compte
de ces différences dans l'avoir et dans l'être.

---

1. Melvin Charney, « Pour une définition de l'architecture au Québec »
dans *Architecture et urbanisme au Québec*, p. 23. (#)

Chez les riches, il semble exister autant de sortes différentes d'habitations qu'il existe de degrés différents de fortune ; ne disons rien des excentricités du genre de cette résidence de style hispano-moresque, sise au numéro 1374 de l'avenue des Pins. Si chez les pauvres une habitation type originale vient à se dégager, elle apparaît néanmoins comme le fruit d'une longue évolution comportant des stades intermédiaires. À travers cette évolution, un œil attentif peut déceler ici et là, comme des témoins discrets du cosmopolitisme de la métropole, des constructions inspirées par des modèles étrangers, qu'ils soient anglais, américains, russes, ukrainiens ou autres, telle cette surprenante résidence de bois, à l'angle sud-est des rues de Bullion et de La Gauchetière.

Il nous a paru préférable de négliger ces particularismes, au profit d'une vision d'ensemble de l'architecture domestique du siècle passé. Cette vision repose sur une constatation principale, à savoir, que l'habitation des riches reflète avant tout les prétentions et les emprunts culturels d'une classe coloniale et privilégiée, tandis que l'habitation des classes défavorisées reflète, au contraire, une adaptation (obligée) aux réalités socio-économiques. Considérons tout d'abord le premier type, le plus facile à analyser, puisqu'il reproduit tous les styles et toutes les modes que nous avons déjà reconnus dans l'architecture publique et dans l'architecture religieuse : néo-classicisme, néo-gothique, pittoresque, ou la manière de Shaw.

C'est sur les lieux de résidence des favorisés de la fortune, des grands propriétaires, patrons ou présidents de banques, d'industries, de compagnies navales ou ferroviaires, que l'on peut le mieux se faire une idée des principales caractéristiques de ce type d'habitation. Durant l'ère victorienne, ces privilégiés ont vécu rassemblés dans un périmètre exclusif et restreint, sur ces territoires où des marchands comme McGill, McTavish et autres magnats de la fourrure s'étaient taillé, au début du 19e siècle, des domaines d'aristocrates. Par la suite, sous la pression du développement urbain, ce périmètre s'est disloqué un peu, s'allongeant vers le sud-ouest, le long de certains axes, entre autres Dorchester et Sherbrooke, et montant plus résolument à l'assaut de la montagne. Vers 1900, la plus intéressante concentration de résidences-palais se trouve localisée entre la rue Sherbrooke et les flancs du mont Royal d'une part, entre le chemin de la Côte-des-Neiges et la rue Bleury, d'autre part. On estime qu'à cette époque, 70 pour cent de toutes les richesses du Canada se trouvait aux mains des quelque 25,000 personnes résidant dans ce territoire d'environ un mille carré. Que cette riche réserve ait mérité le surnom de Mille-Carré-Doré n'a absolument rien d'étonnant. Aujourd'hui, le dernier reflet de l'antique gloire du Mille-Carré est sans doute que l'avenue McGregor soit devenue l'avenue des Consulats à Montréal.

Stephen Leacock, dans sa langue savoureuse, a laissé une description percutante de ce Mille-Carré, séjour préféré des sirs, des lords et de la petite noblesse d'argent ; sanctuaire d'une vertu victorienne hypocrite, d'un calme monacal, où les ormes façonnaient chaque rue en cathédrale gothique, où l'été n'avait pas de fin dans les grandes serres privées, où les collection particulières de tableaux, telle celle de William Cornelius Van Horne, faisaient l'envie des musées du monde, où enfin, « the rich in Montreal enjoyed a prestige in that era that not even the rich deserve » [2]. Au sommet de ce territoire béni trônait Ravenscrag, la pompeuse résidence du plus riche d'entre les parvenus du Mille-Carré, Sir Hugh Montagu Allan.[3] Si New-York avait eu ses Vanderbilt, Philadelphie ses millionnaires de Rittenhouse Square, Montréal se devait d'avoir ses Allan ; car durant cette ère du fer et de la vapeur, quelques grandes fortunes écumaient dans son bain de sueur, de pauvreté et de misère.

Il aurait été plus approprié de commencer notre tour d'horizon du Mille-Carré en jetant un coup d'œil sur la Terrasse Prince-de-Galles. Malheureusement ces résidences en rangée, situées à l'ouest de la rue Sherbrooke, à l'angle nord-ouest de la rue McTavish, ont été démolies il y a tout juste quelques années (automne 71). Personne n'a protesté contre ce vandalisme approuvé par des autorités universitaires et pourtant... parmi ces types de résidences néo-classiques en rangée qui existent encore au Canada, que ce soit à Québec, Kingston ou Hamilton, cette Terrasse Prince-de-Galles se classait au premier rang, pour son austère grandeur, son équilibre d'ensemble et sa sobriété de bon goût, tant à l'extérieur qu'à l'intérieur. Reflétant un peu la manière de John Nash à Londres, mais en moins opulent et en plus sévère, l'emploi de la pierre de taille en façade, et la rigueur du design rapprochaient davantage ces résidences montréalaises des résidences classiques d'Édimbourg. Érigées pour fins de spéculation en 1859-60, pour le compte de Sir George Simpson, alors gouverneur de la compagnie de la Baie d'Hudson, ces habitations de la Terrasse Prince-de-Galles étaient l'œuvre de deux architectes de talent dont nous avons déjà parlé : William Footner, surtout connu pour son marché Bonsecours, et George Brown, l'auteur, entre autres bâtiments, de l'excellente Banque Molson.[4]

2. Voir Stephen Leacock, *Leacock's Montreal*, pp. 233-235.
3. Aujourd'hui, Allan Memorial de l'hôpital Royal Victoria.
4. John Bland, « Domestic Architecture in Montreal », *Culture*, 9, no. 4, décembre 1948, p. 403.

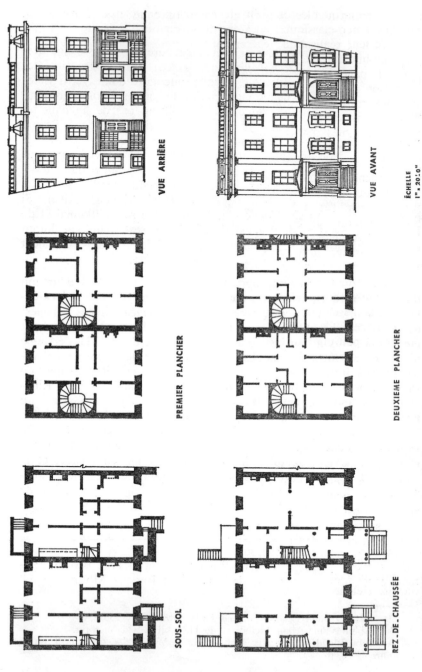

VUE ARRIÈRE

VUE AVANT

ÉCHELLE
1" = 20'0"

PREMIER PLANCHER

DEUXIEME PLANCHER

SOUS-SOL

REZ - DE - CHAUSSÉE

Fig. 13   La Terrasse Prince-de-Galles. William Footner et George Brown, arch., 1859-60

Si remarquables qu'aient été les qualités architecturales de ces résidences néo-classiques, elles ont dû néanmoins apparaître, au moment de leur réalisation, légèrement en retard par rapport aux courants architecturaux de la seconde moitié du 19e siècle. Beaucoup plus à la page, et plus conforme aux goûts de l'heure a dû se révéler la maison solide et vaste, en brique rouge, avec chaînage de pierre aux ouvertures, située au numéro 3015 de l'avenue Trafalgar, et connue sous le nom de maison Trafalgar. Ce nom, donné également à plusieurs rues des environs, vient de ce que ce territoire faisait partie jadis de la ferme de John Ogilvy, baptisée Trafalgar par son propriétaire, qui vouait une grande admiration à l'amiral Nelson. Cette splendide résidence fut construite en 1848 — une pierre gravée à cette date au-dessus de la porte l'atteste — par l'architecte torontois John George Howard. Excellent dessinateur, en plus d'être ingénieur, ce monsieur Howard a surtout pratiqué au Canada anglais. Émigré d'Angleterre, un certain temps maître de design au Upper Canada College, il se signala d'abord en construisant de délicieuses résidences de style régence. Toujours curieux d'apprendre et de tenter des expériences nouvelles, il s'engagea rapidement dans les mouvements néo-gothique et pittoresque. C'est ainsi que la prison de Toronto, inaugurée en 1840, exploite le renouveau gothique, tout comme l'édifice Old Arts à l'Université Bishop de Lennoxville, lequel possède à peu près les mêmes caractéristiques que la maison Trafalgar. Cette dernière s'impose par son assurance, par son intéressant mélange de traits gothiques et Tudor, et par la qualité de ses détails de construction. Malheureusement, l'intérieur, dont certaines pièces étaient tapissées de cuir, a été massacré de la plus vile façon par incurie et par suite d'utilisation totalement incompatibles.[5]

Cet engouement pour le néo-gothique, qui nous a donné de bons édifices religieux, telles les églises St-Patrick, Christ Church et St-George, nous laissera peu de structures domestiques. Peut-être la plupart des grandes fortunes privées sont-elles apparues à un moment où l'intérêt pour le néo-gothique commençait à décliner. Quoi qu'il en soit, il est indéniable que le retour à l'architecture de la Renaissance, spécialement de la Renaissance italienne, convenait admirablement bien aux aspirations des riches marchands et des industriels.

L'architecte William T. Thomas, dont nous avons parlé au chapitre précédent, et qui nous a laissé ce palais commercial sur la rue Ste-Hélène, se distingua particulièrement par la construction de

5. Edgar Andrew Collard, « Of Many Things... » The Gazette, Montreal, 30 May 1970, p. 6. Concernant John George Howard, voir Marion MacRae and Anthony Adamson, The Ancestral Roof; Domestic Architecture of Upper-Canada, 1783-1867, pp. 87ss, 102, 202.

ce type d'opulente résidence bourgeoise. La plupart de ses réalisations dans ce domaine, une douzaine au moins, ont aujourd'hui disparu. Ainsi fut démolie la résidence de George Washington Stephens (originellement au 363 de la rue Dorchester), remarquable pour ses emprunts aux palais florentins et romains de la Renaissance, que Thomas construisit vers 1867. Parmi les structures domestiques qui restent de lui, signalons la résidence logeant maintenant l'Engineers Club, qu'aucun montréalais ne peut manquer de voir, sur la Place Phillips. Cette résidence fut probablement érigée dans les années 1860 ; du moins, elle figure sur une carte de la ville, en 1872, bien qu'elle paraisse avoir été agrandie depuis. Si les années n'ont pas altéré son échelle, ni son aisance à l'italienne, elles ont par contre modifié considérablement son environnement ; aujourd'hui cette demeure patricienne, complètement entourée de hauts bâtiments assez moches, ne semble pas très assurée. Moins élégante et plus cossue apparaît une autre résidence de cet architecte Thomas, la maison de Lord Mount Stephen (occupée présentement par le Mount Stephen Club), sise au 1440 de la rue Drummond. De toutes les résidences classiques réalisées par Thomas, celle-ci s'avère sans doute la plus opulente, la plus imposante, la plus riche. Que l'on juge par soi-même : à l'intérieur, l'escalier central est en acajou, les cheminées de marbre et d'onyx, les boiseries d'essences rares, les boutons de portes plaqués or à 22 carats, etc. Notman, le grand photographe montréalais à la fin du siècle, nous a laissé des photographies splendides des salons et de la serre de cette demeure.[6] Selon le goût du temps, l'architecture disparaît littéralement sous un amas de tableaux, potiches, bibelots, bric à brac... Construite au début de 1880, elle donne une bonne idée de l'opulence et des tendances exhibitionnistes de cette classe dirigeante montréalaise d'il y a à peine cent ans.[7]

Il faut absolument noter ici que les maisons en question ont dû figurer parmi les bons exemples de résidences de ce style, conservant, malgré une certaine lourdeur, une dignité qui n'a pas dû être très commune dans ce voisinage huppé. À signaler, pour preuve, l'énorme habitation située à l'angle nord-ouest de l'avenue McGregor et de la rue Drummond, originellement demeure de monsieur Charles Hosmer, directeur de la Banque de Montréal et du Pacifique Canadien. Construite probablement vers 1905-06, dans un style bour-

---

6. J. Russell Harper and Stanley Triggs, eds, *Portrait of a Period ; a Collection of Notman Photographs, 1856-1915*, photos no. 72, 73 et 74.
7. John Bland, « Effect of Nineteenth Century Manners on Montreal », JRAIC, 33, no. 11, November 1956, p. 416 ; J. Philip Turner, « The Development of Architecture in the Province of Quebec since Confederation », pp. 189-195.

soufflé se rapprochant de celui du second Empire, cette lourde résidence évoque une fortune avide de se faire soupeser, à laquelle l'emploi généreux de la pierre brune n'apporte aucune légèreté, bien au contraire. Ici, on ne peut s'empêcher de songer aux « Brown Decades » de Mumford, et à la signification qu'il prête à l'emploi de la pierre brune : retour à un automne de l'art, qui a perdu la fraîcheur du printemps et la vigueur de l'été. [8] À tous les points de vue, cette résidence est opprimante : elle manque singulièrement d'échelle, et son architecture est complètement étrangère aux splendeurs du site environnant. Elle reflète bien, en somme, la profonde insécurité artistique de cette classe de nouveaux riches, prêts à troquer des solutions originales et créatrices contre des valeurs sûres et sécurisantes ; prêts à mépriser les inspirations du milieu, pour mieux accueillir les influences étrangères, européennes ou américaines.

Cette tendance très victorienne, évidemment plus prononcée dans une société coloniale, d'afficher publiquement réussite et fortune, et de se réfugier dans les valeurs éprouvées des styles passés, trouvera son meilleur médium d'expression dans le pittoresque. Plusieurs résidences du Mille-Carré, demeures plantureuses et boursouflées, sans aucun style défini, ont participé à ce règne de l'architecture-image (véritable signification du pittoresque), qui surprend, excite, passionne, et enfin... fatigue ! Il y avait, par exemple, la maison du sénateur George A. Drummond, vaste construction de pierre rouge, érigée en 1889 par l'architecte Sir Andrew Taylor, et rappelant quelque manoir hanté d'Écosse. Voici comment la décrivait un observateur de l'époque :

> The general design of the house is strong and good. The strong corner tower, which is still the tower of a house not of a fortress, and the two gables rising steeply to the grotesque « beastes » that terminate them, produce a most admirable effect in the mass. [9]

Cette résidence, originellement située à l'ouest de la rue Sherbrooke, presque en face de la Terrasse Prince-de-Galles, a disparu depuis un certain temps. On peut s'en consoler en considérant « Ravenscrag », l'ancienne demeure de Sir Hugh Allan, cet homme qui s'est payé le luxe d'accumuler la plus grosse fortune jamais ramassée avant lui par un canadien. Son site, dominant le réservoir McTavish, est absolument exceptionnel et porteur de puissance, de mystère et de légende. La maison elle-même, probablement inspirée de la « Ravenscrag » du Marquis de Lorne en Ayshire, en Écosse,

---

8. Voir l'introduction de : Lewis Mumford, *The Brown Decades; a Study of the Arts in America, 1865-1895.* (#)

9. Edgar Andrew Collard, *Call Back Yesterdays*, p. 201. (#)

offre un mélange de formes assez molles, où prédominent des traits empruntés à la Renaissance italienne.

Enfin, dans cette veine du pittoresque, contentons-nous d'un dernier témoin, véritable petit chef-d'œuvre du genre, combinant les « bay-windows » anglais avec les pignons hollandais, et avec les tourelles à la Viollet-Le-Duc : c'est la maison sise au numéro 438 est de la rue Sherbrooke, où loge présentement le Club Canadien. L'existence de cette résidence mérite d'être signalée pour une autre raison : elle fut, en effet, la demeure familiale des Dandurand, première famille à avoir possédé une voiture automobile à Montréal ... début de ce qui devait présager de profondes transformations du cadre urbain.

Pour ce qui est des intérieurs de ces somptueuses maisons, il n'est guère nécessaire de les décrire ici, car chacun doit avoir eu l'occasion, durant son enfance, chez des parents, des grands-parents, ou chez des amis, de connaître l'atmosphère feutrée et douillette de ces grandes pièces surchargées de mobiliers et d'ornements, et qui ne connaissaient pas de pires ennemis que la simplicité et le soleil. Comme le souligne pertinemment Lewis Mumford, « no house was thought fit to live in that did not contain truck loads of ornament and bric-à-brac. » [10]

À part le pittoresque, remarquons que plusieurs résidences construites au tournant du siècle trahissent la manière des Beaux-Arts. On pourrait, par exemple, établir un parallèle entre la délicieuse bibliothèque Saint-Sulpice, d'Eugène Payette, et cette résidence de type hôtel particulier parisien, au 430 est de la rue Sherbrooke, dont la façade est une des plus harmonieuses de toutes celles de cette longue artère. Une autre demeure de la rue Sherbrooke, bien que plus infatuée, relève de ce style : il s'agit de l'ancienne résidence personnelle de Sir Hugh Graham, propriétaire à l'époque du journal Star. Elle se dresse à l'angle sud-ouest des rues Sherbrooke et Stanley. Plus monumentale encore, plus sévère et plus classique était la maison Mortimer B. Davis (aujourd'hui Arthur Purvis Memorial Hall de l'université McGill), construite au début du siècle, à l'angle sud-est de l'avenue des Pins et de la rue Peel, sur l'un des sites les plus avantageux de Montréal. Ici, c'est l'équilibre rigoureux et la symétrie calculée d'un style Beaux-Arts bien théorique. Une seule autre résidence (en réalité un duplex) de cette manière a pu rivaliser avec cette dernière construction : le château Dufresne, toujours sur la rue Sherbrooke, mais complètement dans l'est, près du boulevard Pie IX. Oeuvre de Marius Dufresne, architecte et entre-

---

10.  Mumford, *op. cit.*, p. 110.

preneur montréalais du premier quart de siècle, ce château fut une tentative des deux frères Marius et Oscar d'inaugurer dans cette partie de la ville un district exclusivement résidentiel. La tentative avorta : l'est montréalais était peut-être trop identifié déjà avec la ville française et avec sa pauvreté. Le château Dufresne servit par la suite à l'éducation, mais depuis un certain temps, son sort est incertain.

Pour terminer, signalons rapidement que même des modes architecturales très passagères, comme celles lancées par les architectes Norman Shaw et Henry Hobson Richardson, ont eu des imitatrices dans l'architecture domestique victorienne de Montréal. Ainsi les deux habitations sises aux numéros 3465-71 de la rue Drummond, résidences au design délicat, en splendide brique rouge, avec des pignons hollandais et des fenêtres en baie de faible projection, sont typiques de la manière de Shaw. Reflet encore de cette manière, ainsi que de quelques influences d'un Richardson, mêlées à tout ce que cette période a pu charrier d'influences étrangères, cette magnifique série de résidences en rangée continue, situées du côté nord du boulevard Dorchester, entre les rues St-Mathieu et St-Marc. L'Association des architectes de la Province de Québec a établi son siège social dans un de ces édifices.

## 2. *Vers l'habitation type*

Ces habitations que nous venons d'analyser, la plupart détachées les unes des autres, dans ce secteur du Mille-Carré, ne représentent qu'une petite partie du tableau de l'architecture domestique, durant l'ère victorienne. Elles sont empreintes d'une individualité lourde de prétentions, et d'emprunts culturels étrangers. Ce trait dominera jusqu'à nos jours le développement résidentiel dans les municipalités et les quartiers chics : tel Outremont, Westmount ou Hampstead, etc., sauf que la quête du confort remplacera progressivement celle des styles. Pour prendre connaissance des autres facettes de cette architecture domestique victorienne, il est préférable de se tourner vers les maisons en rangée continue, qui encadrent la grille orthogonale traditionnelle des rues de Montréal. Or ces rangées d'habitations apparaissent de types différents, selon qu'elles sont situées dans l'est ou dans l'ouest de la ville, c'est-à-dire dans des quartiers à bas revenu, à moyen revenu, ou à haut revenu.

D'abord, dans ce Mille-Carré, et en bordure immédiate, se trouvent des maisons victoriennes en rangée, inspirées de la façon britannique de se loger, à savoir, selon un alignement d'unités individuelles, aux pièces réparties sur plusieurs étages. En somme, ces demeures en rangée continue se rapprochent du concept de la Terrasse Prince-de-Galles, sauf que leurs façades avant, presque toujours en pierre, sont plus ou moins chargées de décoration, et paient leur tribut au mouvement pittoresque. On peut facilement repérer ce type d'habitations sur la rue Ste-Famille ; maisons à trois étages (dont le dernier est le plus souvent aménagé dans des combles mansardés), construites sur des lots de 50 pieds par 90 (deux unités d'habitation par lot), avec ou sans petits escaliers extérieurs, pour atteindre le plancher principal. On trouve encore ce type d'habitations en rangée continue, de deux ou trois étages, avec façades en pierre grise ou en pierre brune, souvent munies de fenêtres en baie, sur la rue Crescent ou sur la rue Peel (au nord de l'artère Sherbrooke) ; dans ce dernier cas, les habitations sont construites sur des lots d'environ 25 pieds de largeur, par 100 à 130 de profondeur. Ce type d'habitation semble être réservé aux riches quartiers, ou aux municipalités anglophones ; on ne le rencontre que rarement dans les quartiers francophones. Signalons pourtant quelques exemples égarés sur l'avenue Laval, près du square St-Louis. Ceci s'explique facilement ; en plus d'être d'origine britannique, ce type de maison de ville supposait un revenu suffisamment élevé, ce qui n'était pas très commun chez les Canadiens français.

Dès que l'on quitte le Mille-Carré et que l'on se dirige vers l'est, on constate facilement qu'un type d'habitation à logements superposés s'impose partout. On peut en voir les premiers exemples sur la rue Hutchison, dans ces maisons à deux niveaux de logements, à façade de pierre, d'un pittoresque gratuit. Ces mêmes façades de pierre se retrouvent dans l'est, le long des grandes artères et des rues de prestige, mais de densité résidentielle généralement plus élevée. Ainsi les rues St-Hubert et St-Denis, entre Ste-Catherine et Sherbrooke, sont bordées de ces puissantes habitations à logements superposés, à façade de pierre, tantôt sévère tantôt enjouée. Même constatation sur la rue Cherrier, sur la rue Berri, et sur l'avenue Laval, immédiatement au nord de Sherbrooke. Ce qu'il importe de remarquer, dans ces derniers exemples, c'est que le plus souvent on accède au second étage par un escalier extérieur.

Plus on pénètre dans les quartiers populaires, que ce soit Rosemont, St-Edouard, ceux du plateau Mont-Royal ou ceux de Verdun, plus on constate qu'un type caractérisé d'habitation prédomine : habitations en rangée continue, à deux ou trois logements superposés, à façades le plus souvent en brique, munies invariablement, à l'avant comme à l'arrière, de balcons, de galeries et d'escaliers extérieurs. Au 19e siècle, chaque pays, on pourrait même dire chaque grande ville, a engendré un type d'habitation approprié aux conditions

économiques et socio-culturelles de la majorité de sa population
Il s'agit de l'habitation type; celle qui semble être la moins originale,
justement parce qu'elle est la plus répandue ; celle qui couvre de
grandes superficies dans les villes, et qui leur confère à ce titre une
partie de leur identité et de leur caractère propre. Dans les grandes
cités d'Europe continentale, de même qu'en Écosse (Glasgow et
Edinburgh) ou à New-York, c'est l'édifice à appartements, avec
cinq ou six étages, qui apparaît à l'époque comme le type d'habitation
le plus répandu. À Boston, c'est le fameux « three decker » ; à
St-Louis et à Chicago, ce sont des édifices à logements, avec deux
ou trois étages. Par contre, en Angleterre, à Londres, comme dans
certaines villes américaines, telles Baltimore et Philadelphie, c'est
la maison unifamiliale en terrasse qui s'impose ; deux ou trois étages,
le plus souvent, parfois quatre ou cinq, selon les conditions de fortune
des occupants. [11]

Cette habitation type, apparaissant à Montréal à la fin du
19e siècle et au début du vingtième, possède une genèse, malheureusement assez obscure, que nous tenterons maintenant de retracer.
La question qui nous préoccupe est la suivante : comment et pourquoi est-on passé du type de maison urbaine analysé au chapitre
cinquième, c'est-à-dire, de la maison unifamiliale en rangée, à deux
ou plusieurs étages, en bois ou en pierre, les pièces étant disposées
dans le sens de la largeur du bâtiment, à ce nouveau type d'habitation
urbaine, normalement en brique, à logements superposés, les pièces
étant alignées désormais dans le sens de la profondeur ?

Il apparaît d'abord évident que la disparition du type unifamilial
en faveur de la maison à appartements s'explique par la nécessité
de répondre à l'accroissement rapide de la population attirée par
les emplois créés à Montréal par une industrialisation accélérée.
L'accroissement de la densité résidentielle n'est cependant pas facteur
uniquement de l'accroissement de la population en général, mais bien
de l'accroissement d'une population qui doit loger près des sources
d'emploi, ou du moins près des moyens de transport — tramways
à chevaux puis tramways électriques — donnant accès aux lieux
de travail. C'est ce qui explique que les premières habitations à logements superposés apparaissent justement dans les premiers quartiers
industriels montréalais, ou dans des secteurs relativement proches
des sources d'emploi, qui peuvent être développés de nouveau à la
suite des grands incendies qui ont dévasté la ville au milieu du siècle
dernier, notamment en 1845 et en 1852.

---

11. Hans Blumenfeld, « L'habitation dans les métropoles », ABC, 21,
no. 241, Mai 1966, p. 23 ; Blake McKelvey, *The Urbanisation of America,
1860-1915*, pp. 76-77.

En effet, si on en croit Cooper, qui puise ses informations dans des sources difficilement accessibles, c'est à Pointe-St-Charles qu'auraient apparu les premiers immeubles à logements superposés, pour loger les ouvriers employés à la construction du pont Victoria et aux ateliers du Grand-Tronc. Ces habitations furent construites en rangée continue, sur des lots vacants, de dimension uniforme, 25 pieds par 100, avec leur façade élevée au ras des trottoirs ; elles possédaient à l'arrière l'espace nécessaire pour les cabinets de toilette (à l'extérieur à cette époque), les puits communautaires, le lavoir et les abris d'utilité, desservis par des ruelles. [12] Cet endroit était peuplé en majorité par des irlandais chassés de leur pays par la grande famine (les noms mêmes des rues de cet embryon de quartier reflétaient l'identité des résidents : Forfar, Conway, Britannia et Menai Streets). Aujourd'hui, il ne reste plus rien de cette petite agglomération : sur son site se trouvent érigés l'autostade et une partie de l'autoroute Bonaventure.

Cependant, de l'autre côté de la cour de triage, à Pointe-St-Charles, existent encore plusieurs rues résidentielles, telles les rues de Sébastopol, de la Congrégation, Sainte-Madeleine, Bourgeoys, Charon, Favard et Le Ber, qui ont dû se développer à peu près en même temps que le précédent quartier irlandais, et offrir à peu près les mêmes caractéristiques. Cette unité résidentielle, occupant un territoire vierge, appartenait à l'origine aux Dames-de-La-Charité, de l'Hôpital-Général de Montréal, et aux Sœurs de la Congrégation-de-Notre-Dame. Elle fut développée avec le même souci d'ordre et de standardisation que dans le cas précédent, sauf que la ruelle ne fit pas partie du concept original, et que les terrains à bâtir furent subdivisés en lots uniformes d'environ 47 pieds de largeur, par 87 à 95 de profondeur. Cependant, on remarque qu'il s'y trouve souvent deux maisons par largeur de lot, ce qui donne à chacune une largeur de 23.5 pieds, dimension très voisine, donc, de celle qui deviendra standard dant tout Montréal pour ces types d'habitations, à savoir environ 25 pieds. La rue de Sébastopol (sûrement nommée ainsi pour commémorer la victoire alliée à Sébastopol en 1855, ce qui nous donne une idée de la date approximative de son développement) peut être considérée comme typique, avec son morne alignement d'habitations en brique, à deux étages, avec logements superposés, de deux pièces de profondeur. Ces habitations sont toutes identiques, laissant ainsi supposer qu'elles furent construites par un même entrepreneur.

Ce type d'habitations multifamiliales apparaît, à la même époque, dans les quartiers situés à l'entour du centre-ville. Les

---

12. John Irwin Cooper, « The Social Structure of Montreal in the 1850s », CHAR, 1956, p. 68.

premières manifestations ont dû apparaître dans les secteurs redéveloppés à la suite du grand incendie des 9 et 10 juillet 1852, qui dura vingt-six heures, détruisant presque la moitié des maisons de Montréal : tout le secteur compris entre les artères St-Laurent, Maisonneuve, St-Denis et Craig, et le secteur compris entre la rue de La Gauchetière et le fleuve St-Laurent, depuis le Champ-de-Mars jusqu'aux fonderies Ste-Marie, soit à peu près à la hauteur de l'avenue Papineau actuelle. Malheureusement, ces endroits, retransformés depuis, sont aujourd'hui de mauvais témoins pour le sujet qui nous concerne. Ainsi le faubourg à la Mélasse, pittoresque quartier qui s'était développé à l'est du Champ-de-Mars après l'incendie de 1852, fut tour à tour amputé (au point d'en mourir littéralement) pour faire place à la gare Viger, aux installations du port et, plus récemment (automne 1963), à la Maison-Radio-Canada.[13] C'est plutôt dans le secteur adjacent délimité par les rues Amherst, Sherbrooke, l'avenue Papineau et par le boulevard Dorchester, que l'on peut le mieux reconstituer l'évolution domiciliaire vers un premier palier d'habitat type. En effet, dans ce district à peine transformé depuis son premier développement, on peut retracer une standardisation progressive des îlots, des lots à bâtir et des habitations, pour aboutir à un modèle caractérisé de rue et d'habitation, dont la rue Wolfe constitue sans doute un bon exemple.

Les premières rues qui prirent forme dans ce secteur, à savoir, les rues Champlain, Maisonneuve (aujourd'hui Alexandre-DeSève), Plessis, Panet ou de la Visitation, présentent de longs corridors bordés par des habitations en rangée continue, érigées selon un cadastre encore grevé de quelques irrégularités. Si on les examine de plus près, on constate que les îlots, délimités par ces voies, sont profonds, variant entre 200 et 230 pieds, et sans ruelle ; qu'à l'intérieur de ces îlots existait, et existe encore en partie, une rangée médiane d'habitations accolées dos à dos ; que les accès et les services, pour ces habitations, se font normalement par l'intermédiaire de tunnels, ou de portes cochères percées dans les maisons qui bordent les rues. Sous une apparente uniformité, conférée par la grille orthogonale de circulation, ce tissu urbain est texturé comme un fromage de gruyère : l'intérieur de ces îlots recèle beaucoup d'imprévu, et les effets spaciaux produits par des ramassis de constructions hétéroclites, ne manquent pas d'intérêt.

Pour leur part, ces habitations présentent une série de caractéristiques qu'il est nécessaire de connaître, si l'on veut suivre l'évolution

---

13. Roy Kervin, « Faubourg à la Melasse... Victim of Progress », *The Montrealer*, 38, no. 6, June 1964, pp. 16-19.

de l'architecture domestique anonyme à Montréal. Remarquons d'abord que ces maisons, la grande majorité étant construite d'un carré de bois avec revêtement en brique, sont placées en bordure immédiate des trottoirs. Leur façade est simple, sans balcon. Deux portes, côte à côte, donnent sur un même perron, l'une accédant au rez-de-chaussée, l'autre à l'escalier intérieur, vers le logement d'en-haut. Ordinairement de deux étages — lorsqu'il y en a trois, cela veut souvent dire que les deux du haut ne forment qu'un seul logement, le dernier étage pouvant être aménagé dans des combles mansardés — la maison a un toit qui est plat, à la mansarde, ou composite. Le toit composite consiste en un premier pan, garni de lucarnes, fortement incliné vers la rue, tandis que l'autre est à pente très faible. Ces lucarnes, avec d'autres éléments du toit, telle la corniche, sont d'ordinaire les seuls composants décorés de ces façades plutôt sévères et de facture classique. Les logements, de deux pièces de profondeur, sont petits mais bien éclairés. Le besoin d'accéder à la cour intérieure par l'intermédiaire d'un couloir pratiqué à même l'habitation entame nécessairement la superficie des logements du bas ; la plupart de ces logements du rez-de-chaussée n'ont d'ailleurs que trois pièces. [14]

Ces habitations sont généralement munies à l'arrière de galeries et d'escaliers extérieurs. Ces modes de circulation horizontale et verticale seront par la suite communément utilisés à l'avant comme à l'arrière des habitations types. Mais le recours à ces expédients paraît remonter plus loin dans le temps. Il semblerait, en effet, que la première version de l'escalier extérieur menant à des pièces habitables fit son apparition dans les cours intérieures et les jardins même des habitations urbaines traditionnelles. Ainsi, à cause de la pression démographique et de la rareté consécutive des terrains à bâtir, facilement accessibles aux sources d'emploi et aux organes de vie collective, on en vint à construire des logements au-dessus des remises et des étables, dans les cours, ou à transformer ces maisons traditionnelles en logements distinctifs. L'escalier extérieur, en soi version élaborée de l'échelle, apparut comme le moyen le plus commode et le plus économique d'accéder à ces logements de fortune. Il n'y a rien de très nouveau dans le recours à ce moyen. Mesdames Mitchell et Leys, dans leur passionnant ouvrage sur l'histoire de la vie londonnienne, nous rappellent qu'à la fin du Moyen Âge, des artisans et des manœuvres vivaient dans des genres d'habitations à logements multiples où, précisément, ils accédaient aux étages supérieurs par des échelles. Elles font également remarquer

---

14. Raymond Tanghe, *Géographie humaine de Montréal*, pp. 244-245 (#) ; Stuart Wilson, « A Part of Le Faubourg », JRAIC, 43, no .11, November 1966, pp. 71-74.

que ce recours à l'échelle, ou a l'escalier extérieur, était très fréquent, même pour les habitations confortables ; car seuls les riches pouvaient se permettre le luxe des escaliers intérieurs.[15] Il ne fait aucun doute que partout où ces expédients ont pu apparaître, le facteur économique a dû jouer un rôle prédominant.

Lorsqu'apparurent les premières habitations à logements superposés à Montréal, avec ces développements résidentiels ouvriers, à Pointe-St-Charles, ou avec ce genre d'habitations des quartiers St-Jacques et Bourget, dont nous venons de parler, l'escalier extérieur devenait le moyen tout indiqué pour relier les logements des étages supérieurs aux cabinets, aux puits et aux lavoirs des cours arrière. Étant donné, en outre, que chaque logement était chauffé individuellement, la communication avec les dépôts de combustibles, normalement situés dans les cours, était inévitable. Même nécessité pour se débarrasser des cendres. Sûrement, un escalier intérieur donnant sur l'arrière de ces habitations aurait rempli les mêmes fonctions. Mais comme la superficie de ces logements était elle-même strictement limitée par souci d'économie — 500 pieds carrés est une superficie de plancher moyenne pour ces logements de quatre pièces, dans les quartiers St-Jacques et Bourget —, et comme une partie précieuse de cette superficie était déjà réclamée par l'escalier intérieur donnant sur la façade, il était tout à fait logique d'avoir recours à l'escalier extérieur, pour répondre aux besoins de ces activités occasionnelles (mais tout de même essentielles). C'est ici qu'intervient la galerie : elle apparaît comme un lien nécessaire entre l'escalier extérieur et le logement. Outre l'impossibilité fréquente de placer l'escalier extérieur face à la porte de l'étage supérieur, cette plate-forme justifie son utilité comme lieu de dépôt temporaire, comme lieu de repos, ou d'occupations diverses. La galerie apparaît en somme comme l'extension naturelle d'un logement déjà fort restreint. L'utilité de la galerie sera complète lorsqu'elle mènera directement à une remise, ou hangar, centre de dépôt pour le combustible et les effets personnels. [16]

Si maintenant, dans le secteur que nous avons choisi, nous nous déplaçons un peu vers l'ouest, vers les rues Wolfe et Christophe-Colomb, par exemple, nous notons une standardisation progressive de l'habitation comme de son cadastre. En effet, les lots à bâtir présentent ici des dimensions régulières et identiques, à savoir 21 pieds par 66, et 22 par 72. De plus une ruelle dessert l'intérieur des îlots. Donc, comparés aux îlots précédents, de 200 à 230 pieds

15.  R. J. Mitchell and M. D. R. Leys, *A History of London Life,* p. 82.
16.  Bland, « Domestic Architecture in Montreal », pp. 399-407.

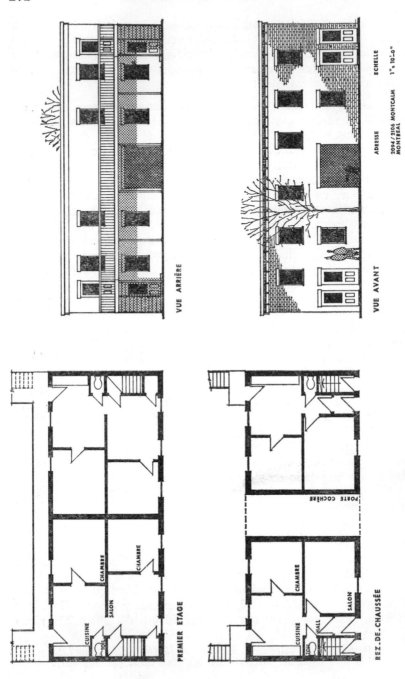

*Fig. 14   Habitation caractéristique de la terrasse Ontario, fin du 19e siècle*

61. *Rue Wolfe, terrasse Ontario*

62. *Rue Garnier, au nord du boulevard Saint-Joseph, plateau Mont-Royal.*

63.  *La maison type. Rue Fabre, au sud de l'avenue du Mont-Royal.*

de profondeur, ceux-ci, qui n'en ont qu'environ 155, interdisent toute perte d'espace, toute tentative de construire des habitations à l'intérieur même des îlots. La ruelle de service, d'autre part, élimine la nécessité de percer des couloirs de desserte dans les maisons contiguës. Ce sont les logements du rez-de-chaussée qui profitent de cette récupération d'espace. Ces habitations, enfin, spécialement celles du côté ouest de la rue Wolfe, tout en s'inspirant des exemples précédents, s'en tiennent à un modèle standard, à répétition : structure à deux étages, pour logements superposés, toit plat, entrée en façade, par deux portes côte à côte, l'une ouvrant sur le rez-de-chaussée, l'autre sur l'escalier menant au deuxième ; à l'arrière, l'accès au deuxième plancher se fait par l'escalier extérieur, et par la galerie. La construction s'avère également standard : carré de bois, avec revêtement en brique rouge. Enfin, en regardant ce type d'îlot on sent nettement qu'un contrôle unique, un promoteur, un entrepreneur, qu'importe, a présidé à la planification du site, à l'édification des structures, selon un plan défini et pour un but défini : ... probablement celui de réaliser le maximum de profits.

Ces îlots, planifiés de manière à utiliser l'espace au maximum, apparaissent d'une façon systématique sur la haute terrasse de la rue Sherbrooke, sur ces territoires vierges gagnés par le développement urbain, à partir du dernier quart du 19e siècle. Le cas type est celui de la subdivision des domaines ruraux de messieurs William et Logan, et d'autres domaines adjacents, situés en partie dans l'ancien village St-Jean-Baptiste et sur l'ancienne côte St-Louis, domaines correspondant aujourd'hui à ce qu'il est convenu d'appeler le plateau Mont-Royal. Ici, la dimension des lots à bâtir est standard presque partout : 25 pieds de largeur par 80 à 100 de profondeur. Aucun règlement n'a fixé ces dimensions. Elles semblent plutôt avoir été consacrées par l'usage.

L'habitation qui se développe dans ce secteur, qui deviendra l'habitation type caractérisant Montréal, s'inspire également d'un objectif de rentabilité. Mais plusieurs traits la distinguent des habitations de la basse terrasse, que nous venons d'analyser. Ces particularités proviennent de la nécessité d'accroître la densité du développement résidentiel. Car, avec le fort accroissement de la population, dû principalement à l'immigration de familles rurales nombreuses, pour réduire le coût du transport (dépendant de moyens encore sommaires), non seulement des personnes mais également des biens nécessaires à leur subsistance, pour réduire le coût de l'aménagement des rues et de leur équipement en trottoirs, aqueducs, égouts, conduites de gaz et d'électricité, etc., il était inévitable que l'on cherchât à concentrer le plus grand nombre de personnes sur la ligne d'accessi-

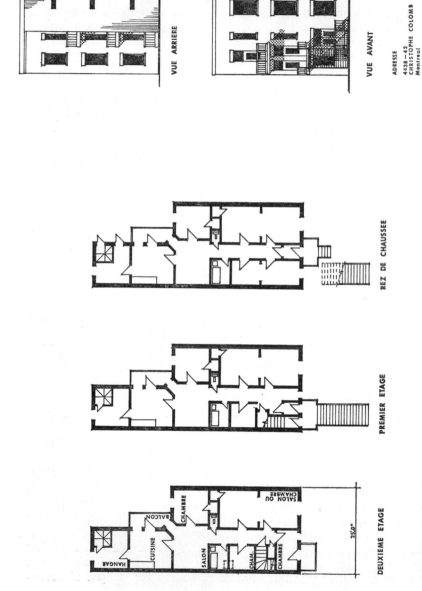

*Fig. 15 Habitation type, plan en forme de L majuscule*

bilité la plus courte. Ce fut là un facteur déterminant pour l'orientation des pièces de ces logements dans le sens de la profondeur du
lot, entre deux murs mitoyens, plutôt que dans celui de sa largeur,
comme auparavant.

Parmi les autres traits distinctifs, signalons d'abord la présence
de l'escalier extérieur sur la façade avant. Comme l'habitation, à cette
époque, s'éloigne du bord de la rue laissant un espace libre, mais
peu utilisable, entre elle et le trottoir, l'escalier intérieur menant aux
étages supérieurs sortit naturellement à l'extérieur, pour mettre à
profit cet espace. Cette sortie de l'escalier à l'extérieur permet évidemment de récupérer à l'intérieur un espace précieux pour le logement.
L'escalier demeura intérieur, normalement, dans le cas d'un troisième
étage, assurant ainsi le lien entre le balcon du deuxième et les logements du troisième. Mais ici encore, on trouve beaucoup d'exemples
d'escaliers extérieurs, aux formes les plus diverses, montant en
plusieurs volées, jusqu'au balcon du troisième étage. Ceci nous
amène à traiter d'un autre trait distinctif de cette habitation, le
balcon en façade avant, devenu possible justement grâce à l'éloignement de l'habitation par rapport au trottoir. Comme dans le cas
des galeries arrière, le balcon trouve sa raison d'être en ce qu'il sert
de plate-forme de distribution entre les logements et les escaliers
extérieurs, et d'extension naturelle de ces logements. Comme la
plupart de ces habitations étaient destinées à loger des gens récemment arrivés du monde rural, où galeries et vérandas sont d'usage
courant, il se peut que cet accessoire ait été perçu comme nécessaire...
ce qui n'a pas dû échapper au flair des spéculateurs, des promoteurs
et des entrepreneurs. Enfin, concernant cette présence des balcons
de façade, il ne faudrait peut-être pas exclure une tentative, consciente
ou non, d'imiter la maison du riche, où très souvent l'entrée principale
était protégée par un porche, le toit même du porche servant de
balcon, au second étage.

À l'intérieur de cette habitation type, à logements superposés,
le plan de ces logements en profondeur est standardisé. Ainsi, lorsqu'un logement occupe toute la largeur du lot, comme c'est le cas
généralement pour le logement du rez-de-chaussée, souvent habité
par le propriétaire, les pièces, au nombre de six à huit, se succèdent
en profondeur de chaque côté d'un corridor central. À l'avant, on
aménage d'un côté un salon double, de l'autre une chambre et un
boudoir, ou bien une chambre double. Continuant vers l'arrière, on
débouche dans une cuisine avec ou sans salle à manger, en contrejour ;
contiguë à la cuisine, il y a de l'autre côté une chambre, simple ou
double. Si le plan du logement est en forme de L majuscule, avec
une extension s'étendant presque jusqu'au bout du lot et normalement

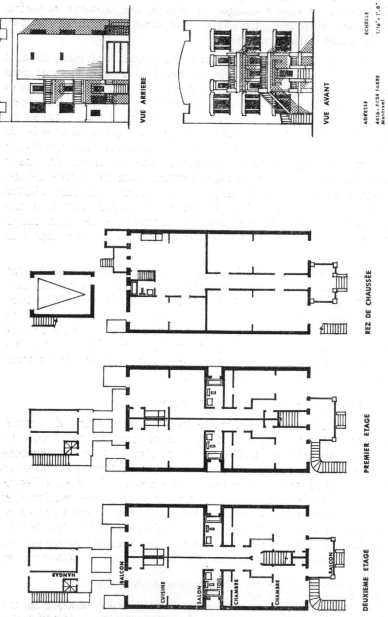

*Fig. 16   Habitation type par excellence, début du 20ᵉ siècle. Particulièrement répandue dans les quartiers du plateau Mont-Royal et de Verdun*

terminée par un hangar, du côté de cette extension se trouvent
ordinairement la salle à manger, la cuisine, une chambre et parfois
des cabinets de toilette. De l'autre côté, c'est une chambre fermée,
parfois munie d'une petite alcôve.

Pour ce qui est des logements des étages supérieurs, ils sont
exactement la répétition de celui du rez-de-chaussée, s'ils occupent
une surface identique. Généralement, ils sont plus petits, soit qu'ils
ne se prolongent pas au-dessus de l'extension du bas, soit qu'ils perdent une pièce ou que la pièce est plus petite, pour faire place à l'escalier intérieur menant au troisième étage, soit encore, et c'est le cas
de la plupart des deuxièmes et troisièmes étages, que l'aire soit divisée
en deux logements distincts, présentant une succession de quatre
pièces d'un seul côté d'un passage, à savoir, chambre double, cabinet
de toilette, salon ou salle à manger, en contrejour, et cuisine. Chacun
a accès vers l'arrière à des galeries qui communiquent à la fois
aux hangars et à un escalier extérieur collecteur, lequel communique
à son tour à la ruelle de service. Cet escalier est souvent logé dans
le hangar même. [17]

Assurément, il existe des variantes à ces modèles de logement.
Cependant, ceux qui ont été décrits plus haut apparaissent suffisamment d'usage courant pour être considérés comme les cellules types
de l'habitation populaire qui se développe à Montréal à la fin du
19e siècle et au premier quart du vingtième ; plus particulièrement
dans les vastes quartiers d'expression française. C'est ce qui fera
dire à John Bland, aussi tard qu'en 1948, que « for most Montrealers
a flat in a three storey block is home » [18].

### 3. Habitation type : critiques et qualités

Cette habitation type montréalaise, que nous venons de décrire,
a été jugée sévèrement par presque tous les critiques, qu'ils aient été
urbanistes, géographes, architectes ou esthètes. Ils lui ont reproché
l'exiguïté et la mauvaise disposition de ses pièces (les pièces de
détente et de repos étant placées du côté bruyant des rues, celles de
service du côté calme des cours arrière), et sa mauvaise ventilation et
son mauvais éclairage naturels. On s'en est pris également à l'apparente fragilité de sa construction, à son toit plat, à ses corniches de tôle,
à ses balcons, ses galeries, ses hangars, ses escaliers extérieurs, en
somme à tous ses traits distinctifs. [19] Les escaliers extérieurs, en

17. Bland, *op. cit.*, p. 405 ; Tanghe, *op. cit.*, pp. 259ss.
18. Bland, *op. cit.*, p. 405.
19. Marcel Parizeau, « L'urbanisme » dans *Montréal économique*, pp. 377-
397 passim ; Raoul Blanchard, *L'ouest du Canada-français*, 1, *Montréal et sa
région*, pp. 346-349 et 359-363... entre autres critiques.

particulier, ont fait l'objet de la désapprobation générale. On pourrait citer des critiques à profusion ; contentons-nous de celle de Victor Barbeau. En quelques mots, elle les résume à peu près toutes : il futige... « ces logements-corridors allongés d'une échelle improprement appelée escalier,... ces escaliers extérieurs dont personne ne nous disputera la paternité devant l'histoire... » [20].

Il est temps de reviser ces jugements, en oubliant les conceptions stéréotypées de l'architecture et de la beauté, pour tenir compte davantage du contexte socio-économique et culturel qui a engendré cette habitation type. À l'instar de l'architecture commerciale à plan libre et à façade d'ossature de pierre qui, à la même époque, se révélait une solution originale à des besoins nouveaux, le duplex et le triplex montréalais apparaissent une solution d'urgence, adoptée à un moment où une forte quantité d'immigrants ruraux envahissent la grande ville. En effet, dans la dernière décennie du 19e siècle et dans les deux premières du vingtième, la population de la cité de Montréal a presque triplé, passant de 219,616 en 1891 à quelque 618,506 en 1921. [21]

Comme, d'une part, l'affluence d'une telle population et sa concentration dans la ville tend à accroître la plus-value des terrains, comme, d'autre part, la majorité de ces immigrants ruraux sont particulièrement pauvres, la densité de ces nouveaux quartiers et le type de construction des habitations tendent à se définir et à se stabiliser entre le coût du produit habitable (y inclus le terrain) et ce que les résidents éventuels peuvent débourser pour y demeurer. Ceci explique, et le mouvement suit la courbe de la croissance de la population urbaine, qu'il y a passage graduel de la solide et relativement coûteuse maison urbaine coloniale, unifamiliale, au type d'habitation à loyer modique des quartiers de la Basse Terrasse, et enfin aux duplex et triplex standard, à haute densité, des quartiers victoriens tardifs. Ce dernier type d'habitation répond particulièrement bien à la fois aux désirs et aux moyens de l'immigrant rural, qui possède un modeste capital à investir dans la propriété urbaine, et aux besoins de celui qui réclame un abri temporaire, en attendant une amélioration de sa situation financière, pour mieux se loger.

Car ce type d'habitation urbaine offre, pour celui qui peut en devenir propriétaire, à peu près les mêmes avantages de rentabilité et les mêmes caractéristiques d'exploitation que la ferme rurale elle-même. Premièrement l'investissement pour la construction ou l'achat

---

    20.   Société des Écrivains canadiens, éd., *Ville, ô ma ville*, p. 291.
    21.   Canada, *Recensement 1890-91*, 1, 96-97 ; *Sixth Census*, 1921, 1, p. 220.

n'est pas trôu lourd, ne prévuule pas ou peu do risques, ne réclame ni une connaissance approfondie des marchés financiers ni une habileté particulière pour l'exploitation. Par contre, cet investissement assure au propriétaire un revenu stable, qui n'entre pas en conflit avec d'autres activités rémunératrices. De même le propriétaire, comme dans le cas de la ferme rurale, peut habiter un logement dans sa propriété, et veiller de plus près à son bien et son entretien ; il peut, enfin, léguer son immeuble et son terrain à ses héritiers. [22]

Pour ce qui est des locataires, lesquels constituent la grande majorité des occupants de ces logements, ce style d'habitation est trop répandu pour ne pas en conclure qu'il constitue exactement ce que ces derniers pouvaient espérer de mieux, en relation avec leur situation sociale et financière. Car, comme le souligne Hans Blumenfeld, dans chaque pays, c'est le type d'immeuble le plus généralement répandu qui s'avère le meilleur marché, puisqu'il constitue un cadre de référence à l'industrie du bâtiment et aux codes de construction. [23] On n'a d'ailleurs qu'à faire une analyse sommaire des caractéristiques de construction de cette habitation type, pour constater qu'elle fait un large appel, et cela dès la fin du dix-neuvième siècle, à plusieurs conceptions modernes de standardisation et de préfabrication de la construction.

D'abord, le carré structural en bois avec revêtement de brique remplace le mur portant en pierre, en brique, ou en brique avec revêtement de pierre. Ces deux matériaux combinés, bois et brique, réclament une standardisation complète pour être exploités efficacement. En effet, les madriers de charpente doivent parvenir sur le chantier avec des propriétés et des dimensions identiques, tout comme la brique d'ailleurs, dont l'emploi représente une écolomie appréciable par rapport au transport, à la manipulation, à la pose et à la taille de la pierre. De plus, le revêtement de brique sur carré de bois élimine les désavantages de la construction de bois (vulnérabilité au feu et aux intempéries, nécessité d'un entretien permanent), tout en conservant ses avantages : le bois, comme matériau de construction, est économique et chaud. Ensuite, le toit en pente, ou mansard, disparaît au profit du toit plat à revêtement membrané : économie d'espace, de matériaux, de coût et de temps de construction, c'est évident, mais également économie d'entretien et de chauffage. Car le toit mansard ou en pente multiplie les surfaces exposées aux éléments naturels, et provoque la formation de glace et de glaçons durant l'hiver.

---

22. Abbé Norbert Lacoste, *Les caractéristiques sociales de la population du grand Montréal*, pp. 89ss.
23. Blumenfeld, *op. cit.*, p. 23.

Au contraire, le toit plat écoule facilement ses eaux, l'hiver, parce que son drain passe à l'intérieur d'un bâtiment chauffé, et la neige qui s'y accumule constitue un excellent isolant. Il ne faut pas oublier, toutefois, que ce toit plat réclame préalablement une certaine forme de préfabrication et de standardisation, pour le papier goudronné, les solins, les évents, les drains, etc. [24] Économie encore sur le plan des circulations verticales : l'escalier extérieur économise l'espace d'une cage et de son chauffage. Et ici encore, on prend note du haut niveau de préfabrication et de standardisation de tous les éléments de communication verticale et horizontale : limons, marches et main-courantes des escaliers, garde-fous des balcons et des galeries. Ce recours à la préfabrication s'étend même aux éléments décoratifs de la façade, comme en témoignent les motifs de tôle usinés en atelier qui garnissent d'ordinaire les corniches de ces habitations. Enfin, les murs mitoyens-aveugles, la répétition du même plan, la superposition des équipements de service et des unités sanitaires sont autant de facteurs favorisant l'épargne dans la construction. Tout en reconnaissant cependant que si cette fabrication en série, avec recours à la standardisation et aux éléments préfabriqués, répondait à la nécessité de loger rapidement des milliers de personnes, elle répondait aussi aux désirs des entrepreneurs et constructeurs de minimiser leurs investissements et d'arrondir leurs profits, en leur faisant connaître d'avance la quantité de matériaux requis, l'outillage et la main-d'œuvre pour leur mise en place.

Concernant maintenant l'escalier extérieur, objet de réprobation presque universelle, un examen plus objectif peut nous en révéler quelques qualités insoupçonnées. On a répété, par exemple, qu'il n'est pas adapté à nos hivers rigoureux. Admettons tout de suite que l'habitation type partage ce reproche avec l'ensemble de la production architecturale victorienne. Quel édifice de cette période, en effet, qu'il fût de style néo-gothique ou néo-baroque, de style Second Empire ou de style Beaux-Arts, était adapté à notre climat ? L'on pourrait aussi raisonner à l'inverse, et faire remarquer que l'escalier extérieur est mieux adapté à nos étés torrides que l'escalier intérieur. (Même constatation, de toute façon, concernant les balcons). Une chose, du moins, est certaine : l'escalier extérieur assure à l'occupant d'un logement beaucoup plus d'intimité et de sécurité psychologique que l'escalier intérieur desservant plusieurs logements. Il suffit d'habiter une de ces maisons à appartements, avec escalier intérieur, conformes à l'interdiction, à partir de la fin des années 1940, de placer l'escalier à l'extérieur, pour se rendre

---

24. À remarquer que ce toit est un toit plat, surmonté d'un faux toit, en faible pente vers le drain.

compte que ces tours de communication verticale véhiculent bruits
et odeurs (dans le cas d'un incendie on présume que c'est plus
grave !), qu'elles sont d'un entretien onéreux, qu'elles peuvent servir
de repaire à des voyous et autres indésirables, qu'elles contraignent,
enfin, aux rencontres indésirées. Sous ce dernier rapport, l'escalier
extérieur et le balcon individuel offrent une plus grande flexibilité :
ils favorisent les communications sociales d'escalier en escalier, de
balcon à balcon, sans pour autant les rendre inévitables.

Même le hangar ne mérite pas le mépris qu'on lui voue
habituellement. En plus du fait qu'il était, à l'époque, absolument
nécessaire comme lieu d'entrepôt pour le combustible, il était, et
il reste encore fort utile comme aire de dépôt pour des logements
à superficie limitée. D'autant plus que ces logements sont destinés
pour la plupart à des familles à revenu modeste, qui aiment (ou y
sont obligées, tout simplement) à conserver des effets en vue d'une
réutilisation future. Comme dans le cas des escaliers extérieurs, ces
hangars correspondent parfaitement à leur fonction, en se distinguant
normalement de l'habitation, par leur construction plus légère, et par
leurs matériaux moins permanents. Est-ce que ces constructions
sont aussi inesthétiques qu'on le dit ? Très souvent, au contraire, elles
créent, en relation avec les galeries, des jeux de volumes particulièrement intéressants. Elles doivent leur aspect déplaisant surtout
au manque d'entretien. Une bonne couche de peinture, de couleur
bien choisie, suffirait sans doute à transformer ces dépendances en
mobilier urbain des plus attrayants.

Le reproche le plus grave que l'on puisse adresser à ce type
d'habitation concerne la pauvreté de sa ventilation et de son éclairage
naturels. Ceci est dû, évidemment, au fait que les pièces sont
disposées dans le sens de la profondeur, entre deux murs mitoyens,
donc, aveugles. De plus, il n'est pas rare de trouver de ces logements
comptant jusqu'à quatre pièces en contre-jour, ou une pièce partageant un puits de lumière avec les cabinets de toilette, ou tout
simplement obscure ;... sans parler d'artifices tels que les portes
vitrées aux trois-quarts, pour éclairer les cages d'escalier, les corridors
et les salles à manger.

Cette pauvreté de l'éclairage naturel est encore aggravée par la
mauvaise orientation de la plupart des rues où se trouve ce type
d'habitations. Constatons ici que la permanence des structures de
la côte, de cette unité territoriale coloniale d'occupation du sol, dont
nous avons parlé au second chapitre, a légué un moule peu favorable,
sur ce point, aux habitations de l'ère victorienne. En effet, comme
la grille type des rues montréalaise est issue sans changement des

structures de la côte, la grande majorité de ces rues se trouvent ainsi orientées dans le sens quasi est-ouest, comme on peut le vérifier à Longue-Pointe, à Hochelaga-Maisonneuve, sur le plateau Mont-Royal, à Rosemont, Villeray, Ahuntsic, Notre-Dame-de-Grâces, Verdun, etc. Il en résulte que, pour la plus grande partie de l'année, ces alignements continus d'habitations ne reçoivent le soleil que d'un côté, soit sur la façade avant, pour les habitations situées du côté impair des numéros civiques, soit sur la façade arrière, pour les autres. Pour notre habitation type, cela veut dire qu'au moins la moitié des pièces ne reçoivent presque jamais le soleil. Et cette situation déjà criticable est aggravée par le fait que normalement l'escalier extérieur obstrue, à l'avant, les fenêtres devant lesquelles il passe, et qu'à l'arrière, les galeries, les passerelles, les escaliers et les hangars projettent sur l'habitation une ombre portée permanente. Ainsi, et la chose est tragique, il est possible de trouver des logements, surtout parmi ceux situés au rez-de-chaussée des habitations qui reçoivent le soleil à l'arrière, n'en captant jamais le moindre rayon.

Dans la même veine, signalons en terminant que l'orientation de ces habitations les fait servir de boucliers, face aux vents dominants, et les rend responsables des fortes accumulations de neige qui alourdissent balcons et galeries, à chaque tempête d'hiver.

Donc, cette habitation type, avec son plan tout en long, ses pièces souvent étroites, insuffisamment ventilées ou éclairées, n'est pas sans défaut. Mais on aurait tort d'imputer ces défauts à l'architecture elle-même ; ils ont pour cause la pauvreté des ressources préalables à l'expression architecturale. Celle-ci, au contraire, véritable architecture sans architecte, est remarquable pour son taux élevé de préfabrication, pour ses fonctions exprimées spatialement, sans détour ni camouflage, pour son potentiel cybernétique qui fait ressembler ses galeries, ses passerelles et ses escaliers extérieurs aux convoyeurs aériens des fameux entrepôts à grains, près du port. Originales en elles-mêmes, ces habitations ont engendré un environnement urbain également original, qui a marqué profondément l'identité et l'image de Montréal. Cet aspect sera traité au prochain chapitre, comme typique de l'héritage victorien.

# *11*

## L'héritage victorien

The building of the cities was a characteristic Victorian achievement, impressive in scale but limited in vision, creating new opportunities but also providing massive new problems. Perhaps their outstanding feature was hidden from public view — their hidden network of pipes and drains and sewers, one of the biggest technical and social achievements of the age, a sanitary « system » more comprehensive than the transport system. Yet their surface world was fragmented, intricate, cluttered, eclectic and noisy, the unplanned product of private enterprise economy developing within an older traditional society.

Asa Briggs. [1]

### 1.   Un héritage à découvrir

La ville industrielle a généralement mauvaise presse, concernant l'environnement qu'elle a engendré. Cette réputation peu enviable paraît justifiée, lorsque l'on songe qu'à l'ordre, à l'unité organique et à la lisibilité qui caractérisent l'environnement de la ville pré-industrielle ont fait place le plus souvent le chaos, l'opportunisme à courte vue, et le laisser-faire. Comme si avec l'explosion du cadre urbain traditionnel sous l'effet de la pression démographique, l'essence de la cité s'était diluée, et avait perdu toute saveur.

Devant ce désordre spatial, reflet le plus souvent de la faillite sociale, des critiques comme Lewis Mumford ont fortement contribué à mouler la plupart des villes industrielles selon un même modèle, l'ignoble Coketown, dont les seules facettes semblent être celles de

---

1.   Asa Briggs, *Victorian Cities*, pp. 16-17.

la laideur, de la misère et du désespoir. [2] Spontanément, on est tenté d'applaudir à cette comparaison, tant les images sordides laissées par la ville industrielle paraissent s'identifier à ce prototype. Ainsi, chez nous, la situation décrite par Herbert Brown Ames, dans sa « City below the Hill », n'offrait rien de paradisiaque. Et cette situation semble avoir plus ou moins caractérisé tous les quartiers ouvriers à travers le monde industrialisé. Par exemple, quelle différence existait-il entre nos groupements irlandais, agglutinés à cette époque autour des oppressantes usines du Grand-Tronc, dans le quartier Sainte-Anne, et la Petite Irlande de Manchester, dont P. J. Kay, un médecin de l'endroit, écrivait en 1832 qu'elle était « surrounded on every side by some of the largest factories of the town, whose chimneys vaunt forth dense clouds of smoke, which hang heavily over this insalubrious region » [3].

Le fait qu'à cette « City below the Hill » ait correspondu sur un même territoire le somptueux Mille-Carré-Doré ne fait que rendre plus criantes les injustices et la dégradation de ces quartiers défavorisés. Il faut bien reconnaître que ces environnements plus ou moins sordides qu'ont pu subir à l'époque les résidents de Sainte-Anne, de Saint-Henri ou de Sainte-Cunégonde, à côté des splendeurs du Mille-Carré, constituaient les excès contrastés d'un âge qui ne connut guère de mesure, d'un âge fait pour engendrer à la fois des faibles et des démunis comme ceux sur lesquels s'est apitoyé Charles Dickens, et des héros à la Kipling, construisant pour les humains des habitations étriquées, mal éclairées et mal aérées, aussi allègrement que des palais pour les chemins de fer.

Pourtant, comme l'a souligné Asa Briggs, avec de nombreuses preuves à l'appui [4], le bilan présenté par la ville industrielle ne saurait être uniquement négatif. Car la ville industrielle s'alimentait à des révolutions techniques sans précédent ; que ces révolutions n'aient pas toujours été intégrées harmonieusement dans la fabrique urbaine ne change en rien leur valeur de progrès. Par exemple, le chemin de fer et l'électricité — et avec cette dernière, la possibilité de l'éclairage artificiel, du transport par tramway et par métro, des communications par télégraphe, par téléphone, par radio et par télévision — sont des conquêtes de l'âge victorien dont nous continuons de bénéficier aujourd'hui. Sans doute, à l'époque, les services

2. Lewis Mumford, *The City in History : Its Origins, Its Transformations, and Its Prospects,* spécialement le chapitre 15e : Palaeotechnic Paradise : Coketown, pp. 446-481. (#)
3. Cité dans Briggs, *op. cit.,* p. 92.
4. *Ibid.,* pp. 11-58.

de transport et de communication étaient-ils contrôlés par l'entreprise privée, plus soucieuse de ses profits que du bien-être de la communauté ; sans doute, les chemins de fer charcutaient-ils souvent le tissu urbain, et les affreux poteaux soutenant les fils électriques défiguraient-ils monuments et paysages. Néanmoins, ces possibilités de communication rapide, voire instantanée, dotaient l'homme d'un outil fantastique qui devait progressivement changer du tout au tout son mode de vie urbain et, dans une large mesure, pour le mieux. Sous ces deux seuls aspects de l'éclairage électrique et des facilités de communication, qui songerait à revenir aux conditions de la ville pré-industrielle ? D'ailleurs, sommes-nous en assez bonne posture pour condamner aujourd'hui l'impact causé jadis par la machine à vapeur sur la vie urbaine, quand l'impact causé par notre moteur à combustion interne (invention mineure, en soi, par rapport à la machine à vapeur) est en train de littéralement nous détruire ?

De plus, ces services de communication par train, par tramway, par télégraphe ou par téléphone, ces services d'électricité comme source énergétique, étaient-ils « apparents ». Que dire des services « cachés », des services d'égout et d'aqueduc, encore plus complets comme systèmes que celui même des transports, ainsi que nous le fait encore remarquer M. Briggs ? [5] Par exemple, à Montréal, les quelques mauvais conduits de bois du système d'approvisionnement en eau par gravitation, du début du 19e siècle, ont fait place, au début du vingtième, à un système fortement structuré et ramifié, doté de puissantes pompes mécaniques et de réservoirs considérables, fournissant quotidiennement plus de 68 millions de gallons d'eau à plus d'un demi-million de citadins (1912). À la même date, le système d'égout, avec ses 240 milles de conduits, en brique, n'apparaît pas en reste, comme on peut le constater. [6] Sans l'excellence de ces systèmes, l'existence même d'agglomérations aussi importantes que Montréal, au début du siècle, aurait été précaire, sinon impossible. Ce fut le destin d'une partie de l'héritage victorien d'être si utile et essentiel à la vie urbaine moderne que l'on en a oublié le legs, comme si ces services avaient toujours existé.

Que la grande majorité des villes du 19e siècle, sur ce continent comme en Europe, aient participé à ces révolutions techniques et économiques, qu'elles en aient accaparé les bienfaits comme subi les inévitables conséquences, il ne s'ensuit pas pour autant qu'elles se soient fusionnées en un modèle reconnaissable comme type. Au contraire, en dehors de certaines caractéristiques sociales iden-

---

5. *Ibid.,* pp. 16-17.
6. William Henry Atherton, *Montreal,* 2, pp. 407ss et 671. (#)

tifiables presque universellement, chacune a puisé dans cette période exceptionnelle des ferments réels d'identification. Montréal, comme Baltimore ou Pittsburg, Birmingham ou Manchester, a hérité de cette ère victorienne des traits distinctifs qui ont marqué son identité et son caractère. C'est cet héritage qui nous intéresse ici.

Cependant, on peut facilement se méprendre sur ces traits distinctifs. À première impression, tous ces monuments d'architecture publique et d'architecture religieuse que nous avons présentés au chapitre huitième, les cathédrales catholique et protestante, les palais de justice, les banques et les gares, peuvent nous apparaître comme particuliers à Montréal. Or, à l'exception de quelques éléments davantage empreints de caractère régional, tels les clochers et les églises de Victor Bourgeau, ils ne le sont pas tellement en eux-mêmes. Au 19e siècle, le renouveau gothique comme le néo-classicisme, les styles éclectiques et le pittoresque ont marqué l'architecture de tous les pays occidentaux. Notre cathédrale Christ Church, par exemple, peut être considérée comme un prototype que l'on retrouve dans presque toutes les capitales provinciales canadiennes, dans plusieurs villes des États-Unis, sur tout le réseau de l'empire britannique, c'est-à-dire, propablement jusqu'en Australie. De même, il n'y a probablement pas une seule grande ville américaine qui ne possède une banque à fronton classique, comme celle de notre architecte John Wells.

On a plus de chance de trouver des traits distinctifs à ce Montréal victorien dans l'environnement global dont ces monuments sont les constituants, et dans le caractère des grands ensembles, tels les quartiers résidentiels populaires. Par exemple, si l'église Notre-Dame de Montréal possède son pendant dans la cathédrale St-Patrick de New-York, si la Banque de Montréal a le sien dans la Banque de Philadelphie (aujourd'hui la Douane), de William Strickland, ces monuments montréalais acquièrent cependant une identité propre, grâce à la place d'Armes, qui les met en présence l'un de l'autre. De même, on peut soutenir que la gare Windsor n'a rien d'unique, puisqu'elle s'inspire de l'œuvre du grand architecte américain Richardson. Greffée cependant sur le square Dominion, voisinant, par l'intermédiaire de ce tampon de verdure, l'église Saint-George, la cathédrale Marie-Reine-du-Monde et l'édifice romantique de la Sun Life, cet ensemble victorien est absolument unique.

C'est donc vers ces environnements d'ensemble et vers leurs éléments de structure : la rue, le square et le parc qu'il faut se tourner pour prendre commaissance de l'héritage victorien à Montréal.

## 2. Le milieu comme héritage

Par rapport à la ville du début du 19e siècle, le Montréal du début du vingtième est méconnaissable. Il n'obéit plus aux mêmes forces de structuration. Ainsi la ville pré-industrielle s'avérait plutôt statique, toute polarisée autour des symboles physiques du pouvoir religieux et civil. Dans ce sens, ce n'est pas sans raison que sa principale artère, la rue Notre-Dame, menait de part et d'autre à l'église paroissiale, véritable cœur de la cité. Avec l'industrialisation c'est l'éclatement, tant symbolique que réel, de ce cadre traditionnel, et la mobilité qui apparaissent. La structuration du développement urbain dépend désormais, d'une façon plus exclusive, des forces géographico-économiques ; comme nous l'avons déjà constaté au chapitre septième, les populations s'installent d'abord là où s'implante l'industrie. Cette situation est cependant provisoire. Avec la mise en service du transport en commun, à traction animale d'abord, puis électrique, les populations se dispersent sur le territoire.

Cette dispersion, fortement encouragée par la spéculation foncière et immobilière, n'est ni planifiée, ni contrôlée ; les responsables du transport public s'évertuent davantage à satisfaire la demande spontanée qu'à l'orienter. Il n'est donc pas étonnant que les territoires agricoles, envahis par l'urbanisation, transmettent sans changement à ce monde urbain en gestation, leurs cadastres, découpés en lots très allongés, et groupés en côtes. Voilà, comme nous l'avons déjà établi, l'origine de notre grille de rue type ; elle se révélera grand facteur d'une uniformisation de ces développements spéculatifs.

On peut regretter l'implantation de cette grille uniforme, et lui trouver tous les défauts possibles, il demeure néanmoins qu'elle était probablement la structure la plus simple, et la plus apte, dans les circonstances, à assurer un minimum d'ordre à ce déferlement urbain. Car l'établissement humain ne s'ordonne plus désormais en fonction d'un tout global, hiérarchisé autour des symboles du pouvoir, mais doit se structurer en fonction d'une nécessité absolue : l'accessibilité aux lieux de travail et d'échange. L'aspect physique de la ville ne reflète plus la communauté des intérêts sociaux et culturels de l'âge précédent ; la ville se transforme rapidement en une immense machine anonyme à habiter et à travailler. L'emprise de la spéculation sur les terrains et les immeubles n'est pas étrangère à ce résultat. Même si l'application de cette grille orthogonale au territoire montréalais ne fut pas le fruit d'une décision et d'une planification consciente, elle répondait cependant aux mêmes impératifs et à la même optique spéculative que l'application de la grille orthogonale aux rues de New-York, par exemple, qui fut le fruit, elle, d'une décision concertée. Le plan des commissaires de la cité de New-York (1811) est assez explicite sur ce point : « A city is to be composed principally of the habitations of men, and that strait sided, and right angled houses are the most cheep to build, and the most convenient to live in. » [7]

Si cette grille orthogonale de rues se révélait à Montréal comme à New-York la plus susceptible de rapporter des dividendes aux spéculateurs et aux entrepreneurs en construction, par contre elle n'était pas assez souple pour épouser la topographie naturelle d'un territoire parfois accidenté, ni pour témoigner de certaines valeurs socio-culturelles, chères à certaines communautés. Sous le premier rapport, n'est-il pas illogique que la grille de circulation qui monte à l'assaut des terrasses de la rue Sherbrooke ou de la montagne soit la même que celle qui s'étend sur le territoire du plateau Mont-Royal ? De même, cette grille uniforme engendrera une certaine monotonie dans le développement urbain, en taillant en pièces certains éléments de contraste, qui auraient eu avantage à ne pas être soumis à une jauge aussi rigide. Par exemple, il est frappant de constater que la ville victorienne n'a laissé dans notre ville que très peu de grands espaces verts, si l'on excepte les cimetières, le parc du mont Royal et celui de Maisonneuve. Pour le reste, les espaces verts repris aux anciennes terres rurales sont petits, soumis à la grille comme à un corset ; et même si aujourd'hui on reconnaît que ces espaces libres peuvent s'avérer assez fonctionnels pour certaines activités de loisir, il n'en demeure pas moins que leur impact de contraste sur le milieu urbain ambiant est faible, comparé à celui des grands espaces ouverts.

Une dernière implication de l'établissement de cette grille sur le territoire montréalais concerne son incapacité d'assurer aux édifices publics ou religieux un site en rapport avec leur importance réelle ou symbolique dans la cité. Prenons le cas des édifices religieux : tout le monde sait que la paroisse fut la base de l'organisation communautaire au Québec, et l'église paroissiale le reflet matériel de cette organisation sociale. Voilà pourquoi dans le village traditionnel, l'église se trouve au centre focal de l'agglomération. Transposée dans le quartier urbain, même si la paroisse y conserve un certain esprit rural, comme l'a pertinemment souligné Stuart Wilson au sujet de la terrasse Ontario, [8] l'église y perd de sa prestance. Elle se sent

---

7. John William Reps, *The Making of Urban America...*, pp. 296-299. (#)
8. Stuart Wilson, « A Part of Le Faubourg », JRAIC, 43, no. 11. November 1966, p. 74.

64. *Vue aérienne de Montréal en 1889.*

65.  *Vue aérienne de Montréal vers 1920.*

67. *La rue spectacle : l'avenue de Lorimier, au sud de l'avenue du Mont-Royal.*

66. *La rue spectacle : l'avenue Laval, au nord de la rue Sherbrooke.*

68. *Vue du square Dominion et de l'hôtel Windsor, début du 20ᵉ siècle.*

69. *Vue du square Dominion et de la gare Windsor vers 1930.*

mal à l'aise, dirait-on, dans ce quadrillage uniforme de rues, peu approprié à lui réserver un site qui convienne à son important rôle social et culturel. À notre avis, deux réalités distinctes se compénètrent dans ces milieux. Une réalité socio-culturelle, groupant des communautés partageant la même culture et (du moins jusqu'à récemment) les mêmes croyances, s'identifiant par des institutions spécifiques telles que l'église et l'école, et une réalité physico-économique : habitations presque toutes identiques, reliées à un réseau ordonné et anonyme de circulation. Avec leur densité élevée, s'établissant dans les alentours de 150-200 personnes à l'acre, ces quartiers populaires constituaient, et constituent toujours de véritables machines à habiter ; essentiellement, un organisme fonctionnel, à cellules interchangeables, axé sur un système régulateur de communication.

3.  *La rue spectacle*

En fait la rue sans fin, le corridor de distribution plus ou moins impersonnel semble bien être, en définitive, une des caractéristiques marquantes du Montréal victorien. Certainement il existe des exceptions, même dans les quartiers les plus populaires : des architectes comme Wilson et Anderson ont su nous faire découvrir des bouts de rues et des culs-de-sac, telles les avenues Delorme et Lartigue, tout à fait remarquables pour leur échelle intimiste, la variété de leur architecture, et, à travers leur unité organique, une vie de village en pleine métropole. [9] Toutefois, ces quelques exemples ne sont pas suffisants pour effacer l'impression de tension et de standardisation qui se dégage de nombreuses rues de ces quartiers pauvres victoriens, notamment ceux en contrebas de la terrasse Sherbrooke ou de Pointe-St-Charles. Dans ces rues, manifestement érigées par des spéculateurs et des entrepreneurs, les rues Champlain, Alexandre-de-Sève, Plessis, Panet, de la Visitation, Beaudry, Montcalm, Wolfe, etc., d'une part, de la Congrégation, Sainte-Madeleine, Bourgeois, Charon, d'autre part, il y a lutte entre une froide standardisation de l'espace, de la construction, de la couleur même, et une vie qui ne demande qu'à éclater. La même tension existe dans plusieurs artères du plateau Mont-Royal, par exemple, dans de longues sections de la rue Rivard.

Cependant, ces quartiers ne présentent pas le tableau complet du monde résidentiel victorien. C'est malheureusement une tendance trop marquée des critiques de la ville industrielle de ne s'attarder

---

9.  Stuart Wilson, « Avenue Lartigue — L'Avenue Lartigue », *Habitat*, VIII, no. 2, March, April 1965, p. 2-15 ; Id., « Avenue Delorme », JRAIC, 42, no. 3, March 1965, pp. 78-80.

qu'à un ou deux détails d'un riche ensemble. Sans doute, ces premiers quartiers industriels sont-ils marquants, se retrouvant à des degrés divers dans presque toutes les villes, avec à peu près les mêmes caractéristiques. Sans doute sont-ils plus « voyants » aujourd'hui, étant situés le plus souvent dans des zones de dégradation et de peu d'animation. Par suite de la dégénérescence de la première industrie, ou de l'envahissement du centre-ville, ils nous sont parvenus dans un état avancé de détérioration. Mais ils ne présentent qu'une facette de la réalité victorienne : autour d'eux et après eux, se sont développés d'autres quartiers, variant du pauvre au très riche, présentant des environnements passablement différents.

Parmi les rues dont l'environnement se trouvait totalement à l'opposé de celui des rues Wolfe, Montcalm ou de Sébastopol, il y avait, en tout premier lieu, la rue Sherbrooke. Cette artère a perdu depuis ses principales caractéristiques victoriennes. Au tournant du siècle, à l'époque de sa grande splendeur, elle était bordée d'une succession de riches demeures, plus prétentieuses les unes que les autres, dans un cadre idyllique, presque pastoral. C'était le type même du Boulevard Vert, de l'avenue de parade inspirée par la mode du second Empire, en France, inspirée aussi, directement ou non, par l'exemple des grandes villes américaines, dont la plupart s'étaient dotées à l'époque de ce type d'avenues résidentielles. Ainsi on a souvent appelé la rue Sherbrooke la Cinquième avenue, ou les Champs Élysées montréalais.

Affluents de cette artère Sherbrooke, d'autres rues, telles les rues Crescent, Hutchison, Sainte-Famille ou Laval, n'avaient rien à lui envier à l'époque. Aujourd'hui, ce qui a peut-être le plus défiguré l'environnement de ces rues cossues, en plus des hautes tours d'habitation venues rompre l'unité et la continuité des façades, c'est la disparition progressive des arbres qui les encadraient. En effet, Stephen Leacock nous le rappelle, chacune de ces voies paraissait voûtée comme une cathédrale gothique [10] ; de son côté, le révérend Borthwick, parlant de la rue St-Denis, en bas de Sherbrooke, a recours à une comparaison identique : St-Denis, écrit-il, « is finely bordered both sides with healthy trees and in summer, looking down, you seem to be entering a long avenue of some sylvan forest or a grand entrance to some ancient castle. » [11] Des photographies originelles, prises au début du siècle, nous donnent encore une petite idée de l'apport visuel de cette couverture feuillue, au-dessus d'artères telles que l'avenue du Parc ou la rue Drummond. [12] Actuellement,

---

10. Stephen Leacock, *Leacock's Montreal*, p. 234 (#)
11. *Montréal, Old (and) New*, p. 68. (#)
12. William H. Carre, *Art Work on Montreal.*

l'une des seules rues résidentielles de ce début du siècle à avoir conservé suffisamment d'arbres de bonne taille pour recréer cet environnement disparu est l'avenue de Lorimier (entre Sherbrooke et St-Joseph).

Une autre importante caractéristique de ces rues résidentielles des quartiers victoriens aisés concerne le traitement architectural, totalement pittoresque et flamboyant, des façades. Ces dernières sont ordinairement facilement reconnaissables par leur profil en dents de scie, mêlant le ciel aux toits farfelus des habitations. Mais bien que ces façades, prises isolément, soient souvent insignifiantes, absurdes, lourdes, et pas toujours exemptes d'un affreux mauvais goût, elles engendrent, prises collectivement, avec leur grain très serré, une impression de profusion, d'exubérance et d'optimisme délirant, qualifiant bien cet âge victorien, si doux pour les choyés de la fortune. À travers cette variété, cette libido décorative, pour reprendre une expression heureuse de Melvin Charney [13], on peut déceler une volonté bien réelle de meubler le cadre de la rue, de faire de ce corridor de circulation un milieu social bien identifié. Contrairement aux rues des quartiers industriels que nous avons analysées précédemment, les façades de ces rues cossues ne sont pas transparentes, mais obstinément opaques, véritables murs écrans, dont la décoration distrait, en laissant ignorer ce qui se passe derrière. Si, architecturalement, ces façades constituent une débauche qui a beaucoup contribué par ses recherches insensées d'excitement visuel à jeter un discrédit certain sur l'architecture victorienne, sur le plan de la ville et de son système de communication, ces rues sans fin, ces corridors qui ne mènent nulle part si ce n'est à d'autres corridors, possèdent un caractère unique et une fonction de communication, tant culturelle que sociale et physique.

Cette qualité précieuse de la rue victorienne se retrouve également dans les quartiers résidentiels moins favorisés et plus denses, qui se développent au début du vingtième siècle sur la seconde terrasse, à l'est du boulevard St-Laurent — lui-même un produit type de l'âge victorien —, ou dans des municipalités telles que Verdun. Si une certaine suffisance caractérise les grandes artères comme St-Denis ou St-Hubert, ou certaines autres à caractères sélect, telles Cherrier et Laval, les autres rues, fortement caractérisées par leur forte densité, et rythmées par les escaliers extérieurs, offrent un environnement physique et social dont on commence aujourd'hui à apprécier la valeur. Tout le plateau Mont-Royal (même si théoriquement il se développe en grande partie après la mort de la reine

---

13. Melvin Charney, « The Old Montreal no One Wants to Preserve », *The Montrealer*, 38, no. 12, December 1964, pp. 22.

Victoria) offre un très bon exemple de cet héritage victorien de la rue, de ce corridor anonyme de distribution, auquel viennent se greffer des escaliers extérieurs conduisant directement à des cellules habitables. Ces cellules sont totalement privées, cachées derrière des murs de pierre, des murs de brique, des rampes de balcons, des limons d'escaliers, qui engendrent par leur texture et leur répétition même un décor architectural naïf, mais serein. Cette participation des façades au caractère de la rue, cette manipulation de l'architecture au profit du passant demeurent, comme nous avons pu le constater d'ailleurs pour l'architecture commerciale, une constante de l'environnement victorien. Ceux qui n'en seraient pas convaincus pourront jeter un coup d'œil vers la série de résidences situées aux numéros 3902-28 de la rue Berri.

### 4.   Le square comme héritage

Autant que le précédent type de rue, le square se révèle comme un trait distinctif, au cœur de notre Métropole, et comme un héritage victorien positif. Peut-on envisager Montréal sans le square Dominion, ou sans le square St-Louis ? Malheureusement, plusieurs squares qui ornaient la ville victorienne — on en comptait aisément une vingtaine au début du siècle — ont disparu aujourd'hui. D'autres ne sont plus que l'ombre de ce qu'ils étaient il y a trois quarts de siècle. Ainsi faut-il regretter la disparition du square Western (établi en 1870) et du square Dufferin (établi en 1871), non parce qu'ils étaient des squares, mais parce que leur disparition prive maintenant le centre-ville de potentiel de polarisation d'activités, et certainement des éléments de contraste, de variété et de fraîcheur qui lui font cruellement défaut. C'est ce qui fait l'intérêt, par exemple, de certains vieux squares comme le square Richmond, établi en 1844, ou comme le square Viger, établi la même année, d'être des oasis de verdure et de changement, dans des tissus urbains d'autant plus denses, mornes et moins aérés, qu'ils sont plus vieux. Aussi faut-il encore regretter que des squares aussi vénérables que les squares Victoria et Phillips, qui, pour leurs aménagements paysagistes, furent jadis comparables aux plus beaux squares géorgiens de Londres ou de Dublin, soient devenus, l'un un insipide carré de sable, l'essuie-pieds de la place Victoria, et l'autre, le socle d'un énorme monument boursouflé, consacré à la gloire du roi Édouard VII, dit le Peacemaker ; monument dévoilé en septembre 1914 précisément... Et comme il ne suffisait pas d'écraser ce petit jardin du poids d'un si gros roi, on coupa sans vergogne les magnifiques ormes qui ornaient ce square, pour en dégager la vue. [14]

---

14.  T. Morris Longstreth, *Quebec, Montreal and Ottawa*, p. 217.

Pourtant, aussi essentiel à la vie et au visage de notre ville qu'apparaisse maintenant le square, aussi indispensable qu'il soit pour polariser les activités, pour lier l'environnement, arrêter la vue et donner un peu d'air et de couleur à des tissus urbains uniformes, la plupart de nos squares ont pris naissance accidentellement ; ceux que nous célébrons aujourd'hui comme les joyaux de notre métropole ont rarement été voulus et désirés, encore moins planifiés. Ceci pose avec intérêt, mais avec angoisse, la question de l'importance du temps dans la formation de la ville. Combien de décisions prenons-nous aujourd'hui, sans prévoir les conséquences sur la cité de l'an 2100 ? Combien d'omissions les citoyens de ce futur nous reprocheront-ils ? Qui sait si tel site libre aujourd'hui et voué au développement, ou bien tel autre, sans intérêt pour le moment, ne s'avéreront pas des bouées de sauvetage, des objets d'admiration pour les urbains de demain ? L'histoire des squares montréalais pose brutalement cette interrogation.

Prenons le cas du square Dominion : s'il n'avait pas été un cimetière, à savoir, le cimetière catholique des victimes de l'épidémie de choléra de 1832, si son expropriation par la ville, pour en faire un parc, n'avait pas fait l'objet, à partir de 1869, d'une campagne d'opinion animée par une association sanitaire, eh bien ! le plus fameux square de Montréal n'aurait jamais existé. Son existence, d'ailleurs, n'a tenu qu'à un fil : tout ce cimetière, en effet, avait déjà été subdivisé en lots à bâtir, et ces lots mis en vente. Une partie du cimetière fut quand même construite : la portion qui s'étendait originellement jusqu'à la rue Stanley, à l'ouest, et celle qui servit de site, à l'est, à la nouvelle cathédrale St-Jacques. [15]

La genèse du square Dufferin — situé du côté sud du boulevard Dorchester, entre Jeanne-Mance et St-Urbain, malheureusement transformé en terrain de jeux aujourd'hui — reproduit exactement celle du square Dominion. D'abord site d'un cimetière protestant, de 1799 à 1847 environ, il fut exproprié en 1871, au coût de $20,000, pour devenir une place publique, que les générations suivantes n'ont pas cru bon de conserver. [16] C'est aussi le cas du square Papineau, dans l'est de la ville, qui fut un cimetière, au début, et dont l'aménagement laisse actuellement beaucoup à désirer.

D'autres squares, même parmi les plus importants, doivent leur existence à la générosité de quelques propriétaires terriens. Par exemple, la plus grande partie du square Viger fut cédée gratuite-

---

15. Edgar Andrew Collard, *Montreal Yesterdays*, pp. 59ss.
16. Joseph-Cléophas Lamothe, *Histoire de la corporation de la Cité de Montréal depuis son origine jusqu'à nos jours*, p. 107.

ment à la ville, en 1844, par P. Lacroix et Jacques Viger ; ce dernier, comme on le sait, fut le premier maire de la municipalité de Montréal. D'autres parties de terrain furent par la suite achetées par la ville, et annexées à ce noyau originel, pour former le square que nous connaissons aujourd'hui, et qui ne s'avère pas peu important pour mettre un peu de couleur locale dans un secteur de la ville qui en manque totalement. [17] De la même façon, les squares du Beaver Hall et Phillips doivent leur existence à la générosité d'un mécène, M. Alfred Phillips, qui en fit don à la ville en 1842. Soulignons enfin que certains squares doivent leur existence à des occupations originelles du sol, qui ont perdu leurs raisons d'être avec le temps ; espaces libres, qu'on a eu la sagesse de conserver. [18] C'est précisément le cas de l'un des plus beaux squares de Montréal, le square St-Louis. Ce magnifique site fut d'abord acheté en 1848 à la succession Belisle, au modique prix de 15,000 dollars, pour y établir un réservoir d'eau, destiné à une agglomération encore confinée en majeure partie en contrebas de la terrasse Sherbrooke. Ce n'est qu'en 1878, la présence d'un réservoir à cet endroit étant jugée désormais inutile, que ce site fut transformé en un jardin public.

Deux squares en particulier méritent de retenir notre attention parce qu'ils témoignent merveilleusement de l'héritage urbain victorien : le square Saint-Louis et le square Dominion. Le square St-Louis est le type même du square résidentiel romantique qui, tout en conservant encore une unité d'ensemble qui rappelle les squares georgiens, se distingue par l'exubérance décorative de ses composants. En effet, les façades de ce square, malgré les inévitables transformations et les détériorations dues au temps, offrent une telle variété de langages architecturaux : escaliers extérieurs, lourds porches cintrés, tourelles de tout genre, lucarnes indiscrètes, corniches ventrues, etc., qu'elles vibrent perpétuellement sous la surcharge des ornements. Par jour de grand soleil comme par jour de pluie, le matin comme le soir, il flotte sur ce square un relent du passé, un halo d'ancienneté qui en font l'une des pièces les plus intéressantes de l'architecture urbaine romantique du siècle dernier, feutrée à souhait par le feuillu des arbres.

Perdant toute velléité de formalisme georgien, le square Dominion est encore plus victorien. Comme Trafalgar Square à Londres, il s'impose par une accumulation impressionnante d'édifices publics, aux styles les plus hétéroclites, groupés ensemble, dans ce cas-ci, grâce à une assiette de verdure. Image des goûts de l'époque, c'est un bric-à-brac chéri, mais à l'échelle de la ville. Et c'est effectivement

---

17. *Ibid.*, pp. 105-106.
18. Atherton, *op. cit.*, 2, pp. 643-644.

autour de ce square que se trouve réunie, à Montréal, la plus grande
concentration d'édifices publics, religieux, commerciaux victoriens,
de prétention architecturale. Tous, sans exception, ont fait l'objet de
mention ou d'analyse dans les chapitres précédents. Qu'on se rappelle, en effet, la cathédrale St-Jacques, cristallisation du mouvement
néo-baroque commencé par Mgr Bourget, probablement la seule
copie existante au monde de la basilique St-Pierre de Rome. Qu'on
se rappelle la gare Windsor, sans contredit le monument le plus intéressant de ce square, et l'un des monuments canadiens reflétant le
mieux les visions architecturales d'un Henry Hobson Richardson.
Que l'on considère encore la délicate église St-George, une des
bonnes expressions du néo-gothique, à Montréal et au Canada. Que
l'on se remémore le défunt hôtel Windsor, reflet du cosmopolitisme
du Paris du Second Empire, ou encore les deux édifices commerciaux du Dominion Square et de la Sun Life, créations typiques de la
manière des Beaux-Arts. Aujourd'hui, le square Dominion a perdu
de son panache et de sa prestance : l'hôtel Windsor a été dynamité,
et les gratte-ciel avoisinants ont réduit considérablement la fierté de
la cathédrale, et l'échelle de la gare Windsor, en plus de rompre
l'unité spatiale de la place. Malgré cela, malgré un aménagement
paysagiste étriqué, ce square demeure ce qu'il a toujours été depuis
près d'un siècle, un formidable générateur d'activités, véritable plaque
tournante des circulations, et l'un des milieux les plus authentiques,
les plus magnétiques et les plus magnifiques de Montréal. On peut
noter ici le témoignage d'un visiteur descendant pour la première
fois à la gare Windsor, vers les années 1920 :

> From the moment when first we emerged from the Windsor
> station and walked up to see the moonlight on the snow in
> Dominion Square and shining on the dome of St. James Cathedral,
> we began to be aware of an essence of place unlike any we had
> ever experienced before. [19]

## 5.   Le parc comme héritage

Un autre legs de l'ère victorienne, à Montréal comme à de
nombreuses autres villes du 19e siècle, fut le parc urbain. Rappelons-
nous que la ville pré-industrielle ne possédait pas de parc urbain,
pour la simple raison qu'elle n'en avait pas besoin : immédiatement
à l'extérieur des remparts, soit à quinze ou vingt minutes de marche,
au maximum, c'était la nature dans toute sa beauté et sa permanence.
Cent ans après, cet équilibre est détruit : le développement urbain
envahit désormais le domaine naturel, à un rythme effréné. Pour la

---

19. Joe McDougall, « Passing Show : Forty Years in Retrospect », *The Montrealer*, 40, no. 5, May 1966, p. 17.

majorité des citoyens, la nature n'est plus visible, ni accessible à pied, et de moins en moins à cheval ou en tramway. Apparaît alors, à Montréal comme ailleurs, stimulé par des philanthropes et des réformateurs sociaux, un antidote à l'agression du domaine bâti, une sorte de service d'hygiène et de réconfort, aussi nécessaire que l'aqueduc et l'égout : le parc urbain. Il ne s'agit pas particulièrement, ici, des petits parcs que l'on retrouve un peu partout, incrustrés dans notre grille orthogonale, résidu de terres rurales échappé par accident, ou par testament, à la vague de l'urbanisation, mais des grands parcs naturels, oasis de verdure, aussi importants par leurs aménagements romantiques et pittoresques que par leur large vocation comme lieux de repos, de délassement et de récréation. Au tournant du siècle, on peut retenir l'existence de trois parcs de ce genre, à Montréal : le parc du mont Royal, le parc Lafontaine et le parc de l'île Ste-Hélène.

Ce concept du parc naturel est dérivé de celui du jardin anglais, cette grande invention britannique du 18e siècle, dont William Kent (1684-1748) aurait été le créateur. Dès 1800 environ, avant même qu'apparaisse rien de semblable en Amérique, et tirant profit des écrits et des travaux des Capability Brown, de Claudius London, de Sir Price, de Repton, Knight, etc., la ville de Londres est dotée par la Couronne d'un parc pittoresque, caractéristique du parc anglais par sa forme et son aménagement, le Regent Park. [20] Brièvement, on peut dire que l'aménagement de ce parc, comme l'aménagement du jardin anglais en général, se caractérise par une vaste pelouse ondulante, s'épandant en large nappe, sillonnée par des sentiers respectueux de la topographie naturelle, et agrémentée par des arbres et des bosquets laissés à leur croissance naturelle.

Sans vouloir rien enlever à ce génie que fut Frederick Law Olmsted, nous pouvons certifier que ce concept du parc naturel fut importé d'Angleterre, et que Olmsted, tributaire lui-même de cette influence, fut sans contredit son meilleur exécutant. La contribution la plus personnelle d'Olmsted, comme l'a souligné Mumford, fut d'introduire en Amérique cette idée du « paysage créateur », de rendre à la ville cette part de la nature qu'elle avait perdue au cours de son évolution. [21]

À Montréal, où dominait une communauté coloniale britannique riche, puissante, romantique, plus sensible aux réalisations et aux héritages de la mère-patrie que les Britanniques eux-mêmes, il

---

20. Steen Eiler Rasmussen, *London the Unique City*, p. 135-151.
21. Lewis Mumford, *The Brown Decades ; a Study of the Arts in America, 1865-1895*, pp. 82-96.

eut été surprenant qu'on n'eût pas souhaité de tels parcs. Il semble
bien, toutefois, que cette idée du parc pittoresque fut lente à faire
son chemin, et qu'en définitive, si le concept lui-même fut d'importation d'Angleterre, l'influence, au niveau de l'application, vint des
États-Unis.

Ce concept du parc anglais visant à créer un milieu naturel et
romantique, aussi pictural que s'il était perçu à travers les yeux et
les émotions d'un peintre, n'a pas eu ses premières applications
dans les grands parcs urbains, en Amérique, mais bien dans les
cimetières. Dans la plupart des grandes villes américaines, en effet,
les grands cimetières à saveur rurale ont précédé les parcs. De plus,
ces cimetières ont eu une influence prépondérante sur le mouvement
qui s'est dessiné peu à peu en faveur des grands parcs publics pour
les agglomérations urbaines, et ont influencé l'aménagement même
de ces parcs. [22] À Montréal comme dans les grandes villes des États-
Unis, ce n'est qu'après que ce concept de l'aménagement paysagiste
romantique et pittoresque eut trouvé son application dans les cimetières qu'il la trouvera dans les parcs urbains, et finalement, dans les
plans de développement de certaines banlieues. On pourrait toujours
arguer qu'avant les cimetières romantiques, de grands domaines terriens avaient existé à Montréal, tels ceux des McTavish et des Mc-
Gill, par exemple. Mais ces domaines privés, même s'ils pouvaient
être assimilés physiquement à des parcs, tiraient leur raison d'être
du besoin de la nouvelle classe bourgeoise de s'identifier aux anciens
symboles de l'aristocratie ; ils n'eurent guère d'influence sur l'apparition et sur l'aménagement de cet équipement social, destiné aux
masses citadines. Aussi, avant la seconde moitié du dix-neuvième
siècle, il n'y avait rien aux États-Unis, et encore moins au Canada,
qui pût être qualifié de parc, au sens où nous l'intendons aujourd'hui

C'est à Cambridge, au Massachusetts, que fut aménagé, à partir
de 1831, le premier des grands cimetières américains, Mount Auburn,
avec tout l'aménagement romantique : étangs naturels, pelouses
ondoyantes, allées sinueuses, groupements de bosquets et d'arbres,
disposés aux endroits visuellement stratégiques. L'influence de ce
cimetière fut considérable : dans le même temps, on voit apparaître
à Philadelphie le cimetière Laurel Hill (1836), et à New-York le
cimetière Greenwood (1838). Ainsi, et cela est important à retenir,
le cimetière de Laurel Hill de Philadelphie précéda de deux décennies
l'établissement, en 1855, du parc Fairmount, probablement le premier parc public aux U.S.A. (et l'un des plus vastes), et le cimetière
Greenwood de New-York précéda de même, de plusieurs années, le

---

22. Reps, *op. cit.,* p. 325-339.

fameux Central Park. [23] Même situation à Montréal, où le grand cimetière protestant (1852), et le cimetière catholique, celui de Notre-Dame-des-Neiges (1855), devancèrent d'environ deux décennies, sur la montagne, le parc du mont Royal.

On peut comprendre qu'une société prônant le « laisser-faire » et la promotion individuelle ne se soit pas montrée particulièrement empressée à doter les villes de grands parcs naturels, pour le confort de la population en général. On peut toutefois trouver étrange que cette même société ait dépensé beaucoup d'argent, de soins et d'efforts, pour aménager si bien ses cimetières,... au point que ceux-ci sont effectivement devenus les premiers parcs romantiques d'Amérique, et des attractions touristiques de grand prestige. À Montréal, par exemple, plus d'une brochure touristique a présenté les cimetières catholique et protestant du mont Royal comme des parcs du plus grand intérêt. En contrepartie, plus d'un clerc, plus d'une âme pieuse ont condamné cette pratique, et exhorté les gens à ne pas visiter ces lieux en touristes, ce qui laisse entendre qu'effectivement ces cimetières étaient attrayants. Doit-on soupçonner que dans cette ère victorienne chargée d'espoir, la seule défaite inévitable étant la mort, on a senti le besoin de la faire oublier, ou de la camoufler ? Si c'est le cas, il faut croire que l'on a assez bien réussi : les témoignages ne manquent pas pour attester que les activités les plus gaies ont pris place dans ces cimetières, depuis la chasse jusqu'au pique-nique.

Dans cet ordre d'idées, il est révélateur de constater jusqu'à quel point cette société a réussi à perpétuer dans ses cimetières les classes sociales du monde des vivants. Dans des lieux où tous devraient être égaux devant la décomposition de l'être, la même hiérarchie sociale basée sur l'avoir matériel s'est en effet perpétuée. Aux pauvres les fosses communes, aux riches les caveaux de marbre. Malgré les aménagements paysagistes superbes — surtout du côté du cimetière protestant — qui font de ces lieux de mort l'endroit le plus romantique et le plus pittoresque de Montréal, la ville des vivants, avec ses modèles d'occupation du sol, déteint sur la ville des morts : les nantis sont moins tassés, plus pourvus de verdure que ne le sont les pauvres, sur lesquels une grille orthogonale de sentiers semble vouloir s'acharner encore. Robert Furneaux Jordan note à ce sujet que l'architecture funéraire victorienne, telle qu'on peut l'apprécier entre autres dans les cimetières de Highgate et de Brompton, à Londres, représente tout un monde en elle-même, et mériterait étude. [24] On découvrirait sans doute que la nécropole est le reflet de la métropole.

23. Christopher Tunnard and Henry Hope Reed, *American Skyline ; the Growth and the Form of our Cities and Towns*, pp. 108ss. (#)
24. Robert Furneaux Jordan, *Victorian Architecture*, p. 168.

Si intéressants que puissent être ces cimetières de la montagne, si important qu'ait pu être leur rôle de stimuler l'intérêt pour les aménagements paysagistes romantiques et de faire sentir la nécessité des parcs publics, il demeure malheureusement qu'ils ont occupé la plus grande partie d'un site unique, que tout destinait à devenir un grand parc naturel. Le cimetière des diverses dénominations protestantes, qui remplaça à partir de 1852 le cimetière de la rue Dorchester (devenu plus tard le square Dufferin) jugé trop exigu, occupe maintenant une superficie de plus de 250 acres. Plus envahissant encore fut le cimetière de la communauté catholique, baptisé Notre-Dame-des-Neiges. Une superficie de 115 arpents fut d'abord achetée pour l'inauguration du cimetière, en 1855. Par la suite, ce premier territoire fut considérablement agrandi, notamment en 1865, 1872, 1907 et 1909. En 1914, il occupait plus de quatre cents arpents. [25]

Cette influence de nos voisins du sud concernant les cimetières romantiques devient plus déterminante encore, pour ce qui concerne, à Montréal, les parcs publics. Car non seulement notre ville se dote d'un grand parc naturel à l'exemple du Central Park de New-York, mais les autorités de la cité font appel, pour aménager ce parc du mont Royal, au plus éminent architecte paysagiste de l'époque, l'américain Frederick Law Olmsted (1822-1903), celui-là même qui peut être considéré à juste titre comme le père, sur ce continent, de l'architecture paysagiste. De Frederick Olmsted, retenons seulement que si sa plus grande gloire lui vient d'avoir conçu et aménagé le Central Park de New-York, il ne fut pas moins directement relié à la planification et à l'aménagement des grands parcs urbains de la plupart des grandes villes américaines : Brooklyn, San Francisco, Albany, Chicago, Philadelphie, Détroit, Buffalo, Boston, Washington, Louisville, Milwaukee, etc., sans compter ses plans pour parcs régionaux, pour campus d'universités, pour communautés urbaines, pour villes nouvelles, quantité de travaux fort considérable, qu'il réussit à mener à bonne fin durant ses quarante années de vie active, et qu'il compléta par son remarquable plan d'ensemble pour l'Exposition Universelle de Chicago, de 1893. [26]

Son travail sur le parc du mont Royal, auquel il s'appliqua depuis 1873 jusqu'en 1881 environ, et qui se matérialisa en un plan d'aménagement complet, assorti de recommandations pertinentes,

25. Atherton, *op. cit.*, 2, pp. 646-647.
26. Gy Julius Fabos, Gordon T. Milde and Michael V. Weinmayr, *Frederick Law Olmsted, Sr ; Founder of Landscape Architecture in America.* Concernant le parc mont Royal, consulter A.L. Murray, « Frederick Law Olmsted and the Design of Mount Royal Park, Montreal », JSAH, XXVI, no. 3, october 1967, pp. 163-171.

reflète les grandes qualités qui ont fait de Central Park un chef-d'œuvre, bien qu'Olmsted dût travailler ici dans des conditions physiques, politiques et économiques beaucoup plus difficiles. Ainsi il fit preuve d'un sens instinctif du *genius loci,* en indiquant par exemple aux Commissaires du parc que la meilleure façon de développer le potentiel du site consistait à améliorer la nature elle-même :... « All that you have seen and admired of the old work of nature must be considered as simply suggestive of what that is practicable, suitable, and harmonious with your purposes of large popular use... » [27] De son respect scrupuleux de la topographie naturelle, de sa capacité de concevoir l'ensemble sans négliger les détails résultera un aménagement simple, mettant la nature en relief, dégageant des vues splendides, tout en assurant l'isolement,... ce qui fera dire à un visiteur : « To walk in these woods of a snowy afternoon, alone, curtained from the seethe and rumble of the streets below, is to believe illusion. It is impossible that escape from the million could be so easy. » [28]

Ce qui paraît tenir de l'illusion également, c'est cette approche visionnaire des promoteurs de ce parc et de son architecte, qu'Olmsted a souligné ainsi :

> With a little reflection it will be apparent that the property could not have been justly purchased with regard only for the profit to be got from it by a few thousands of the generation ordering it ; and that I was bound in suggesting a plan, to have in view the interests of those to inherit it as well as yours ;... and also to remember that, if civilization is not to move backward, they (these inheritors) are to be much more alive than we are to certain qualities of value in the property which are to be saved or lost to them... [29].

En nous rappelant que durant les années 1870 la population de Montréal n'atteignait pas 110,000 personnes, et que la ville touchait à peine aux flancs de la montagne, reconnaissons qu'il fallait du courage et de la largeur de vue, pour exproprier quelque 450 acres de terrain, au coût astronomique, à l'époqque, d'un million de dollars, et pour réclamer que ce territoire soit aménagé par le plus grand architecte paysagiste d'Amérique.

Ceci étant reconnu, il demeure qu'à l'échelle de la métropole d'aujourd'hui, le parc du mont Royal est un petit parc. Même à l'époque de son aménagement, en comparaison avec les parcs des grandes capitales qui ont participé à ce mouvement des parcs roman-

---

27.  Frederick Law Olmsted, *Mount Royal, Montreal,* p. 26 .
28.  Longstreth, *op. cit.,* p. 218.
29.  Olmsted, *op. cit.,* p. 2.

tiques, le parc du mont Royal, ne couvrant que 14% de la superficie de la montagne, se classait parmi les plus petits, si même il n'était pas le plus petit. Que l'on en juge par quelques comparaisons : le bois de Boulogne et le bois de Vincennes, à Paris, le Prater, à Vienne, et le parc Fairmount, à Philadelphie, possèdent chacun plus de 2,000 acres de superficie ; Hyde Park, à Londres, le parc Stanley, à Vancouver, celui de Belle-Isle, à Détroit, le Golden Gate, à San Francisco, et le Forest Park, à St-Louis, totalisent chacun plus de mille acres ; enfin, le Central Park de New-York, l'un des plus petits, comparé avec ceux des précédentes villes, n'en possède pas moins près de deux fois la superficie du parc de notre mont Royal, à savoir, quelque 840 acres. Plus révélateur est sans doute le fait qu'en 1912, l'ensemble des parcs de Montréal totalisait une superficie (805 acres) encore inférieure à celle du Central Park. [30] Ajouter à cela que depuis quelques années, on n'a pas cessé de rogner les réserves du parc du mont Royal, soit pour y passer la voie Camillien-Houde, soit pour réaliser l'échangeur des avenues des Pins et du Parc ; aussi faut-il convenir que ce parc ne répond plus guère à la vision du grand parc central, caressée par les pères de la Cité, il y a cent ans. Enfin, au rythme où la population augmente par rapport à l'espace vert, on peut craindre que cette mise en garde d'Olmsted ne devienne une prophétie... :

> « If it (Mount Royal Park) is to be cut up with roads and walks, spotted with shelters, and streaked with staircases ; if it is to be strewn with lunch papers, beer bottles, sardine cans and paper collars ; and if thousands of people are to seek their recreation upon it unrestrainedly, each according to his special tastes, it is likely to lose whatever of natural charm you first saw in it. » [31]

Contrairement au parc du mont Royal, le parc Lafontaine, comme ce fut d'ailleurs le cas de nombreux espaces d'intérêt civique dont Montréal s'enorgueillit aujourd'hui, est devenu un parc presque par accident, c'est-à-dire, grâce à une utilisation première qui a maintenu ce territoire dans un état naturel. En effet, en octobre 1845, donc à une époque où la pression du développement urbain n'avait pas encore gagné les hauteurs de la terrasse Sherbrooke, le gouvernement colonial achetait la ferme de M. James Logan dans le but de s'en servir comme territoire d'exercice pour l'armée. Ce n'est que vers 1888 que le gouvernement fédéral, moyennant certaines conditions, dont un loyer annuel symbolique d'un dollar, en vint à céder cet espace libre à la municipalité, pour qu'il serve de parc.

---

30. Jacques Simard, « Il était une fois une très jolie montagne... » ABC, 15, no. 168, p. 67.
31. Olmsted, op. cit., p. 26.

L'aménagement paysagiste de ce parc Lafontaine, aménagement de deux types distinctifs, reflète assez bien la dualité culturelle de Montréal. D'abord un aménagement naturel et pittoresque, dans l'esprit des jardins anglais, est centré vers un étang, qui correspond au « twaleg » d'un ancien ruisseau ; à l'est de l'avenue Calixa-Lavallée, c'est un aménagement à la française qui prédomine, avec ses allées linéaires, ses pelouses plates découpées en motifs géométriques, bien encadrées par des arbres magnifiques, alignés au cordeau. Un urbaniste français aurait d'ailleurs été responsable de cet aménagement. [32]

Pourtant, ce n'est pas tant pour ses aménagements paysagistes que pour ses effets de contraste et de variété avec l'environnement bâti ambiant, particulièrement dense et uniforme, que ce parc Lafontaine se distingue. Malheureusement, là comme au parc du mont Royal, cette qualité si précieuse s'effrite d'année en année par suite de l'établissement dans ces espaces ouverts de diverses constructions, sans contredit très utiles, mais qui n'en font pas moins disparaître, progressivement, le caractère premier de ces grands parcs naturels. Assurément, ces parcs sont faits pour être utilisés autant que pour être contemplés ; mais il y aurait un net avantage à choisir des fonctions (par exemple, équitation, dans le cas du mont Royal, canotage, dans le cas du parc Lafontaine) compatibles avec leur caractère propre, au lieu de considérer tout espace vert comme site disponible pour l'érection de bâtiments nécessaires à n'importe quelle activité sportive ou éducationnelle. Ces grands parcs constituent l'héritage d'idéalisme le plus accessible et le plus précieux du siècle dernier et l'on devrait tenter de les conserver dans leur état premier, en dirigeant la pression exercée par l'expansion de ces types d'activités vers d'autres espaces libres, qui ne possèdent pas cette distinction.

La récupération de l'île Ste-Hélène comme parc public suit étrangement le même scénario que celle du parc Lafontaine. Propriété des barons de Longueuil, l'île fut achetée en 1818 par le gouvernement britannique, pour y établir une base militaire, destinée à protéger Montréal ; d'où l'origine des structures militaires que l'on peut encore voir en divers endroits. Vers 1870, l'île fut cédée au gouvernement fédéral, lequel permit à la municipalité de Montréal d'aménager la partie sud-est en un parc public inauguré en 1874, au grand bénéfice de la population. En 1907, l'île n'offrant plus d'intérêt militaire, la ville en fit l'acquisition pour la modique somme de 200,000 dollars. À la suite de la construction, en 1930, du pont Jacques-Cartier, qui rendait enfin l'île Ste-Hélène facilement accessible, la municipalité décida de l'aménager complètement, confiant ce soin à l'architecte paysagiste Frederick G. Todd. Les travaux traînèrent en longueur : interrompus durant la guerre, puis repris, et enfin terminés en 1953, 80 ans exactement, après la première ouverture de l'île au public. L'aménagement réalisé ne manquait ni d'intérêt ni de qualités, mettant en valeur le site exceptionnel de l'île, ainsi que son charme romantique. Ce fut pour peu de temps seulement : le destin de l'île Ste-Hélène devait prendre un cours nouveau, après qu'on l'eut choisie comme assise en vue de l'Exposition Universelle de 1967. Nous reviendrons là-dessus, au chapitre treizième. [33]

En résumé, et l'on a pu le constater par les cinq chapitres qui précèdent, cet âge victorien fut formidable pour notre ville. L'explosion démographique et l'urbanisation, les progrès techniques et économiques, le port, les chemins de fer et les tramways, les quartiers industriels de Ste-Anne, St-Henri, Hochelaga, le Mille-Carré, les premiers gratte-ciel, l'éclairage à l'électricité, tout cela est victorien. Les monuments que nous apprécions le plus, Notre-Dame, Christ Church, le marché Bonsecours, la Banque de Montréal ou l'hôtel de ville le sont aussi. Victoriens également, les paysages urbains, industriels, commerciaux ou domestiques, que nous apercevons le plus souvent. Mais aussi, la plupart des problèmes urbains que la métropole connaît aujourd'hui, depuis la congestion du centre-ville jusqu'à la dégradation des quartiers populaires, ont des racines dans cette ère du laisser-faire. Caractériser cet âge n'est donc pas facile, d'autant plus qu'il se prolonge encore dans une certaine mesure... particulièrement par l'attitude de nos gouvernants. Mais quelle que soit notre appréciation de cette période, il ne faut pas ignorer qu'elle est en grande partie responsable de ce que Montréal est devenu aujourd'hui. Peut-être même ne faut-il pas porter un jugement trop sévère. Car, si durant les années 1850 il a été ressenti que Montréal, pour devenir une ville digne de ce nom, exigeait de grands projets combinant la beauté avec l'utilité, quelques décennies plus tard, les cimetières, les squares, les parcs publics répondaient en partie, mais avec une élégance certaine, à ces objectifs de l'ère victorienne. [34]

33. Jules Bazin, « L'île Ste-Hélène et son histoire », *Vie des Arts*, no. 48, Automne 1967, pp. 18-23.

34. John Irwin Cooper, « The Social Structure of Montreal in the 1850's », CHAR, 1956, p. 73.

70. *Le square Saint-Louis, aujourd'hui.*

71. *Le square Dominion, aujourd'hui.*

72.  *Le cimetière protestant.*

# PARTIE IV

## Montréal au vingtième siècle

Quelle est cette ville
Grandissant au rythme des pulsations électroniques
Montréal qui s'étend comme un vol d'insectes
À la recherche de l'oiseau d'Amérique
Ville fleuve au lit indolent
Océanique enfance des banlieues
Ville parc aux balançoires
Tendues d'enfants libres
Montréal île laissée là où s'achève la course aux terres neuves
Montréal investie comme la porte cochère
D'une froide Amérique
Montréal inlassable
Bâtie à coups de bourse
Sans urbaniste sans architecte
Minerai brut coulé sur le sable
Des fonderies de grands villages
Montréal la gaillarde
Sans robe ni bijou
Étalant sa jeune nudité
Sous le néon des auréoles
Montréal Acropole
D'un prince fou semeur de briques et d'aluminium
(...)
Michel Régnier [1]

---

1. Michel Régnier, *Génération ; poèmes*, p. 94.

# 12

## La métropole

It is, indeed, neither city nor country... No longer can
it be identified from the outside by its silhouette, clear-
ly set off from the surrounding fields. No longer can it
be comprehended from the inside as a system of clear-
ly defined spaces of plazas and streets. It appears as
chaos...

Hans Blumenfeld.[2]

### 1. *Une réalité nouvelle*

Qu'est devenue l'agglomération montréalaise aujourd'hui ? Sous
plus d'un aspect, elle n'est plus la ville de l'ère victorienne, que nous
avons analysée dans les chapitres précédents. Cette réalité s'est dis-
soute progressivement dans un espace de plus en plus vaste : une
ville a fait place à une métropole. L'objet de ce présent chapitre est
de prendre connaissance de ces transformations et de leurs causes.
Projet ambitieux, pour seulement quelques pages !... Aussi nous con-
tenterons-nous de ne traiter que les aspects les plus propres à nous
révéler le caractère de la présente évolution de Montréal.

Au vingtième siècle, on décèle au Québec, comme partout
ailleurs, une nette accélération du processus d'urbanisation. Ainsi en
1901, 36.1% de la population du Québec était urbaine ; en 1971 ce
pourcentage a plus que doublé, pour atteindre 80.6%, et on prévoit
un pourcentage de quelque 90 ou 95% pour l'an 2000 [3]. La plus
grande partie de cet accroissement de la population urbaine fut

---

2. Montréal, Qué., Service d'urbanisme, *Urbanisation. Étude de l'expansion urbaine dans la région de Montréal*, p. 3.
3. Leroy O. Stone, *Urban Development in Canada ; an Introduction to
the Demographic Aspects*, p. 29 ; Statistique Canada, Recensement 1971.

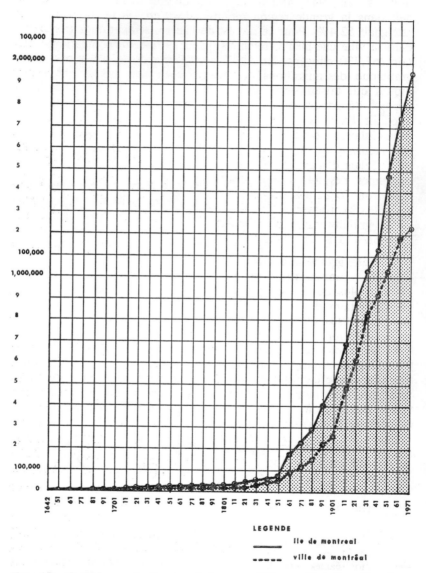

Fig. 17   *Croissance de la population sur l'île et dans la ville de Montréal*

absorbée par Montréal et sa région, comme le démontrent les chiffres suivants : en 1941, 48.6% de la population totale du Québec résidait dans la grande région montréalaise ; en 1961, ce pourcentage atteignait 52.4%. Pour ce qui est de l'accroissement de la population dans la ville elle-même, retenons qu'en 1901 cette population comptait 267,730 citoyens. En 1971, sous l'effet de la croissance démographique, des migrations, de l'élargissement des limites politico-juridiques qui faisait suite aux multiples annexions, cette population dépasse désormais le million (1,214,352). Encore plus spectaculaire apparaît l'accroissement de la population urbaine dans la région montréalaise, c'est-à-dire, sur tout ce territoire défini par le Service d'Urbanisme de Montréal comme subissant l'influence du centre montréalais d'activités économiques, sociales et culturelles. En deux décennies, de 1941 à 1961, cette population de la région s'est accrue d'environ 70%, passant de 1,618,000 à 2,757,000 personnes. Si ce rythme d'accroissement se maintient, on prévoit que la population de la grande région montréalaise atteindra quelque 7 millions de personnes, à la fin du présent siècle.[4]

Cette grande région représente essentiellement une zone d'échange et de communication. Ses limites physiques apparaissent variables, et sont plus ou moins déterminées par le rayonnement des postes métropolitains de radio, de télévision et de la presse écrite, par les zones de distribution des aliments périssables, des services d'autobus et de téléphone, par la distance maximale que les banlieusards sont prêts à franchir dans leurs migrations quotidiennes. Pour le moment, cette région embrasse une superficie de quelque 2,179,000 acres, soit une circonférence d'environ 30 milles de rayon, ayant pour centre le square Dominion, et effleurant à sa périphérie des villes aussi éloignées que St-Jérôme au nord, St-Hyacinthe à l'est, St-Jean-Iberville au sud, et Valleyfield à l'ouest.[5]

Au cœur de cette région, le Service d'Urbanisme de Montréal a identifié en 1961 une zone plus densément occupée, le Montréal métropolitain, moteur économique de l'ensemble. Cette entité englobe, présentement au moins, les îles de Montréal, Jésus, Bizard et Perrot, des parcelles des comtés de Vaudreuil (municipalité de

4. Montréal, Qué., Service d'urbanisme, *Métropole*, les Cahiers d'urbanisme, no. 1, pp. 5-9. Consulter également le recensement de 1971. Cette région montréalaise telle que définie par le Service d'urbanisme comprend les îles de Montréal, Laval, Perrot et Bizard, entourées des comtés de Soulanges, Vaudreuil, Deux-Montagnes, Terrebonne (en partie), l'Assomption, Verchères, St-Hyacinthe, Chambly, Rouville, Laprairie, St-Jean et Iberville, Napierville, Châteauguay et Beauharnois.

5. *Ibid.*, pp. 17-23.

Dorion), des Deux Montages (municipalités de St-Eustache, Deux-Montagnes), de Terrebonne (municipalités de Ste-Thérèse, Rosemère, etc.), de l'Assomption (municipalité de Repentigny) et de Châteauguay, et la majeure partie des comtés de Laprairie et de Chambly. Cette zone intérieure constitue un tout, une réalité économique sociale, culturelle et spatiale, qui transcende les frontières politico-juridiques des municipalités constituantes, que ce soit celles de Laval, Mont-Royal, Pierrefonds, Lasalle ou de Longueuil. Par l'accroissement phénoménal de sa population, et par la dissémination de celle-ci sur un territoire de plus en plus vaste, Montréal émerge désormais commune réalité nouvelle, comme une métropole.[6]

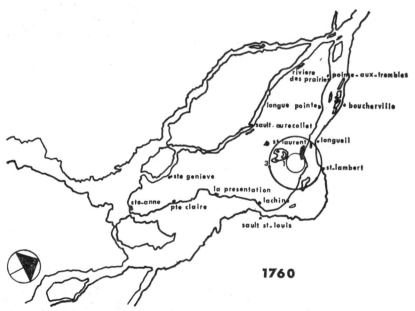

*Fig. 18   Expansion urbaine, 1760*

Ici le terme métropole, on s'en rend bien compte, n'a rien à voir avec la prétention de Montréal d'être (encore) la première ville canadienne par le nombre de ses citoyens. Ce terme s'applique plutôt à une transformation de l'essence même de l'agglomération montréalaise. Il signifie que Montréal a atteint un nouveau palier dans son évolution, un stade que de nombreux penseurs, Blumenfeld et Gottman entre autres, n'hésitent pas à qualifier de révolutionnaire.

6. *Urbanisation*, pp. 4-6.

Il ne semble pas, en effet, que la métropole soit simplement une version plus imposante et plus complexe de la ville industrielle traditionnelle. Car les modèles bien définis d'occupation du sol, la limitation dans l'espace de la ville victorienne, ont fait place à des modèles totalement différents, et à une absence de limitation caractéristique. Par exemple, le développement en quartiers résidentiels à haute densité, tels ceux du plateau Mont-Royal, ou l'implantation de commerces de détail le long des artères de circulation telles que les rues Ste-Catherine, Mont-Royal, ou St-Hubert, semblent bien révo-

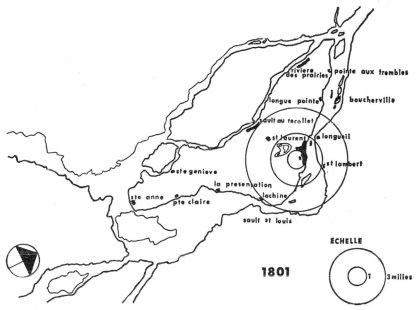

*Fig. 19    Expansion urbaine, 1801*

lus. Le spectacle présenté par la frange de l'agglomération actuelle est tout autre : le tissu urbain est extrêmement lâche, la densité très basse, l'occupation du sol sans variété ; quant aux services, ils sont concentrés dans des centres impersonnels, mal ou nullement intégrés à la fabrique urbaine. Que s'est-il passé ?

La ville industrielle du 19ᵉ siècle était issue de révolutions techniques et économiques qui, en produisant le télégraphe, le bateau et la locomotive à vapeur, la production de masse, avaient contribué à accroître la mobilité interurbaine, et à concentrer les activités dans des centres privilégiés, tel celui de Montréal. Cependant, cette ville du siècle passé possédait encore, à cause de l'absence de moyens adéquats de transport et de communication intra-urbains, ses propres limites internes d'accessibilité et de mobilité, qui ont agi comme forces de structuration. C'est pour cette raison encore, que les premiers quartiers industriels montréalais, Ste-Anne, St-Henri, Hochelaga et les autres, se sont développés le long des voies naturelles et artificielles de circulation interurbaine, et que les travailleurs se sont entassés dans le voisinage immédiat des industries et des manufactures.

Au vingtième siècle, cependant, le téléphone, la radio et la télévision ont rendu instantanées les communications. Le tramway,

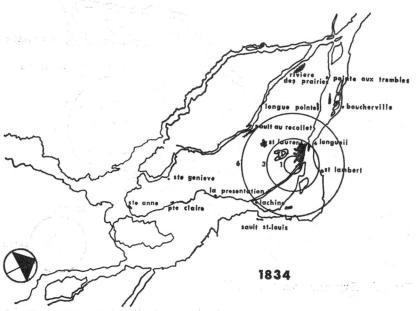

*Fig. 20   Expansion urbaine, 1834*

puis ses remplaçants, l'autobus et le métro, ont accru la mobilité du citadin. L'ascenseur, qui transporte quotidiennement, dans les grandes villes nord-américaines, plus de personnes que tout autre mode de transport, a supprimé l'escalier et les limites qu'il impose. Enfin les véhicules avec moteur à combustion interne, l'automobile et le camion, avec leur flexibilité et leur versatilité, ont pris le haut du pavé, si l'on peut dire, comme modes de transport individuel et commercial. Tous ces développements de la technologie moderne, en transformant et accroissant la communication et la mobilité intra-urbaines des personnes et des biens, ont libéré la ville de ses limitations ancestrales.

La métropole s'avère donc, comme l'a bien expliqué l'urbaniste Hans Blumenfeld, être le résultat de l'interaction de deux forces majeures : une force (interurbaine) centripète, tendant à concentrer les activités économiques et les populations dans la région montréalaise, et une force (intra-urbaine) centrifuge d'exurbanisation, c'est-à-dire de déconcentration de ces populations à l'intérieur même de cette région.[7] Nous considérerons les effets de cette dernière force dans

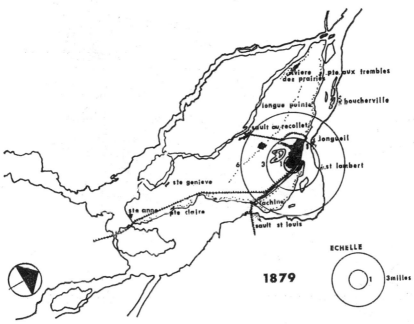

Fig. 21   Expansion urbaine, 1879

les prochaines pages ; pour le moment, regardons brièvement comment se comporte aujourd'hui Montréal comme pôle d'attraction.

Bien qu'elle doive, sur le plan national, partager désormais ses attributs métropolitains avec Toronto, qui a accaparé le leadership économique, Montréal demeure, sur le plan provincial, un géant incontesté. Pour éviter d'être submergé par les statistiques, rappe-

7. Hans Blumenfeld, *The Modern Metropolis ; Its Origins, Growth, Characteristics and Planning*, pp. 61-76. (#)

lons simplement que de 1941 à 1961, le taux d'accroissement de la population de la grande région métropolitaine fut plus élevé, proportionnellement, que celui de la province de Québec, et même, que celui du Canada.[8] Comme au dix-neuvième siècle, il est évident que la natalité ne saurait être la seule cause de cette forte augmentation de population, et que l'immigration, notamment celle des ruraux, a joué un rôle important. En 1971, on estimait à une centaine par jour le nombre des ruraux qui immigraient dans la métropole.[9]

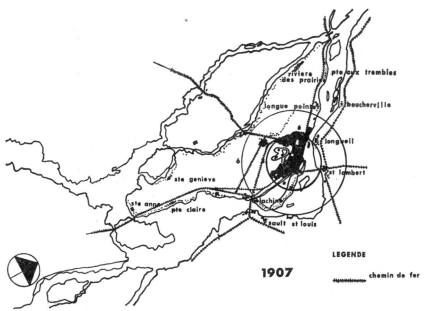

*Fig. 22    Expansion urbaine, 1907*

Plusieurs facteurs ont contribué à maintenir ce dynamisme. Signalons, par exemple, la canalisation du St-Laurent (1954-59), qui, en ouvrant les énormes marchés commerciaux de Chicago, Détroit, Toronto, Buffalo et autres villes, a affermi la vocation traditionnelle de Montréal comme centre de transbordement et de distribution. Si notre port, au début du siècle, accueillait un millier de navires jaugeant ensemble quelques millions de tonneaux, le Conseil des Ports Nationaux mentionne, pour l'année 1965, 6,318 arrivées de navires,

---

8. *Métropole*, les Cahiers d'urbanisme, no. 1, p. 15.
9. « L'exode rural ; Montréal attire 100 personnes par jour », *Le Devoir*, lundi 5 avril 1971, p. 3.

pour 21,646,140 tonneaux.[10] Le développement de l'aviation commerciale a contribué lui aussi à la bonne fortune de Montréal comme
centre de polarisation. Qu'il suffise de mentionner que notre ville est
la capitale mondiale de l'aviation, étant le siège de l'Organisation de
l'Aviation Civile Internationale et de l'Association du Transport
Aérien International ; qu'il suffise de mentionner également qu'elle
sera bientôt dotée d'un des plus imposants aéroports au monde, celui
de Ste-Scholastique. Signalons encore que le développement, depuis

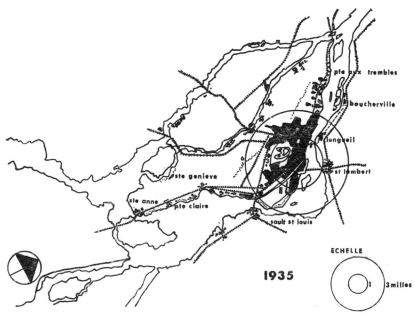

Fig. 23   Expansion urbaine, 1935

quelques années, d'une infrastructure routière moderne agit comme
un stimulant, pour la concentration dans cette région d'industries
déjà attirées par l'abondance d'un pouvoir hydro-électrique peu
coûteux, favorisant l'introduction de systèmes de production plus
complexes, et par l'abondance d'une main-d'œuvre docile, adaptable
à ces nouvelles techniques de production.

10. Benoît Brouillette, « Le port de Montréal, hier et aujourd'hui »,
RGM, 21, no. 2, 1967, pp. 195-233. À souligner que le port de Montréal ne
se classe plus au second rang en Amérique, au point de vue du volume commercial, mais est maintenant précédé par une dizaine de ports des États-Unis.

## 2. *Un nouveau patron d'implantation industrielle*

Dans la ville victorienne, nous l'avons déjà vu, les industries avaient suivi un patron d'implantation très simple. Celles qui transforment les matières premières, les industries métallurgiques, les raffineries de sucre, les minoteries et les filatures, s'étaient fixées en bordure du port, du canal Lachine et des chemins de fer. Par contre, les industries secondaires, moins dépendantes du transport lourd, celles du cuir, des textiles et du tabac, s'étaient localisées plutôt en fonction de leur main-d'œuvre et de leur clientèle. Pour ce qui est de l'industrie des services, encore peu développée, elle s'était con-

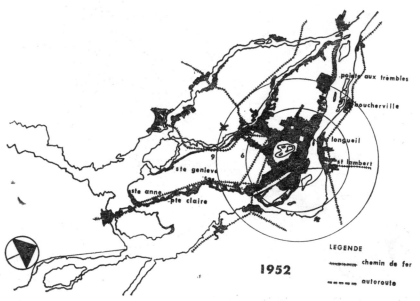

Fig. 24　*Expansion urbaine, 1952*

finée au coteau St-Louis, avec des embranchements vers les grandes gares de chemin de fer.

Avec l'amélioration des moyens de communication et de transport intra-urbains, avec la maîtrise des nouvelles sources d'énergie, pétrole et électricité, ce patron d'implantation industrielle devient plus complexe.

Si certaines industries du groupe primaire, par exemple, les raffineries de pétrole de Montréal-Est, demeurent tributaires du rail et du bateau, d'autres, appartenant surtout au secteur secondaire, tirent profit des nouveaux moyens de transport et des nouvelles sources d'énergie, pour s'implanter dans des endroits propres à maximiser leur efficacité et leur rentabilité. À ce titre, de nombreux facteurs influencent désormais leur patron d'implantation: besoins d'espace réclamé par les systèmes modernes de production et par les agrandissements prévisibles, souci d'éviter la congestion et les taxes des zones urbaines centrales, nécessité de diminuer le plus possible le coût du transport, de se rapprocher de la clientèle, de la main-d'œuvre et des industries complémentaires, attrait exercé par les

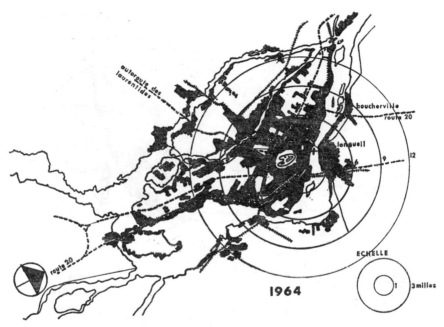

*Fig. 25   Expansion urbaine, 1964*

parcs industriels municipaux et privés, bien desservis par le nouveau réseau intra-urbain de communication, etc.[11].

Globalement, depuis la dernière guerre, on peut déceler une nette tendance de ces industries à se localiser le long des grandes voies de communication routière, sur l'île et dans la région. Ainsi, l'autoroute des Laurentides, la trans-canadienne, le boulevard Métropolitain, le chemin de la Côte-de-Liesse, le boulevard Montréal-Toronto sont devenus des axes importants d'implantation industrielle. Il faut

11. Claude Manzagol, « L'industrie manufacturière à Montréal » dans *Montréal, guide d'excursions*, pp. 125-135.

noter ici que la route est souvent complémentaire des autres moyens de transport : par exemple, grâce à la proximité de l'aéroport de Dorval, relié aux chemins de fer et aux autoroutes, le secteur de Côte-de-Liesse est en voie de devenir l'une des principales zones industrielles de la métropole. [12]

Ce qu'il est intéressant de relever, dans ce nouveau patron d'implantation industrielle, c'est la permanence des lignes de forces traditionnelles, inscrites dans la géographie du territoire montréalais.

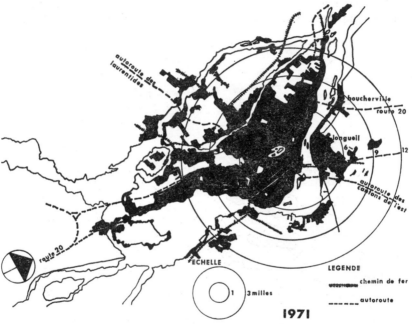

*Fig. 26     Expansion urbaine, 1971*

L'ancienne vocation de l'île de Montréal de servir de clé vers l'Ouest trouve une nouvelle consécration dans ce nouveau réseau de communications, notamment avec l'autoroute trans-canadienne et le boulevard Métropolitain. De plus, comme nous l'avons déjà démontré, de nombreux tracés de cette infrastructure moderne de voies rapides se superposent exactement ou presque aux anciens tracés des Chemins-du-Roy des côtes établies dès les premiers temps de la colonisation. C'est le cas pour la plus grande partie du tracé de l'autoroute

12. Peter Foggin, « Les formes de l'utilisation du sol à Montréal » dans *Montréal, guide d'excursions*, pp. 36-37.

trans-canadienne, du boulevard Métropolitain et du chemin de la Côte-de-Liesse.

Maintenant, si nécessaire que soit l'industrie de transformation à la croissance de l'agglomération montréalaise, il n'est pas inutile de rappeler qu'elle n'emploie plus qu'environ le tiers de la population active. En effet, à partir de 1940 à peu près, elle est supplantée par l'industrie des services, laquelle englobe l'administration publique et privée, les transports et les communications, les activités bancaires, financières et commerciales, l'hôtellerie, l'éducation, la recherche, la culture et les divertissements. On ne saurait mieux prendre connaissance de l'importance de cette industrie tertiaire dans la métropole,

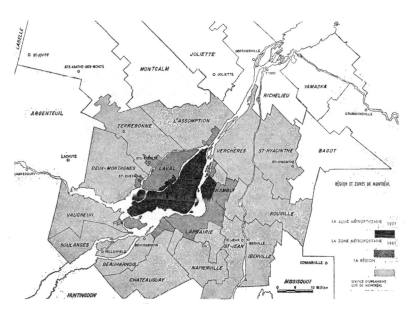

Fig. 27  *Région et zones de Montréal*

et de son impact sur la fabrique urbaine, qu'en jetant un coup d'œil sur son point privilégié de concentration : le centre-ville, ou, comme on l'appelle communément dans le langage technique, le C.D.A., le centre des affaires. Le Service d'urbanisme de la ville de Montréal en a fixé les limites au nord à l'avenue des Pins, à l'est à la rue St-Denis, au sud au fleuve et au canal Lachine, à l'ouest à la rue Guy. C'est un territoire considérable, de quelque 1,325 acres, le plus important de la métropole pour la quantité, la qualité et la diversité des échanges qui s'y effectuent. Il donne le ton à toute la vaste région montréalaise.[13]

Son accroissement, à l'horizontale comme à la verticale, fut progressif. En effet, à la fin de la période victorienne, alors que le secteur des affaires commerciales et financières se limitait encore au vénérable coteau St-Louis, centré sur les rues Notre-Dame et St-Jacques, l'établissement des grandes gares de chemin de fer Viger, Bonaventure, Windsor, en attirant des hôtels et autres activités connexes, venait lui donner une autre dimension. Vers la même époque, soit, à partir de 1892, des marchands dynamiques, à l'exemple de Morgan et de Birks, transportaient leurs activités commerciales sur la rue Ste-Catherine, et dès 1910, cette rue jadis hautement résidentielle, était devenue la principale artère commerciale de la ville. Ceci devait amener la division du centre des affaires en deux noyaux de concentration, l'un financier, symbolisé par la rue St-Jacques, l'autre commercial, symbolisé par la rue Ste-Catherine.

Ce qui frappe le plus aujourd'hui dans ce centre des affaires, c'est la concentration des gratte-ciel, concentration constituant le développement physique le plus spectaculaire qu'ait enregistré Montréal au vingtième siècle. L'impact de ces édifices sur l'image et l'identité de notre Métropole peut être tenu pour aussi significatif que le fut l'impact de l'industrie sur la ville victorienne. Sans doute, les chiffres concernant l'augmentation dans le C.D.A. des surfaces de plancher consacrées à ces fonctions tertiaires sont-ils plus éloquents que toute autre considération. Ainsi remarquons que la superficie de plancher consacrée aux édifices à bureaux a accusé une augmentation de 77% dans le C.D.A., entre 1949 et 1962, passant de 11.4 à 20.2 millions de pieds carrés de plancher. Les fonctions de propriété publique enregistraient pour leur part, sur ce territoire, une augmentation de l'ordre de 31%, passant de 3.6 à 4.7 millions de pieds carrés de plancher, tandis que l'hôtellerie ajoutait, dans ces mêmes années, près de 2 millions de pieds carrés à son effectif de 2.7 millions, pour enregistrer une augmentation de 53%. Enfin, les fonctions de culture et de divertissement affichaient une augmentation de 32%.[14]

Que la plupart de ces fonctions soient rassemblées dans le C.D.A. résulte de la combinaison de plusieurs facteurs. D'abord, parce que ces fonctions s'adressent à un vaste marché, régional, national, voire international, elles doivent se grouper dans ce lieu

13.  Montréal, Qué., Service d'urbanisme, *Centre ville de Montréal*, pp. 5-6.
14.  Montréal, Qué., Service d'urbanisme, *Métropole*, les Cahiers d'urbanisme, no. 2, pp. 6-13.

d'accessibilité maximale qu'est habituellement le centre-ville. Les phénomènes d'attraction, de complémentarité, de prestige entrent en jeu également, pour les entreprises, dont chacune profite, directement ou indirectement, de la présence des autres. Ensuite, pour certaines activités, telles les finances et l'administration, la centralisation constitue un prérequis pour des meilleures conditions d'opération. Pour cette centralisation, quel endroit est alors préférable au centre-ville, ce cœur nerveux de la Métropole ? Enfin, cette centralisation s'accompagne d'un besoin de concentration de l'entreprise, concentration jugée plus apte à l'efficacité des opérations. Ceci se reflète évidemment dans la taille des édifices.

Ces deux phénomènes de concentration et de centralisation ne sont évidemment en rien exclusifs à Montréal ; ils se retrouvent à Toronto, comme à Chicago, ou à New-York. Ce qui est propre à Montréal, cependant, c'est cette tendance des fonctions du centre-ville à se localiser autour des places et des squares hérités des siècles précédents. Et remarquez que cette tendance n'est pas récente. Déjà à la fin du siècle dernier, les grandes gares de chemin de fer, Viger et Windsor, s'étaient implantées respectivement en bordure des squares Viger et Dominion. De même, le premier bâtiment en hauteur, à Montréal, un gratte-ciel pour l'époque, l'édifice de la New-York Life Insurance Co. (aujourd'hui le siège de la société de Fiducie du Québec), fut érigé en 1887 en bordure de la vénérable place d'Armes. Il devait être suivi quelques décennies plus tard, toujours en bordure de cette place, par l'édifice Aldred. Pendant ce temps, l'hôtel Windsor, prestigieux établissement pour l'époque, s'implantait du côté ouest du square Dominion, suivi à son tour, toujours en bordure de ce square, des deux plus gros édifices commerciaux du début du siècle, celui de la Sun Life et celui du Dominion Square Building. De même, les premiers établissements commerciaux, ceux de Morgan et de Birks, qui devaient stimuler le développement commercial de la rue Ste-Catherine, s'étaient établis en 1892-1894 en bordure du square Phillips.

Avec le boum économique des années 1950, l'attrait de ces places et de ces squares, comme sites de prestige pour les entreprises, n'a cessé de croître ; et l'on a assisté à une concentration de plus en plus dense de ces activités de centre-ville autour de ces espaces urbains. On peut maintenant constater que les concentrations de fonctions de C.D.A., d'indice de superficie de plancher de 4.0 et plus, se retrouvent principalement autour de ces places et de ces squares.[15] Sans vouloir dresser une liste exhaustive des édifices con-

___

15.   *Centre ville, op. cit.,* p. 55.

cernés, signalons du moins l'établissement des gratte-ciel de la Banque de Montréal et de la banque Canadienne Nationale, autour de la place d'Armes, l'implantation de la place de la Justice, à l'extrémité du Champ-de-Mars, celle de la place de la Bourse, sur le square Victoria, celle de la place du Canada, de l'hôtel Laurentien et de la banque Canadiènne Impériale de Commerce, en bordure du square Dominion.

Il s'en faut évidemment que toutes les fonctions du C.D.A. se soient greffées autour de ces espaces de prestige. Comme nous le verrons dans le prochain chapitre, les droits aériens au-dessus des anciennes structures de chemin de fer, au centre-ville, ont eu une influence non négligeable sur son redéveloppement. De même, l'élargissement de l'ancienne rue résidentielle Dorchester (1955) en un boulevard de grande circulation fut déterminante dans la création de ce nouveau canyon commercial, jalonné par des édifices de la taille de ceux de l'Hydro-Québec, de la Maison C.I.L., du Reine Elizabeth, et des autres. Cependant, on peut aisément affirmer que ce regroupement des grands générateurs d'activité autour des places et des squares hérités des siècles précédents est suffisamment important et constant pour constituer un patron propre et spécifique au centre-ville montréalais.

3.  *Un nouveau patron d'occupation résidentielle*

Parallèlement à ces transformations touchant l'implantation industrielle, des changements profonds se sont également opérés au vingtième siècle, concernant les types d'habitations et leur patron d'occupation du territoire métropolitain. Au siècle dernier, à l'exclusion de l'habitation des riches, pour laquelle il n'existait pas de contrainte de localisation, la population ouvrière s'était d'abord entassée près des sources d'emploi. Les voies de communication par eau et par rails avaient contribué à structurer plus ou moins ces nouveaux satellites urbains, que ce soit Lachine ou Hochelaga-Maisonneuve. L'apparition des transports intra-urbains de masse, venant à la rescousse d'une poussée démographique tenace, d'une immigration internationale et d'une immigration continue des familles rurales, devait engendrer rapidement des quartiers à vocation résidentielle, qui constituèrent les banlieues populaires de l'époque. Celle-ci, réparties en forme de croissant autour d'une zone tampon de pauvreté entourant la vieille cité, s'étaient développées à haute densité, pour compenser les limites inhérentes au transport de masse par traction animale et électrique. Nous avons dans cette optique analysé les quartiers du plateau Mont-Royal et leurs habitations types, comme étant représentatifs des occupations résidentielles de la fin du siècle dernier.

Si l'on songe à nos tours d'habitation du centre-ville, et à nos maisons unifamiliales détachées de banlieue, on est forcé de reconnaître que des modifications radicales ont affecté ces précédents types d'occupations résidentielles. On attribue, à juste titre, ces transformations à l'amélioration des moyens de communication et de transport intra-urbains, au train suburbain, à l'autobus, au téléphone, à la radio et à la télévision, surtout à l'automobile, bien desservie par nos réseaux routiers modernes. À ce dernier sujet, remarquons qu'en deux décennies, de 1951 à 1971, le pourcentage des ménages possédant une automobile, dans la région métropolitaine, a plus que doublé, passant de 27.8 à 68.1. Cette révolution dans les communications constitue incontestablement un facteur causal de premier ordre, mais qui doit être apprécié en relation étroite avec d'autres facteurs en partie responsables également de ces changements dans les types ct les patrons d'habitat.[16]

Un des facteurs, par exemple, qui a le plus contribué à modifier le type victorien d'habitation est la transformation qui s'est opérée graduellement dans la composition même des familles. Depuis plusieurs décennies, en effet, on enregistre un rétrécissement de la cellule familiale, à savoir une diminution progressive du nombre de personnes habitant sous un même toit. Ce changement est dû à plusieurs causes, dont la baisse de la natalité et l'érosion des traditions familiales nous sont désormais familières. Mais il faut reconnaître aussi que l'augmentation générale du revenu, ainsi que les prestations sociales, ont contribué à fragmenter le monolithisme familial d'autrefois, en favorisant, par exemple, le mariage précoce. Ainsi au Canada, en 1941, le pourcentage des personnes mariées âgées de plus de quinze ans était de 57% ; il était de 66% en 1961. Voici une seconde constatation reliée à cette même cause : la diminution progressive, dans un même foyer, des familles de trois générations, ou « doubles familles ». Celles-ci ont diminué presque de moitié, à Montréal, dans la seule décennie 1951-61. Enfin, l'augmentation croissante des foyers dits non-familiaux, c'est-à-dire des personnes seules, jeunes ou vieilles, célibataires, veuves ou divorcées, s'établissant dans leur propre foyer, est à relier également à l'augmentation des revenus et bénéfices sociaux.[17]

---

16. Paul-Yves Denis, « Conditions géographiques et postulats démographiques d'une rénovation urbaine à Montréal », RGM, 21, no. 1, 1967, p. 154.

17. Hans Blumenfeld, « L'habitation dans les métropoles », ABC, 21, no. 241, mai 1966, p. 24.

Par voie de conséquence, l'augmentation de ces petits ménages a accru le besoin de petites unités d'habitation, compactes et bien équipées, parce que normalement leurs occupants, pris par le travail extérieur, ne peuvent consacrer beaucoup de temps à leur entretien. Ces unités d'habitation se retrouvent surtout en ville, près du centre-ville, ou en bordure des grandes artères y conduisant rapidement. Car les jeunes et les adultes sans charge familiale ressentent moins le besoin des espaces de la banlieue que des accès aisés au milieu de travail, que la fascination et l'attrait du centre-ville. Comme preuve, on peut retenir que dans les années 1951-61, l'augmentation des ménages non-familiaux dans la seule municipalité de Montréal fut trois fois supérieure à leur augmentation dans le reste de la zone métropolitaine. À tel point, qu'en 1961, un quart environ de la population de la ville était formé de personnes qui n'étaient pas membres d'une famille.[18] Cette tendance des personnes seules à préférer le milieu densément urbain ne leur est évidemment pas exclusive et est partagée en partie par les petites familles de deux à trois personnes. Mais elle s'affaiblit à mesure que s'accroît la taille des familles, comme nous le verrons un peu plus loin.

Cette demande de petites unités d'habitation a amené une transformation progressive des grands logements hérités de l'ère victorienne. Une seconde subdivision des grandes unités en plusieurs unités compactes plus petites est désormais pratique courante, particulièrement dans les secteurs urbains favorisés par leur accessibilité au centre-ville, par le charme de leur site, la qualité de l'habitation traditionnelle, mais pressurés aussi par les taxes foncières. Par exemple, rares sont les spacieuses résidences de l'antique Mille-Carré et de ses environs, qui ont échappé à ces transformations.[19] Ici, aucune statistique n'est nécessaire : la situation est visuellement éloquente, et s'accompagne normalement et malheureusement d'une dégradation précipitée de ces habitations, par suite d'une trop grande densité, et du trop peu d'intérêt porté à ces vieilles structures à la fois par les locataires et par les propriétaires.

Ce n'est là qu'une facette de la situation. Visuellement, la poussée des tours d'habitation est plus dramatique. L'avantage pour les sociétés immobilières et les spéculateurs d'exploiter la tour moderne d'appartements, plutôt que de transformer l'habitation traditionnelle, réside dans le fait que le potentiel du site de ces habitations

18. Montréal, Qué., Service d'urbanisme, *Familles et ménages 1951-1961*, pp. 5-13.
19. D'autant plus que la demande pour ces petites unités est pressante dans ce secteur, à cause de la présence de plusieurs institutions d'éducation (université McGill, etc.) et de l'attrait qu'il exerce auprès des touristes.

traditionnelles se trouve souvent très élevé par rapport au potentiel monnayable de ces vieilles structures. Ainsi, dans les secteurs urbains favorisés, la valeur d'un pied carré de terrain est souvent supérieure à celle d'une même surface de plancher brut pour la construction traditionnelle. Par contre, les techniques nouvelles de construction en acier et en béton, les techniques nouvelles de chauffage et de ventilation, ainsi que le puissant ascenseur électrique peuvent permettre d'augmenter la hauteur, et d'abaisser ainsi la valeur d'un pied carré de terrain de 10 à 50% par rapport au pied carré de plancher brut de ces tours.[20]

Encore ici, ce qu'il est intéressant de noter, c'est l'influence permanente des anciennes structures et occupations du sol sur l'implantation de ces nouvelles occupations résidentielles en hauteur. La rue Sherbrooke, par exemple, (particulièrement dans sa section ouest), cette artère qui fut la rue résidentielle « fashionable » par excellence du siècle dernier, a attiré une grande quantité de ces tours d'habitation, le Château, le Linton, l'Acadia, parmi les plus anciennes, le Cantlie House, le Cartier, le Port-Royal, parmi les plus récentes. Une autre voie de grand caractère, le chemin de la Côte-des-Neiges qui, au temps de la colonie (1698), avait été tracé pour relier la ville fortifiée de Ville-Marie à cette côte, s'est garni depuis un demi-siècle d'une série de ces tours d'habitation, dont les mieux réussies architecturalement sont sans doute les appartements Rockhill, complétés à la fin des années 1960.

De même, l'ancien Mille-Carré et ses abords, site par excellence, comme nous l'avons déjà vu, de la résidence victorienne huppée, n'a pas échappé à cette invasion de la conciergerie de haut standing. Les qualités exceptionnelles du site à flanc de montagne, la proximité des bonnes artères de circulation et du métro, mieux encore, la proximité du centre-ville, avec ses activités et ses divertissements, ont attiré la population intéressée à vivre au cœur de ville, et amené les autorités municipales à voter le règlement de zonage no 2812, visant à promouvoir l'habitation à cet endroit, — inévitablement les conciergeries à haut rendement —, à l'exclusion de toute autre fonction. Ainsi, des rues traditionnelles, remarquables par leur environnement pittoresque, les rues Ste-Famille, Hutchison, Durocher, etc., perdent rapidement leur caractère et leur échelle. Cette érosion ne peut que s'accentuer, surtout si des projets comme ceux de la cité Concordia sont réalisés.

Parmi les autres structures et équipements urbains hérités des siècles précédents, et qui s'avèrent maintenant des forces de pola-

---

20. Blumenfeld, « L'habitation dans les métropoles », p. 24.

risation pour ces tours d'habitation, il faut mentionner le parc. Le cas du parc Lafontaine, qui sera bientôt presqu'encerclé par une clôture de ce type d'édifices, le confirme bien.

Ainsi, l'apparition de la tour-immeuble comme type d'habitation, favorisée par les changements radicaux intervenus dans la composition de la famille, et par sa concentration dans certains secteurs appropriés, représente l'un des aspects de l'occupation résidentielle dans la métropole. À l'opposé de cette force centripète, l'autre aspect résulte d'une force centrifuge qui draine un nombre impressionnant de familles vers la maison unifamiliale détachée de la banlieue.

Qu'on en juge par les données suivantes : en 1941, les deux-tiers de la population de la région montréalaise habitaient encore, à partir du centre, dans un rayon de 4 milles. En 1961, il fallait un rayon de 8 milles pour englober la même population. L'expansion s'effectue par zones concentriques, et a tendance à empiéter progressivement sur la campagne environnante. Ainsi, dans la décennie 1941-51, l'augmentation la plus rapide s'est effectuée entre 4 et 6 milles du centre, où la population a plus que doublé. Dans la décennie suivante, l'augmentation la plus marquante s'est produite entre 5 et 19 milles du centre, où la population a augmenté de quelque 146%.[21]

La conséquence la plus navrante de cette expansion vers la périphérie est que la grande plaine rurale de Montréal, possédant les meilleures terres agricoles de la province, recule de plus en plus devant le territoire bâti. En 1941, par exemple, un citoyen montréalais pouvait profiter de la campagne, avec sa densité rurale caractéristique, au-delà d'un rayon d'environ 9 milles, à partir du centre. À peine vingt ans plus tard, il lui fallait, sauf exception, parcourir un rayon d'environ 25 milles, avant de retrouver le même caractère rural.[22] Ceci n'est pas dû à une simple augmentation de la population urbaine ; c'est aussi le signe d'un emploi plus libéral des terres, favorisé par la spéculation foncière. En 1964, il fallait deux fois plus de terrain qu'en 1952, pour absorber la même augmentation de population: 96 acres, au lieu de 50, pour mille personnes.[23] Rien de surprenant, dès lors, que cette expansion à faible densité ait contribué à faire baisser progressivement la densité, dans la zone métropolitaine et dans l'île, durant ce 20e siècle ; et cela, malgré une concentration croissante de petits ménages et de petites familles dans des tours-immeubles à haute densité. Pour l'ensemble de la

21. *Métropole*, les Cahiers d'urbanisme no. 2, pp. 20-23.
22. *Ibid.*, p. 22.
23. *Urbanisation*, op. cit., p. 78.

zone métropolitaine, la densité passait de 32 personnes l'acre en
1907, à 28 en 1961 ; pour l'île, on enregistre la même courbe
descendante : 33 personnes l'acre en 1907, 28 en 1961.[24]

Cette expansion vers la périphérie et cette baisse progressive
de la densité furent favorisées surtout par l'établissement en banlieue
des familles moyennes et des familles nombreuses. On pourrait citer
d'abondantes statistiques, pour établir, par exemple, que depuis plusieurs années, plus la famille est nombreuse, moins il s'en trouve
vers le centre de la ville, et plus dans la zone périphérique.[25]. Pour
ne pas alourdir notre exposé, qu'il suffise de mentionner qu'en 1961,
les moins de 20 ans formaient presque la moitié de la population
de la zone métropolitaine, à l'extérieur des frontières de la municipalité même de Montréal.[26]

On attribue généralement cet attrait exercé par la banlieue sur
la famille moyenne et nombreuse au fait qu'elle offre un meilleur
environnement pour l'éducation des enfants. Outre cette considération, il y en a une autre plus fondamentale : cet environnement est
désormais accessible, grâce à l'automobile et aux autres moyens
rapides de transport, qui, en accroissant la mobilité des êtres et des
biens, ont supprimé les distances. Ces explications, toutefois, doivent
être appréciées en rapport avec d'autres facteurs, qui, globalement,
ont favorisé cette exode vers la périphérie urbaine.

Il est indéniable, d'abord, que l'augmentation graduelle du
niveau de vie, pour les classes moyennes, a favorisé l'accès à ce type
de propriété privée qu'est la résidence familiale détachée de construction standard sur un lot de 50 à 60 pieds de largeur, par 90 à 130
de profondeur. Ceci est tellement vrai, que l'on peut constater que
les familles nombreuses qui ne suivent ordinairement pas ce patron
de migration sont précisément celles que de bas revenus obligent à
demeurer dans les anciens quartiers vétustes, ceux-ci étant les seuls
à offrir de grands logements à coût modique.[27] Par contre, pour les
familles à revenus moyens, l'intimité, les espaces pour les enfants
sont moins coûteux en zone métropolitaine qu'ils ne le sont dans la
ville même, où la densité et la valeur du terrain sont plus élevées.
Les sociétés immobilières et les spéculateurs ont su tabler sur cette
donnée pour mobiliser la presse, la radio et la télévision, de manière

---

24. *Métropole*, les Cahiers d'urbanisme, no. 1, p. 26.
25. *Familles et ménages 1951-1961*, pp. 10-13.
26. *Ibid.*, p. 2.
27. La construction des Habitations Jeanne-Mance, en bordure du centre-
ville, et la rénovation de la Petite Bourgogne, dans un quartier industriel
traditionnel, s'inscrivent d'ailleurs dans cette logique : donner des logements
et un environnement satisfaisants à des familles défavorisées, qui ne peuvent
suivre le patron défini d'établissement des autres plus favorisées.

à créer et à entretenir le mythe de la banlieue et du banlieusard,
On peut objecter que plus vont les choses, plus les avantages de
demeurer en banlieue sont minces, au point d'être souvent annulés
par le coût des distances à parcourir et par l'absence d'équipements
socio-culturels adéquats. Cela est vrai, mais l'image de la pelouse
privée, des « garden parties », des écoles dans les parcs, du
centre d'achats propre et fonctionnel, est bien enracinée et cultivée
dans l'esprit du consommateur. Ici, la publicité et la spéculation font
un excellent ménage, et l'on aurait tort de négliger ces facteurs, en
expliquant cette migration des familles vers la périphérie.

Enfin, parmi les autres facteurs qui ont favorisé cet exode vers
la banlieue, il y aurait lieu de signaler la diminution progressive du
temps consacré au travail productif. Le temps que le banlieusard
peut désormais consacrer à profiter des avantages de son milieu
résidentiel, comme à veiller à son entretien, justifie son investissement, tout comme le temps employé à voyager entre ce lieu de résidence et celui de son travail. Tunnard et Reed font justement remarquer à ce sujet qu'aux États-Unis, la banlieue est demeurée l'apanage
des riches jusqu'en 1930 environ ; c'est-à-dire, jusqu'au moment où
la semaine de quarante heures devint généralisée, remplaçant la
semaine de 60 heures, encore courante dans les premières décennies
du vingtième siècle.[28]

Si nous scrutons maintenant cette expansion de l'habitat pavillonnaire sur le vaste territoire métropolitain, nous pouvons nous
rendre compte même si, à première vue, cette expansion paraît
s'accomplir sans plan ni structure, selon les seuls intérêts des spéculateurs et des entrepreneurs, que le réseau initial des villes et des
villages, et leurs communications lui ont fourni des noyaux de con-
densation et des axes de fixation. Pour ne rappeler qu'un simple
fait, il est manifeste que le chemin de ceinture entourant l'île de
Montréal, en reliant les vieux établissements, a largement contribué,
à partir de la seconde guerre mondiale, à répandre l'expansion subur-
baine tout le long du pourtour de l'île, avant même que le centre
n'ait été occupé.

D'autres développements résidentiels de banlieue, greffés d'abord
sur des établissements plus anciens pour leur approvisionnement en
services, se sont développés par la suite à un rythme extraordinaire,
dès que des communications plus efficaces les eurent mis davantage
en contact avec le grand centre montréalais. Ainsi la multiplication
des ponts autour de l'île a joué un rôle non négligeable dans l'éclate-

---

28. Christopher Tunnard and Henry Hope Reed, *American Skyline ; the
Growth and Form of our Cities and Towns*, p. 178. (#)

ment de noyaux tels Chomedey, Laval-des-Rapides, Pont-Viau, Duvernay, et dans le prolongement du grand axe laurentien (Vimont, Ste-Thérèse, St-Jérôme, etc.), ou de l'axe formé par Longueuil, St-Lambert, St-Bruno, Brossard, etc., sur la rive sud. La rive sud, en particulier, a dû attendre l'inauguration de l'Harbour Bridge (pont Jacques-Cartier), en mai 1930, pour commencer à prospérer. Mais maintenant, avec une station de métro comme tête de pont, Longueuil est devenue en partie la banlieue même du centre-ville de Montréal.

Le résultat le plus négatif de cette expansion sans contrôle, mais néanmoins orientée selon des structures pré-existantes, fut de rompre définitivement, dans l'île et dans la région métropolitaine, l'équilibre entre la forme concentrée et la forme dégagée d'habitat. Le processus d'érosion et d'uniformisation, commencé avec l'ère industrielle, aboutit aujourd'hui à sa conclusion logique : un magma urbain informe, sans structure ni identité, menace d'engloutir tout ce qui reste d'espaces ruraux et de paysages naturels intercalaires. Cette marée dissolvante, après avoir détruit le charme des anciens villages de l'île : Pointe-aux-Trembles, Sault-au-Récollet, Ste-Geneviève, Ste-Anne-de-Bellevue, Pointe-Claire ou Saint-Laurent, mine désormais l'identité d'autres endroits beaucoup plus éloignés, tels que St-Eustache, Boucherville ou Laprairie. C'est là un des coûts de la spéculation foncière, que l'on est trop porté à ignorer.

## 4. Les tentatives de planification

Devant la présence et la puissance des forces contradictoires qui modèlent désormais notre monde urbain, on peut se demander quel rôle l'urbanisme a joué dans le développement de notre métropole moderne. Car le vingtième siècle a connu au Canada, un peu plus tard qu'ailleurs peut-être, la naissance et l'essor de l'urbanisme scientifique. En vérité, cet urbanisme n'a joué ici aucun rôle de premier plan : Montréal n'a fait l'objet que de quelques esquisses préliminaires de schéma directeur, sans aboutir jamais, jusqu'ici, à un véritable plan ayant force de loi. Il peut être instructif, néanmoins, d'analyser succinctement ces esquisses.

Auparavant, notons que certains développements sectoriels ont fait l'objet, tout au cours de l'histoire de Montréal, de plans préétablis ; tout au moins, de volonté d'organisation. Ainsi, on se le rappelle, Dollier de Casson avait établi une sorte de plan directeur, pour l'édification de la cité sur le coteau St-Louis. De même, les commissaires chargés de la démolition des fortifications du 18e siècle avaient produit un plan d'aménagement pour les secteurs concernés. On verra dans le prochain chapitre que le développement le plus

spectaculaire que Montréal ait connu au 20ᵉ siècle, la création d'un
nouveau pôle de centre-ville (commencé par la place Ville-Marie),
fut le résultat d'un plan d'une singulière qualité. Pour le moment,
considérons les cas de Ville-Mont-Royal, de la Cité-Jardin, et de la
nouvelle ville de l'île des Sœurs, développements qui ont tous fait
l'objet d'une planification préalable.

L'origine de Ville-Mont-Royal, en 1911, se rattache à une
vaste opération de spéculation foncière. Cette année-là, deux hauts
officiers du Canadian Northern Railway, Sir William MacKenzie et
Sir Donald Mann, voulant s'assurer d'une entrée à Montréal, pour
leur chemin de fer, ainsi que de terminus facilement accessibles,
dans le centre-ville, acquéraient le terrain sur lequel se trouvent
érigées aujourd'hui la place Ville-Marie, la gare Centrale et la place
Bonaventure, plus une grande quantité de terres rurales (5,700 acres),
au nord-ouest du mont Royal. Leur projet consistait à creuser un
tunnel sous la montagne, pour amener le chemin de fer directement
au cœur de la cité, puis à aménager, de l'autre côté de cette colline,
une ville modèle, visant par là de bons profits, grâce à l'accroissement de la plus-value de ces terres, grâce aussi à une clientèle régulière pour cette ligne de communication. En octobre 1918, ce tunnel,
de trois milles de long, était complété, de même qu'un tracé, pour
la nouvelle ville de banlieue.[29]

Ce tracé s'inspire de plusieurs sources, en plus de rappeler
l'influence d'Ebenezer Howard, le père du concept de la ville-jardin.
Les longs boulevards, se croisant en étoile au cœur de l'agglomération, apparaissent, pour leur part, comme une nette image des
grands boulevards aménagés à Paris, sous le second empire ; mais
la pitoyable petite gare, au centre de ces grandes perspectives, vide
ce schème de son sens premier. Pour le reste, l'aménagement résidentiel, avec ses chemins courbes, ou circulaires, est directement issu
des aménagements romantiques, apparus dans les cimetières d'abord,
puis dans les parcs publics, pour enfin inspirer les planificateurs
de banlieues résidentielles. Ce modèle montréalais devait en inspirer
d'autres, sur l'île, réalisés cependant avec moins d'envergure et de
bonheur, tels ceux des municipalités d'Hampstead et de St-Michel.

Actuellement, Ville-Mont-Royal est surtout perçue comme une
petite enclave bourgeoise favorisée, dans un paysage montréalais
plus terne ; son rôle de pionnier dans l'aménagement résidentiel
est oublié. Oublié aussi le rôle de pionnier de Cité-Jardin, dont
l'aménagement est beaucoup plus avancé, sur le plan des principes,
que celui de Ville-Mont-Royal. Planifié au début des années 1940,
par des profanes en ce domaine, Auguste Gosselin et le Père Jean-

29.  John Irwin Cooper, *Montreal, a Brief History*, pp. 129-130. (#)

d'Auteuil Richard, S.J., sur la base morale, sociale et économique
de la coopération, destiné à doter la classe ouvrière d'un environnement plus sain que celui qui prévaut habituellement dans les quartiers ouvriers, ce développement ne connut que des déboires et ne
fut achevé qu'au quart. Il possède néanmoins quelques-unes des
qualités qui ont fait du célèbre Radburn (New-Jersey) de Clarence
S. Stein et d'Henry Wright un chef-d'œuvre d'aménagement communautaire. On y retrouve les mêmes objectifs : réduire au minimum
la circulation motorisée, assurer une ségrégation opérante entre le
mouvement des piétons et celui des véhicules, réserver enfin le
plus d'espace possible pour les terrains de jeux et les parcs. À
Cité-Jardin, toutes les rues sont des culs-de-sac, sans trottoir et les
piétons ont le choix d'un réseau parallèle de voies aménagées avec
simplicité et souplesse. Pour Paul Ritter, auteur de l'ouvrage bien
connu *Planning for Man and Motor*, Cité-Jardin « works as well,
or better, than any other traffic-segregated scheme I have seen in
any country » [30]. C'est flatteur. Mais à voir ce qui se fait présentement dans nos banlieues, que ce soit à Ville-d'Anjou, St-Léonard,
Ville-de-Laval, ou sur la rive sud, il ne fait aucun doute que les
leçons de Cité-Jardin ont été complètement ignorées, si jamais elles
ont été perçues.

Le seul aménagement résidentiel qui peut rivaliser avec celui
de Cité-Jardin est celui de l'île des Sœurs, réserve de 1,000 acres,
dans le St-Laurent, rendue accessible par l'ouverture du pont Champlain, en 1962. Conçu pour éventuellement 50,000 résidents, son
plan reprend le concept, maintenant bien connu, de l'articulation
par unités de voisinage, regroupées dans ce cas-ci en trois communautés résidentielles principales, pourvues d'un petit centre-ville. Respectueux de l'attrait visuel du site, bien équipé d'un réseau intégré
de circulation assurant la ségrégation piéton-véhicule, c'est un bon
schéma directeur, développé par la firme Johnson, Johnson & Roy,
de l'État du Michigan, É.-U. Mais c'est aussi un plan qui ne possède
rien de spécifique à notre milieu, ayant déjà trouvé ses meilleures
applications dans les villes nouvelles de l'Angleterre de l'après-
guerre, telle Stevenage,... déjà vieille de 30 ans. Sans doute, fau-
dra-t-il attendre plusieurs décennies, avant qu'il soit innervé d'une vie
authentique.[31]

Maintenant, concernant la planification de l'agglomération
montréalaise dans son ensemble, la première tentative comportant
une esquisse préliminaire de plan directeur fut faite en 1944. Elle

30. Paul Ritter, *Planning for Man and Motor*, pp. 271-272 ; développement situé à l'angle sud-est du boulevard Rosemont et de la rue Viau.
31. Cyril Paumier, « New Town at Montreal's Front Door », *Landscape
Architecture*, 57, no. 1, October 1966, p. 67.

fut cependant précédée d'un effort considérable d'éducation et de préparation. Ainsi, dès 1909, une Ligue pour l'amélioration de la cité (City Improvement League) était fondée, dans le but de promouvoir l'idée d'un plan directeur devant régir la croissance du grand Montréal. En 1921, un amendement à la charte de la ville autorisait la création d'une Commission d'urbanisme, habilitée à faire des suggestions et des recommandations, concernant l'amélioration de la cité. Quelques comités et commissions virent le jour par la suite, mais ce n'est qu'en mai 1941 que fut effectivement créé le Service d'urbanisme de la ville de Montréal, sur une base aussi permanente que celle des départements de la santé, des travaux publics ou de la finance. Ses objectifs étaient de deux ordres : préparer un plan directeur permettant à l'agglomération un développement harmonieux, tout en assurant un contrôle sur les occupations du sol et sur les autres activités reliées au développement de la ville.[32]

Sur cette esquisse préliminaire de 1944, on constate avec surprise que la perspective régionale est absente. Cette faiblesse se reflète sur les patrons proposés d'occupation du sol et de circulation : par exemple, le réseau d'artères proposé semble conçu en vue de soulager les voies existantes, plutôt que pour structurer l'agglomération et son développement. Il en résulte une assez grande confusion concernant les fonctions propres aux diverses voies et à leur caractère,... la circulation rapide étant parfois dirigée vers des quartiers et des municipalités hautement résidentiels. D'ailleurs, il semble douteux que l'on ait prévu, et cela aussi tard que dans les années 1940, l'importance que devait prendre la circulation, grâce au moteur à combustion interne. En effet, les zones industrielles prévues sur ce plan apparaissent pour la plupart comme de simples extensions des zones industrielles existantes, et sont toutes greffées sur les voies de communication par eau, ou par chemin de fer. Par contre, le réseau de transport de masse est bien intégré. Le tracé proposé pour le réseau initial du métro, et pour ses développements futurs, ne s'éloigne pas considérablement de celui qui sera adopté deux décennies plus tard pour les premières lignes, ni de celui que l'on propose présentement pour les années à venir.

D'autres propositions, sur cette esquisse préliminaire, apparaissent également dignes de mention. Notamment celle de récupérer les rives de l'île pour les transformer en avenues-parcs. Si cette récupération avait eu lieu, même en infime partie, elle s'avérerait comme un apport particulièrement positif, aujourd'hui, au lieu d'apparaître de moins en moins réalisable, à mesure que les années

32. Aimé Cousineau, « City Planning Activities in Montreal », JRAIC, 20, no. 4, April 1943, pp. 51-53.

pnnnont. Même remarque concernant l'idée d'encercler les frontières politico-juridiques de la ville mère par des avenues-parcs analogues.

Sans doute, cette dernière proposition était-elle peu réaliste, et la pression exercée par le développement n'aurait pas permis de compléter ce réseau ; mais le moindre espace vert sauvegardé, dans le cadre de cette politique, aurait accru d'autant les réserves, qui font tragiquement défaut en ce moment.

Pour couper court, dans l'analyse de cette esquisse de plan directeur, on doit reconnaître que malgré ses qualités, cette esquisse est restée prisonnière d'une conception de Montréal, en tant que ville industrielle, telle qu'elle était au temps où l'eau et la vapeur étaient les facteurs de la structuration. On a vu que notre métropole actuelle ne peut plus être assimilée à ce stade dépassé. À la décharge des auteurs de ce plan, reconnaissons que le rythme de croissance de Montréal, au début des années 1940, après plusieurs décennies de stagnation économique due aux deux guerres mondiales et à la grande dépression, a pu facilement influencer leur vision de l'avenir.[33]

Beaucoup plus souple et réaliste nous apparaît l'approche qui a inspiré l'esquisse nouvelle d'un plan directeur, préparée par les urbanistes et les techniciens de la ville, et présentée à la population en août 1967, sous l'enseigne de « Horizon 2000 ». Cette esquisse considère comme acquis que la réalité montréalaise est une réalité démographique, économique, sociale, culturelle, spatiale même, dépassant de beaucoup les corsets artificiels, politico-juridiques, des municipalités qui la composent. Plus précisément, elle s'efforce de tenir compte que la grande région montréalaise renfermera en l'an 2000 quelque 7 millions d'habitants, disposant d'un revenu per capita d'environ 3,300 dollars, et utilisant quelque 3,200,000 automobiles. Ses objectifs sont d'assurer à ces citoyens de l'avenir un cadre de vie organisé, leur promettant d'habiter, de travailler, de circuler et de se récréer dans les meilleures conditions possibles. Ceci ne peut se réaliser qu'en respectant les caractéristiques propres au site, ses ressources et son potentiel, les occupations qui l'animent, ses valeurs géographiques et historiques, ses liens économiques, enfin, avec le reste du monde.

Pour ce faire, l'esquisse présente une structure régionale de développement, orientée selon deux axes. D'abord un axe de croissance économique déterminé par le fleuve, et regroupant toutes les activités économiques pouvant tirer profit du fleuve, telles les acti-

---

33. Concernant cette esquisse préliminaire de plan directeur de 1944, consulter le numéro spécial du JRAIC (22, no. 5, May 1945) qui lui est consacré, pp. 89-107.

vités portuaires, les industries dépendant du transport fluvial ou consommant beaucoup d'eau. Éventuellement, cet axe pourrait s'étendre de Valleyfield à Sorel-Tracy. Perpendiculairement à cet axe lourd, se prolonge un axe léger de croissance démographique, axe comportant des zones d'industrie légère et tertiaire, tendant de part et d'autre vers les grands bassins de loisirs que constituent les Laurentides et les Cantons-de-l'Est. À la jonction de ces deux axes se trouve le cœur, le moteur de toute cette région, la ville de Montréal elle-même, entourée d'une dizaine de municipalités.

En fait, cette esquisse respecte des tendances de développement déjà fortement exprimées. Là où elle apporte quelque chose de nouveau, c'est lorsqu'elle préconise de structurer, avec ce squelette régional, une galaxie d'unités ou de cellules urbaines. Ces cellules consisteraient en de grandes concentrations de population, polarisées vers des foyers offrant toute l'animation et les services nécessaires à la vie économique, sociale et culturelle de ces concentrations. Ainsi ces concentrations fonctionnelles, se suffisant à elles-mêmes, en partie, et gravitant autour du pôle central d'échange, joueraient le rôle d'intercepteur, pour des populations aujourd'hui dispersées, sans ordre ni cohérence, dans les banlieues informes. Une telle structure, appuyée par une politique appropriée, permettrait en outre la récupération des terres à vocation agricole, ou à vocation récréative. Au-delà de ces unités urbaines, des villes satellites, telles Valleyfield, St-Jean, St-Hyacinthe, Sorel, Joliette, St-Jérôme, Lachute, etc., joueraient un rôle analogue pour les populations périphériques. Pour chacune de ces villes, on prévoit, dans quelque 25 ans, un bassin de desserte, de 125,000 à 300,000 personnes.

Cette vaste métropole, disposée en galaxie, serait desservie par des systèmes efficaces et diversifiés de transport individuel et collectif, possédant chacun son caractère et sa vitesse propres, se complétant les uns les autres. L'accent serait mis cependant sur le transport en commun. Ainsi, le grand centre régional sera progressivement pourvu d'un réseau complexe de métro, dont la longueur atteindra 100 milles en l'an 2000. Les cellules urbaines, pour leur part, seraient reliées les unes aux autres, ainsi qu'avec le centre, par un réseau approprié d'autoroutes, complété, lui, par un service extensif d'autobus. Enfin, les villes satellites seraient reliées au cœur de la région par un service rapide d'express régionaux (deux lignes principales : Ste-Adèle à St-Hyacinthe, Rigaud à Joliette) et de trains de banlieue.[34]

---

34. Voir Alain Coucharrière, « Montréal, horizon 2000 », *Commerce* 71, avril 1969, pp. 62-66 ; mai 1969, pp. 26-31 ; « Horizon 2000, Montréal », ABC, 23, no. 263, avril 1968, pp. 32-38.

Donc, on le constate, ce plan témoin, loin de freiner la croissance de la métropole, croissance déjà inscrite dans la conjoncture à long terme, tente plutôt de la structurer selon un équilibre régional, entre le cœur et ses artères. Ce plan témoin possède en outre l'avantage d'être très souple. Il reconnaît implicitement que si les citoyens doivent gagner leur vie, ils ont ensuite le droit de vivre cette vie comme ils l'entendent, et de choisir à leur guise leurs lieux de résidence, comme leurs moyens de communication. Cette esquisse reste donc heureusement indicative, tendant simplement à inventorier les interactions des multiples activités urbaines, et à les ordonner de manière à ce qu'elles s'entraident, au lieu de se nuire. De plus, elle le fait dans le respect des tendances exprimées, mettant en valeur les traits physiques caractéristiques de notre métropole.

Cependant, si ce plan s'inspire d'une vision qui fait honneur à ses concepteurs, il ne sera réalisable (comme l'ont été à travers le monde d'autres plans semblables, dont celui de Stockholm) que si deux conditions de base sont remplies. Il faut d'abord que les multiples frontières administratives, qui morcellent cette vaste région en plusieurs centaines d'autorités autonomes, ne soient plus un obstacle à une véritable planification régionale. Un premier pas a été fait dans ce sens par la création, en 1970, de la Communauté Urbaine de Montréal, qui exerce sa juridiction sur l'ensemble de l'île. Sa compétence englobe, entre autres, l'évaluation foncière, l'intégration des services publics, et l'établissement d'un schéma directeur d'aménagement. Il est cependant fort à craindre, encore une fois, que sont champ de juridiction n'embrasse pas toute la réalité économico-sociale de l'agglomération métropolitaine. En second lieu, il faut absolument mettre un frein à l'action dévastatrice des spéculateurs fonciers, qui contrôlent présentement la majeure partie de la grande région, et qui sont les plus responsables des développements anarchiques et socialement coûteux qui la défigurent. Mais, tout compte fait, si, comme cela semble avoir été, en définitive, son premier objectif, cette esquisse Horizon 2000 a contribué à stimuler chez la population et chez nos dirigeants une conscience régionale et un désir de présider au développement de la métropole de demain, elle n'aura pas été inutile.

## 5.   Une libération à assumer

L'agglomération montréalaise actuelle, on a pu s'en rendre compte par les exposés précédents, est très différente de celle du siècle dernier. Cette image de la ville victorienne, encore assimilable à un tout relativement cohérent, et composée de municipalités et de quartiers industriels et résidentiels aussi fortement caractérisés que

St-Henri et le Mille-Carré, s'estompe rapidement. Comme s'atténue graduellement cette dualité des deux « villes », des deux solitudes, l'une française, l'autre anglaise, se distinguant par la langue, par le niveau de vie, par l'organisation sociale, et par l'environnement. Aujourd'hui, la métropole apparaît fragmentée, tirée vers la périphérie, vers une frange informe, en constante progression sur le monde rural. Dans ce périmètre extérieur, il n'y a guère de structure physique ou sociale apparente, ni de division linguistique, selon le modèle du siècle précédent. Seules se discernent encore des zones sans frontière définie, correspondant à de vagues divisions en classes sociales. Actuellement, cette agglomération ne constitue vraiment plus une ville au sens propre du mot, mais une région urbanisée, à laquelle seuls les quelques milles carrés du centre-ville, avec leur ceinture de vieille trame urbaine, paraissent encore conférer un esprit et une identité.

C'est la révolution économique et technique issue de la révolution industrielle qui a noyé la ville traditionnelle dans cette mer. Cette révolution, en changeant les rapports de l'homme avec son milieu et ses ressources, en amenant une sécularisation progressive de la société, a perturbé les modèles d'occupation du sol et d'organisation sociale associés à la ville traditionnelle. La technopolis remplacera bientôt la ville industrielle du 19e siècle, tout comme cette dernière avait remplacé la ville marchande du 18e. Entre ces différents types de villes, il y a plus qu'une simple évolution. Il y a deux révolutions, deux changements d'époque. Disserter sur la métropole actuelle dans l'esprit et les termes de la ville industrielle, c'est se méprendre profondément sur sa véritable nature. Même si cette transformation en agglomération post-industrielle n'est pas encore complétée, à Montréal comme dans les autres métropoles, c'est à cela que nous assistons. Quelles seront les caractéristiques définitives de ce changement, lorsque l'agglomération se sera cristallisée dans son nouveau stage d'évolution ? Nous ne le savons pas encore. Tout au plus pouvons-nous risquer quelques réflexions sur cette nouvelle force en train de faire exploser la ville traditionnelle.

La réalité profonde, sous-jacente à cette force, est celle d'une libération. En effet, le propre de cette révolution de l'économie et des techniques est d'avoir libéré l'homme de toute une série de limites et de contraintes physiques et spirituelles. Avec le chemin de fer, la route, le transport public et privé efficace et flexible, avec les communications électroniques, surtout, l'industrie a pu échapper aux contraintes du milieu physique, tout comme la plupart des citoyens

73. *Le parc du mont Royal. Frederick Law Olmsted, arch. pays., 1873-81.*

ARTÈRES PRINCIPALES
MAJOR HIGHWAYS
EXISTANTES, ÉLARGIES
EXISTING, WIDENED
PROJETÉES
PROPOSED
PROJETÉES, FACULTATIVES
PROPOSED, OPTIONAL
SOUTERRAINES, PROJETÉES
UNDERGROUND, PROPOSED
TRANSPORT URBAIN
RAPID TRANSIT
MÉTRO — SUBWAY
PARTIEL PROGRAMME
INITIAL PROGRAMME
SYSTÈME COMPLET
FUTURE DEVELOPMENT
TRAMWAYS
AUTOBUS

ESPACES LIBRES
GREEN AREAS
PARCS EXISTANTS OU PROJETÉS
EXISTING OR PROPOSED PARKS
TERRAINS DE JEUX EXISTANTS OU PROJETÉS
EXISTING OR PROPOSED PLAYGROUNDS
CEINTURE VERTE
GREEN BELT
CIMETIÈRES
CEMETERIES
AÉROPORTS
AIRPORTS
AÉRO-PARCS
CHEMINS DE PROMENADE
PARKWAYS

ARTÈRES PRINCIPALES
MAJOR HIGHWAYS
VOIES DE CIRCULATION ULTRA-RAPIDE
À GRANDE
SUPER HIGHWAYS
EXPRESS WAYS
PROJETÉES
PROPOSED
PROJETÉES, FACULTATIVES
PROPOSED, OPTIONAL
SUPER HIGHWAYS
EXISTING
PROJETÉES
PROPOSED
PROJETÉES, FACULTATIVES
PROPOSED, OPTIONAL
INTERSECTIONS

ZONAGE-ZONING
ZONES INDUSTRIELLES
INDUSTRIAL AREAS
EXISTANTES
EXISTING
PROJETÉES
PROPOSED

HABITATION — HOUSING
ZONES RÉSIDENTIELLES FUTURES
PROSPECTIVE RESIDENTIAL AREAS
LOTISSEMENTS
ZONES SUJETTES À MODIFICATION
RE-DEVELOPMENT AREAS
EMPLACEMENTS
DOMAINE D'HABITATION PROJETÉ
DOMAINE GARDENS ESTATES

74. *Esquisse préliminaire du plan directeur, 1944.*

ont pu échapper à la nécessité de résider près des sources d'emploi, et accéder à des choix pour situer leurs résidences, comme jamais leurs grands-parents n'auraient pu l'espérer. Aujourd'hui, dans un rayon de trente milles (lui-même temporaire), la contrainte de la distance n'existe plus. Une autre forme de libération s'est effectuée sur le plan socio-culturel. À la maîtrise que l'homme a acquise sur le monde physique ont correspondu une maîtrise parallèle de son destin et un rejet des mythes hérités du passé. Comme l'a brillamment démontré Harvey Cox, dans son ouvrage *The Secular City*, la technopolis a engendré un homme nouveau, un homme « sécularisé », c'est-à-dire libéré des tabous religieux et des concepts culturels dépassés, davantage intéressé au monde réel, et prêt à en réaliser toutes les promesses.[35] Au Québec, plus qu'ailleurs peut-être, on a senti cette transformation profonde de la société, à un point tel, qu'elle a mérité le qualificatif de Révolution Tranquille. Cette naissance de l'homme québécois à de nouvelles valeurs est d'autant plus frappante que la société québécoise, comme nous avons tenté de le démontrer au chapitre troisième, avait conservé jusqu'à récemment des attaches étroites avec un système de valeurs fortement teinté de médiévalisme. Comme le souligne André Saumier, ce système de valeurs était « d'autant mieux structuré et plus grandiose qu'il était plus coupé du monde réel des révolutions urbaines et industrielles. »[36]

Cette force de libération porte cependant en elle-même ses propres dangers. Ainsi, la ville fonctionnelle, « the City efficient », pour reprendre une expression connue, avec l'emphase mise sur l'efficacité, sur la production, sur la concentration et la centralisation de ses organes de vie économique, repose tout entière sur la rentabilité des capitaux investis, au détriment très souvent des valeurs humaines fondamentales. Ce danger est d'autant plus grand que la production industrielle s'appuie désormais sur des machines de haut rendement. Nous apprenons aujourd'hui, à nos dépens, que cette production, ainsi que la ville qui lui sert de support, ne sont guère respectueuses des besoins biologiques, physiologiques et psychologiques des humains. La pollution sous toutes ses formes, conséquence du système de production, menace la vie même des individus, sans compter qu'elle grève d'une lourde hypothèque la qualité de la vie en milieu urbain. Par exemple, rares sont les métropoles qui, comme

---

35. Harvex Cox, *The Secular City ; Secularization and Urbanization in Theological Perspective,* pp. 31ss.

36. André Saumier, « La ville humaine », *Habitat,* X, no 1, janvier-février, 1967, p. 15.

Montréal, peuvent bénéficier d'avantages naturels tels que les vastes bassins d'eau douce qui l'entourent. À cause de la pollution, cependant, ces lacs et ces rivières sont déjà presque inutilisables pour l'éducation, la consommation, la récréation.

À plus d'un point de vue, cette libération apparaît illusoire et engendre pour l'homme des esclavages pires que les précédents. Ces esclavages, que ce soit la primauté de la rentabilité du capital, la spéculation foncière, ou le bon vieux « laisser-faire » des dirigeants, ne sont évidemment pas nouveaux. Mais nouvelle et menaçante apparaît leur échelle, puisqu'ils se nourrissent de cette libération même, et s'appuient, pour parvenir à leurs fins, sur les moyens puissants mis au point par la technologie moderne ; les moyens de communication et les média d'information ne sont pas les moindres. Ainsi, libérée des anciennes contraintes physiques, la plus-value devient le principal agent du développement. Comme l'ont souligné les auteurs du 5e Bulletin Technique du Service d'Urbanisme de Montréal, le développement de la métropole n'est ni contrôlé ni orienté, mais disséminé au gré des intérêts des spéculateurs, des promoteurs et des entrepreneurs. Entre 1961 et 1964, on a compté, dans la seule zone métropolitaine, plus de 500 chantiers ou têtes de développement, 500 centres d'urbanisation, où il n'existe aucune coordination, ni même de relation fonctionnelle et formelle avec les tissus urbains existants.[37] Ainsi l'agglomération, qui se veut fonctionnelle, le devient un peu moins chaque jour, et cela, au détriment de la ville, au détriment de la campagne, trop facilement sacrifiée à cette frénésie de développement, au détriment des citoyens qui en définitive paient les coûts, pour ne rien dire de ce qu'ils perdent concernant la qualité de vie. La facture de ces coûts n'en sera que plus lourde demain, et encore plus lourde après demain. Car l'accumulation des intérêts investis et des structures inopérantes constitueront autant d'entraves au développement rationnel de la métropole à venir.

De même, les transformations sociales et culturelles issues de la Révolution Tranquille, véhicules, d'une part, de bénéfices prometteurs, laissent subsister, d'autre part, des vides inquiétants. Ainsi, à l'exception de l'attachement au quartier comme milieu de vie, rien de très consistant ne semble vouloir remplacer pour le moment la disparition de la paroisse comme base de l'organisation sociale. De même, le rejet de certaines valeurs du passé n'en a pas pour autant engendré de nouvelles, et ce vacuum se trouve souvent mal comblé par de fausses valeurs, telles que l'importance attachée au standard de vie, au statut social, ou la vénération de certaines modes

---

37. Voir *Urbanisation*, p. 68.

culturelles superficielles, importées principalement des États Unis. Ceci risque de mener à un conformisme social et culturel stérile, dû à une absence de créativité et d'originalité, dont le style de vie dans nos banlieues porte malheureusement le témoignage.

Si l'on jette maintenant un coup d'œil sur l'architecture moderne telle qu'elle apparaît à Montréal, sauf exceptions, à partir des années 1930 environ, on peut constater que, dans ce domaine également, il y eut des changements profonds. Un peu comme la technopolis se veut fonctionnelle par rapport aux besoins nouveaux d'une métropole libérée de ses anciennes contraintes physiques et socioculturelles, l'architecture moderne rompt dramatiquement avec le passé, et veut être une réponse appropriée à ces nouveaux besoins. Il est à signaler aussi que ces besoins ne sont pas seulement différents de ceux des âges précédents : il sont aussi à une échelle nouvelle, imposée par les énormes concentrations de personnes dans les centres urbains.

La révolution technologique, en créant de nouveaux matériaux et de nouvelle méthodes de construction, en mettant au point de nouveaux équipements, tels l'ascenseur ou la ventilation mécanique, a libéré l'architecture de ses anciennes limites, et l'a transformée en un art rationnel, à base de principes abstraits et de règles scientifiques, applicables selon toutes les conditions et en tous lieux. D'ailleurs, les titres qu'on lui confère normalement : architecture internationale, architecture fonctionnelle, architecture abstraite, etc., témoignent bien de cette transformation.

Visant à créer des espaces fonctionnels réclamés par des programmes architecturaux spécifiques, et à ne garder pour formes architecturales que celles dictées par les fonctions, au lieu de puiser, comme l'architecture victorienne, dans un bagage de formes établies, héritées des architectures précédentes, cette architecture moderne oppose un refus formel au victorianisme. Par contre, il faut reconnaître qu'elle est issue en partie de cette même architecture victorienne, laquelle a été caractérisée par la dualité qui existe entre le produit de la machine et celui de l'imagination, en quête d'excitations sensibles, entre l'art calculé de l'ingénieur et celui sans consistance de l'artiste. C'est la machine qui a triomphé.

Avec le 20ᵉ siècle, nous sommes donc entrés dans un âge de logique et d'abstraction. Ce ne fut pas le simple passage d'un siècle à un autre. La mort de la reine Victoria, en 1901, a signifié plus que la fin d'un long règne : toute une époque fut enterrée avec elle. Car la nouvelle ère a rejeté les idéaux romantiques, et remplacé ses valeurs par d'autres, nouvelles, ou même opposées. Ainsi, dans les domaines de l'aménagement et de l'architecture, la ville romantique a fait place à la ville rationnelle, l'architecture symbolique et pittoresque à l'architecture fonctionnelle et abstraite. C'est là toute la différence qui existe entre l'édifice de la Sun Life et celui de la C.I.L., entre la gare Viger et l'aérogare de Dorval. L'hégémonie de la technique a remplacé celle de la culture.

Pourtant, si les colonnes corinthiennes, l'arc italien ou les pinacles gothiques semblent avoir à tout jamais disparu de la pratique et des recettes de l'architecte, il s'en faut de beaucoup que ce dernier, comme l'urbaniste d'ailleurs, ait pleinement assumé les implications de ce monde nouveau. Même si l'urbanisme et l'architecture ont fait des progrès notables, à Montréal comme ailleurs, et malgré certaines réalisations modernes telles que les places Ville-Marie et Bonaventure, qui portent notre ville à l'avant-garde de l'aménagement urbain, le victorianisme demeure toujours à l'état latent. Par exemple, de nombreux édifices géants modernes ont été pressurés sans façon, comme durant la période victorienne, dans une grille de rues façonnée pour les besoins de la petite cité du dix-huitième siècle. Cinquante ans de progrès séparent l'édifice Aldred de celui de la Banque Canadienne Nationale, sur la place d'Armes ; mais si ces progrès sont inscrits dans l'architecture de ce dernier édifice, l'édifice en lui-même, du point de vue de son implantation et de son intégration dans la fabrique urbaine, reproduit exactement le patron et les erreurs du précédent. Même remarque concernant le tragique alignement de tours-immeubles modernes, le long des anciennes rues domiciliaires. Des rues comme St-Mathieu ou Lincoln sont en train de recréer les Wall Streets du siècle précédent.

Mais c'est dans la plupart de nos banlieues nouvelles, même parmi celles qui furent plus ou moins planifiées, que la permanence du victorianisme apparaît la plus évidente et la plus troublante. Là, de vagues conceptions romantiques, héritées du siècle dernier, affectent les réseaux routiers de la façon la plus superficielle, l'aménagement semblant se résumer à la ligne courbe. La rue a perdu sa densité, son décor pittoresque, sa qualité de milieu social, toutes les qualités, enfin, qui avaient fait distinguer la véritable rue victorienne, sans pour autant répondre d'une façon satisfaisante aux impératifs d'une circulation motorisée, ni aux besoins de sécurité des piétons. Là encore, un victorianisme dégénéré s'attache à ces petits cottages, qui affichent toutes les prétentions des nouveaux petits riches, sans pouvoir livrer aucun de leurs idéaux. Ces différents aspects seront traités dans le prochain chapitre.

# 13

## Un nouveau coeur de ville

Montréal is about to become the first 20th century city in North America.
Peter Blake.[1]

### 1. Un demi-siècle de gestation

Concernant l'architecture du vingtième siècle à Montréal, beaucoup de sujets mériteraient de retenir notre attention. Par exemple, on pourrait tenter de suivre l'évolution, décevante globalement, de l'immeuble à appartements, depuis les étonnantes réalisations en béton des années 1920, tel cet édifice donnant sur les rues Christin et Savignac (près de Sanguinet), ou ce surprenant complexe multifonctionnel du numéro 2 ouest de la rue Sherbrooke (angle St-Laurent), avec son penchant pour l'art Nouveau, jusqu'au complexe glacial du Westmount Square, ou au délire plastique d'Habitat 67. On pourrait encore s'arrêter devant d'autres structures, qui ont connu à l'époque de leur inauguration une grande renommée, mais qui ont par la suite mal supporté l'épreuve des ans, tel l'édifice principal de l'université de Montréal, dessiné en 1925 par Ernest Cormier, et se résumant, selon Alan Gowans, à quelques clichés modernes, plaqués sur un design conventionnel.[2] On pourrait toujours s'amuser à visiter les multiples églises et sanctuaires qui, après la deuxième guerre, ont ponctué de leurs recherches d'effets baroques l'euphorie d'un régime religieux en plein déclin. L'architecte montréalais Roger d'Astous a attaché son nom à plusieurs de ces réalisations. Curieux mélanges de naïveté, d'images de magazine, et de trouvailles géniales.

---

1. Peter Blake, « Downtown in 3-D », *The Architectural Forum*, 125, no. 2, September 1966, p. 31.
2. Alan Gowans, *Building Canada : an Architectural History of Canadian Life*, illustration 205. (#)

Tout ceci nous mènerait, en fin de compte, à une énumération de bâtiments, à un pur catalogue, dans lequel la ville et sa réalité auraient tôt fait de disparaître. Nous préférons de beaucoup, en jetant ce dernier regard sur l'architecture montréalaise, nous attacher aux réalisations directement et physiquement reliées à la cité, à sa vie et à son évolution, tels les composants du nouveau centre-ville et le métro.

Ce nouveau centre, inauguré par le projet de la place Ville-Marie, possède ceci de particulier qu'il est en voie de matérialiser la vision, longtemps caressée par les urbanistes, d'un cœur de métropole à multiples fonctions et à multiples niveaux. En effet, plus que par les quelques tours qui ont transformé la silhouette de la cité victorienne, il se distingue par son infrastructure complexe comprenant des réseaux souterrains de métro et d'autoroute, quatre milles de galerie marchande et de promenade pour piétons, des stationnements, et des services par véhicules moteurs et par trains.

De l'avis de plusieurs spécialistes, Montréal se hisse, avec ce nouveau centre, à l'avant-garde de l'aménagement urbain.[3] Si, dans l'ensemble, les montréalais sont peu conscients de cette réalité, ils le sont encore moins des multiples facteurs qui ont rendu ce centre possible. Le boum économique de l'après-guerre a certainement joué un grand rôle, mais ne saurait expliquer la qualité qui caractérise ce développement. S'il y eut des occasions favorables, il y eut également des hommes de talent et de détermination pour en profiter.

La première occasion favorable, principale responsable de cette réalisation, selon l'urbaniste Vincent Ponte [4], fut l'existence, en plein centre-ville, de trois îlots de terrain contigus, totalisant quelque 22 acres, et appartenant à un seul et même propriétaire.[5] Comme nous l'avons vu au chapitre précédent, l'acquisition de ce précieux terrain fut réalisée en 1911 par deux hauts officiers du Canadian Northern Railway, désireux d'assurer à leur chemin de fer un terminus à Montréal. L'accessibilité par rail à ce site fut résolue grâce à un tunnel de 3 milles de long, creusé sous la montagne et se transformant au sud de la butte de Beaver Hall en une tranchée ouverte, qui devait défigurer le centre-ville montréalais pendant près d'un demi-siècle, même si des tentatives furent faites, dès 1913, pour en exploiter les droits aériens.

3.  Blake, *op. cit.*, p. 34. Guy Desbarats, « Montréal — laboratoire urbain », *Habitat*, X, no 1, janvier-février, 1967, pp. 26-32.
4.  Blake, *op. cit.*, p. 47.
5.  Ces terrains sont encadrés, *grosso-modo*, par les rues Cathcart au nord, Mansfield et de l'Inspecteur à l'ouest, St-Antoine au sud et University à l'est.

Quelques années plus tard, en 1923, un événement important se passa, dont les conséquences furent déterminantes pour le sujet qui nous occupe. Il s'agit de l'incorporation du Chemin de Fer Canadien National, compagnie nouvelle de la Couronne, qui rassemblait sous son unique tutelle toute une série de compagnies : le Grand-Tronc, le Grand-Tronc-Pacifique, le Canadian Northern, etc. ; bref, presque tous les chemins de fer du pays, à l'exception de ceux du Canadien Pacifique.

Cette fusion amena les autorités du Canadien National à rationaliser l'exploitation de ces diverses lignes. À Montréal, cela se traduisit par l'abandon des précédentes gares de voyageurs, Moreau et Bonaventure notamment, et par leur concentration dans une seule gare centrale, ainsi que par la réunion sous un même toit de tous les bureaux, répartis jusqu'alors dans une quinzaine d'édifices disséminés çà et là dans la ville.

C'est dans cette optique que fut proposé en 1929 un nouveau plan de développement du site concerné. S'inspirant du Centre Rockefeller de New-York, ce projet, préparé par Hugh G. Jones, prévoyait, outre la nouvelle gare centrale, plusieurs immeubles à bureaux et des espaces pour le commerce de détail. L'aménagement proposé, avec sa grande perspective centrale, se révélait classique, et l'architecture des composants particulièrement conservatrice. La grande dépression, suivie de la seconde guerre mondiale, coupèrent court à ce développement. Seule la gare centrale fut construite, à partir de 1938, faisant l'objet d'un programme fédéral d'aide à l'embauche.[6]

La construction de cette gare devait par la suite s'avérer importante, pour deux raisons principales. D'abord, elle ajoutait un important carrefour de communication à un secteur qui comptait déjà la gare Windsor et les édifices du Bell Téléphone et des Télécommunications. Ensuite, elle s'avérait la première œuvre importante d'architecture sans façade à Montréal, à savoir, une immense enveloppe englobant de multiples fonctions.[7] Ce type d'architecture de célébration, pour reprendre une expression de l'architecte Ray Affleck, devait plus tard faire sentir son influence sur des structures telles que celle de la place Bonaventure.

Après la guerre, le célèbre urbaniste français Jacques Gréber, à qui l'on doit notamment un plan directeur pour le développement de la capitale fédérale, fut consulté sur l'aménagement du site prévu

---

6. Commission industrielle de Montréal, « Les Termini de Montréal du Canadien National ». *Montréal, la Métropole du Canada*, pp. 61-64.
7. « A Modern Station for Montreal », *Architectural Record*, 94, no. 12, December 1943, pp. 91-101.

à Montréal pour les propriétés du C.N. Une de ses suggestions mérite
l'attention : réserver un espace libre sur la partie nord du site, de
façon à y aménager une place publique. Vu qu'il n'y a qu'à Montréal
que l'on trouve un centre-ville coincé entre un fleuve et une montagne, une telle place devait constituer selon lui l'aboutissement
approprié d'une longue « vista » reliant la montagne et le magnifique
campus de McGill au centre-ville. Cette suggestion fut suivie par
les autorités de la ville, qui dédommagèrent le C.N. en élargissant les
rues situées en bordure, de manière à absorber le surplus de circulation que l'érection d'un complexe majeur en cet endroit ne man-
querait pas d'engendrer.[8]

Pendant ce temps, de nouveaux plans d'aménagement furent
préparés, sous la direction de l'architecte G.F. Drummond. Certaines
de ces nouvelles propositions se matérialisèrent sur la partie du site
déjà occupée partiellement par la gare centrale : en sont témoins les
édifices de l'Organisation de l'aviation civile internationale (OACI),
le Terminal Building, l'hôtel Reine Élizabeth, et la gare du C.N.
Du point de vue de leur architecture, aucun de ces immeubles ne
mérite qu'on s'y arrête. Les propositions présentées pour la partie
nord du secteur mentionné n'eurent point de suite, pas plus que les
autres qui suivirent. Ainsi, en 1955, lorsque le promoteur William
Zeckendorf fut pressenti en vue de l'aménager, ce site était exactement ce qu'il était en 1918 : une profonde tranchée ouverte, laissant
passer des rails qui s'engouffraient sous le mont Royal.[9]

Zeckendorf, dont le dynamisme dans cette affaire devait donner le branle à tout le mouvement de rénovation du centre-ville,
eu la sagesse de faire faire par I.M. Pei et Associés un plan d'ensemble pour le développement de tout ce terrain possédé par le
Canadien National. Accepté par le C.N. en 1954, ce plan fut suivi,
grâce à un bail emphytéotique, pour développer la partie nord de
ce site.

Ce plan d'aménagement mérite l'attention : il est basé sur
certains principes susceptibles d'assurer une rénovation durable du
cœur de la métropole. Premièrement, il tient compte du fait qu'un
développement de cette envergure constitue un puissant générateur
d'activités. Aujourd'hui, par exemple, pour le seul complexe de la
place Ville-Marie, on estime à 15,000 le nombre de personnes qui
y travaillent, et de 60,000 à 100,000 le nombre de celles qui y

---

8. « Place Ville Marie », *The Architectural Forum,* 118, no. 2, February
1963, pp. 74-89.
9. Pour un historique du développement de ces terrains du C.N., voir
Jan C. Rowan, « The Story of Place Ville Marie », *Progressive Architecture,*
XLI, no. 2, February 1960, pp. 123-135.

passent quotidiennement ; en plus des centaines d'allées et venues des camions, exigées par les services. Dans une ère de coopération et d'interdépendance des activités, de concentration et de centralisation des entreprises, un pareil complexe constitue un pôle d'attraction d'une extrême puissance. Ce n'est pas sans raison que des tours-immeubles comme celles de la C.I.L., de la banque Canadienne Impériale de Commerce et de la Bourse, se sont greffées sur le voisinage immédiat de la place Ville-Marie. Pour absorber ces pressions, Pei proposa donc une autoroute de ceinture, de manière à canaliser la circulation de transit. Si cette voie de ceinture n'a pas été réalisée telle que prévue, le réseau d'autoroutes présentement en construction et surtout le métro ont permis de décongestionner le centre-ville enserré entre le fleuve et la montagne.

Un second principe d'aménagement caractérise ce plan : celui d'une complète ségrégation, sur tout le site (et éventuellement sur des sites adjacents) des divers types de circulation. Cette ségrégation n'est pas conçue uniquement sur le plan horizontal, comme les rues et des trottoirs traditionnels, mais aussi sur le plan vertical, en réservant des niveaux spécifiques à des circulations spécifiques. Ainsi, place Ville-Marie comme place Bonaventure, des niveaux sont réservés aux trains, d'autres à la circulation et au stationnement des véhicules moteurs, d'autres, enfin, aux piétons, exclusivement.

Un troisième point est à souligner, concernant ce plan : il rompt avec une conception traditionnelle de développement. Selon cette conception, un terrain est le site d'un bâtiment, et celui-ci, le siège d'une fonction dominante. Il en est résulté des centres de villes fragmentés en toute une série d'unités spécialisées. Ce qui distingue le nouveau centre-ville montréalais, au contraire, c'est la multiplicité, la variété et l'imbrication des fonctions. Place Ville-Marie comme place Bonaventure, et l'exemple sera suivi par d'autres, telles les places Victoria, du Canada, Alexis Nihon, etc., se trouvent concentrées sous une même enveloppe des fonctions de service du tertiaire supérieur, commerce de détail, hôtellerie, culture, loisir, etc.[10]

Enfin, dernier point important à souligner, ce plan veut contribuer, pour sa part, à la réorganisation visuelle de la cité. Sous ce rapport, la suggestion de Greber, reprise par les planificateurs, sera éventuellement la plus marquante : relier le mont Royal à la place Ville-Marie par une longue perspective urbaine. Même si cette proposition de type Beaux-Arts ne s'avère pas à l'avant-garde de l'aménagement urbain, on ne peut s'empêcher de constater, avec Henri

10. Jean Pelletier et Ludger Beauregard, « Le centre-ville de Montréal » RGM, 21, no. 1, 1967, p. 31.

Cobb, que la plaza du complexe Ville-Marie présente un site de choix pour une confrontation visuelle dramatique entre le mont Royal et la cité.[11]

## 2. Les géants du centre-ville

Considérons maintenant ce complexe même de la place Ville-Marie. Il doit son existence à une « intuition » du promoteur Zeckendorf, à savoir, qu'à Montréal existait un marché pour des édifices à bureaux offrant, pour chaque étage, un minimum de 20,000 pieds carrés de plancher. Zeckendorf estimait, et la suite des événements lui a donné raison, que cette superficie locative type constituait l'optimum réclamé par les grandes corporations modernes, et que ces dernières recherchaient particulièrement les édifices de prestige.[12]

La tour cruciforme du complexe Ville-Marie offre pour sa part quelque 38,000 pieds carrés de plancher par étage. C'est justement cette vaste superficie qui a dicté la forme particulière de la tour. En effet, dans tout édifice de ce genre, lorsque le site ne présente pas de facteurs limitatifs, comme c'est le cas ici, le besoin d'un plancher type, libre de toute obstruction et adéquatement éclairé par la lumière naturelle, devient prépondérant. Or, il était impossible, évidemment, d'assurer un éclairage naturel adéquat sur une telle superficie par le simple recours au carré ou au rectangle traditionnel. On surmonta l'obstacle en décomposant cette superficie en quatre rectangles d'égale dimension desservis par un centre de service.[13]

Fonctionnelle à l'intérieur, cette tour cruciforme peut cependant, de l'extérieur, selon certains angles de vue, ou lorsque le soleil ne vient pas faire ressortir ses volumes, paraître passablement lourde. Cette lourdeur est accentuée par le mur rideau en aluminium, visuellement neutre, et trop uniforme.

Si cette forme s'est imposée dès le début, le design du complexe lui-même a subi des modifications importantes, en cours de construction. Dans l'ensemble elles furent heureuses. Soulignons, en particulier, l'addition à la base de la tour de quatre quadrants puissamment équilibrés en porte-à-faux. Ces énormes volumes, extérieurement aveugles (éclairés par le toit), furent ajoutés pour satisfaire aux besoins du premier et du plus important locataire, la banque

11.  Henri N. Cobb, « Some Notes on the Design of Place Ville Marie », JRAIC, 40, no. 2, February 1963, pp. 54-57.
12.  « Place Ville Marie », The Architectural Forum, p. 83.
13.  Arthur Byrd, « The Skyscraper », The Canadien Architect, 7, no. 6, June 1962, p. 46.

Royale du Canada. Ils prônentent, entre la tour et la place, un lien plus satisfaisant que celui qui avait été prévu au départ. De même, les édifices I.B.M. et Esso, qui limitent cette place sur deux côtés, ont acquis un caractère plus consistant et plus intégré que celui des édifices d'abord esquissés.

Par contre, certaines propositions initiales ne se sont pas matérialisées, et cela, au détriment du complexe. Ainsi, par exemple, les architectes avaient proposé que la plaza soit directement reliée par une rampe à la rue Ste-Catherine, principale artère commerciale de la métropole. Cette proposition s'insérait dans ce cadre plus large du réaménagement de l'avenue McGill College en une longue perspective, articulant la place Ville-Marie avec le mont Royal. Jusqu'ici, à cause du refus de propriétaires voisins, on n'a pas réussi à aménager ce lien pour piétons, entre la plaza et la rue Ste-Catherine ; l'artère McGill College débouche piteusement sur l'entrée du stationnement de la place Ville-Marie.

Cette plaza même souffre d'ailleurs de quelques défauts. Si elle s'avère être un espace viable, rendu dramatique par la tour cruciforme, bien encadré par les édifices I.B.M. et Esso (assez mal, par contre, par la monotone façade du Reine Élizabeth), elle ne semble guère invitante, et n'est que très sporadiquement fréquentée. À quoi cela tient-il ?

D'abord au fait qu'elle est physiquement et visuellement trop insulaire. D'un côté, le boulevard Dorchester, par son caractère de voie de transit, ne draine pas beaucoup de piétons. Du côté opposé, la plaza est trop élevée par rapport à la rue commerciale Ste-Catherine, et n'est tout simplement pas perceptible comme place publique. Il faut encore ajouter à cela que, par un effet de micro-climat, cette place est balayée en permanence par de forts vents, souvent glaciaux, auxquels les finis des murs de la tour et des édifices de ceinture n'apportent malheureusement aucune chaleur.

Sa plus grande faiblesse comme pôle d'attraction demeure cependant de n'offrir qu'un intérêt mineur par rapport à la galerie marchande qu'elle couvre. Est-elle une place publique ou le toit d'un centre commercial ? Cette dualité de fonctions est inconfortable, d'autant plus que la galerie elle-même s'avère plus directement et facilement accessible par les piétons.

Cette galerie marchande superposée sur deux niveaux de stationnement (1500 voitures) et aires de service, et, tout au fond, sur le niveau des rails du C.N., est bien dessinée ; ses proportions sont agréables et ses matériaux de première qualité. D'un point de vue strictement commercial, elle constitue une réponse adéquate à la compétition des grands centres d'achats de banlieue, en offrant, en plein centre-ville, à peu près le même équipement, la même ségrégation piétons-véhicules, enfin, le même confort pour le client. Elle demeure néanmoins de conception conservatrice, celle de la rue bornée par des magasins, et elle reproduit en sous-sol la même grille orthogonale de rues que l'on peut retrouver un peu partout en surface.

Enfin, disons que si ce complexe Ville-Marie n'avait été constitué que de la tour cruciforme et de sa plaza, il n'aurait présenté rien de très extraordinaire, même si ses détails de construction et de génie mécanique sont dignes de mention. Ce qui fait surtout son originalité, c'est la variété et la complémentarité de ses fonctions, ses communications à climat protégé, avec divers types de circulations séparées physiquement les unes des autres, selon leur caractère propre.

Entre le jour où ce projet de la place Ville-Marie fut lancé et le jour où il fut inauguré, deux édifices importants furent construits à proximité. Il s'agit des gratte-ciel de la Canadian Industrie Limited (C.I.L.) et de la banque Canadienne Impériale de Commerce. Bien que ces deux édifices soient établis en bordure du boulevard Dorchester, c'est bien la place Ville-Marie qui a constitué le pôle d'attraction plutôt que l'élargissement de cette artère au début des années 1950. Alors que l'élargissement de ce boulevard devait, selon les urbanistes de la ville, contribuer à orienter le développement du centre-ville vers l'est, la présence de la place Ville-Marie a freiné d'un seul coup cette migration.

L'édifice de la C.I.L. est techniquement une œuvre presque parfaite. Elle possède un plancher type d'une superficie locative idéale, soit près de 20,000 pieds carrés, amplement baignée d'éclairage naturel. Son volume, 34 étages, ne manque pas d'élégance, ni son traitement architectural, qui paie tribut à tous les préceptes de l'expression architecturale moderne. Dans cette œuvre des architectes Greenspoon, Freedlander et Dunne, il ne fait aucun doute que l'influence des architectes consultants Skidmore, Owings & Merril fut déterminante. Cette dernière firme, en effet, l'une des plus représentatives des tendances modernes sur le continent américain, sait exploiter toutes les ressources offertes par les techniques actuelles.[14]

Du point de vue de l'intégration dans la fabrique urbaine, cet édifice demeure malheureusement un bloc isolé, pressuré par la grille existante de rues, et dégageant, au sol, de maigres plazas. L'existence

14. « C.I.L. House, Montreal », *The Canadian Architect,* 7, no. 6, June 1962, pp. 53-63.

de ces « mini-plazas » n'ont que la conséquence de l'application de règlements municipaux de construction : ceux-ci permettent d'accroître la superficie de plancher de la partie de tout bâtiment situé au-dessus du niveau moyen du sol, en proportion directe de l'espace laissé à l'usage public, au sol, sous forme de plaza ou autres.[15]

En l'absence d'un plan d'aménagement détaillé, pour la réhabilitation du centre-ville, un règlement comme l'amendement 2887 (voté le 9 septembre 1963) constitue un moindre mal. Il vise essentiellement à ne pas reproduire les sombres rues corridors, à l'instar des Wall Street de New-York et de St-Jacques de Montréal. Cependant, il s'agit là d'une réaction de défense plutôt que de créativité : les places publiques que ce genre de règlement contribue à engendrer apparaissent souvent mal intégrées, mesquines, assimilables à des parvis ou à des perrons, plutôt qu'à de véritables plazas.

On éprouve particulièrement cette impression sur le site de l'édifice de la banque Canadienne Impériale de Commerce, à l'angle nord-ouest des artères Windsor et Dorchester. Le dégagement aux abords de ces voies, nettement ridicule, est heureusement compensé par la présence du square Dominion. Ce gratte-ciel de 620 pieds de hauteur, érigé sur le site du vénérable hôtel Windsor, dont la vieille partie fut démolie à cet effet, apparaît d'autant plus élevé que sa géométrie de base est plus restreinte, à peine 140 pieds par 100. Le critique Peter Collins l'a comparé, pour ses proportions, au campanile de la Piazza San Marco de Venise.[16] S'il ne manque pas d'élégance, cet édifice de l'architecte Peter Dickinson est, par contre, le moins exploitable peut-être des grands édifices à bureaux modernes de Montréal. Sa superficie locative par plancher s'avère très en deçà de l'optimum de 20,000 pieds carrés, atteint par l'édifice de la C.I.L. : elle varie de quelque 12,500 pieds carrés, aux premiers étages, à 13,800 environ, aux derniers.[17]

D'une grande élégance également est la tour de la Bourse de la place Victoria. Même, de nombreux architectes n'hésitent pas à prétendre que cette tour se classe parmi les plus belles au monde. Érigée en bordure du square Victoria, elle constitue un merveilleux lien entre le vieux centre des affaires, établi sur la rue St-Jacques, et le nouveau centre commercial, né en même temps que la place Ville-Marie. C'était d'ailleurs le but des promoteurs de revitaliser le vieux centre de la finance, par une architecture propre à maxi-

15. Pelletier et Beauregard, *op. cit.*, pp. 26-27.
16. « Downtown Bank Tower », *Progressive Architecture*, XLIV, no. 9, September 1963, pp. 140-145.
17. Boyd, *op. cit.*, pp. 45-46.

miser les opérations d'affaires, en offrant le maximum de facilités de communication et de service, et d'éviter ainsi qu'il ne tombe en complète désuétude.[18]

Ce programme architectural, en fait, ressemble beaucoup à celui de la place Ville-Marie. On y retrouve en sous-sol deux étages de stationnement et d'aires de service, sur lesquels se superposent deux étages de galeries commerciales reliées directement à la station de métro Victoria. Un volume bas, utilisé principalement pour les services de la Bourse, constitue une articulation entre le podium et la tour, de 47 étages. Ce volume est conçu de manière à pouvoir l'allonger à l'ouest, et à y établir la base d'une seconde tour, semblable à la première. Enfin, le complexe doit être relié éventuellement, par un réseau souterrain, pour piétons, à l'ensemble des autres constituants du nouveau centre-ville, c'est-à-dire aux places Bonaventure et Ville-Marie, à la gare Centrale, etc.

Lorsque le projet d'une place de la Bourse fut dévoilé aux montréalais, préparé par l'architecte italien Moretti et par le grand ingénieur Nervi, il était beaucoup plus ambitieux. Il consistait en trois immenses tours disposées en diagonale, sur un volume bas. Cela comportait cependant des inconvénients : en plus de cacher la vue du mont Royal, il multipliait coûteusement les centres de service et de communication verticale, au détriment des espaces locatifs. Il fut modifié, pour le mieux, en un complexe de deux tours, pouvant être érigées successivement. C'est donc le premier stade de ce développement que nous pouvons admirer actuellement.

C'est avant tout la qualité plastique de la tour qui est admirable. Celle-ci se dresse avec puissance, encadrée par quatre colonnes d'angle, fortement élancées, et harmonieusement galbées par un revêtement de panneaux en béton précoulé. La tour elle-même est articulée en trois blocs égaux et similaires, séparés par des étages mécaniques (le 5e, le 19e et le 32e), où s'entrecroisent des étrésillons diagonaux en béton, en partie apparents. Enfin, elle est recouverte d'un mur-rideau parfaitement tendu en aluminium anodisé ; sa couleur vieux bronze offre un heureux contraste avec la blancheur virile du revêtement des colonnes d'angle. Cette tour se distingue donc par un mariage exceptionnel entre fonctions et formes, entre génie et architecture ; une étincelle indicible jaillit ici de l'union de la technique et de l'esthétique. Voilà une architecture dynamique, se développant dans un processus logique qui révèle tout le scénario de son

---

18. Stuart Wilson, « Place Victoria », JRAIC, 42, no. 10, October 1965, p. 64.

érection De plus, tout ceci a été réalisé en assurant un optimum de surface locative par plancher type, soit quelque 18,000 pieds carrés, parfaitement inondés par l'éclairage naturel.

Dans ce complexe de la place Victoria se trouve une fois encore révélée l'influence européenne, qui fut constante dans toute l'évolution de la tradition architecturale montréalaise, tout comme par l'édifice de la C.I.L. se trouve révélée l'influence américaine, autre pilier de la même tradition. L'un, dans son formalisme froid et classique, est une réussite technique hors pair, signalant le degré de maîtrise atteint par une nation qui a mis au point les techniques mêmes du gratte-ciel ; l'autre, tout en demeurant une réussite technique remarquable (il s'agit du plus haut édifice en béton au monde), émeut davantage par son lyrisme architectural.

Sur un point, malheureusement, cette place Victoria a eu un effet plus que discutable sur l'environnement du centre-ville : elle a réduit à néant le square du même nom. Ce dernier, jadis espace caractéristique, unissant dans une même cellule urbaine tous les composants périphériques, a perdu son rôle de place, pour devenir le vestibule, en quelque sorte, du gratte-ciel. C'était inévitable, puisque la tour de la Bourse n'est pas à l'échelle de la cité victorienne, et qu'elle ne peut plus s'intégrer dans son environnement, celui du square et des rues étroites. Son véritable milieu se situe désormais parmi les autres gratte-ciel, à l'échelle de la grande région montréalaise. La chose est quelque peu agaçante, dans ce nouveau centre-ville montréalais : au niveau du sommet des tours, apparaît une configuration nouvelle, qui n'est ni à la même échelle ni de la même époque que la base même de ces édifices, pressurés quant à eux dans une configuration urbaine façonnée par les siècles précédents.[19]

Le complexe de la place Victoria demeure essentiellement, du moins pour la partie émergeant du sol, une structure, une composition puissamment tridimensionnelle. Par contraste, la place Bonaventure, l'un des composants les plus originaux de ce nouveau centre-ville, apparaît comme une immense enveloppe, ou, pour emprunter une expression de Steen Eiler Rasmussen, comme une architecture de cavité.[20] Ici les murs périphériques ne sont pas tant des façades que des barrières climatiques délimitant un espace à plusieurs niveaux, où s'imbriquent de multiples fonctions et des activités diverses. Pour Ray Affleck, l'architecte en chef de ce projet, pour la firme montréalaise Affleck, Dimakopoulos, Lebensold et Sise, il s'agit là

---

19. Melvin Charney, « Place Victoria », *The Canadian Architect*, 10, no. 7, July 1965, pp. 37-54.

20. Steen Eiler Rasmussen, *Experiencing Architecture*, pp. 56-82. (#)

d'une architecture de célébration, toute tournée vers l'intérieur comme celle d'une cathédrale.[21]

Érigé sur le dernier terrain appartenant au C.N., au sud de la gare Centrale, faisant partie du plan d'aménagement de I.M. Pei, ce bâtiment, par son architecture sans façade, se rapproche davantage de cette gare Centrale que du complexe Ville-Marie. Au début, les promoteurs de la Société Concordia avaient songé néanmoins à un édifice plus traditionnel, du genre de celui de la Bourse, à savoir, un volume bas, renfermant un centre commercial ainsi qu'une grande salle d'exposition, et qui aurait servi de base à une haute tour, vouée à l'hôtellerie. Les architectes suggérèrent une approche différente, soit, un seul volume, vaste et massif, occupant les six acres du site, le toit devant servir de sol artificiel pour y développer des unités d'hôtellerie.

Cette proposition prévalut, heureusement, pour une raison particulière : pour la réalisation de ce projet, les architectes, les promoteurs et les entrepreneurs n'ont pas rempli leur rôle habituel, celui qui leur est normalement dévolu dans un schéma linéaire d'action. Groupés en un pôle unique de décision et d'action, ils ont tous participé simultanément et solidairement à la création de ce complexe. Aux dires de l'architecte Affleck, cette approche fut fructueuse, et a montré que les idées créatrices ne sont pas toutes confinées dans les limites traditionnelles de disciplines professionnelles.[22]

L'essence même de la place Bonaventure est donc d'être un complexe à multiples fonctions (galerie commerciale, salle d'exposition, salles de vente, centre international de commerce, hôtel, et services inhérents), relié de façon organique à divers types de circulation, métro, réseau pour piétons, pour automobiles, etc. Ici, particulièrement, le système de circulation pour les piétons est complexe, et prend une grande importance. Car loin de chercher à imposer aux piétons un patron de circulation, on a calqué l'architecture sur le patron simulé d'activités des usagers. Ce dernier patron fut le générateur premier du design, et l'architecture y a trouvé son compte dans la célébration de certains nœuds d'activités ponctuant ce patron.

Un des problèmes les plus épineux posés par cette architecture cinétique fut celui des liens et des communications entre les diverses fonctions du complexe. Ce problème ne fut pas résolu d'une manière satisfaisante: la confusion est parfois totale chez les personnes peu familières avec les lieux. Si ce complexe a pour caractère original

---

21. Ray T. Affleck, conférence à l'École d'Architecture de Montréal, le 9 octobre 1969.
22. Ray T. Affleck, « Place Bonaventure : the Architect's View », *Architecture Canada*, 44, no. 7, July 1967, p. 32.

75. *Les géants du centre-ville.*

76. *Les complexes de la gare Centrale et de la place Ville-Marie.*

77.  *La station de métro Bonaventure. Victor Prus, arch.*

78.  *Expo '67 : une hiérarchie de systèmes de transport.*

d'intégrer de multiples fonctions dans un tout global, au lieu d'exprimer les diverses activités par des formes individuelles isolées, il lui reste encore à rendre « lisible » ce nouveau concept architectural, à rendre cohérente cette architecture d'expérience totale.

Si on laisse de côté cet aspect du fonctionnement, pour s'attacher à celui des espaces créés, il faut convenir que certains de ces espaces ont atteint une rare qualité. Ainsi, la grande salle d'exposition de Concordia est d'une majesté sombre et virile. Avec sa hauteur, d'une trentaine de pieds, ses énormes colonnes aux chapitaux structuraux, elle est aussi imposante que la salle hypostyle d'un temple égyptien. Également remarquable est l'aménagement de l'hôtel, avec ses 400 chambres disposées sur plusieurs étages, autour d'une cour intérieure dont le centre renferme les services. On a tenté de conserver à ces diverses unités une échelle intime et un caractère autonome, de sorte que, sans la présence, tout autour, des sommets des autres tours-immeubles du centre-ville, on pourrait se croire n'importe où, à cet endroit, sauf en plein cœur de la métropole.

Enfin, de l'extérieur, malgré les efforts déployés pour articuler ses façades, la place Bonaventure apparaît comme un immense cube, terriblement massif, imprégné des influences de Paul Rudolph. De l'opinion même de ses concepteurs, ce problème des murs extérieurs n'a pas été résolu.[23] On peut se demander, tout simplement, si des murs étaient nécessaires, avec ce type d'architecture. Une mince pellicule de verre couvrant ce centre d'activités, à l'instar d'un dôme géodésique, par exemple, aurait rendu plus vrai le rôle de barrière « environnementale » et climatique, le seul, en définitive, que les murs extérieurs de ce complexe ont à remplir.

Les structures que nous venons d'analyser, la place Ville-Marie, l'édifice de la C.I.L., le gratte-ciel de la banque Canadienne Impériale de Commerce, le complexe de la Bourse et celui de la place Bonaventure, comptent parmi les édifices les plus intéressants qui aient été construits dans le centre-ville montréalais, à partir de la seconde moitié du 20e siècle. Il y en a d'autres, telles la place du Canada, la place Alexis Nihon, et, en allant vers l'est, la place des Arts, dont la grande salle des spectacles est de conception classique et quelque peu superficielle ; ou encore la tour de la banque Canadienne Nationale, sur la place d'Armes, édifice assez conventionnel, mal intégré à son contexte urbain. Dans l'ensemble, si un de ces complexes mérite quelque mention, c'est peut-être celui de la place

---

23. *Ibid.*, p. 37. La plastique extérieure de ce complexe doit en effet beaucoup au Yale Art and Architecture Building (New Haven) de Paul Rudolph, édifice inauguré en 1963.

du Canada, non pas tant pour les qualités qu'il a maintenant, que pour celles qu'il aurait pu avoir. La tour du Château-Champlain apparaît en effet comme le seul gratte-ciel dont le plastique ait échappé aux modèles-types véhiculés par le modernisme. Premier immeuble d'importance à être dessiné par des architectes québécois d'expression française, D'Astous et Pothier, son expression architecturale rappelle les formes chères au grand architecte américain Frank Lloyd Wright. Rien de surprenant à cela, puisque D'Astous fut l'élève de Wright à sa fameuse école du Wisconsin. Cependant, si le maître a eu de nombreux élèves et de nombreux imitateurs, lui seul avait du génie. On le sent péniblement devant le Château-Champlain.

3.  *Quelques critiques et leçons*

Tentons maintenant de tirer certains enseignements de cette réhabilitation partielle du centre-ville montréalais. Ces réalisations montrent, par exemple, qu'il y a place dans l'aménagement pour des tentatives hardies ; surtout dans le domaine où la création des équipements suscite souvent celle des fonctions. Sans le désir des autorités du C.N. de développer globalement leurs terrains au centre-ville, sans la détermination et les risques (coûteux) encourus par Zeckendorf, sans l'imagination déployée par les urbanistes et par les architectes de la firme Pei, on peut présumer que cette réhabilitation du centre-ville aurait pris une tout autre tournure, probablement moins heureuse... si jamais elle avait eu lieu ! Malgré les conjonctures complexes qui président à de tels réaménagements, ce nouveau pôle du centre-ville témoigne de la possibilité d'intervenir réellement dans le développement urbain. Cette intervention n'est nulle part plus visible que dans ce changement d'axe intervenu dans le réaménagement du centre-ville montréalais. En effet, auparavant, l'axe de développement du centre-ville, que ce soit avec les artères St-Jacques, Dorchester ou Ste-Catherine, avait toujours été dans le sens est-ouest. Avec ces nouveaux développements, cet axe s'oriente désormais, par la volonté consciente des hommes, dans le sens sud-nord, de la place Bonaventure à la place du Mail.

Cette réalisation montre encore qu'il n'y a pas, à première vue, d'incompatibilité insurmontable entre capitalisme et aménagement de qualité. Traditionnellement, le système capitaliste a toujours cherché une rentabilité rapide et maximale des espaces urbains, au détriment de la continuité de la ville, au détriment du mieux-être de la collectivité, au détriment même, souvent, de ses propres intérêts. Avec ces nouveaux développements, les promoteurs ont compris que leurs investissements, pour être rentables à long terme, doivent s'accompagner d'une planification et d'un aménagement propres à assurer la viabilité sociale et économique des projets concernés.[24] Il est sûr, ainsi, que ce nouveau pôle du centre-ville était voué à une suffocation lente, si les questions d'accessibilité et de communication n'étaient pas réglées globalement ; tout comme il est certain, d'autre part, que si ces nouveaux développements n'offraient pas, sur le plan du commerce de détail, un resserrement des fonctions et un réseau pour piétons offrant protection climatique, sécurité, confort, qualité acoustique et visuelle du cadre architectural, ils ne pourraient concurrencer les centres commerciaux de banlieue, qui ont démontré que ces caractéristiques de bon aménagement possédaient désormais une importance économique primordiale.[25] À ce point de vue, ce réseau montréalais est assez bien aménagé, dépassant en capacité et en superficie ce qui a été fait au Rockfeller Center de New-York, et en qualité ce qui a été réalisé au Penn Center de Philadelphie.

Il n'y a pas lieu, cependant, d'être obnubilé par cette réalisation. Elle est remarquable, certes, mais ne présente rien de révolutionnaire. Par exemple, le concept de la galerie marchande à climat contrôlé et à ségrégation piétons-véhicules n'est pas récent. En témoigne pertinemment la Galleria Vittorio Emmanuele, à Milan, construite dans les années 1865-67. Mieux encore, les fameux Rows, de Chester, Angleterre, offraient, en plein Moyen Âge, des galeries marchandes protégées, sur deux niveaux, tandis qu'au 15e siècle, Léonard de Vinci préconisait déjà la séparation verticale des différentes circulations urbaines. À Londres, les frères Adams, avec leur complexe résidentiel Adelphi (1768-1774), mettaient en pratique ce concept des circulations séparées, sur divers niveaux, selon leur caractère, en créant un sol artificiel qui n'avait rien à envier à ceux de nos constructions ultra-modernes.[26]

En fait, l'originalité de cet aménagement urbain, dans le centre-ville de Montréal, vient non pas de ce qu'il réalise le concept d'un centre à multiples niveaux hiérarchisés, qui fait la hantise des architectes et des urbanistes depuis plusieurs générations, mais bien du fait que ce concept se soit enfin matérialisé dans une réalisation concrète majeure. De plus, ce concept s'est matérialisé pour une raison particulière, que nous rappelle encore ici l'urbaniste Vincent Ponte :

> What has really made Montreal's urban miracle possible is the presence of large reservoirs of Downtown real estate, held in single ownership, often by railroads or other corporate entities.

---

24. Paul-Yves Denis, « Conditions géographiques et postulats démographiques d'une rénovation urbaine à Montréal », RGM, 21, no. 1, 1967, p. 164.
25. Desbarats, *op. cit.*, pp. 26-32.
26. Percy Johnson-Marshall, *Rebuilding Cities*, pp. 126-129.

These break the shackles of lot-by-lot piecemeal development. They have enabled the entire core to be redeveloped as a unit. [27]

Cela est tellement vrai, qu'une des seules défaites qu'aient subie les architectes et les urbanistes avec ce projet d'ensemble, concerne précisément le seul lien extérieur au site qu'ils aient proposé, celui du prolongement de la place Ville-Marie jusqu'à la rue Ste-Catherine. Ici, comme dans le cas de réalisations plus conservatrices, ils n'ont pas réussi à surmonter l'obstacle des intérêts investis, ni à résoudre les problèmes légaux que posent les droits aériens au-dessus des voies publiques et des propriétés privées. Ils ont simplement contourné ces obstacles, en enfouissant dans le sol des activités qui sont de l'essence même de la cité. Par contre, l'automobile, simple accessoire de ces activités humaines, reste superbement maîtresse du sol naturel, et bénéficiaire ingrate du soleil et de l'air.

À l'adresse de ceux qui refusent cette critique, en affirmant, à la suite des géographes Pelletier et Beauregard, que cette réalisation constitue l'un « des plus remarquables phénomènes d'adaptation géographique » [28], une mise au point s'impose. S'il est vrai que l'on a su profiter de la topographie naturelle du site pour y intégrer convenablement de multiples services, par contre, notre climat n'est pas à ce point exécrable qu'il faille vivre en permanence en sous-sol. Qu'a-t-on fait des six mois de température fort clémente, caractérisés par leur taux d'ensoleillement très élevé ? Si les rigueurs de l'hiver justifient la poursuite des activités d'échange en souterrain, il serait logique de penser que la douceur de la belle saison milite en faveur de la poursuite de ces activités en plein air. C'est là un choix que les aménagements du nouveau centre-ville montréalais ne donnent pas. Et pourtant des structures du siècle passé comme la Galleria Vittorio Emmanuele, à Milan, offrent la même protection contre les intempéries et autres agressions que la galerie commerciale de la place Ville-Marie ou de la place Victoria, tout en prodiguant lumière et air naturels.

D'autres spécialistes, tel l'architecte Affleck, [29] affirment qu'il est faux de parler dans ce cas de réseaux souterrains, puisque le niveau du sol est fictif, dans ces complexes. C'est parfaitement vrai ; mais il demeure que ces galeries et ces réseaux sont effectivement cachés, que ce soit sous le sol naturel, ou sous des sols artificiels. En effet, au niveau du sol réel, il n'existe aucun lien visuel entre la place Ville-Marie, la gare Centrale et la place Bonaventure, pas plus qu'il n'en existe entre des structures plus anciennes, tels les

---

27. Blake, *op. cit.*, p. 47.
28. Pelletier et Beauregard, *op. cit.*, pp. 19-20.
29. Affleck, *op. cit.*, p. 36.

magasins Morgan et Birks. Tel plus, au niveau de la rue, une personne non avertie ne soupçonne pas ce qui se passe en dessous. Car chacun de ces nouveaux complexes conserve extérieurement son caractère traditionnel insulaire, parce que chacun est demeuré esclave des droits acquis et des intérêts investis.

Tous ces complexes participant aux même grandes fonctions auraient dû, idéalement, au niveau du sol naturel, être insérés dans un même nucléus identifiable comme tel, et permettant des relations visuelles aussi bien que physiques entre les composants. À ce moment aurait vraiment existé, libérée des contraintes héritées des siècles passés, une vision nouvelle de l'aménagement ; il y aurait vraiment une « place », dans ce centre-ville, un dégagement urbain réel, reliant physiquement et visuellement ses composants. Car aucune des présentes structures n'est vraiment une place, sauf peut-être la place Ville-Marie, qui remplit d'ailleurs un rôle pour le moins ambigu. À force de qualifier de « places » des complexes qui n'en sont aucunement, on risque de faire perdre leur signification et leur caractère aux places réelles que possède Montréal, telles la place Jacques-Cartier et la place d'Armes, les squares Victoria, Phillips, Dominion, et autres.[30] Nous y reviendrons dans la conclusion de cet ouvrage.

4.  *Le métro*

On ne saurait clore décemment cette analyse du Montréal du 20e siècle sans dire quelques mots du métro et de l'Exposition Universelle de 1967. Car ces réalisations font preuve d'originalité et de vitalité, et enrichissent la longue tradition architecturale qui honore Montréal. Considérons d'abord le métro.

Le premier réseau, comportant trois lignes et totalisant quelque 14 milles de longueur, avec 26 stations, fut mis en opération en octobre 1966. L'idée de construire un métro à Montréal remontait beaucoup plus loin en arrière : on en parlait déjà en 1910, et le rapport préliminaire du plan directeur de 1944 préconisait un réseau très voisin de celui d'aujourd'hui. Sans doute, la campagne énergique menée par le maire Drapeau, avec l'idée que sans métro Montréal ne pouvait survivre comme métropole, fut-elle décisive.[31] Cependant, cette réalisation était impensable, si certaines conditions de base,

30. Pour des critiques de ce nouveau pôle de centre-ville, voir Norbert Schoenauer, « Critique One » », *The Canadian Architect,* 8, no. 2, February 1963, pp. 55-57 ; J. Lehrman, « Critique Two », *The Canadian Architect,* 8, no. 2, February 1963, pp. 63-64.
31. Robert Gretton and Norman Slater, « Metro », *The Canadian Architect,* 12, no. 2, February 1967, p. 27.

notamment une densité suffisante de population et une concentration respectable d'activités urbaines, n'avaient pas été déjà réalisées. Or, celles-ci le furent avec la seconde moitié du 20ᵉ siècle. Ainsi, la population du territoire administratif de Montréal se chiffrait à plus d'un million de personnes en 1961, avec une densité moyenne de 20,000 personnes par mille carré. À la même date, le bassin d'alimentation de la région métropolitaine renfermait environ 2 millions de personnes de plus. Parallèlement, comme nous venons tout juste de le voir, le centre-ville connaissait un fort accroissement d'activités, au tournant du demi-siècle. Dans ces conditions, un métro devenait possible, et la popularité dont jouit ici ce mode de transport — plus de 125 millions de voyageurs par année — ne fait que confirmer son utilité.[32]

Oeuvre d'autochtones, ce métro montréalais apparaît intéressant à plus d'un point de vue. Soulignons immédiatement qu'il ne fut pas conçu, comme ce fut le cas de plusieurs à travers le monde, comme un service autonome de transport enfoui sous le sol, pour une meilleure efficacité et pour une meilleure protection contre les intempéries. Il fut plutôt conçu comme une extension directe du patron total de circulation. Cette intégration explique d'ailleurs plusieurs caractéristiques de cette réalisation.

Premièrement, constatons que les deux lignes principales du réseau ne sont pas localisées exactement sous les grands axes de concentration des activités que sont les artères St-Denis et St-Hubert d'une part (nord-sud), et les artères Ste-Catherine et St-Jacques d'autre part (est-ouest), mais légèrement hors de ces axes. Profitant des avantages des blocs longs et étroits de la grille de rues, la ligne nord-sud est située sous une rue secondaire, Berri-Lajeunesse ; donc, à mi-chemin entre les deux importantes artères St-Denis et St-Hubert. Les lignes est-ouest suivent un patron semblable. L'une est située sous le boulevard de Maisonneuve, soit à mi-chemin (sur la plus grande partie de son parcours) entre les artères Sherbrooke et Ste-Catherine ; l'autre, dans le prolongement de la ligne nord-sud, est localisée entre les rues Vitré et Craig, pour desservir ainsi les artères Dorchester et St-Jacques. Dans les deux cas, ces lignes apporteront une contribution non négligeable à la réhabilitation du boulevard de Maisonneuve et de la vallée Vitré-Craig.[33]

32. Voir Ludger Beauregard, « Le transport en commun à Montréal » dans *Montréal, guide d'excursions,* pp. 179-188.
33. Hans Blumenfeld, *The Modern Metropolis ; Its Origins, Growth, Characteristics and Planning,* p. 152. Les usagers sont particulièrement bien servis dans le centre-ville, où les 8 stations sont placées en quinconce, sur deux lignes parallèles distantes de quelque 2000 pieds l'une de l'autre. Ainsi,

Outre qu'elle n'a pas entravé l'activité intense de ces axes commerciaux durant la construction du métro, tout en rendant celle-ci plus aisée, cette localisation a permis de mieux intégrer fonctionnellement et formellement ce mode souterrain de transport à la fabrique urbaine. Ainsi, les accès aux stations sont dégagés en vestibules, et non pas enserrés le long des trottoirs, comme c'est le cas pour la plupart des autres métros. Ensuite, la présence de terrains résiduels, autour de ces accès, prête à des réaménagements qui permettront d'identifier ces accès à des volumes. Les droits aériens des stations Guy et Atwater ont déjà été exploités de cette façon. Enfin, ces espaces, remembrés autour des accès au métro, permettent d'aménager des boucles, en dehors des axes les plus congestionnés, pour le service d'autobus, combinant ainsi le transport en surface avec le transport souterrain. En dehors du centre-ville, la plupart des lignes d'autobus sont reliées aux stations du métro, qui deviennent ainsi les foyers nodaux du transport en commun.[34]

Cette réalisation montréalaise mérite d'être signalée à un second point de vue, celui de la participation active des architectes. Celle-ci a revêtu un caractère inédit, en ce sens qu'elle a groupé à la fois des architectes fonctionnaires et des architectes engagés dans la pratique privée, qui ont prêté leur concours, non pas à la fin, comme à l'accoutumée, pour farder des structures issues uniquement de considérations techniques, mais tout à fait au début des travaux, au moment même où le programme des stations était élaboré. Cette participation a produit des résultats probants : contrairement à la plupart des métros du monde, même celui de Toronto ou celui de Stockholm, l'organisation de la circulation et des espaces du métro montréalais dépasse nettement les simples préoccupations fonctionnelles. Présentement, seul le métro de Moscou offre un exemple semblable de participation active des architectes.

Le procédé choisi pour le métro montréalais, celui du tunnel unique, avec quai de chaque côté, nécessite le recours à la mezzanine, ou passerelle, pour donner accès à chaque quai, à partir d'un vestibule unique. Ce procédé, comme le souligne Hans Blumenfeld, est moins satisfaisant, normalement, au point de vue de l'organisation spatiale et de l'identification des circulations, que celui des quais centraux uniques donnant accès de chaque côté aux rames

sur ce territoire de 600 acres, il est possible d'atteindre une station de métro à moins de 3 minutes de marche. En dehors du centre-ville, la distance entre chaque station est d'environ 2000 pieds, au lieu de 1600 pieds comme au cœur de la ville.

34. À souligner que ces emplacements peuvent être intéressants pour des fonctions commerciales, chaque station attirant et déversant chaque jour un nombre considérable d'usagers.

de métro.[35] À Montréal, les architectes ont réussi, dans la plupart des cas, à minimiser les inconvénients de ce procédé, en aménageant les mezzanines et les passerelles de façon à permettre aux voyageurs de se situer dans l'espace, par rapport aux diverses orientations. Un des bons exemples de cette organisation de l'espace nous est donné par la station Berri-Demontigny, œuvre des architectes Longpré et Marchand. Nœud central de correspondance pour les trois lignes de métro, cette station se développe spatialement sur trois niveaux majeurs, interreliés fonctionnellement et visuellement.

Malgré une approche d'organisation spatiale sensiblement identique pour la plupart des stations, malgré la standardisation inévitable des programmes de circulation, et celle de certains équipements, les stations présentent une grande variété, grâce à leur volume, au choix des matériaux et de leurs couleurs, et au type d'éclairage. Il en résulte que l'usager n'est pas affligé par une ambiance monotone de tunnel, qui caractérise trop souvent, malheureusement, ce mode de transport. Il participe, au contraire, à une expérience spatiale et émotionnelle particulière, son déplacement étant scandé et rythmé par des images et impressions changeantes. À Montréal, les stations sont d'abord identifiables par leur volume, leurs formes, leurs matériaux et leurs couleurs, avant de l'être par leur nom.

Il ne s'ensuit pas que toutes ces stations soient d'égale valeur quant à leur architecture. Certaines, en terme de volume spatial et de choix de matériaux, telles les stations Sherbrooke ou Beaudry, ne font guère preuve d'imagination. D'autres sont glaciales, comme celle d'Henri-Bourassa, à cause de la prédominance d'un matériau de revêtement peu sympathique ; d'autres encore, comme Crémazie, par exemple, sont au contraire trop chargées de matériaux hétéroclites. Comme les stations citées précédemment ont été dessinées par les architectes des Travaux Publics, cela ne veut pas pour autant dire qu'elles soient toutes médiocres.[36] Celle de l'île Ste-Hélène, complétée par le jeune architecte Dumontier, est particulièrement saisissante par son unité et par sa virilité, auxquelles l'emploi intelligent du béton brut de décoffrage n'est pas étranger. De toute façon, l'ironie mise à part, quelques stations naïves nous font apprécier davantage celles qui créent une vraie ambiance architecturale. Parmi ces dernières il faut retenir plus particulièrement les stations Beaubien, Mont-Royal, Peel et Bonaventure.

---

35. Blumenfeld, *op. cit.,* p. 149.
36. Le département des Travaux Publics est responsable de 10 stations, dessinées sous les directives de l'architecte en chef Gérard Masson et de l'architecte en charge du métro, M. Pierre Bourgeau. Les architectes de pratique privée ont dessiné les 16 autres.

La station Beaubien, dessinée par Roger D'Astous, se distingue par le souci d'éviter les impressions de confusion et de claustrophobie, propres normalement aux stations souterraines. Par exemple, toute la circulation à pied se fait sur un seul axe, à partir des trottoirs urbains, jusqu'aux quais. Ces derniers sont perpendiculaires, et parfaitement visibles de cet axe, qui les enjambe en mezzanine. Pour éviter l'impression de claustrophobie, le volume de la station s'amplifie à mesure que l'usager pénètre à l'intérieur, et un puits de lumière projette un éclairage naturel à plus de quarante pieds, sous le niveau du sol. Pour le reste, cette station trahit la prédilection de D'Astous pour le genre Frank Lloyd Wright.[37]

La station Peel, de son côté, réussit à se faire remarquer, en dépit de son emplacement comprimé en hauteur et en largeur, exiguïté peu favorable au départ, pour une station appelée à subir de fortes et soudaines affluences, à cause de sa proximité du cœur de la ville. Les architectes ont réussi à éviter l'impression d'écrasement d'abord, en aménageant un plafond en caissons, où les volumes bas alternent avec les volumes élevés, puis l'impression d'étroitesse, en rythmant le volume intérieur par une succession de colonnes jumelées. La mezzanine d'accès, située dans l'axe des rails, prend la forme d'une simple dalle mince. Dessinée par les architectes Papineau, Gérin-Lajoie et Leblanc, la station Peel témoigne du sens de la structure et du fini dans les détails, qui se retrouve dans les autres ouvrages de cette firme, notamment dans le pavillon du Québec pour l'Exposition Universelle de Montréal.

Les stations Mont-Royal et Bonaventure, dessinées toutes deux par le talentueux architecte montréalais Victor Prus, se veulent comme un prolongement de la scène urbaine de surface. Pour réaliser cet objectif, l'architecte a eu recours à deux moyens principaux. D'abord, en employant des matériaux, brique, béton, tuile, etc., qui rappellent ceux employés en surface ; ensuite, en faisant passer l'usager par une série d'expériences spatiales en rapport avec celles qu'il reçoit dans la ville, et plus à l'échelle de la ville qu'à celle d'un bâtiment. Dans ce sens, à notre avis, la station Bonaventure est plus captivante que la station Mont-Royal. Station importante, où convergent les passages qui la relient à la gare Windsor, à la gare centrale, à la place Bonaventure, à la place du Canada et éventuellement au square Chaboillez, c'est un véritable carrefour urbain dans un volume spatial envoûtant, modelé par des successions de voûtes d'arêtes.[38]

37. Gretton and Slater, *op. cit.*, p. 33.
38. Victor Prus, « Reflections on the Subterranean Architecture of Subway Systems », *The Canadian Architect*, 12, no. 2, February 1967, pp. 35-36 ; « Bonaventure Subway Station, Montreal », *The Canadian Architect*, 12, no. 8, August 1967, pp. 45-48.

Signalons, pour terminer, quelques caractéristiques techniques de notre métro, caractéristiques dénotant une adaptation créatrice aux conditions existantes à Montréal. Ainsi la voiture, création de Jacques Guillon, s'éloigne des standards communément en usage en Amérique. Au lieu d'avoir quelque 75 pieds de longueur par quelque 10 pieds de largeur, comme la plupart des voitures de métro en usage sur ce continent, la voiture montréalaise n'a que 57 pieds de longueur, par 8 pieds 3 pouces de largeur. Cette petite voiture offre plusieurs avantages. Avec quatre portes de chaque côté, la dimension longitudinale restreinte réduit parallèlement la circulation des passagers dans ce sens de la voiture. À l'arrêt, l'évacuation et l'entrée se font ainsi plus rapidement. La capacité de la rame elle-même, qui a quelque 500 pieds de longueur, comme presque partout ailleurs, n'est pas inférieure à celle des autres métros américains, puisqu'elle aligne neuf voitures, au lieu de six. La faible largeur de la voiture a assuré un autre avantage appréciable : elle a permis la construction d'un tunnel unique, fort économique, de 23 pieds de largeur, franchis d'une seule portée.

Les caractéristiques de la voiture doivent être appréciées en relation avec une autre importante : elle est montée sur pneumatiques. Cette innovation française, introduite à Montréal par les conseillers français de la Régie Autonome des Transports Parisiens, présente de nombreux avantages par rapport au roulement sur fer, en usage sur ce continent. En plus d'être plus doux et plus silencieux, le roulement sur pneus assure une accélération et une décélération plus rapides, réduisant ainsi l'espace sécuritaire requis entre chaque train. Mais l'avantage le plus important du pneumatique, en relation avec la longueur réduite de la voiture, est de permettre une flexibilité du tracé tant sur le plan horizontal (grâce au faible rayon de courbure) que sur le plan vertical (grâce aux pentes possibles jusqu'à 6%). À Montréal, ceci a effectivement permis de construire le tunnel dans le roc sur sa majeure partie, et de franchir le fleuve St-Laurent avec un minimum d'inconvénients.[39]

5. *Terre des Hommes*

Nous ne saurions mieux terminer notre étude qu'en revisitant l'Exposition Internationale qui s'est tenue à Montréal durant l'été de 1967, et qui a ouvert ses portes depuis, à chaque belle saison, sous le vocable de Terre des Hommes. Inutile de la décrire ici : Terre des Hommes est suffisamment connue du public montréalais et étran-

---

39. Guy R. Legault, « Le Métro de Montréal », *Architecture Canada*, 43, no. 8, août 1966, pp. 44-48 ; Blumenfeld, *op. cit.*, pp. 147-154.

gcr. Inutile également de s'attarder sur l'intérêt que cette manifestation a suscité : son succès fut éclatant (attirant quelque 50 millions
de visiteurs en 1967), et des centaines d'articles de journaux et de
revues en ont vanté les curiosités et les beautés.

Par contre, il est important de noter qu'une grande partie du
succès de cette Exposition Universelle fut due à la qualité de son
aménagement, et que les principes mêmes de cet aménagement s'avèrent applicables dans la cité. Ceci est d'autant plus intéressant à
souligner que ces expositions ont eu souvent dans l'histoire une
influence certaine sur l'architecture et sur l'aménagement urbain ;
du moins, elles ont préfiguré des développements importants dans ces
domaines.

Par exemple, le fameux Crystal Palace de la première de ces
expositions internationales, celle de Londres, en 1851, annonçait,
pour la première fois à cette échelle, la préfabrication dans l'industrie
du bâtiment. On pourrait faire la même remarque concernant la
Galerie des Machines, de Contamin, ou la Tour Eiffel, ces deux
structures les plus spectaculaires de l'Exposition de Paris, en 1809,
De même l'Exposition de Stockholm, en 1930, marquait une étape
importante dans l'évolution de l'architecture moderne.

D'un point de vue urbanistique, aucune de ces expositions ne
semble avoir eu une influence plus grande en Amérique que celle
de Chicago, en 1893. Planifiée par le grand architecte paysagiste
Frederick Law Olmsted, cette exposition réalisa, selon Hitchcock,
« a great « White City », the most complete new urbanistic concept
to be realized since the replanning of Paris and of Vienna in the
third quarter of the century » [40]. Il s'agissait, essentiellement, d'un
aménagement académique, ou Beaux-Arts, caractérisé par le groupement symétrique de gros bâtiments classiques, avec dôme et colonnes
antiques, autour d'une cour d'honneur formelle. L'architecte Sullivan
a stigmatisé, à juste titre, cette architecture de fiction et de mensonge,
tirant son inspiration des édifices gréco-romains, au moment où
lui-même, avec d'autres, tel William Le Baron Jenney, livraient au
monde leurs chefs-d'œuvre d'architecture commerciale, dignes précurseurs de l'architecture actuelle. L'influence de cette exposition ne
saurait toutefois être appréciée uniquement sous cet angle négatif.
Elle suscita chez toutes les couches de la société américaine beaucoup
d'intérêt, et du goût pour l'ordre civique et la beauté des ensembles.
Dans ce sens, cette exposition de Chicago imprima aux États-Unis
un élan neuf à l'urbanisme. Plusieurs villes devaient en être agréa-

---

40. Henry-Russel Hitchcock, *Architecture : Nineteenth and Twentieth Centuries*, pp. 230-231. (#)

blement marquées, et l'on peut supposer que les grands axes qui structurent notre ville Mont-Royal en sont la lointaine image.[41]

Qu'Expo 67 ait une influence semblable, éventuellement, sur l'aménagement de Montréal, ou sur celui d'autres villes, on ne pourra que s'en réjouir. Car son aménagement, plus que l'architecture de ses meilleurs pavillons, qui semble concrétiser des tendances déjà connues, possède des qualités indiscutables, propres à améliorer l'environnement urbain.

Pour comprendre la nature de cet aménagement, il faut se rappeler que l'emplacement choisi pour cette manifestation, si dramatique qu'il fut, présentait par contre un défi de taille : comment unifier une exposition de cette envergure, répartie sur quatre sites distincts (jetée Mackay, île Ste-Hélène, île Notre-Dame, La Ronde), séparés par les bras d'un fleuve ?[42] Sans parler du problème propre à toute exposition de ce genre, celui de procurer une structure d'ensemble, suffisamment rigide pour assurer un ordre indispensable, tant fonctionnel que visuel, mais assez souple aussi pour y engendrer toute la diversité souhaitée.

On y a réussi, et de façon fort acceptable, en recourant à deux concepts de base. Premièrement, celui d'unifier l'ensemble à l'aide d'une hiérarchie de systèmes de transport, chaque système possédant son échelle et sa vitesse particulières, permettant à la fois de se déplacer tout en prenant connaissance du site, dans sa totalité comme dans ses détails. Deuxièmement, celui d'unifier l'ensemble selon un thème central distribué en sous-thèmes, selon les secteurs principaux d'exposition. Le centre focal de chacun de ces aires devait donc être un pavillon thématique, explicitant le thème général sous un aspect particulier, tout en servant de nœud d'articulation aux divers systèmes de transport.[43]

Le système premier, le squelette de ces systèmes hiérarchisés de transport, fut l'Expo-Express, train sur rails, d'une capacité de 30,000 passagers à l'heure. Reliant par voie élevée la place d'Accueil (Pointe St-Charles) au cœur de chacun des secteurs d'exposition sur

41. John William Reps, *The Making of Urban America...*, pp. 497-525.
42. L'île Ste-Hélène, qui comptait originellement 135 acres, a été reliée à l'île Verte, en amont, et à l'île Ronde, en aval, ajoutant respectivement 50 et 145 acres supplémentaires. Une section de l'Expo a occupé également une partie de Pointe-St-Charles, partie qui se prolonge sur la jetée McKay : superficie de 150 acres. Enfin, l'île Notre-Dame, reconquise à même le fleuve, ajoute 310 acres.
43. S.M. Staples, « Transportation Network at Expo 67 », *Architecture Canada*, 43, no. 8, August 1966, pp. 33-34 ; Id., « Expo '67 : Is It a Success ? », *Architecture Canada*, 44, no. 8, August 1967, pp. 39-42.

l'île Ste-Hélène, sur Notre-Dame et sur la Ronde, ce système devait offrir un lien physique et une continuité visuelle entre ces quatre sites. Il semble qu'il ait bien rempli ce double rôle : non seulement les visiteurs se trouvaient distribués efficacement, mais des sondages ont démontré qu'en utilisant l'Expo-Express ils se faisaient de l'Expo une image beaucoup plus complète et plus réelle.[44] Des stations élevées, situées à proximité de chaque pavillon thématique, et recouvertes de matériaux aux couleurs brillantes, ont également contribué à expliciter visuellement le concept de base de ce système.

On peut reprocher à ce réseau de l'Expo-Express une seule faiblesse : celle de n'avoir pas établi de lien direct avec le métro montréalais, dont la station de l'île Ste-Hélène se trouvait trop éloignée de celle de l'Express. Ceci a engendré beaucoup de confusion chez les visiteurs qui accédaient au site de l'Expo par le métro.

Intégré à ce système premier, le second, celui des minirails, a joué pour sa part un rôle important, en favorisant un contact intime avec l'environnement des aires d'exposition. Plus lent et plus souple que l'Expo-Express, avec ses petits wagons complètement ouverts, circulant sur des voies élevées sinueuses, le minirail a permis aux visiteurs de structurer davantage l'image perçue du haut du circuit de l'Expo-Express. Il leur a permis également de participer à des expériences spatiales stimulantes : de l'avis d'un grand nombre, une balade dans le minirail Notre-Dame offrait la sensation la plus mémorable qu'une personne pouvait espérer ramener de la visite de cette exposition universelle.

Les autres sous-systèmes de transport furent cependant moins heureux. Ainsi on avait songé, dès le début, que des barques naviguant sur les multiples canaux de l'île Notre-Dame auraient pu offrir un moyen attrayant de transport. Malheureusement, les visiteurs ont ostensiblement ignoré ce système, peut-être parce que la vue sur l'Expo à partir d'un plan bas offrait moins d'intérêt que d'un plan élevé. Enfin, tandis que les systèmes de l'Expo-Express et du minirail avaient maintenu une ségrégation complète entre les mouvements d'échelle et de vitesse différentes, les voies de surface, donnant un accès direct aux divers pavillons, ont souffert de cette absence de ségrégation. En effet, toutes sortes de véhicules, motorisés ou manuels, tels les Pédicabs, ont utilisé les mêmes voies que les piétons, pour l'inconfort, sinon toujours conscient, en tout cas bien réel, de ces derniers.

Si cette hiérarchie des mouvements a permis de réaliser à un haut degré la synthèse des multiples éléments du plan dans une unité

---

44. Staples, « Expo' 67 : Is It a Success ? », p. 40.

opérationnelle et dynamique, le recours à des pavillons thématiques dans chaque secteur de l'exposition, pour renforcer cette unité d'ensemble, n'a pas été, à notre avis, un succès complet. Ainsi, le pavillon thématique de l'île Notre-Dame (l'homme à l'œuvre), à l'encontre de celui de l'île Ste-Hélène (l'homme interroge l'univers), qui constituait, lui, un véritable point focal en relation avec les structures voisines, semblait écrasé, au milieu de pavillons dont l'échelle était souvent plus impressionnante. Combien de personnes ont fait la relation entre ce pavillon thématique et celui de l'île Ste-Hélène, comme faisant partie d'un procédé d'unification ? Pour être vraiment des liens conceptuels et visuels entre les divers sites de l'Exposition, ces structures auraient dû être davantage proéminentes dans le paysage de l'Expo.

Parmi les autres traits distinguant ce plan d'aménagement, remarquons une composition d'ensemble, nettement urbaine, caractérisée par le grain serré des espaces bâtis, contribuant à mettre en valeur l'échelle des places, des dégagements et autres espaces libres, et accentuant le contraste avec les éléments naturels, tels le fleuve et les parcs des îles Ste-Hélène et Notre-Dame. La disposition des pavillons selon leur attrait (États-Unis, Russie, Canada...), pour canaliser les mouvements de foule vers les secteurs de moindre intérêt, a permis de maintenir un équilibre d'ensemble, structuré par l'ordonnance géométrique, non toujours rectiligne, des voies terrestres et aquatiques de circulation. Enfin, et cela tout le monde l'a remarqué, les divers équipements de service, depuis la boutique casse-croûte jusqu'aux téléphones et aux lampadaires, ont été judicieusement et harmonieusement intégrés à l'ensemble, tant pour la qualité de leur composition que pour celle de leur design.[45]

On peut donc retenir que cet aménagement global a su conférer à ces divers secteurs d'exposition une unité et une lisibilité d'ensemble, faites d'équilibre, d'ordre et d'harmonie, à travers une grande diversité. Ceci réaffirme un principe urbanistique malheureusement disparu dans la cité d'aujourd'hui : le tout doit être plus significatif que la somme de ses parties et de ses éléments composants. Mais est-ce encore possible, dans une ville réelle ? La question reste sans réponse. Car le fait que les planificateurs avaient affaire à un site vierge, aux trois-quarts créé de toutes pièces, libre de toutes structures et non grevé d'investissements particuliers, qu'ils dispo-

---

45. Édouard Fiset, « Introduction d'un concept urbain dans la planification de l'exposition », JRAIC, 42, no. 5, May 1965, pp. 55-62 ; Jerry Miller, « Expo '67 : a Search for Order », The Canadian Architect, 12, no. 5, May 1967, pp. 44-54 ; Laurent Lamy, « Le design, roi et maître de l'Exposition universelle », Vie des Arts, no. 48, Automne 1967, pp. 52-55.

saient d'un budget non restrictif et d'un contrôle sur l'application du plan plus efficace que d'habitude, les a conduits à faire de cette Terre des Hommes la préfiguration de la ville rêvée, plutôt que de la ville réalisable.

Si l'on considère maintenant l'architecture des divers composants de cette Exposition, on peut constater qu'elle n'est pas révolutionnaire, pas plus d'ailleurs que son plan d'aménagement, dont les concepts et les principes sont connus depuis longtemps, depuis fort longtemps même, si l'on songe à ce chef-d'œuvre d'organisation qu'est Venise. Néanmoins, cette Exposition de Montréal, par l'architecture de ses pavillons les mieux réussis, a su consacrer superbement certaines tendances déjà connues. La tendance architecturale qui a reçu la meilleure consécration est celle du bâtiment enveloppe — grâce aux pavillons américains, aux pavillons thématiques, et à ceux de l'Allemagne, de l'Ontario et du Québec. Elle se résume essentiellement dans la barrière climatique enveloppant de multiples fonctions, celles-ci étant réparties sur de multiples niveaux, et innervées par des réseaux de circulation et de service.

Le pavillon américain, immense dôme géodésique de Buckminster Fuller, constitue l'exemple le plus franc de ce concept de l'enveloppe climatique, cette dernière se trouvant, en effet, complètement séparée du réseau tridimensionnel des circulations et services. Exploit remarquable, il va sans dire, mais que le Crystal Place de Londres et la Galerie des Machines de Paris avaient cependant pratiquement réalisé un siècle plus tôt. À cette échelle, quelque 250 pieds de diamètre, englobant sous l'épiderme acrylique un volume de 6,700,000 pieds cubes, on hésite à parler d'édifice ou de bâtiment, car il pourrait abriter tout le centre-ville d'une petite agglomération. C'est pour ce genre de fonctions que ce pavillon se révèle le plus prometteur.

Dans le cas des pavillons thématiques, l'enveloppe climatique n'englobe pas toutes les fonctions dans un tout unique, comme le pavillon des États-Unis, mais individualise, avec une grande flexibilité, les espaces fonctionnels et leurs réseaux de service. Structurés selon le concept de la cellule universelle du tétraèdre tronqué, lequel s'est avéré être la forme géométrique la plus praticable, à cause du grand choix de composition offert par la juxtaposition de ses modules, ces pavillons thématiques demeurent plastiquement décevants. Pour diverses raisons, dont une complète faillite sur le plan de la standardisation et de la préfabrication des éléments de structure, ces pavillons apparaissent particulièrement lourds, et sans élégance. De plus, le problème de la barrière climatique et environnementale n'a pas été solutionné avec bonheur. À remarquer que ce sont les mêmes architectes qui ont réalisé ces pavillons thématiques et le complexe de la place Bonaventure et que, dans les deux cas, ils ne semblent pas avoir réussi complètement à se débarrasser du concept traditionnel des façades.[46]

Beaucoup plus satisfaisant apparaît le pavillon de l'Allemagne, l'œuvre individuelle la mieux réussie de cette Exposition. Réalisé par Frei Otto et Rolf Gutbrod, il fut accueilli par les critiques comme sensationnel, comme une innovation architecturale majeure, promise à un grand avenir dans la ville de demain. Dans le cas de ce pavillon, comme dans le cas du pavillon de l'Ontario, il n'y a pas eu de compromis : il s'agit uniquement d'un toit, plus précisément d'une tente, d'un abri élémentaire, sans référence aux édifices articulés, où les notions mêmes de façades ou de portes ont été bannies. Cette solution rappelle la grande tente du cirque, sous laquelle le spectateur peut circuler librement, au milieu des nombreuses manifestations et des nombreux exhibits. Ce pavillon de l'Allemagne, tablant sur des principes éprouvés de construction, mettant en œuvre des colonnes qui retiennent une natte de fils d'acier destinée à supporter une membrane plastique, présente l'avantage d'être léger, peu coûteux, d'érection facile, et démontable. Il est empreint, en outre, d'un lyrisme profond qui prend, la nuit, un caractère tout à fait féerique.

Du point de vue l'architecture nocturne, le pavillon du Québec constitue également une réussite totale. Lui aussi est en quelque sorte une enveloppe. Mais ici, il s'agit d'une enveloppe très formelle. Oeuvre des architectes québécois Papineau, Gérin-Lajoie et Leblanc, il possède la clarté et les qualités de détail qui ont fait le bonheur de l'architecture d'un Mies-Van-der-Rohe. Ada Louise Huxtable, critique d'architecture du New-York Times, n'a-t-elle pas qualifié ce pavillon du Québec de « Pavillon de Barcelone » de l'Expo 67 ? [47] Ce pavillon possède une dignité et un style qui se rapprochent peut-être plus de ceux d'un hôtel de ville ou d'un musée, comme l'a souligné Peter Blake, que d'un pavillon d'exposition.[48] Comme toute œuvre imprégnée de dignité formelle et de caractère solennel, il risque de vieillir plus rapidement que les pavillons de l'Allemagne ou de l'Ontario.

---

46. Guy Desbarats, *op. cit.* ; Guntis Plesums, « Architecture and Structure as a System : Man the Producer Pavillon, » *Architecture Canada,* 46, no. 4, April 1969, pp. 23-33.

47. Peter Blake, « Quebec's Shimmering Vitrine », *The Architectural Forum,* 126, no. 5, June 1967, pp. 29-37.

48. *Ibid.,* p. 36.

# CONCLUSION

L'évolution de Montréal décrite dans les chapitres précédents se divise en trois phases : pré-industrielle, industrielle et métropolitaine. Chacune de ces périodes a engendré une forme caractéristique d'agglomération humaine et bâtie.

Durant la phase pré-industrielle, les colonisateurs européens subissent plus qu'ils ne contrôlent l'environnement de ce continent nouveau. Ceci se reflète dans leurs patrons d'occupation du sol (la côte, le rang), et dans l'architecture de l'habitation populaire. Cette dépendance des forces du milieu provient du fait que la maîtrise de l'énergie par les hommes s'avère encore sommaire, se limitant au contrôle de l'énergie animée (hommes, animaux) et à l'utilisation de convertisseurs primaires d'énergie : le moulin à vent et à eau. Conséquemment, et pour des raisons d'ordre historique qu'il n'est pas de notre ressort de discuter ici, les principales activités économiques apparaissent directement reliées aux ressources les plus facilement exploitables du milieu : l'agriculture et le commerce des fourrures.

Durant cette période, l'île montréalaise se présente essentiellement comme un territoire rural, un véritable milieu « écologique » humain, structuré physiquement par le parcellaire de la côte, socialement par la paroisse, intégré économiquement et politiquement par le système seigneurial, ponctué, aux endroits stratégiques, de hameaux et de villages. La ville de Montréal elle-même constitue la concentration d'habitations la plus importante. Mais comme elle dépend étroitement de la production de son hinterland pour son alimentation, sa croissance, dirigée en partie selon le plan de Dollier de Casson, s'avère lente : en 1842, deux siècles après sa fondation, la ville atteint à peine 40,000 âmes. Un équilibre stable règne donc entre la ville et la campagne, entre l'habitat groupé et l'habitat desserré.

Reflétant cette dépendance du monde rural, le centre focal de le petite cité demeure la place du Marché, lieu indispensable d'échange entre les agriculteurs et les citadins, entre artisans et commerçants. Son rôle est complété par celui de la place d'Armes, centre social de la communauté, bornée par l'église paroissiale et la résidence des seigneurs (vieux séminaire St-Sulpice). Jusqu'à la fin de cette période pré-industrielle, la place publique demeure l'élément urbain caractéristique, comme en témoigne l'établissement successif et planifié des places Jacques-Cartier et Victoria.

Dans la seconde phase d'évolution, la conquête de l'énergie inanimée, au moyen de convertisseurs mécaniques, et les révolutions économiques subséquentes perturbent complètement ces modèles de production et d'occupation du sol. Le navire à vapeur, le chemin de fer et le télégraphe polarisent les activités économiques vers Montréal, mettant en valeur son exceptionnelle situation géographique. Ceci s'accompagne, sur le plan humain, d'une immigration étrangère variée, qui annonce la vocation cosmopolite de l'agglomération. Parallèlement, la mécanisation des moyens de production, la division et la coopération du travail réclament de la main-d'œuvre, des lieux et des locaux appropriés, et dissociant, pour la première fois, le lieu de travail et le lieu de résidence, amorcent le processus d'urbanisation, en attirant les ruraux vers la ville : la population urbaine, qui avait eu besoin de deux siècles pour atteindre le chiffre de 40,000, dépasse largement celui de 200,000, cinquante ans après (219,616 âmes en 1891). Bouclant le cercle, la présence de cette main-d'œuvre abondante et peu exigeante stimule à son tour l'industrialisation ; mais une industrialisation polarisée en grande partie, à cause du peu d'instruction et de formation de ces ruraux, sur la production de biens de consommation courante. Cette implication de la population ouvrière dans les industries à bas salaire et à bas niveau technique se reflétera dans la pauvreté des quartiers populaires, dans la « Cité below the hill ».

Ces populations se distribuent désormais sur le territoire en fonction des sources d'emploi ; et comme les industries qui dépendent des matières premières et du transport lourd s'établissent le long du port, le long du canal Lachine et des rails qui complètent ce système de transport par eau, ceci donne naissance aux premières municipalités et aux premiers quartiers industriels : Ste-Anne, St-Henri, Ste-Cunégonde, Hochelaga-Maisonneuve, etc. Les autres industries, celles qui dépendent davantage de la main-d'œuvre et de la clientèle, les industries de confection, par exemple, ont tendance à suivre la progression démographique, axée en majeure partie sur la percée du boulevard Saint-Laurent. Sous l'impulsion de Mgr Bourget, la paroisse, d'abord unique dans la cité, se fractionne en autant d'unités autonomes, nécessaires aux besoins d'encadrement social et spirituel de ces populations nouvellement implantées.

Avec l'apparition des premiers transports en commun, d'abord à traction animale, puis électrique, une couronne résidentielle de haute densité se développe à la périphérie des premières habitations de l'ère industrielle. Les quartiers du plateau Mont-Royal et ceux de Verdun appartiennent à cette couronne ; leurs habitations mitoyennes, à logements superposés, accessibles par des escaliers extérieurs, apparaissent comme les habitations types de cette période. Seuls les citoyens jouissant d'une plus grande mobilité, les riches, qui contrôlent le commerce et l'industrie, et qui sont en majorité britanniques, peuvent occuper les plus beaux endroits, particulièrement les flancs du mont Royal : le Mille-Carré, Westmount, Outremont... L'architecture de leurs résidences témoigne d'ailleurs de leur surplus de ressources. C'est là l'origine des « deux solitudes », de la ville spatialement divisée entre francophones et anglophones, entre pauvres et riches, entre St-Henri et Westmount.

Pendant ce temps, le centre-ville se spécialise en centre d'entreposage (très visible dans nos entrepôts à grains), en centre de gestion et de distribution de la production industrielle. À l'instar de cette production, le sol urbain prend valeur d'échange, et comme la demande est forte pour l'établissement de bâtiments commerciaux — par ailleurs d'une architecture étonnante au début —, ceux-ci chassent du coteau St-Louis les fonctions sociales et résidentielles héritées des siècles précédents, et envahissent presque tous les espaces libres, privés ou publics, ne laissant que la rue.

C'est bien la rue, en définitive, ce lieu de communication entre le centre-ville, l'industrie et l'habitation, c'est-à-dire entre le lieu de gestion et de production, et le lieu de résidence du producteur et du consommateur, qui apparaît comme la grande caractéristique de Montréal durant cette phase industrielle. Dans une agglomération urbaine toute tendue vers la quête du pain quotidien et vers la croissance économique, quelle structure de communication était plus appropriée que la grille orthogonale, déjà inscrite dans le sol grâce à l'occupation précédente, sous le système de la côte ? À une époque où le dynamisme des forces en présence tient lieu de planification, la grille orthogonale de rues s'impose, parce qu'elle est la forme la plus simple pour assurer les communications et optimiser les profits des spéculateurs fonciers et des entrepreneurs en habitation en série.

Même la place, lieu d'échange par excellence de la période précédente, est remplacée par la rue commerciale, l'échange profitant désormais de la dynamique des communications. Les rues Ste-Catherine, Ontario, Mont-Royal, St-Laurent, St-Hubert en font foi.

Si l'environnement engendré par ce dynamisme techno-économique s'avère le plus souvent déplorable dans les quartiers ouvriers, il est plus serein dans les quartiers plus fortunés. Le refuge que la société dirigeante victorienne cherche dans le passé et dans la nature, comme compensation à son insécurité culturelle et comme prétexte à sa philosophie du laisser-faire, se reflète dans l'architecture et dans l'aménagement urbain. Milieu quotidien des activités d'affaires et de loisirs au rythme beaucoup plus lent (et contemplatif) que celui d'aujourd'hui, la rue victorienne présente un décor exubérant, créé essentiellement par une architecture de façade, et la ville, une quantité de squares, de cimetières et de parcs romantiques, dont le square Dominion, le cimetière protestant et le parc du mont Royal atteignent une rare qualité d'aménagement.

Dans la présente phase d'évolution, de nouveaux et profonds changements sont en cours. Ces bouleversements prennent naissance dans une véritable révolution dans le domaine des communications et du transport intra-urbains : le téléphone, la radio, la télévision, le moteur à combustion interne (automobile, camion, etc.) ont en effet remplacé le messager, le cheval et le tramway. Ces conquêtes de la machine et de l'électronique affectent l'économie et créent une puissante force centrifuge de désurbanisation et d'exurbanisation, qui vient contrebalancer la force centripète, à l'œuvre depuis la période industrielle. La ville a tendance à s'étendre à la limite de ces nouvelles possibilités : la route, plus souple, remplace le chemin de fer comme infrastructure, pour le transport, la banlieue se substitue aux denses quartiers industriels, le centre d'achat à la rue commerciale. Peut-on parler encore d'une ville au sens traditionnel du mot ? Est-ce qu'il ne s'agit pas plutôt d'une vaste région urbanisée, à laquelle seul le centre-ville, avec ses grands complexes (les places Ville-Marie, Bonaventure, Victoria, etc.) reflétant les conquêtes techniques et la prépondérance d'une industrie des services, semble encore conférer une identité ?

En bordure de ce centre-ville, et le long des axes routiers qui y conduisent rapidement, sont apparues des tours d'habitation, destinées à répondre aux besoins de familles petites, de petits ménages, désireux de profiter des attraits et des emplois du centre-ville. En bordure de l'agglomération, c'est le contraire : la maison unifamiliale prédomine, destinée à des familles nombreuses possédant un certain revenu, celles qui sont défavorisées devant chercher refuge dans les quartiers dégradés du siècle dernier, les seuls à offrir de grands logements, à prix modiques. C'est une frange vorace, consommant aveuglément un territoire qui pourrait être exploité plus rationnellement et plus économiquement, pour d'autres fins, telles que la production agricole ou l'aménagement de zones de loisirs. Mû par une spéculation foncière encouragée le plus souvent par les gouvernements, et bien orchestrée par la publicité, ce déferlement pavillonnaire apparaît amorphe, sans structure cohérente, nivelant les paysages, noyant ou menaçant l'identité des anciens villages de l'île, et ceux de la plaine. En somme, Montréal n'est plus perceptible ou lisible comme un tout : sa réalité s'est diluée dans un conglomérat de formes et de paysages sans liens conceptuels, structuraux ou visuels, reliés entre eux uniquement par les liens économiques invisibles.

Chacune des phases de cette évolution a donc marqué la ville en devenir, a façonné son environnement et son architecture, a contribué à son image et à son identité. Mais attention : ces phases n'ont été séparées ici que pour fins d'étude. Car, comme la ville est un phénomène dynamique, les caractéristiques de chacune de ces périodes se sont compénétrées, dans la réalité. Les traits et les caractéristiques physiques laissés par une période ont le plus souvent servi de canevas d'expression aux périodes suivantes.

Ceci peut se vérifier à grande comme à petite échelle. Ainsi, tout d'abord, le parcellaire rural donne naissance à la grille type de rues, avec son environnement tout en tension, dont les éléments mêmes de contraste, les parcs ou les monuments à prétention socio-culturelle, ont été soumis à la même trame rigide ; les chemins du roi des « côtes » d'autrefois se retrouvent dans nos grands axes routiers : boulevard Métropolitain, le chemin de la Côte-de-Liesse, chemin de la Côte-des-Neiges, etc. ; de même, les villages de l'île et de la plaine, qui servent aujourd'hui de pôles d'agglomération d'une banlieue corrosive, prennent racine dans un système d'occupation du sol institué durant une période troublée. À petite échelle, on pourrait multiplier les exemples. Contentons-nous de quelques-uns : la place d'Armes, élément urbain par excellence de la période pré-industrielle, s'enrichit, à la période suivante, des monuments qui la caractérisent, la seconde église Notre-Dame et la Banque de Montréal, mais perd son caractère premier de place d'échange, pour acquérir celui d'un square d'agrément, à l'exemple des squares georgiens anglais. Encore perd-elle à nouveau ce caractère, au 20e siècle, et malheureusement aussi son échelle, lorsqu'elle accueille les gratte-ciel de l'Aldred et de la banque Canadienne Nationale. De la même façon, le square Dominion, à l'origine paisible cimetière, à la périphérie du développement bâti, prend une toute autre signification, en attirant par son prestige un générateur d'activités tel que la gare Windsor, et en s'entourant d'une série d'édifices victoriens remarquables, qui en font un élément urbain unique en Amérique du Nord. Ce fut d'ailleurs la nouvelle vocation de la plupart des squares du centre-ville d'attirer, durant la période moderne, les grands complexes, générateurs d'intense activité. Enfin, on pourrait citer dans cette même ligne d'idée le cas du square St-Louis, à l'origine, emplacement pour un réservoir d'eau, ou ceux des parcs Lafontaine et de l'île Ste-Hélène, à l'origine, réserves militaires. Donc, la « pérennité dynamique » des structures, inscrites dans le sol aux diverses époques, est vraiment une donnée fondamentale de l'évolution de notre ville, sans laquelle on pourrait difficilement expliquer comment elle a acquis son image et sa personnalité actuelles.

Encore n'a-t-on parlé que d'organisation matérielle, de structures et d'environnement physique. Tout ceci n'offrirait guère d'intérêt, si ce n'était baigné d'une vie humaine riche en ethnies les plus diverses : autochtones québécois, issus, pour les deux tiers, du monde rural, immigrants venus de tous les pays européens et asiatiques. Une vie riche en caractéristiques sociales et culturelles variées, se reflétant dans les mentalités, les comportements, la vocation des quartiers, quartiers juifs ou quartiers italiens, dans la vocation de certaines rues, boulevard St-Laurent ou avenue du Parc, se reflétant dans les services, qu'il s'agisse du marché Jean-Talon ou des restaurants exotiques. Et tout ceci apparaît également en perpétuelle mutation : l'agglomération irlandaise, aux abords de l'église St-Patrick, laissera la place au quartier chinois, l'avenue du Parc sera successivement britannique, puis juive, avant de devenir grecque. Caractériser cette vie multiforme en mutation, innervant un environnement en devenir, n'est pas une tâche facile. Retenons au moins que notre milieu urbain est riche de formes et d'expressions, de vie et d'esprit.

À travers cette vie et ces formes, quelle fut la valeur de l'intervention des hommes dans l'organisation de leur milieu et de leur habitat ? Quelles directives peut-on en retirer pour l'avenir, en admettant que la sagesse ne s'acquiert pas en énumérant les faits historiques mais bien en les interprétant ? Il apparaît d'abord nécessaire de faire une mise au point. On entretient, en effet, la croyance que Montréal, comme l'ensemble des villes américaines, résulte d'un jeu de forces non contrôlées, du dynamisme « américain », et que l'intervention planifiée y fut négligeable. Cette affirmation est vraie, dans la mesure où les faits permettent de la vérifier. Concernant les villes américaines, des études comme celles de Reps (*The Making of Urban America*) ou de Tunnard et Reed (*American Skyline*) tendent à établir un plus juste équilibre ; concernant Montréal, les pages précédentes nous amènent à reconnaître que l'intervention humaine y a joué un rôle certain.

D'une part, tout le système organisé d'occupation du territoire québécois (et de l'île montréalaise) par le rang ou la côte, unité territoriale intégrée au système politico-économique de la seigneurie, et solidement structurée par la paroisse, a engendré un milieu « écologique » d'une qualité et d'une homogénéité rares. Le Québec est d'ailleurs à la recherche, comme d'un paradis perdu, d'une unité politique, économique, sociale et culturelle aussi satisfaisante que celle de l'ancien régime, unité désarticulée par la Conquête et par l'industrialisation. D'autre part, tous ces plans sectoriels d'aménagement, tels ceux de Dollier de Casson, des Commissaires chargés de la démolition des fortifications de la vieille cité, ceux des grands cimetières et ceux du parc du mont Royal, de Ville-Mont-Royal, de Cité-Jardin, de l'île des Sœurs, le plan élaboré par Pei pour le nouveau centre-ville, le plan du métro, etc., toutes ces mesures volontaires destinées à améliorer les conditions de navigation sur le fleuve, à aménager des canaux, tel celui de Lachine, à faire de Montréal un port national et la plaque tournante des chemins de fer, ont eu des conséquences indéniables sur le destin, sur la composition sociale et culturelle, sur l'organisation matérielle et sur l'environnement de notre métropole.

Mais que l'architecture ou l'environnement montréalais soient, selon les périodes et les circonstances, le reflet d'un dynamisme naturel ou de l'intervention plus directe des hommes, une conclusion s'impose : ils ont été authentiques et valables dans la mesure où ils ont reflété une mise en équilibre des réalités en présence ; celles de la géographie ou du climat comme celles de l'économie ou de la culture.

Ainsi, l'occupation du territoire dans le cadre de la trilogie côte-paroisse-seigneurie se révèle remarquable comme réponse à la conjoncture globale de la colonisation d'un continent nouveau. On a pu constater que l'unité territoriale de la côte et du rang a prévalu, à l'encontre d'une conception plus à jour, véhiculée par la classe dirigeante (les villages en étoile de l'intendant Talon), mais qui s'avérait une importation culturelle complètement étrangère aux conditions prévalant ici. De même, l'adaptation graduelle de la maison québécoise aux conditions du milieu, et aux conditions de la vie dans ce milieu, produit une architecture beaucoup plus authentique que l'idée d'un Chaussegros de Léry de construire en Nouvelle-France des châteaux baroques, à l'image de ceux de la métropole européenne.

Cette dichotomie entre l'adaptation à la conjoncture globale du milieu, qui permet d'identifier l'architecture populaire, et l'hégémonie de la culture, qui caractérise l'architecture ou l'aménagement académique et officiel, n'appartient pas au seul régime français. Elle se perpétue durant toute l'histoire de Montréal. Par exemple, durant la période victorienne, tous ces styles historiques, éclectiques, pittoresques, apparaissent comme autant d'images importées, auxquelles adhère l'architecture académique, au détriment de racines plus profondes dans notre réalité. Y a-t-il des styles plus étrangers à notre géographie des grands espaces nordiques que les styles baroque et néo-baroque ? Y a-t-il un plus bel exemple de colonisation culturelle (et spirituelle) que cette réduction de la basilique romaine de St-Pierre, plantée comme une curiosité en bordure du square Dominion ? Existe-t-il un style moins approprié à notre climat que celui du Second Empire, ou que tout ce pittoresque, qui se traduit par une libido décorative faite de pierre, de brique, de bois, de fer et de tôle ?

N'est-il pas révélateur que la seule architecture authentique de cette période, comme celle de la précédente de toute façon, demeure précisément une architecture qui n'a pas la prétention d'en être une, une architecture sans architecte, une architecture qui échappe à toute culture consacrée, à tout système institutionalisé ? Il ne s'agit évidemment ni de la cathédrale Christ Church, ni de la maison Mount Stephen, mais bien de la maison industrielle, avec son plan corridor et ses escaliers extérieurs, de l'architecture commerciale, avec son plan libre, bien éclairé, ses façades en squelette de pierre, ou encore des élévateurs à grains, ces énormes machines sans autre prétention que celle d'être fonctionnelles.

Beaucoup de gens sont disposés, surtout par attachement sentimental, à reconnaître une réelle valeur à l'architecture domestique coloniale issue des vieux modèles français. Cependant ils la dénient farouchement à la maison-type, du genre de celles du plateau Mont-Royal ou de Verdun. Peut-on honorer du titre d'architecture des habitations mesquines, dont les appendices extérieurs, balcons, galeries, escaliers ou hangars, sont visuellement offensants ? Et pourquoi pas ? Sans doute la maison Mount Stephen, ou n'importe quelle autre du même genre, avec ses grandes et hautes pièces bien éclairées, avec son assurance cossue et ses façades bien policées, apparaît-elle plus conforme à l'idée que l'on se fait normalement de l'architecture. Mais, justement, l'architecture n'est pas une idée ; elle doit être une réponse complète à des besoins « en situation ». Il ne s'agit pas ici de faire l'apologie des pièces mal éclairées ou des escaliers-suicides. Il s'agit de comprendre et de reconnaître que cette maison type, grâce à son plan et à ses compléments extérieurs, grâce à son système ingénieux de construction, très bien adapté aux caractéristiques de notre climat et à nos ressources en matériaux, grâce à son prix modique, assuré par le recours à la préfabrication et à la standardisation, s'avéra une réponse appropriée au besoin de loger rapidement des milliers d'immigrants ruraux, particulièrement démunis.

Il ne s'ensuit pas qu'il faille rejeter en bloc l'architecture académique, dont nous avons hérité, et la livrer en pâture à l'oubli et aux spéculateurs. Plusieurs de ces vieux édifices ne manquent ni de charme ni de caractère. Par exemple, bien que Victor Bourgeau ait eu recours aux styles historiques, tout comme ses contemporains, ses églises se distinguent par une touche personnelle et unique de simplicité et de vigueur. De même, la cité s'appauvrirait par la perte de monuments comme l'église Notre-Dame, le marché Bonsecours, la gare Windsor, la bibliothèque Nationale, et autres établissements du même genre. Car cette architecture, en plus d'être intéressante en elle-même, témoigne bien du temps passé. Voilà une condition essentielle pour humaniser la ville : elle doit, comme les hommes, posséder une mémoire. Aussi faut-il convenir que, dans le milieu urbain, cette architecture a acquis une autre dimension, en contribuant aux paysages urbains et à l'identité des lieux. Dans ce sens, la plupart des bâtiments du Vieux-Montréal, quel que soit leur style ou leur valeur architecturale, sont indispensables au caractère des rues. Dans le même sens, la plupart de nos églises-cathédrales, qu'elles soient de style néo-gothique ou néo-baroque, qu'elles jouissent ou non des attentions de l'historien de l'architecture, apparaissent irremplaçables comme points de repère des quartiers et éléments dominants de leur silhouette.

Si l'on observe d'autre part notre époque, on n'a pas à chercher très loin pour trouver, au centre comme à la périphérie de l'agglomération, des preuves de colonialisme socio-culturel. Toutes nos banlieues en sont le miroir : les mentalités, les façons de vivre, les formes même sont importées des États-Unis. C'est ainsi que les modèles dits « colonial » de la Nouvelle-Angleterre, « ranch » du Texas, ou « cottage » et « colonial espagnol » de la Californie, sont copiés sans vergogne, rapetissés, pour rencontrer le budget du consommateur moyen, pressurés dans des développements domiciliaires dont la courbe des rues tient lieu de tout concept d'aménagement, greffés à des villages ou à des développements préexistants, pour mieux les vider de leur substance et détruire leur homogénéité.

Même la publicité ne réussit plus à cacher le ridicule de ces habitats, les visées réelles de leurs promoteurs et entrepreneurs, l'incurie des autorités gouvernementales qui les favorisent.

Au centre-ville, à l'exception de certains complexes, telles les places Alexis Nihon et Bonaventure, ou la tour du Château-Champlain, dont les formes s'harmonisent avec les formes dominantes de l'environnement du square Dominion, les nouvelles constructions affichent également une architecture désincarnée. Se réclamant, dans la plupart des cas, du style moderne international, cette architecture paraît sur le point de se voir enfermer dans le même type de prison dont elle a voulu libérer l'architecture victorienne. D'approche scientifique, soumise à des canons sévères, bannissant tout ornement, exploitant la technologie à sa limite, elle dégage une quintessence de table à dessin et engendre des formes stéréotypées, qui se retrouvent partout, de Tombouctou à Toronto. L'Exposition universelle de 1967, malgré ses contradictions, a eu cela de bon, d'amener de la couleur, de la fantaisie, du provisoire, dans un paysage urbain qui se teinte progressivement d'un formalisme et d'une sévérité pompeuse, officielle, à l'image du lourd et austère nouveau palais de justice. Il est probable qu'une réaction se prépare contre la dictature de ce style moderne international. En viendra-t-on à une architecture plus expressive de la personnalité des communautés ? Ou faut-il craindre, comme cela s'est produit fréquemment dans l'histoire de l'architecture, un excès contraire ?

L'urbanisme moderne également, tel qu'il se pratique à Montréal ou ailleurs, semble se diriger vers un cul-de-sac. N'est-il pas paradoxal que les villes se portent de plus en plus mal, malgré l'existence, depuis un demi-siècle, de cet urbanisme scientifique ? N'est-ce pas au nom de cet urbanisme que l'on a construit à Montréal, au cœur de l'agglomération, une autoroute qui défigure les paysages, charcute les quartiers populaires, contribuera à la pollution et à l'aggravation des problèmes de circulation au centre-ville ? N'est-ce pas au nom de cet urbanisme que l'on multiplie dans ce centre-ville les centres de commerce de détail, d'une architecture agréable et fort confortable, il va sans dire, mais qui néanmoins, en plus de ne s'adresser qu'à la classe aisée, contribuent à la déchéance de la rue commerciale Ste-Catherine, pour laquelle rien n'a été fait ? N'est-ce pas là une façon de programmer et de planifier la dégénérescence de la ville traditionnelle ? N'est-ce pas encore au nom de cet urbanisme qu'on laisse monter, au centre-ville et en périphérie, d'énormes tours à bureaux et à logements, qui accroissent à tel point la plus-value des sites, que les autres structures moins rentables n'ont d'autre choix que de disparaître ? Privée de leur utilité, entamée quant à son caractère et à sa beauté, la cité se parsème progressivement de cratères.

Le grand danger de cet urbanisme moderne est d'être trop souvent à la remorque d'une technique et d'un système économique tout-puissants, qui semblent n'avoir d'autre finalité que celle de leur propre croissance. La pollution, sous toutes ses formes, fut la conséquence d'une évolution techno-économique aveugle ; il est à craindre qu'elle ne constitue que l'amorce d'une série de cataclysmes si cette finalité n'est pas polarisée davantage sur la personne humaine. Surtout, il ne faut pas entretenir d'illusions : pour la première fois dans son histoire, Montréal se trouve présentement à un tournant vraiment critique. Nous avons hérité d'une des villes les plus remarquables de l'Amérique du Nord, mais ce qui a fait son unicité, sa qualité de vie et d'environnement, apparaît désormais menacé. La désurbanisation corrosive, coûteuse socialement et économiquement, le vieillissement précipité d'une grande partie de son tissu urbain, l'impact de la circulation automobile sur sa fabrique, le ravage de la plus-value engendré par l'énormité des complexes modernes, la disparition graduelle des arbres, des espaces verts, des monuments d'intérêt historique et architectural, une politique municipale tout orientée vers une sorte de grandeur identifiable à celle de Vienne à la veille de la chute de l'empire autrichien, tout cela engage désormais Montréal sur une pente mortelle. Au bas de cette pente se trouve inexorablement la dégradation physique et morale, la décrépitude et la laideur de la cité, le dégoût et l'intolérance de ses citoyens. La menace est d'autant plus réelle que d'autres métropoles mondiales ont déjà atteint ce stade de déchéance.

Mais pourquoi ce gouffre, subitement, après trois siècles d'évolution sans menaces ? À notre avis, et cela n'a pas été suffisamment apprécié, c'est parce que les convertisseurs d'énergie, mécanique et électronique, sont devenus trop puissants. Ils offrent désormais des possibilités démesurées d'une rentabilisation du capital-argent ; surtout, ils offrent des possibilités énormes d'organiser cette rentabilité, en conditionnant, grâce aux média d'information (particulièrement la radio et la télévision), l'activité des hommes. On a pu constater, en suivant l'histoire du développement de notre ville, que ce sont les révolutions des techniques — et subséquemment de l'économie — qui ont vraiment régi l'activité humaine, et parallèlement modifié les structures et les formes de l'agglomération. C'est cette technologie et ce système économique qu'il faut maîtriser, si l'on veut organiser le milieu, et contrôler l'environnement urbain. Car en eux-mêmes, les convertisseurs d'énergie ne sont ni bons ni mauvais : ils sont des instruments. Qu'ils soient mis au service d'un système techno-économique anonyme et aveugle, ou bien au service d'une authentique société urbaine, dans un milieu voué à la qualité de la vie, c'est cela qui fera la différence entre la déchéance et l'épanouissement de notre ville. Cet épanouissement ne peut être réalisé sans l'épanouissement du citoyen lui-même, sans sa libération et sa prise de conscience, de façon que le poids de son information et de sa participation devienne une des références de l'urbanisme. La ville et son architecture représentent des phénomènes trop complexes, trop pénétrés du dynamisme de la vie, pour n'être assumées que par les spécialistes.

Pour être créatrices, cette conscience et cette participation doivent s'enraciner dans la réalité profonde de notre milieu. Notamment, le citoyen doit prendre conscience que c'est une chose suprêmement non économique que de confier le développement de la métropole aux seuls intérêts des spéculateurs et des promoteurs, de gaspiller, par exemple, les meilleures terres agricoles de la province, pour le bénéfice de développements pavillonnaires, qui contiennent déjà en puissance les grands problèmes des générations futures. L'évolution de notre ville montre clairement que les intérêts investis et les structures inscrites dans le sol sont terriblement permanents : en sera-t-il autrement pour ce qui concerne le déferlement incontrôlé du domaine bâti ? De même, alors que la civilisation des loisirs se trouve à notre portée, et que Montréal constitue l'une des rares métropoles du monde à posséder assez de richesses naturelles pour répondre à ses besoins, il est antiéconomique et antisocial de sacrifier ces ressources sur l'autel de l'économie libérale individualiste, de laisser polluer les cours d'eau, dégrader les paysages, éroder les bassins de loisirs, en somme, de détruire pour des siècles l'immense potentiel de qualité de vie de notre région. À ce niveau, qui concerne notre avenir collectif, la solution ne peut être que politique, et la planification, régionale. Un plan témoin comme celui d'Horizon 2000 constituait déjà une bonne amorce de solution. Mais la valeur des plans de ce genre est illusoire, si elle ne s'accompagne pas de pouvoirs légaux et de mécanismes opérationnels capables de les réaliser.

À un autre niveau, les citoyens doivent prendre conscience qu'ils peuvent remodeler leur environnement urbain de manière à satisfaire leurs aspirations et leurs besoins de chaque jour. Voilà un type d'action que l'on pourrait qualifier, faute d'un meilleur terme, de planning opportun, ne réclamant pas plus de pouvoirs ou de mécanismes d'intervention que notre société n'en possède déjà. À ce sujet encore, l'évolution de notre métropole nous enseigne que de nombreux traits et éléments qui ont concouru à l'identité, au caractère, au confort et à la qualité de vie de notre milieu : parcs issus d'anciennes carrières ou de réserves militaires, squares ayant contribué à structurer le centre-ville moderne, et la rénovation du Vieux-Montréal, proviennent effectivement de réaménagements volontaires ou accidentels de l'environnement. Les occasions opportunes existent : vieux quartiers à rénover, zones industrielles obsolètes à reconvertir, servitudes publiques à utiliser, propriétés, paroissiales ou autres, à récupérer et à recycler au profit de la communauté urbaine, etc. À ce niveau, la volonté et l'imagination sont les meilleurs moyens de planification.

Enfin, cette conscience civique peut s'inspirer d'une longue tradition. En effet, durant toute l'histoire de Montréal, on a pu s'en rendre compte par cette étude, il s'est toujours trouvé des personnes et des groupes pour aimer Montréal, pour l'améliorer et pour l'embellir. On peut critiquer leur œuvre, mais on peut difficilement nier que tant qu'elle sera l'objet de cet amour, Montréal vivra, avec ses victoires et ses défaites, ses laideurs et ses beautés, certes, mais habitée par l'espoir. Cet humble ouvrage voudrait témoigner de cet espoir.

# BIBLIOGRAPHIE SÉLECTIVE

Cette bibliographie sélective ne concerne que les sources imprimées; les sources d'autre nature sont indiquées en introduction, et avec les notes des chapitres. Elle est divisée en seize sections. Les trois premières se rapportent aux sources bibliographiques, aux sources cartographiques et iconographiques, enfin aux ouvrages généraux. Les treize suivantes se rapportent à chacun des chapitres de cette étude.

## Sources bibliographiques

The Art Index. New-York, H.W. Wilson, 1933 —.
Canadian Library Association. Canadian Periodical Index — Index des Périodiques canadiens. Ottawa, 1938 —.
Dictionnaire biographique du Canada. 2 vol. (actuellement publiés), Québec, PUL, 1966 —.
Dionne, Narcisse-Eutrope. Inventaire chronologique des livres, brochures, journaux et revues publiés... depuis l'établissement de l'imprimerie au Canada jusqu'à nos jours. 4 vol., Québec, s.e., 1905-1912.
Dumont, Fernand et Martin, Yves, dirs. Situation de la recherche sur le Canada français; Premier colloque de la revue Recherches Sociographiques du département de Sociologie et d'Anthropologie de l'Université Laval. Québec, PUL, 1962, 296 p.
Garigue, Philippe. A Bibliographical Introduction to the Study of French Canada. Department of Sociology and Anthropology, Montreal, MUP, 1956, 133 p.
Garigue, Philippe. Bibliographie du Québec, 1955-1965. Montréal, PUM, 1967, 227 p.
Lacoste, Norbert. « Bibliographie sommaire des études sur Montréal ». Recherches sociographiques, VI, no. 3, septembre-décembre 1965, pp. 277-281.
Lanctôt, Gustave. L'œuvre de la France en Amérique du Nord. Bibliographie sélective et critique. Ouvrage publ. par la section française de la Société Royale du Canada, Montréal, Fides, 1951. 185 p.
Scribner, Allen, ed. Dictionary of American Biography. Under the auspice of the American Council of Learned Societies, 22 vol., New-York, Charles Scribner's Sons, 1928-1958.

*Sources cartographiques et iconographiques*

Beaugrand, H., ed. et Morin, P. L., dess. *Le Vieux Montréal 1611-1803*. Montréal, s.e., 1884, s.p.

Carre, William H. *Art Work on Montreal*. 12 vol., s.l., 1898, s.p.

De Volpi, Charles P. and Winkworth, P. S., eds. *Montréal : Recueil iconographique — A Picturial Record*. 2 vol., Montréal, Dev-Sco Publications, 1963.

Greenhill, Ralph. *Early photography in Canada*. Toronto, Oxford University Press, 1965. 173 p.

Harper, J. Russell and Triggs, Stanley, eds. *Portrait of a Period ; a Collection of Notman Photographs, 1856-1915*. Montreal, MUP, 1967.

Hopkins, Henry Whitmer, ed. *Atlas of the City and Island of Montreal, Including the Counties of Jacques Cartier and Hochelaga. From Actual Surveys, Based upon the Cadastral Plans Deposited in the Office of the Department of Crown Lands*. N.p., Provincial Surveying and Pub. Co., 1879. 107 p.

Lanctôt, Gustave. *Images et figures de Montréal sous la France*. Toronto, La Société Royale du Canada, 1943. 25 p.

Massicotte, E.-Z. « Inventaire des cartes et plans de l'île et de la ville de Montréal ». BRH, XX, no. 2, février 1914, pp. 33-41 et no. 3, mars 1914, pp. 65-73.

McLean, Eric and Wilson, R. D. *Le Passé Vivant de Montréal — The Living Past of Montreal*. Montréal, MUP, 1964. s.p.

Miller, Emile. « Inventaire chronologique des cartes et des plans de Montréal, 1611-1915, avec annotations ». *Rapport annuel du département des archives municipales pour l'année 1915*. Appendice III, Montréal, Perrault, 1916, pp. 39-80.

Québec (Province), Ministère des Affaires Culturelles et Service d'urbanisme de Montréal. *Relevé et études des ensembles historiques de la ville de Montréal*. Exécuté par la section de recherche des Monuments historiques de l'école d'architecture de l'université de Montréal. Dir. L. Demeter ; coll. étudiants de l'école d'Architecture de l'univ. de Montréal et de l'univ. McGill.

Roy, Pierre-Georges. *Les vieilles églises de la province de Québec, 1647-1800*. Commission des monuments historiques de la province de Québec. Québec, Proulx, 1925. viii-323 p.

Roy, Pierre-Georges. *Vieux manoirs, vieilles maisons*. Commission des monuments historiques de la province de Québec. Québec, Proulx, 1927. viii-376 p.

Spendlove, F. St. George. *The Face of Early Canada ; Pictures of Canada Which Have Helped to Make History*. Toronto, Ryerson Press, 1958. xxi-162 p.

Trudel, Marcel. *Atlas de la Nouvelle-France — An Atlas of New-France*. Québec, PUL, 1968. 219 p.

*Ouvrages généraux*

Adamson, Anthony ; Alison, Alice ; Arthur, Eric and Goulding, William. *Historic Architecture of Canada — Architecture historique du Canada*. Ottawa, RAIC, 1967. s.p.

Argan, Giulio Carlo. *The Renaissance City*. New-York, G. Braziller, 1970. 128 p.

Arthur, Eric R, *Toronto: no Mean City.* Toronto, University of Toronto Press, 1964. xvii-200 p.

Atherton, William Henry. *Montreal* (1535-1914). 3 vol., Montreal, The S. J. Clarke Publ. Co., 1914.

Bacon, Edmund N. *Design of Cities.* New York, Viking Press, 1967, 296 p.

Beauregard, Ludger, ed. *Montréal, guide d'excursions — Field Guide.* 22e Congrès international de géographie. Montréal, PUM, 1972. 197 p.

Beauregard, Ludger. *Toponymie de la région métropolitaine.* Québec, Ministère des terres et forêts du Québec, 1968. 225 p.

Bertrand, Camille. *Histoire de Montréal.* 2 vol., Montréal, Beauchemin, 1935-1942.

Blanchard, Raoul. *Le Canada français — Province de Québec. Etude géographique.* Paris, Fayard, 1960. 316 p.

Blanchard, Raoul. *L'ouest du Canada français,* vol. 1, *Montréal et sa région.* Montréal, Beauchemin, 1953. 401 p.

Blumenfeld, Hans. *The Modern Metropolis; Its Origins, Growth, Characteristics and Planning.* Selected essays, ed. by Paul D. Spreiregen, Montréal, Harvest House, 1967. xv-377 p.

Charney, Melvin. « Pour une définition de l'architecture au Québec » dans *Architecture et Urbanisme au Québec.* Conférences J.-A. DeSève, 13-14, Montréal, PUM, 1971, pp. 11-42.

Choisy, Auguste. *Histoire de l'Architecture.* 2 vol., Paris, Vincent, Fréal, 1954.

Churchill, Henry Stern. *The City Is the People.* New York, The Northon Library, 1962. (14)-205 p.

Colgate, William. *Canadian Art; Its Origin and Development.* Toronto, Ryerson, 1943. xvii-278 p.

Collard, Edgar Andrew. *Call Back Yesterdays.* Don Mills, Ont., Longmans, 1965. xiii-243 p.

Collard, Edgar Andrew. *Montreal Yesterdays.* Toronto, Longmans, 1962, 320 p.

Condit, Carl W. *American Building: Materials and Techniques from the First Colonial Settlements to the Present.* Chicago, University of Chicago Press, 1968. xiv-329 p.

Condit, Carl W. *American Building Art: the Nineteenth Century.* New York, Oxford University Press, 1960. xvi-371 p.

Cooper, John Irwin. *Montreal, a Brief History.* Montreal, McGill-Queen's University Press, 1969. 217 p.

Cooper, John Irwin. *Montreal, the Story of Three Hundred Years.* Montreal, n. ed., 1942. 133 p.

Creighton, Donald. *Dominion of the North; a History of Canada.* New. ed., Toronto, Macmillan Company of Canada, 1957. 619 p.

Easterbrook, W. T. and Watkins, M. H., eds. *Approaches to Canadian Economic History.* Toronto, McClelland and Stewart, 1967. 292 p.

(Faillon, Etienne-Michel). *Histoire de la colonie française en Canada.* 4 vol., Villemarie, Bibliothèque paroissiale, 1865-1866.

Falardeau, Jean-Charles, ed. *Essais sur le Québec contemporain — Essays on Contemporary Quebec.* Symposium du centenaire de l'université Laval, Québec, PUL, 1953. 260 p.

Fletcher, Sir Banister. *A History of Architecture on the Comparative Method.* 17th rev. ed., London. The Athlone Press, University of London, 1967. 1366 p.

388    MONTRÉAL EN ÉVOLUTION

Geddes, Patrick. *Cities in Evolution*. Ed. by the Outlook Tower Ass., Edinburgh and the Ass. for Planning and Regional Reconstruction, London, New rev. ed., London, Williams & Norgate, 1949. 241 p.

Gowans, Alan. *Building Canada; an Architectural History of Canadian Life*. Toronto, Oxford University Press, 1966. xx-412 p.

Gowans, Alan. *Church Architecture in New France*. Toronto, University of Toronto Press, 1955. xii-162 p.

Gowans, Alan. *Looking at Architecture in Canada*. Toronto, Oxford University Press, 1958.

Groulx, Chanoine Lionel. *Histoire du Canada français depuis la découverte*. 4 vol., Montréal, L'Action nationale, 1950-1952.

Hitchcock, Henry-Russel. *Architecture: Nineteenth and Twentieth Centuries*. 2nd ed., Baltimore, Penguin Books, 1963. xxix-498 p.

Hubbard, Robert Hamilton. *The Development of Canadian Art*. Ottawa, Queen's Printer, 1963. 137 p.

Jacobs, Jane. *The Death and Life of Great American Cities*. New-York, Random House, 1961. 458 p.

Jenkins, Kathleen. *Montreal, Island City of the St. Lawrence*. Garden City, New York, Doubleday & Co., 1966. xvi-559 p.

Johns, Ewart. *British Townscapes, with Drawings by the Author*. London, E. Arnold, 1965. 202 p.

Johnson-Marshall, Percy. *Rebuilding Cities*. Edinburgh, Edinburgh University Press, 1966. vii-390 p.

Jones, Emrys. *Towns and Cities*. London, Oxford University Press, 1966. viii-152 p.

Kidson, Peter ; Murray Peter and Thompson, Paul. *A History of English Architecture*. Harmondsworth, Penguin Books, 1965. 352 p.

Korn, Arthur. *History Builds the Town*. London, Lund Humphries, 1955. 110 p.

Lacour-Gayet, Robert. *Histoire du Canada*. Paris, Fayard, 1966. 605 p.

Lacoursière, Jacques et Vaugeois, Denis. *Canada-Québec; synthèse historique*. Montréal, Ed. du Renouveau pédagogique, 1969. 615 p.

Langlois, Georges. *Histoire de la population canadienne-française*. Montréal, Lévesque, 1934. 309 p.

Larkin, Olivier W. *L'art et la vie en Amérique*. Tr. de l'anglais par Anne Marcel, Paris, Ed. d'Histoire et d'Art, 1952. 486 p.

Latreille, André ; Dumont, Fernand; Rocher, Guy et all. *Le Canada français aujourd'hui et demain*. Paris, Arthème Fayard, 1961. 197 p.

Lavedan, Pierre. *L'architecture française*. Paris, Larousse, 1947. 254-(2) p.

Lavedan, Pierre. *Les villes françaises*. Paris, Editions Vincent, Fréal, 1960. 236 p.

Leacock, Stephen. *Leacock's Montreal*. Ed. by John Culliton, Toronto, McClelland and Stewart, 1963. xx-332 p.

Lessard, Michel et Marquis, Huguette. *Encyclopédie de la maison québécoise*. Encyclopédie de l'Homme, no. 4, Montréal, Les Editions de l'Homme, 1972. 728 p.

Lower, Joseph Arthur. *Canada; an Outline History*. Toronto, Ryerson Press, 1966. 248 p.

Lower, Arthur R. M. *Canadians in the Making; a Social History of Canada*. Toronto, Longmans, Green and Co., 1958. xxiv-475 p.

Lynch, Kevin. *The Image of the City*. Cambridge, Technology Press, 1960. 194 p.

Lynch, Kevin. *Site Planning*. Cambridge, M.I.T. Press, 1962. 248 p.

Maurault, Olivier. *Marges d'histoire*. 3 vol., Montréal, Librairie d'Action canadienne-française, 1929.

Mayrand, Pierre and Bland, John. *Trois siècles d'architecture au Canada — Three Centuries of Architecture in Canada*. Montréal, Federal Publications Service/Georges Le Pape, 1971.

McLaughlin Green, Constance. *The Rise of Urban America*. London, Hitchinson University Library, 1966. 184 p.

*Montreal. Old (and) New*. Montreal, International Press, s.d. vii-509 p.

« Montreal », no. spécial de la revue *Liberté*, 5, no. 4, juillet-août 1963.

Morisset, Gérard. *L'architecture en Nouvelle-France*. Québec, Charrier et Dugal, 1949. 150 p.

Morisset, Gérard. *Coup d'œil sur les arts en Nouvelle-France*. Québec, s.e., 1941. xi-171 p.

Mumford, Lewis. *The Brown Decades ; a Study of the Arts in America, 1865-1895*. 2nd rev. ed., New York, Dover Publications, 1955. 266 p.

Mumford, Lewis. *The City in History : Its Origins, Its Transformations, and Its Prospects*. New York, Harcourt, Brace and World, 1961. xi-657 p.

Mumford, Lewis. *The Culture of Cities*. New York, Harcourt, Brace and Co., 1938. xii-586 p.

Mumford, Lewis. *Sticks and Stones ; a Study of American Architecture and Civilization*. 2nd rev. ed., New York, Dover Publications, 1955. 238 p.

Mumford, Lewis. *Technics and Civilization*. New York, Harcourt, Brace and World, 1963. 495 p.

Nobbs, Percy E., « Architecture in Canada ». *Journal of the Royal Institute of British Architects*, s. 3, XXXI, 1924, pp. 199-211, 238-250.

Ouellet, Fernand. *Histoire économique et sociale du Québec, 1760-1850. Structures et conjoncture*. Montréal, Fides, 1966. xxxii-639 p.

Pevsner, Nikolaus. *An Outline of European Architecture*. 7th rev. ed., Harmondsworth, Penguin Books, 1963. 496 p.

Rasmussen, Steen Eiler. *Experiencing Architecture*. New rev. ed., London, Chapman & Hall, 1964. 245 p.

Rasmussen, Steen Eiler. *Towns and Buildings Described in Drawings and Words*. Cambridge, M.I.T. Press, 1969. viii-203 p.

Reps, John William. *The Making of Urban America ; a History of City Planning in the United States*. Princeton, N.J., Princeton University Press, 1955. xv-574 p.

Richards, James Maude. *An Introduction to Modern Architecture*. London, Cassell, 1961. 175 p.

Rioux, Marcel and Martin, Yves, ed. *French-Canadian Society*, vol. 1, *Sociological Studies*. Toronto, McClelland and Stewart, The Carleton Library no. 18, 1964. 405 p.

Rumilly, Robert. *Histoire de Montréal*, 4 vol. (actuellement publiés), Montréal, Fides, 1970 — .

Sandham, Alfred. *Ville Marie, or, Sketches of Montreal, Past and Present*. Montreal, Bishop, 1870. x-393 p.

Séguin, Georges-F. *Toponymie*. Bulletin d'information no. 7. Montréal, Service d'urbanisme, 1971. 143 p.

Smailes, Arthur E. *The Geography of Towns*. 5th rev. ed., London, Hutchinson, 1966. 160 p.

SHM, *Mémoires et documents relatifs à l'histoire du Canada*. 8 vol., Montréal, Duvernay, 1859-1921.

Tanghe, Raymond. *Géographie humaine de Montréal*. Montréal, Librairie d'Action canadienne-française, 1928. 334 p.

Tunnard, Christopher and Reed, Henry Hope. *American Skyline ; the Growth and Form of Our Cities and Towns.* Drawings by John Cohen, New York, New American Library, 1956. 224 p.

Tunnard, Christopher. *The Modern American City.* Princeton, N.J., Van Nostrand, 1968. 191 p.

Wade, Mason. *The French-Canadians, 1760-1967.* Rev. ed., 2 vol., Toronto, Macmillan of Canada, 1968.


Chapitre 1 : *La Clé de l'Ouest*


Biggar, H. P., trans. *The Voyages of Jacques Cartier.* Pub. from the originals with translations, notes and appendices by H. P. Biggar, Ottawa, Acland, 1924. xiv-330 p.

Bouchette, Joseph. *A Topographical Dictionary of the Province of Lower Canada.* London, Colburn, 1831. xii-s.p.

Brunet, Michel ; Frégault, Guy et Trudel, Marcel, comp. *Histoire du Canada par les textes.* Montréal, Fides, 1952. 297 p.

Daveluy, Marie-Claire. *La Société de Notre-Dame de Montréal, 1639-1663. Son histoire, ses membres, son manifeste.* Montréal, Fides, 1965. 326-127 p.

Lahontan, Louis-Armand de Lom d'Arce, baron de. *Voyages du Baron de Lahontan dans l'Amérique septentrionale, qui contiennent une relation des différens peuples qui y habitent ; la nature de leur gouvernement ; leur commerce, leurs coutumes, leur religion & leur manière de faire la guerre ; l'intérêt des François & des Anglois dans le commerce qu'ils font avec ces nations ; l'avantage que l'Angleterre peut retirer de ce païs étant en guerre avec la France. Le tout enrichi de cartes & figures,* 2 vol., 2e éd. rev. corr. & augm., Amsterdam, François l'Honoré, 1705.

Lanctôt, Gustave. *Montréal sous Maisonneuve, 1642-1665.* Montréal, Librairie Beauchemin, 1966. 333 p.

Laverdière, abbé Charles Honoré, éd. *Oeuvres de Champlain.* Publ. sous le patronage de l'université Laval, 2e éd., 7 vol. reliés en 2 vol., Québec, Desbarats, 1870.

Longley, Richmond Wilberforce. *Le climat de Montréal.* Ministère des Transports, Division de la météorologie, Ottawa, Edmond Cloutier, 1954. 48 p.

Montréal, Qué., Service d'urbanisme. *Caractéristiques physiques de la région — Physical Characteristics of the Region.* Bulletin technique no. 4, Montréal, 1966. 51 p.

Montréal, Qué., Service d'urbanisme. *Superficies des municipalités — Areas of Municipalities.* Bulletin d'information no. 2, Montréal, 1964. 21 p.

Munro, William Bennet, ed. *Documents Relating to the Seigniorial Tenure in Canada, 1598-1854.* Toronto, The Champlain Society, 1908. cxxiii-380 p.

Powe, Norman N. *The Climate of Montréal : Climatological Studies Number 15.* Department of Transport, meteorological branch, Ottawa, Queen's Printer, 1969. viii-51.

*Relations des Jésuites contenant ce qui s'est passé de plus remarquable dans les missions des Pères de le Compagnie de Jésus dans la Nouvelle-France.* 3 vol., Québec, Coté, 1858.

Roy, Gabrielle. *Bonheur d'occasion.* Nouv. éd., Montréal, Beauchemin, 1967. 345 p.

SHM, Mémoires. *Les véritables motifs de Messieurs et Dames de la Société de Notre-Dame de Montréal.* 9e livraison, Montréal, Berthiaume & Sabourin, 1880. xlvii-95 p.

Stanfield, J. *The Pleistocene and Recent Deposits of the Island of Montreal, Canada.* Department of Mines, Geological Survey, Ottawa, Government Printing Bureau, 1915.

Trudel, Marcel. « Jacques Cartier » dans *Dictionnaire biographique du Canada.* Vol. 1, Québec, PUL, 1966. pp. 171-177.

Trudel Marcel, « Samuel de Champlain » dans *Dictionnaire biographique du Canada.* Vol. 1, Québec, PUL, 1966, pp. 192-204.

## Chapitre 2 : *L'Île colonie*

Bélanger, Marcel. « De la région naturelle à la région urbaine : problèmes d'habitat » dans *Architecture et urbanisme au Québec.* Conférences J.-A. DeSève, 13-14, Montréal, PUM, 1971, pp. 45-63.

Bouchette, Joseph. *Description topographique de la province du Bas-Canada, avec des remarques sur le Haut-Canada, et sur les relations des deux provinces avec les Etats-Unis de l'Amérique.* Londres, Faden, 1815. xv-664 — (88) p.

Deffontaine, Pierre. « The Rang-Pattern of Rural Settlement in French-Canada » in *French-Canadian Society*, vol. 1, *Sociological Studies.* Ed. by Marcel Rioux and Yves Martin, Toronto, McClelland and Stewart, The Carleton Library no. 18, 1964, pp. 3-19.

Derruau, Max. « A l'origine du « rang » canadien ». *Cahiers de Géographie de Québec*, 1, 1956, pp. 39-47.

Falardeau, Jean-Charles. « The Seventeenth Century Parish in French-Canada » in *French-Canadian Society*, vol. 1, *Sociological Studies.* Ed. by Marcel Rioux and Yves Martin, Toronto, McClelland and Stewart, The Carleton Library no. 18, 1964, pp. 19-32.

Frégault, Guy. « Le régime seigneurial et l'expansion de la colonisation dans le bassin du St-Laurent au dix-huitième siècle. » CHAR, 1944, pp. 61-73.

Godbout, Jacques. « La Côte-des-Neiges », *Liberté*, 5, no. 4, juillet-août 1963, pp. 300-303.

Harris, Richard Colebrook. *The Seigneurial System in Early Canada; a Geographical Study.* Madison, University of Wisconsin Press, 1966. xvi-247 p.

Heneker, Dorothy A. *The Seigniorial Regime in Canada.* Montreal, s.e., 1926. 447 p.

Jodoin, Alexandre et Vincent, J.-L. *Histoire de Longueuil et de la famille de Longueuil.* Montréal, Impr. Grebhart-Berthiaume, 1889. 681 p.

Jodoin, Alexandre. « Le château de Longueuil ». BRH, 6, no. 3, mars 1900, pp. 76-78.

Laplante, Jean de. « La communauté montréalaise ». CESH, 1, 1952, pp. 57-107.

Massicotte. E.-Z. « Notre-Dame-des-Neiges » dans *Les Cahiers des Dix*, no. 4, Montréal, 1939, pp. 141-166.

Maurault, Olivier. « Les moulins du séminaire » dans *Marges d'histoire*, vol. 3, *Saint-Sulpice.* Montréal, Librairie d'Action canadienne-française, 1930, pp. 113-154.

Québec (Province). « Aveu et dénombrement de Messire Louis Normand, prêtre du séminaire de Saint-Sulpice de Montréal, au nom et comme fondé de procuration de Messire Charles-Maurice Le Pelletier, Supérieur du séminaire de Saint-Sulpice de Paris, pour la seigneurie de l'île de

Montréal (1731) » dans RAPQ 1941-1942. Québec, R. Paradis, imp. de sa Majesté le Roi, 1942, pp. 3-163.

Québec (Province). « Le recensement des gouvernements de Montréal et des Trois-Rivières » dans RAPQ 1936-1937. Québec, R. Paradis, imp. de sa Majesté le Roi, 1937, pp. 1-121.

Rasmussen, Steen Eiler. London the Unique City. Harmondsworth, Penguin Books, 1960. 249 p.

Rich, Edwin Ernest. Montreal and the Fur Trade. Montreal, MUP, 1966. vi-99 p.

Salone, Emile. La colonisation de la Nouvelle-France, étude sur les origines de la nation canadienne-française. 3e éd., Paris, Guilmoto, 1906. 12-467 p.

Sulte, Benjamin. « Verdun ». BRH, XX, no. 2, février 1914, pp. 42-45.

Summerson, John. Georgian London. Rev. ed., Harmondsworth, Penguin Books, 1962. 349 p.

Trudel, Marcel. Le Régime seigneurial. Brochure no. 6, Ottawa, Canadian Historical Association Special Publications, 1956.

Chapitre 3 : La société de l'ancien régime

Adair, Edward Robert. « The Church of l'Enfant Jésus, Pointe-aux-Trembles. » BRH, 42, no. 7, juillet 1936, pp. 411-421.

Adair, Edward Robert. « The Church of Saint Michel de Vaudreuil ». BRH, 49, no. 2, février 1943, pp. 38-49 et no. 3, mars 1943, pp. 75-89.

Azard-Malaurie, Marie-Madeleine. « De l'architecture monumentale classique à Québec ». Vie des Arts, no. 49, hiver 1967-68, pp. 42-49.

Bruemmer, Fred. « Les vieux moulins du Québec ». La Revue Impérial Oil, 50, no. 3, juin 1966, pp. 14-19.

Canada, Ministère de l'agriculture. Census of Canada, 1870-71 — Recensements du Canada, 1870-71. 5 vol., Ottawa, Taylor, 1873-1878.

Carless, William. « The Architecture of French Canada ». JRAIC, 2, no. 4, July-August 1925, pp. 141-145. Reprinted in McGill University Publications, Series XIII (Art and Architecture), no. 3, Montreal, MUP, 1925.

Charlevoix, Pierre-François-Xavier de. Histoire et description générale de la Nouvelle France avec le journal historique d'un voyage fait par ordre du roi dans l'Amérique septentrionale. 3 vol., Paris, Nyon, 1744.

Dollier de Casson, Abbé François. Histoire de Montréal, 1640-1672. Montréal, Sénécal, 1871. 128 p.

Eccles, W. J. « Buade de Frontenac et de Palluau, Louis de » dans Dictionnaire biographique du Canada. Vol. 1, Québec, PUL, 1966, pp. 137-146.

Falardeau, Jean-Charles. « The Changing Social Structures » dans Essais sur le Québec contemporain — Essays on Contemporary Quebec. Symposium du centenaire de l'Université Laval, Jean-C. Falardeau, éd., Québec, PUL, 1953, pp. 101-122.

Falardeau, Jean-Charles. « The Role and Importance of the Church in French Canada » in French-Canadian Society, vol. 1, Sociological Studies. Ed. by Marcel Rioux and Yves Martin, Toronto, McClelland and Stewart, The Carleton Library no. 18, pp. 342-357.

Fauteux, Joseph-Noël. Essai sur l'industrie au Canada sous le régime français. 2 vol. Québec, Proulx, 1927.

Frégault, Guy, Le XVIIIe siècle Canadien ; études. Collection Constantes, vol. 16. Montréal, éditions HMH, 1968. 387 p.

Frégault, Guy. *La Société canadienne sous le régime français.* Brochure no. 3. Ottawa, Canadian Historical Association Special Publications, 1954.

Gardiner, J. Rawson. « The Early Architecture of Quebec ». JRAIC, 2, no. 6, November-December 1925, pp. 228-234.

Gowans, Alan. « The Earliest Church Architecture of New France from the Foundation to 1665. » JRAIC, 26, no. 9, September 1949, pp. 291-298.

Hamelin, Jean. *Economie et société en Nouvelle-France. Les Cahiers de l'Institut d'histoire, Université Laval,* no. 3, Québec, PUL, 1960, 137 p.

Lanctôt, Gustave. *L'administration de la Nouvelle-France ; l'administration générale.* Paris, Champion, 1929. 169 p.

Lanctôt, Gustave. « La participation du peuple dans le gouvernement de la Nouvelle-France.» RTC, 59, septembre 1929, pp. 225-239.

Lanctôt, Gustave. « Le Régime Municipal en Nouvelle-France ». *Culture,* 9, no. 3, septembre 1948, pp. 255-283.

Lessard, Michel et Marquis, Huguette. « La maison québécoise, une maison qui se souvient ». *Forces,* no. 17, 1971, pp. 4-22.

Maurault, Olivier. « Un professeur d'architecture à Québec en 1828 ». JRAIC, 3, no. 1, January-February 1926, pp. 32-36.

Roy, Antoine. *Les lettres, les sciences et les arts au Canada sous le régime français.* Paris, s.e., 1930. 292 p.

Roy, Pierre-Georges. *La ville de Québec sous le régime français.* 2 vol., Service des archives du gouvernement de la province de Québec. Québec, R. Paradis, imp. de sa Majesté le Roi, 1930.

SHM, Mémoires. *Voyage de Kalm en Amérique.* Analysé et traduit par L. W. Marchand, 7e et 8e livraisons, Montréal, Berthiaume, 1880.

Traquair, Ramsay. « The Church of Ste Jeanne de Chantal on the Ile Perrot, Quebec ». JRAIC, 9, no. 5, May 1932, pp. 124-131 et no. 6, June 1932, pp. 147-152. Reprinted in *McGill University Publications,* Series XIII (Art and Architecture), no. 35, Montreal, MUP, 1932.

Traquair, Ramsay and Adair, E. R. « The Church of the Visitation — Sault-au-Recollet, Quebec ». JRAIC, 4, no. 12, December 1927, pp. 437-451. Reprinted in *McGill University Publications,* Series XIII (Art and Architecture), no. 18, Montreal, MUP, 1927.

Traquair, Ramsay. *The Cottages of Quebec.* Montreal, McGill University Publications, Series XIII (Art and Architecture), no. 5, 1926. 14 p.

Traquair, Ramsay. « The Old Architecture of the Province of Quebec ». JRAIC, 2, no. 1, January-February 1925, pp. 25-30.

Traquair, Ramsay. *The Old Architecture of Quebec.* Toronto, Macmillan, 1947. 324 p.

Tremblay, Maurice. « Orientations de la pensée sociale » dans *Essais sur le Québec contemporain — Essays on Contemporary Quebec.* Symposium du centenaire de l'université Laval, Jean-Charles Falardeau, éd., Québec, PUL, 1953, pp. 193-208.

Zoltvany, Yves F. « Rigaud de Vaudreuil, Philippe de » dans *Dictionnaire biographique du Canada.* Vol. 2, Québec, PUL, 1969, pp. 591-600.

Chapitre 4 : *La ville frontière*

Adair, Edward Robert. « The Evolution of Montreal under the French Regime ». CHAR, Toronto, 1942, pp. 20-41.

Azard-Malaurie, Marie-Madeleine. « La Nouvelle-France dans la cartographie française ancienne ». *Vie des Arts,* no. 46, Printemps 1967, pp. 20-28, 60.

Berry, Maurice ; Mayrand, Pierre et Palardy, Jean. « Louisbourg ». *Vie des Arts*, no. 46, Printemps 1967, pp. 29-39, 60.

Dickinson, Robert E. *The West European City ; a Geographical Interpretation.* 2nd rev. ed., London, Routledge & Kegan Paul, 1961. xviii-582 p.

Gosselin, abbé Auguste. « Le « Traité de Fortifications » de Chaussegros de Léry ». BRH, 7, no. 5, Mai 1901, pp. 157-158.

Gottmann, Jean. « Plans de villes des deux côtés de l'Atlantique » dans *Mélanges géographiques canadiens offerts à Raoul Blanchard.* Publiés sous les auspices de l'Institut de Géographie de l'université Laval, Québec, PUL, 1959, pp. 237-242.

Massicotte, E.-Z. *Répertoire des arrêts, édits, mandements, ordonnances et règlements conservés dans les archives du Palais de justice de Montréal 1640-1760.* Montréal, G. Ducharme, 1919. 140 p.

Mathieu, Jacques. « Dollier de Casson, François » dans *Dictionnaire biographique du Canada.* Vol. 2, Québec, PUL, 1969, pp. 198-203.

Maurault, Olivier. « Un seigneur de Montréal : Dollier de Casson » dans *Marges d'histoire,* vol. 2, *Montréal,* Montréal, Librairie d'Action Canadienne française, 1929, pp. 33-51.

Saalman, Howard. *Medieval Cities.* New York, Braziller, 1968. 127 p.

SHM, Mémoires. *Annales de l'Hôtel-Dieu de Montréal, rédigées par la Sœur Morin.* 12e livraison, Coll. et ann. par Æ. Fauteux, E. Z. Massicotte et C. Bertrand ; Int. V. Morin, Montréal, Imprimerie des Editeurs, 1921. XI-252 p.

SHM, Mémoires. *Les origines de Montréal.* 11e livraison, Montréal, Ménard, 1917. 364 p.

Chapitre 5 : *Architecture et environnement de la ville frontière*

Anburey, Thomas. *Travels through the Interior Parts of America.* 2 vol., Boston, Houghton Mifflin, 1923.

France. Lois, statuts... *Edits, ordonnances royaux, déclarations et arrêts du Conseil d'Etat du roi concernant le Canada...* Rev. et corr. d'après les pièces originales déposées aux archives provinciales, 3 vol., Québec, Fréchette, 1854-1856.

Gauthier, Paul. « « La maison du patriote », rue St-Paul, à Montréal ». BRH, 67, no. 1, janvier-février-mars 1961, pp. 17-19.

Gauthier-Larouche, Georges. *L'évolution de la maison rurale laurentienne.* Québec, PUL, 1967. 51 p.

George, M. Dorothy. *England in Transition ; Life and Work in the Eighteenth Century.* Harmondsworth, Penguin Books, 1953. 160 p.

Hadfield, Joseph. *An Englishman in America, 1785, Being the Diary of Joseph Halfield.* Ed. and ann. by Douglas S. Robertson, Toronto, 1933. 9-232 p.

« L'histoire de notre château ». CANJ, 1, nos 1-4, 1930, pp. 31-120.

Hubbard, Robert Hamilton. « The European Backgrounds of Early Canadian Art ». *Art Quarterly,* XXVII, no. 3, 1964, pp. 297-323.

Massicotte, E.-Z. « Coins historiques du Montréal d'autrefois » dans *Les Cahiers des Dix,* no. 2, Montréal, 1937, pp. 115-155.

Massicotte, E.-Z. « Maçons, entrepreneurs, architectes ». BRH, XXXV, no. 3, mars 1929, pp. 132-142.

Massicotte, E.-Z. « Mémento historique de Montréal, 1636-1760 ». MSRC, Section 1, XXVII, série III, mai 1933, pp. 111-131.

Maurault, Olivier. « Notre-Dame de Munuéal », RTC, 11e année, no. 42, juin 1925, pp. 117-141.

Maurault, Olivier. *La Paroisse ; histoire de l'église Notre-Dame de Montréal.* Montréal, Louis Carrière et Cie, 1929. 334 p.

McLean, Eric. « The Papineau House ». *Habitat*, 7, no. 5, September-October 1964, pp. 2-7.

Morin, Victor. *La légende dorée de Montréal.* Montréal, Les Ed. des Dix, 1949. 211 p.

Morin, Victor. « Les Ramezay et leur château » dans *Les Cahiers des Dix*, no. 3, Montréal, 1938, pp. 9-72.

Plumb, J. H. *England in the Eighteenth Century.* Harmondsworth, Penguin Books, 1950. 224 p.

Robitaille, André. « Evolution de l'habitat au Canada français ». ABC, 21, no. 240, avril 1966, pp. 32-38.

Roy, Antoine. « L'architecture du Canada autrefois ». ABC, 2, no. 11, février 1947, pp. 23-29, 40.

Roy, Pierre-Georges, ed. *Inventaire des ordonnances des intendants de la Nouvelle-France conservés aux archives provinciales de Québec.* 4 vol., Beauceville, « L'Eclaireur », 1919.

Séguin, Robert-Lionel. *La civilisation traditionnelle de l'« habitant » aux 17e et 18e siècles ; fonds matériel.* Montréal, Fides, 1967. 701 p.

Séguin, Robert-Lionel. *La maison canadienne.* Musée National du Canada, bulletin no. 226. Ottawa, l'imprimeur de la Reine, 1968.

Talbot, Edward Allen. *Cinq années de séjour au Canada.* Tr. de l'anglais par M... (Dubergier). 3 vol., Paris, Bouland, 1825.

Traquair, Ramsay and Neilson, G. A. « The House of Simon McTavish no. 27 St. Jean Baptiste Street, Montreal ». JRAIC, 10, no. 11, November 1933, pp. 188-192. Reprinted in *McGill University Publications*, Series XIII (Art and Architecture), no. 37, Montreal, MUP, 1933.

Chapitre 6 : *Les années de transition*

Adams, Frank Dawson. *A History of Christ Church Cathedral, Montreal.* Montreal, Burton, 1941. 226-iv p.

Alexander, Sir James Edward. *Transatlantic Sketches, Comprising Visits to the Most Interesting Scenes in North and South America, and the West Indies. With Notes on Negro Slavery and Canadian Emigration.* 2 vol., London, Bentley, 1833.

Angers, Albertine Ferland. *La Citadelle de Montréal, 1658-1820.* Montréal, Ducharme, 1950. 23 p.

Bland, John. « Deux architectes au 19e siècle — Two 19th Century Architects ». ABC, 8, no. 87, juillet 1953, p. 20.

Bonnycastle, Sir Richard Henry. *The Canadas in 1841.* 2 vol., London, Colburn, 1841.

Bosworth (Rev. Newton) ed. *Hochelaga Depicta ; the Early History and Present State of the City and Island of Montreal.* Montreal, Greig, 1839. 284 p.

Bourguignon, J.-C. « Montréal au bord du St-Laurent ». *Vie des Arts*, no. 33, hiver 1963-64, pp. 20-25.

Bourguignon, J.-C. « Montréal, ville portuaire, 1535-1867. Du XVIe au XVIIIe siècle en Amérique du Nord, les colons-pionniers se font citadins ». *Revue canadienne d'urbanisme*, 12, no. 3, automne 1963, pp. 18-25.

Buckingham, James Silk. *Canada, Nova Scotia, New Brunswick, and the other British Provinces in North America with a Plan of National Colonization.* London, Fisher, 1843. xiv-540 p.

Coke, E. T. *A Subaltern's Furlough : Descriptive of Scenes in Various Parts of the United States, Upper and Lower Canada, New Brunswick, and Nova Scotia, during the Summer and Autumn of 1832.* London, Saunders, 1833. xi-485 p.

Colbert, Edouard-Charles-Victurnien, comte de Maulevrier. *Voyage dans l'intérieur des Etats-Unis et au Canada.* Introduction et notes par Gilbert Chinard, Baltimore, Hopkins, 1935, 23-87 p.

Collard, Edgar Andrew. *Oldest McGill.* Toronto, Macmillan, 1946. 135 p.

Creighton, Donald. *The Empire of the St. Lawrence.* Toronto, Macmillan, 1956. vii-441 p.

Denison, Merrill. *Canada's First Bank ; a History of the Bank of Montreal.* 1 vol. (actuellement publié), Montréal, McClelland and Stewart, 1966.

Dionne, N.-E. « Joseph Bouchette ». BRH, XX, no. 7. Juillet 1914, pp. 226-230.

Duncan, John M. *Travels through part of the United States and Canada in 1818 and 1819,* 2 vol., Glasgow, University Press, 1823.

Fergusson Adam. *Practical Notes Made During a Tour in Canada, and a Portion of the United States in MDCCCXXXI,* 2nd ed., *to Which Are Now Added Notes Made during a Second Visit to Canada in MDCCCXXXIII.* Edinburgh, W. Blackwood, 1834. xvi-426 p.

Gauthier, Paul. « Montréal et ses quartiers municipaux ». BRH, 67, no. 4, Octobre, novembre, décembre 1961, pp. 115-135.

Girouard, Désiré. *Lake St. Louis, Old and New.* 2 vol., Montréal, Poirier, 1893.

Gowans, Alan. « Notre-Dame de Montréal ». JSAH, 11, no. 1, March 1952, pp. 20-26.

Gowans, Alan. « Thomas Baillargé and the Québécois Tradition of Church Architecture ». Art Bulletin, 34, 1952, pp. 117-137.

Henry, Alexander. *Tavels and Adventures in Canada and the Indian Territories, between the Years 1760 and 1776.* New York, Riley, 1809. vi-330 p.

Heriot, George. *Travels through the Canadas, Containing a Description of the Picturesque Scenery on Some of the Rivers and Lakes ; with an Account of the Productions, Commerce, and Inhabitants of Those Provinces. To Which is Subjoined a Comparative View of the Manners and Custums of Several of the Indian Nations of North and South America.* London, Phillips, 1807. xii-602 p.

Lambert, John. *Travels through Lower Canada, and the United States of North America, in the Years 1806, 1807, and 1808.* 3 vol., London, Richards Phillips, 1810.

Massicotte, E.-Z. « Évocation du vieux Montréal » dans *Les Cahiers des Dix,* no. 3, Montréal, 1938, pp. 131-164.

Massicotte, E.-Z. « Montréal se transforme » dans *Les Cahiers des Dix,* no. 5, Montréal, 1940, pp. 177-215.

Massicotte, E.-Z. « Quelques rues et faubourgs du vieux Montréal » dans *Les Cahiers des Dix,* no. 1, Montréal, 1936, pp. 105-156.

Maurault, Olivier. « Un professeur d'architecture à Québec en 1828 ». JRAIC, 3, no. 1, January-February 1926, pp. 32-36.

McLean, Eric. « The Papineau House. » *Habitat,* 7, no. 5, September-October 1964, pp. 2-7.

Murray, Hugh. *An Historical and Descriptive Account of British America...
to Which Is Added a Full Detail of the Principles and Best Modes of
Emigration.* 2nd ed., 3 vol., Edinburgh, Oliver and Boyd, 1839.
Pavie Théodore. *Souvenirs atlantiques : voyage aux États-Unis et au Canada.*
2 vol., Paris, Roret, 1833.
Sandham, Alfred. *Montreal and Its Fortifications.* Montreal, Daniel Rose,
1874, 33 p.
Silliman, Benjamin. *Remarks Made on a Short Tour between Hartford and
Quebec, in the Autumn of 1819.* 2nd ed., New-Haven, S. Converse, 1824,
443 p.
Toker, Franklin K. B. *The Church of Notre-Dame in Montreal; an Architec-
tural History.* Montréal, McGill-Queen's University Press, 1970. xv-124 p.
Toker, Franklin K. B. « James O'Donnell ; an Irish Georgian in America ».
JSAH, XXIX, no. 2. May 1970, pp. 132-143.
Warburton, George D. *Hochelaga or, England in the New World.* 2 vol.,
2nd rev. ed., London, Colburn, 1846.
Weld, Isaac. *Travels through the States of North America, and the Provinces
of Upper and Lower Canada During the Years, 1795, 1796, and 1797.*
London, John Stockdale, 1799. xxiv-464 p.

Chapitre 7 : *Les forces nouvelles*

Ames, Herbert Brown. « *The City below the Hill* ». *A Sociological Study of
a Portion of the City of Montreal, Canada.* Montreal, The Bishop En-
graving and Printing Co., 1897. 72 p.
Auclair, abbé Élie.-J. « Saint-Henri des Tanneries à Montréal ». MSRC, Section 1, XXXVII, série III, mai 1943, pp. 1-6.
Ballantyne, Murray. « J'ai grandi au Canada Français » dans *Le Canada
français aujourd'hui et demain.* Paris, Arthème Fayard, 1961, pp. 53-67.
Beauregard, Ludger. « Géographie manufacturière de Montréal ». CGQ, 3e
année, no. 6, avril-septembre, 1959, pp. 275-294.
Blumenfeld, Hans. « The Modern Metropolis » in *Cities.* A Scientific Amer-
ican Book, Harmondsworth, Penguin Books, 1967, pp. 49-66.
Briggs, Asa. *Victorian Cities.* Harmondsworth, Penguin Books, 1968. 412 p.
Brouillette, Benoît. « Le développement industriel du port de Montréal ».
*L'Actualité Économique,* XIVe année, 1, nos 3 et 4 juin-juillet 1938,
pp. 201-221.
Brouillette, Benoît. « Le port et les transports » dans *Montréal économique.*
Étude sur notre milieu, Esdras Minville, dir., Étude préparée à l'occasion
du troisième centenaire de la ville, Montréal, Fides, 1943, pp. 115-182.
Canada, ministère de l'agriculture. *Census of Canada 1880-81 — Recensement
du Canada.* 4 vol., Ottawa, Maclean, Roger & Co., 1882-85.
Canada. *Census of Canada 1890-91 — Recensement du Canada.* 4 vol.,
Ottawa, S.E. Dawson, 1893-1897.
Canada. *Fourth Census of Canada 1901.* 4 vol., Ottawa, S.E. Dawson, 1902-
1906.
Canada. *Fifth Census of Canada 1911.* 6 vol., Ottawa, C.H. Parmelee, 1912-
1915.
Canada. *Sixth Census of Canada 1921.* 4 vol., Ottawa, F.A. Acland, 1924-
1929.
Cooper, John Irwin. « The Social Structure of Montreal in the 1850s ».
CHAR, 1956, p.p. 63-73.

Delage, Jean. « L'industrie manufacturière » dans *Montréal économique.* Étude sur notre milieu, Esdras Minville, dir., Étude préparée à l'occasion du troisième centenaire de la ville, Montréal, Fides, 1943, pp. 183-241.

Faucher, Albert et Lamontagne, Maurice. « History of Industrial Development » dans *Essais sur le Québec contemporain — Essays on Contemporary Quebec.* Symposium du centenaire de l'Université Laval. Jean-C. Falardeau, éd., Québec, PUL, 1953, pp. 23-27.

Germain, Claude. « Évolution démographique et polarisation de la région de Montréal ». *L'Actualité Économique,* XXXVIII, no. 2, 1962, pp. 245-276.

Grant, George Monro, ed. *Picturesque Canada. The Country as It Was and Is.* 2 vol., Toronto, Belden, 1882.

Jordan, Robert Furneaux. *Victorian Architecture.* Harmondsworth, Penguin Books, 1966. 278 p.

Lamothe, H. de. *Cinq mois chez les Français d'Amérique. Voyage au Canada et à la rivière Rouge du Nord.* Paris, Hachette, 1879. iv-373 p.

Massicotte, E.-Z. *La cité de Sainte-Cunégonde de Montréal. Notes et souvenirs.* Montréal, Houle, 1893. 198 p.

Minville, Esdras, dir. *Montréal économique.* Études sur notre milieu. Étude préparée à l'occasion du troisième centenaire de la ville, Montréal, Fides, 1943. 430 p.

Stone, Leroy O. *Urban Development in Canada; an Introduction to the Demographic Aspects.* Dominion Bureau of Statistics, Ottawa, Queen's Printer, 1967. xxvi-293 p.

Chapitre 8 : *Entre le bon et le médiocre :*
*l'architecture publique et religieuse*

« L'architecture en Canada ». *La Minerve,* 28 avril 1866.

« Bibliothèque Saint-Sulpice, Montréal. Eugène Payette, architecte ». (Portofolio of current architecture), *The Architectural Record,* XLI, no. 4, April 1917, pp. 341-348.

Bland, John. « Effect of Nineteenth Century Manners on Montreal ». JRAIC, 33, no. 11, November 1956, pp. 414-417.

Clark, Kenneth. *The Gothic Revival: an Essay in the History of Taste.* Harmondsworth, Penguin Books, 1964. xxvi-218 p.

Desjardins, R.P. Paul. *Le collège Sainte-Marie de Montréal.* 2 vol., Montréal, Collège Sainte-Marie, 1940-45.

Gowans, Alan. « The Baroque Revival in Quebec ». JSAH, 14, no. 3, October 1955, pp. 8-14.

Hubbard, Robert Hamilton. « Canadian Gothic ». *Architectural Review,* 116, no. 8, August 1954, pp. 102-108.

Hulot, baron Étienne. *De l'Atlantique au Pacifique à travers le Canada et le Nord des États-Unis.* Paris, Plon, 1888. 339 p.

Liscombe, Robert. *The Story of Old St. Patrick's.* Montreal, s.e., 1967. 32 p.

Ludlow, Thomas W. « The Montreal Art Gallery ; E. & W.S. Maxwell, architects ». *The Architectural Record,* XXXVII, no. 2, February 1915, pp. 132-148.

Maurault, Olivier. « The University of Montreal », JRAIC, 3, no. 1, January-February 1926, pp. 5-12.

Morris, Franklin. « Christ Church Cathedral, Montreal ». Dalhousie Review, 35, Summer 1955, pp. 176, 178.

Nantel, Maréchal. « Le palais de Justice de Montréal et ses abords » dans Les Cahiers des Dix, no. 12, Montréal 1947, pp. 197-230.

Nobbs, Percy E. « Architecture in the Province of Quebec during the Early Years of the 20th Century ». JRAIC, 33, no. 11, November 1956, pp. 418-419.

Ritchie, Thomas. « The Architecture of William Thomas ». Architecture Canada, 44, no. 5, May 1967, pp. 41-45.

Summerson, John. Victorian Architecture ; Four Studies in Evaluation. New-York, Columbia University Press, 1970. 131 p.

Tranquair, Ramsay. « The Building of McGill University ». JRAIC, 2, no. 2, March-April 1925, pp. 45-63. Reprinted in McGill University Publications, Series XIII (Art and Architecture), no. 2, Montreal, PUM, 1925.

Turner, Philip J. « Christ Church Cathedral, Montreal ». Construction, XX, no 11, November 1927, pp. 347-354.

Turner, Philip J. « The Development of Architecture in the Province of Quebec since Confederation ». Construction, XX, no. 6, June 1927, pp. 189-195. Reprinted in McGill University Publications, Series XIII (Art and Architecture), no. 16, Montreal, MUP, 1927.

The Windsor Hotel Guide to the City of Montreal and for the Dominion of Canada. Montreal, Lovell, 1890. 126 p.

Chapitre 9 : Espoirs et déceptions : l'architecture commerciale

Charney, Melvin. « The Grain Elevators Revisited ». Architectural Design, XXXVII, July 1967, pp. 328-331.

Charney, Melvin. « The Old Montreal no One Wants to Preserve ». The Montrealer, 38, no. 12, December 1964, pp. 20-23.

Condit, Carl W. The Chicago School of Architecture ; a History of Commercial and Public Building in the Chicago Area, 1875-1925. Chicago, University of Chicago Press, 1964. xviii-238 p.

Condit, Carl W. The Rise of the Skyscraper. Chicago, University of Chicago Press, 1952. 225 p.

Giedion, Siegfried. Space, Time and Architecture ; the Growth of a New Tradition. Cambridge, Mass. Harvard University Press, 1949. xviii-665 p.

Hitchcock, Henry-Russel. Early Victorian Architecture in Britain. 2 vol., New Haven, Yale University Press, 1954.

Legge, Charles. A Glance at the Victoria Bridge and the Men Who Built It. Montreal, J. Lovell, 1860. 153 p.

Ritchie, Thomas. Canada Builds 1867-1967. Toronto, University of Toronto Press, 1967. vii-406 p..

Rolt, Lionel Thomas Caswell. Victorian Engineering. London, Lane, 1970. 300 p.

Rowe, Colin. « Chicago Frame ». Architectural Design, XL, December 1970, pp. 641-647.

Siegel, Arthur, ed. *Chicago's Famous Buildings ; a Photographic Guide to the City's Architectural Landmarks and Other Notable Buildings.* Chicago, University of Chicago Press, 1965. ix-230 p.
Weisman, Winston. « Philadelphia Functionalism and Sullivan ». JSAH, XX, no. 1, March 1961, pp. 3-19.


Chapitre 10 : *Du délire à l'indigence : l'architecture domestique*

Barcelo, Michel. « Montreal Planned and Unplanned ». *Architectural Design,* xxxvii, July 1967, pp. 307-310.
Bland, John. « Domestic Architecture in Montreal ». *Culture,* 9, no. 4, décembre 1948, pp. 399-407.
Blumenfeld, Hans. « L'habitation dans les métropoles ». ABC, 21, no. 241, Mai 1966, pp. 23-29.
Bolton, Sybil. « The Golden Square Mile ». *The Montrealer,* 40, no. 5, May 1961, pp. 35-39.
Kervin, Roy. « Faubourg à la Melasse... Victim of Progress ». *The Montrealer,* 38, no. 6, June 1964. pp. 16-19.
Lacoste, Norbert. *Les caractéristiques sociales de la population du grand Montréal ; étude de sociologie urbaine.* Montréal, PUM, Faculté des sciences sociales, économiques et politiques, 1958. 267 p.
MacRae, Marion and Adamson, Anthony. *The Ancestral Roof : Domestic Architecture of Upper Canada, 1783-1867.* Toronto, Clarke, Irwin & Co., 1963. 258 p.
McKelvey, Blake. *The Urbanisation of America, 1860-1915.* New Brunswick, N. J., Rutgers University Press, 1963. 370 p.
Mitchell, R.J. and Leys, M.D.R. *A History of London Life.* Harmondsworth, Penguin Books, 1963. 348 p.
Parizeau, Michel. « L'urbanisme » dans *Montréal économique.* Études sur notre milieu, Esdras Minville, dir., Étude préparée à l'occasion du troisième centenaire da la ville, Montréal, Fides, 1943, pp. 377-397.
Société des Écrivains Canadiens, éd. *Ville, ô ma Ville.* Montréal, 1941, 405 p.
Wilson, Stuart. « A Part of le Faubourg ». JRAIC, 43, no. 11, November 1966, pp. 71-74.


Chapitre 11 : *L'héritage victorien*

Bazin, Jules. « L'île Sainte-Hélène et son histoire ». *Vie des Arts,* no 48, Automne 1967, pp. 18-23.
Collard, Edgar Andrew. *The Story of Dominion Square, Place du Canada.* Don Mills, Ontario, Longman, 1971. vi-63 p.
Fabos, Julius Gy. ; Milde, Gordon T. and Weinmayr, Michael V. *Frederick Law Olmsted, Sr ; Founder of Landscape Architecture in America.* Amherst, University of Massachusetts Press, 1968. 114 p.
Lamothe, Joseph-Cléophas. *Histoire de la corporation de la Cité de Montréal depuis son origine jusqu'à nos jours.* LaViolette et Massé, ed., Montréal Print and Publ., 1903. xii-848 p.
Longstreth, T. Morris. *Quebec, Montreal and Ottawa.* New York, The Century Co., 1933, xi-318 p.

McDougall, Joe. « Passing Show . Forty Years in Retrospect. » *The Montrealer*, 40, no. 5, May 1966, pp. 16-19.
Murray, A.L. « Frederick Law Olmsted and the Design of Mount Royal Park, Montreal ». JSAH, XXVI, no. 3, October 1967, pp. 163-171.
Olmsted, Frederick Law. *Mount Royal*, Montreal. New York, Putnam's Sons, 1881. 80 p.
Simard, Jacques. « Il était une fois une très jolie montagne... » ABC, 15, no. 168, pp. 66-68.
Wilson, Stuart. « Avenue Delorme ». JRAIC, 42, no. 3, March 1965, pp. 78-80.
Wilson, Stuart. « Avenue Lartigue — L'Avenue Lartigue ». *Habitat*, VIII, no. 2, March-April 1965, pp. 2-15.
Wilson, Stuart. « In Memoriam ». JRAIC, 41, no. 8, August 1964, pp. 67-71.
Wilson, Stuart. « Les rues Savignac et Christin à Montréal ». *Habitat*, VII, no. 6, Novembre-décembre 1964, pp. 11-13.


Chapitre 12 : *La Métropole*

Brouillette, Benoît. « Le port de Montréal, hier et aujourd'hui ». RGM, 21, no. 2, 1967, pp. 195-233.
Cousineau, Aimé. « City Planning Activities in Montreal ». JRAIC, 20, no. 4, April 1943, pp. 51-53.
Cox, Harvey. *The Secular City ; Secularisation and Urbanisation in Theological Perspective*. Harmondsworth, Penguin Books, 1968. 287 p.
Denis, Paul Yves. « Conditions géographiques et postulats démographiques d'une rénovation urbaine à Montréal ». RGM, 21, no. 1, 1967, pp. 149-164.
Foggin, Peter. « Les formes de l'utilisation du sol à Montréal — Urban Land Use Patterns : the Montreal Case » dans *Montréal, guide d'excursions — Field Guide*, 22e Congrès international de géographie, éd. par Ludger Beauregard, Montréal, PUM, 1972, pp. 32-45.
Manzagol, Claude. « L'industrie manufacturière à Montréal — Manufacturing Industry in Montreal » dans *Montréal, guide d'excursions — Field Guide*, 22e Congrès international de géographie, éd. par Ludger Beauregard, Montréal, PUM, 1972, pp. 125-135.
Montréal, Qué., Service d'urbanisme. *Centre ville de Montréal — Downtown Montreal*. Bulletin technique no. 3. Montréal, 1964. 72 p.
Montréal, Qué., Service d'urbanisme. *Familles et ménages 1951-1961*. Bulletin technique no. 2, Montréal, 1964. 13-26 p.
Montréal, Qué., Service d'urbanisme. *Métropole*. Les Cahiers d'urbanisme, nos 1, 2, 3, Montréal, 1963-1964-1965.
Montréal, Qué., Service d'urbanisme. *Urbanisation. Étude de l'expansion urbaine dans la région de Montréal. A Study of Urban Expansion in the Montreal Region*. 2nd ed., Bulletin technique no 5, Montréal, 1968. 119 p.
Paumier, Cyril. « New Town at Montreal's Front Door ». *Landscape Architecture*, 57, no. 1, October 1966, p. 67.
« Planning for Montreal : a Summary of the Montreal Master Plan Preliminary Report 1944. » JRAIC, 22, no. 5, May 1945, pp. 89-107.
Régnier, Michel. *Génération ; poèmes*. Québec, Éditions de l'Arc, 1964.
Ritter, Paul. *Planning for Man and Motor*. Oxford, New York, Pergamon Press, 1964. xi-384 p.
Saumier, André. « La ville humaine ». *Habitat*, X, no. 1, janvier-février 1967, pp. 14-15.

Chapitre 13 : *Un nouveau cœur de ville*

Affleck, Ray T. « Place Bonaventure : the Architect's View ». *Architecture Canada*, 44, no. 7, July 1967, pp. 32-39.
Beauregard, Ludger. « Les transports en commun à Montréal — Public Transport in Montreal » dans *Montréal, guide d'excursions — Field Guide*. 22e Congrès international de géographie, ed. par Ludger Beauregard, Montréal, PUM, 1972, pp. 179-188.
Blake, Peter. « Downtown in 3-D ». *The Architectural Forum*, 125, no. 2, September 1966, pp. 31-49.
Blake, Peter. « Quebec's Shimmering Vitrine ». *The Architectural Forum*, 126, no. 5, June 1967, pp. 29-37.
« Bonaventure Subway Station, Montreal ». *The Canadian Architect*, 12, no. 8, August 1967, pp. 45-48.
Boyd, Arthur. « The Skyscraper ». *The Canadian Architect*, 7, no. 6, June 1962, pp. 44-51.
Charney, Melvin. « Place Victoria ». *The Canadian Architect*, 10, no. 7, July 1965, pp. 37-54.
« C-I-L House, Montreal ». *The Canadian Architect*, 7, no. 6, June 1962, pp. 53-63.
Cobb, Henri. N. « Some Notes on the Design of Place Ville Marie ». JRAIC, 40, no. 2, February 1963, pp. 54-60.
Commission industrielle de Montréal, ed. *Montréal, la métropole du Canada*. Montréal, s.e., 1931. 143 p.
Desbarats, Guy. « Montréal — laboratoire urbain ». *Habitat*, X, no. 1, janvier-février, 1967, pp. 26-32.
« Downtown Bank Tower ». *Progressive Architecture*, XLIV, no. 9, September 1963, pp. 140-145.
Fiset, Édouard. « Introduction d'un concept urbain dans la planification de l'exposition — Introduction of an Urban Concept in the Planning of the Exposition ». JRAIC, 42, no. 5, May 1965, pp. 55-62.
Gretton, Robert and Slater, Normand. « Metro ». *The Canadian Architect*, 12, no. 2, February 1967, pp. 27-34.
Lamy, Laurent. « Le design, roi et maître de l'Exposition universelle ». *Vie des Arts*, no. 48, automne 1967, pp. 52-55.
Legault, Guy-R. « Le Métro de Montréal ». *Architecture Canada* 43, no. 8, août 1966, pp. 44-48.
Lehrman, Jones. « Critique Two ». *The Canadian Architect*, 8, no. 2, February 1963, pp. 63-64.
Miller, Jerry. « Expo 67 : a Search for Order ». *The Canadian Architect*, 12, no. 5, May 1967, pp. 44-54.
« A Modern Station for Montreal ». *Architectural Record*, 94, no. 12, December 1943, pp. 91-101.
Pelletier, Jean et Beauregard, Ludger. « Le centre-ville de Montréal ». RGM, 21, no. 1, 1967, pp. 5-40.
« Place Ville Marie ». *The Architectural Forum*, 118, no. 2, February 1963, pp. 74-89.
Plesums, Guntis. « Architecture and Structure as a System : Man the Producer Pavillon ». *Architecture Canada*, 46, no. 4, April 1969, pp. 23-33.
Prus, Victor. « Reflections on the Subterranean Architecture of Subway Systems ». *The Canadian Architect*, 12, no. 2, February 1967, pp. 35-36.
Prus, Victor. « Metro Architecture ». *Architectural Design*, XXXVII, July 1967, pp. 325-327.

Rowan, Jan C. « The Story of Place Ville Marie ». *Progressive Architecture,* XLI, no. 2, February 1960, pp. 123-135.

Schoenauer, Norbert. « Critique One ». *The Canadian Architect,* 8, no. 2, February 1963, pp. 55-57.

Schoenauer, Norbert. « The New City Centre ». *Architectural Design,* XXXVII, July 1967, pp. 311-324.

Staples, S.M. « Expo '67 : Is It a Success ? » *Architecture Canada,* 44, no. 8, August 1967, pp. 39-42.

Staples, S.M. « Transportation Network at EXPO '67 ». *Architecture Canada,* 43, no. 8, August 1966, pp. 33-34.

Wilson, Stuart. « Place Victoria ». JRAIC, 42, no. 10, October 1965, pp. 60-69.

# INDEX

## A

## B

## K

## L

## M

## N

T

## U

## V

## W

## Y

# TABLE DES FIGURES DANS LE TEXTE

# TABLE DES PLANCHES HORS-TEXTE

17. Vue de Montréal en 1762, par Thomas Patten (Royal Ontario Museum, University of Toronto)

18. Façade de l'église paroissiale Notre-Dame. Aquarelle de John Drake, 1828, d'après le projet de Chaussegros de Léry, 1721 (Inventaire des œuvres d'art)

19. Église paroissiale Notre-Dame, place d'Armes, d'après un dessin de R.A. Sproule, 1830 (Archives municipales de Montréal)

20. Le vieux séminaire Saint-Sulpice vers la fin du 19e siècle (Archives municipales de Montréal)

21. La maison de ferme St-Gabriel, érigée en 1698, avec additions en 1726 et en 1728 (Photo ville de Montréal)

22. Le Château de Ramezay vers 1920. Paul Texier La Vigne, maître maçon et entrepreneur, 1755 (Service d'Urbanisme, ville de Montréal)

23. Plan de la ville de Montréal en 1815, par Joseph Bouchette, montrant les améliorations projetées (Archives publiques du Canada)

24. Plan de la cité et des faubourgs de Montréal en 1825, par John Adams (Archives publiques du Canada)

25. La place Jacques-Cartier en 1896 (Archives publiques du Canada)

26. Vue du Champ-de-Mars en 1830, d'après un dessin de R.A. Sproule (Archives publiques du Canada)

27. La rue Saint-Jacques en 1850, d'après une aquarelle de John Murray (Inventaire des œuvres d'art)

28. L'église Notre-Dame, place d'Armes, vers 1870. James O'Donnell, arch., 1824-29 (Archives publiques du Canada)

29. Intérieur de l'église Notre-Dame, tel qu'il était vers 1838 (Dessin de William Henry Bartlett. Archives publiques du Canada)

30. Intérieur actuel de l'église Notre-Dame, tel que transformé par l'architecte Victor Bourgeau dans les années 1870 (Photo ville de Montréal)

31 et 32. Montréal vers 1870, vue vers la montagne (Archives publiques du Canada)

33. Montréal vers 1870, vue de la montagne (Archives publiques du Canada)

34. L'entrée du canal Lachine vers la fin du 19e siècle (Archives municipales de Montréal)

35. Le marché Bonsecours vers 1870. William Footner, arch. ; édifice commencé en 1842 (Archives publiques du Canada)

36. La Banque de Montréal vers 1870. John Wells, arch. ; édifice complété en 1848 (Archives publiques du Canada)

57. Le pont Britannia, au Menai Strait. Robert Stephenson, ing. et Francis Thompson, arch., 1845-50 (*Illustrated London News*, 23 mars 1850)
58. Le pont Victoria vers 1878. Robert Stephenson, ing., 1854-60 (Archives publiques du Canada)
59. La maison Trafalgar. John George Howard, arch., 1848 (Photo Jean-Claude Marsan)
60. L'Engineers Club, place Phillips. William T. Thomas, arch. (Photo Jean-Claude Marsan)
61. Rue Wolfe, terrasse Ontario (Photo Jean-Claude Marsan)
62. Rue Garnier, au nord du boulevard Saint-Joseph, plateau Mont-Royal (Photo Jean-Claude Marsan)
63. La maison type. Rue Fabre, au sud de l'avenue du Mont-Royal (Photo Jean-Claude Marsan)
64. Vue aérienne de Montréal en 1889 (Archives publiques du Canada)
65. Vue aérienne de Montréal vers 1920 (Archives publiques du Canada)
66. La rue spectacle : l'avenue Laval, au nord de la rue Sherbrooke (Photo Jean-Claude Marsan)
67. La rue spectacle : l'avenue de Lorimier, au sud de l'avenue du Mont-Royal (Photo Jean-Claude Marsan)
68. Vue du square Dominion et de l'hôtel Windsor, début du 20e siècle (Archives municipales de Montréal)
69. Vue du square Dominion et de la gare Windsor vers 1930 (Archives publiques du Canada)
70. Le square Saint-Louis, aujourd'hui (Photo Jean-Claude Marsan)
71. Le square Dominion, aujourd'hui (Photo Jean-Claude Marsan)
72. Le cimetière protestant (Photo Jean-Claude Marsan)
73. Le parc du mont Royal. Frederick Law Olmsted, arch. pays., 1873-81 (Photo Jean-Claude Marsan)
74. Esquisse préliminaire du plan directeur, 1944 (Service d'Urbanisme, ville de Montréal)
75. Les géants du centre-ville (Photo ville de Montréal)
76. Les complexes de la gare Centrale et de la place Ville-Marie (Photo ville de Montréal)
77. La station de métro Bonaventure. Victor Prus, arch. (Photo ville de Montréal)
78. Expo '67 : une hiérarchie de systèmes de transport (Photo ville de Montréal)

# TABLE DES MATIÈRES

*Achevé d'imprimer à Montréal par Les Presses Elite,*
*pour le compte des Éditions Fides,*
*le dixième jour du mois de mai de l'an*
*mil neuf cent soixante-quatorze.*

Dépôt légal — 2e trimestre 1974
Bibliothèque nationale du Québec